환단고기 연구

【桓檀古記 研究】

환단고기 연구

발행일 2023년 1월 13일 초판 1쇄
발행처 상생출판
발행인 안경전
지은이 윤창열
주소 대전시 중구 선화서로 29번길 36(선화동)
전화 070-8644-3156
팩스 0303-0799-1735
출판등록 2005년 3월 11일(175호)

ISBN 979-11-91329-41-4

환단고기 연구

【桓檀古記 研究】

윤 창 열

지음

상생출판

서 문

『환단고기 연구』는 필자가 2014년부터 2022년까지 『환단고기』에 관하여 연구한 논문 12편을 묶어서 출판한 책이다. 필자가 『환단고기』를 처음 접한 것은 1983년 정도로 생각된다. 우연히 오형기吳炯基가 필사한 『환단고기』를 접하고 복사를 한 후 틈틈이 읽기 시작하였다. 다행히 이유립 선생이 달아놓은 토가 있었기 때문에 한문을 전문으로 공부한 필자가 보기에는 그렇게 어렵지 않았다. 그 후 1987년 서울에 있는 한배달 사무실을 방문하여 이유립 선생이 쓴 『대배달민족사』를 구입하면서 본격적으로 연구를 시작하였다. 『대배달민족사』는 모두 5권으로 되어 있는데 이 중 1권의 말미에 『환단고기정해桓檀古記正解』가 있어 『환단고기』 원문에 대해서 한문으로 현토하여 주석을 달아놓았다. 필자는 1993년 연구교수로 요령성 심양에 있는 요령중의학원에서 1년간 머물면서 중국의 지리에 대하여 많은 공부를 하였는데 이것이 『환단고기』를 공부하는데 큰 도움이 되었다. 우리 민족의 배달국, 단군조선, 북부여, 고구려, 대진국의 주요 무대는 만주를 중심으로 한 중국의 땅이었기 때문이다.

그 뒤 2012년 STB상생방송 안경전 이사장님의 역주본 『환단고기』가 간행되었고 이를 계기로 2014년 세계환단학회가 구성되었다. 필자도 여기에서 임원을 맡으면서 춘계와 추계로 진행되는 학술대회에 논문을 발표하였고 이것을 『세계환단학회지』에 기고하였다. 이렇게 하여 쓰여진 논문이 모두 10편이다.

그리고 2021년 사단법인 대한사랑·세계환단학회 국제학술문화제에서

'천부경의 태일사상'이란 논문을 발표하였고 2022년 대한사랑 국제학술문화제에서 '천부경의 삼극사상'이란 논문을 발표하였다. 영광스럽게도 '천부경의 삼극사상'은 엄정한 심사를 통과하여 우수논문상을 수상하였다.

『환단고기』의 가치는 정말 한 두 마디로 정의를 내리기가 어렵다. 그러나 간략하게 요약을 해보면 첫째, 9,200년 동안 지속된 우리 민족의 역사와 환국, 배달국, 단군조선, 북부여, 고구려, 대진국, 고려로 이어지는 국통을 밝혀주고 있다. 둘째, 우리의 역사뿐만 아니라 우리 민족의 정신인 신교와 사상 및 철학 등을 상세하게 밝혀주고 있다. 여기에 가장 근본이 되는 경전이 천부경, 삼일신고 등이고 근본이념이 홍익인간, 제세이화, 광명개천 등이다. 천부경의 사상은 인류의 원형문화로써 전 지구촌 곳곳에 흔적을 남겼지만 특히 중국에 많은 영향을 끼쳤다. 중국의 문헌 중에서 현실세계의 바탕인 무극의 개념을 이야기하거나, 천지인의 사상을 전개하거나, 숫자 1, 3, 7, 81 등을 언급하는 책들은 모두 천부경의 영향을 받았다고 이야기할 수 있다. 셋째는 인류문명의 뿌리가 우리 민족임을 밝혀주고 있다. 역학易學, 음양오행, 10간 12지, 역법曆法, 문자文字 등이 우리에게서 시작되어 중국과 일본 등에 문물을 전수하였음을 밝혀주고 있다.

우리는 1945년 일제로부터 광복을 하였지만 역사에 있어서는 아직 식민사학의 굴레를 벗어나지 못하고 있다. 그리고 강단 사학계에서는 『환단고기』에 위서라는 프레임을 씌워 받아들이지 않고 있다. 본 연구가 역사광복에 일조를 하고 보배 중의 보배이고 진서 중의 진서인 『환단고기』의 가치가 더 드러나기를 바라면서 서문에 대신한다.

2022년 8월 23일

대전대학교 한의과대학 연구실에서

윤 창 열 삼가 적음

목차

제1편

雲樵 桂延壽의 生涯와 思想 및 業績

1. 들어가는 말

2020년은 『桓檀古記』를 편찬하여 한민족의 9천 년의 역사를 밝히고 國統脈을 바로잡은 운초 계연수(1864~1920) 선생의 殉國 100주년이 되는 해이다.

그는 해학 이기를 만나기 전 이미 안함노 『삼성기』, 원동중 『삼성기』, 이 암의 『단군세기』 범세동의 『북부여기』 그리고 『참전계경』 등을 수집하였고, 1897년경 李沂를 만난 이후 그를 스승으로 섬기면서 『태백진훈』, 『태백일사』 등을 전수받았다. 桓檀의 역사와 한민족의 神敎 哲學을 연구하면서 그는 1898년 1899년 『단군세기』, 『태백일사』 등의 역사서를 간행했고, 弘益四書라고 불리우는 천부경, 삼일신고, 참전계경, 『태백진훈』 등 한민족의 道學心法을 전수하고 있는 신교 철학서를 간행하였다. 1909년 이기가 창립한 檀學會에 참여하였고 그 해 李沂가 絶食自盡하자 단학회의 2대 회장을 맡아 독립운동의 길로 들어섰다. 1911년 한민족의 뿌리역사와 원형정신, 문화, 철학 등이 담겨 있는 『환단고기』를 간행하여 한민족사에서 영원히 지워지지 않을 불멸의 업적을 남겼다. 1912년에는 일제에 의해 광개토태왕 비문의 글자가 마멸되기 전에 탁본을 떴던 무술등본에 근거하여 마멸된 글자 138자를 복원하여 광개토태왕이 대마도에 있는 임나가라를 거쳐 구주에 상륙한 이후 일본 열도를 정복한 내용을 밝히고 있는『聖陵碑缺字 徵實』을 발표하여 광개토태왕비의 진면목을 후세에 전하였다. 1914년 天 摩山 祭天大會를 계기로 檀學會趣旨文을 발표하여 동지들의 서명을 받아 독립운동에 매진하였다. 1918년 겨울 단학회를 만주 寬甸縣 紅石拉子로 이 전하고 1919년 환단의 역사를 연구하고 독립운동가들이 기숙하고 훈련하 는 倍達義塾을 열었으며 같은 해에 檀學會報를 간행하였다. 同年 이상룡의 西路軍政署에 참여하여 공을 세웠고 같은 해 8월 15일 韓奸 甘永極에게 피 살되었다. 평생을 한민족의 역사와 정신을 연구하고 민족의 독립을 위해 헌신하셨지만 선생은 국가로부터 어떠한 포상도 받지 못하였으며『환단고 기』를 부정하는 강단사학자들로부터 다음과 같이 매도당하고 있다. 아래 의 내용은 인터넷에 있는 내용인데 그대로 기술한다.

행적에 대한 의문
- 대한민국에 있는 계씨는 수안 계씨 뿐인데, 수안 계씨의 족보에는 계연 수라는 이름이 없다.
- "1911년에 여러 사서들을 엮어 이기(李沂)의 감수를 받아《환단고기》를 간행하였다."는 내용은 위서로 알려져 있는《환단고기》외에는 확인되 지 않는다.
- 계연수는 이상룡의 막하에서 독립운동을 하였고 큰 전공도 세웠다고 한다. 그러나 이상룡과 관련된 기록 및 이상룡의 문집에는 계연수의 이 름이 등장하지 않으며,『환단고기』및 태백교의 전승을 제외하면 계연 수의 독립운동 기록이 없다.

민족 의식에 대한 의문

계연수는《환단고기》의 저자이자 단군교에 천부경을 전한 민족주의자
또는 항일운동가로 인식되어 있으나 실제 그의 행적이나 저작 속에서는 다
음과 같이 민족의식에 대한 의문이 제기되었다.《환단고기》에는 계연수가
직접 쓴 것이라고 볼 수 있는 범례가 있는데, 1911년에 작성되었다고 하는
이 범례는 당시의 민족주의자가 서술했다고 보기 어렵다는 주장이 제기되
었다. 또한《환단고기》의 주요 내용들에서 친일성이 지적된다.《환단고기》
는 위작으로 의심되므로 해당 내용들 역시 계연수의 저작으로 보는 주장이
존재한다.

이에 論者는 이유립이 지은 『대배달민족사』와 그가 간행한 「커발한」 잡
지 그리고 기타 자료들을 종합하여 위대한 민족사학자이며 한민족 고유심
법의 전수자이며 불굴의 독립운동가이신 운초 계연수 선생의 생애와 사상
및 업적을 정리하여 사계에 보고하는 바이다. 이를 계기로 운초 계연수의
진면목이 세상에 드러나고, 근거도 없이 그가 지은 『환단고기』를 위서로 매
도하고 심지어 친일서적으로 매도하는 한국사학계의 비이성적인 풍토가
바뀌어지기를 기대한다.

2. 生涯

운초의 생애는 알려진 것이 별로 많지 않다. 『海東人物志』下의 遂安桂氏
조를 보면 다음과 같이 기술되어 있다.

"桂延壽의 字는 仁卿이고 號는 雲樵이니 대대로 宣川에 거주하였다. 李
沂의 문인으로 百家의 서적을 섭렵했고 무술년인 1898년에 『檀君世

紀』『太白遺史』 등의 서적을 간행했고, 기미년인 1919년에 李相龍의
幕下로 들어가 西路軍政署에 참여하여 공을 세웠고, 경신년(1920년)에
만주에서 卒하였다."

계연수 선생 초상화(출처: 대한사랑)

이유립이 지은 『桓檀古記正解』에는 위의 것보다는 비교적 자세하게 다음
과 같이 기술되어 있다.

"桂子의 이름은 延壽이고 字는 仁卿, 號는 雲樵 또 다른 호는 一始堂主
人이니 그의 조상들은 宣川사람이다. 고종 태황제 元年인 갑자년(1864
년) 5월 28일에 태어나 宣川에 거주하였다. 어려서 父母를 여의었고 뛰
어난 자질을 가지고 태어나 百家의 서적을 섭렵함에 한번 보면 즉시
암송하였고, 말년에 비로소 크게 깨우쳤다. 어려서부터 名山과 勝地를
두루 찾아다녔고 道士와 異僧 등을 방문하였으며 더욱 힘을 기울여 精
進修鍊하였고 桓檀 이래의 고유한 철학사상을 탐구하여 一家見을 이
루었다. 泰川의 진사 백관묵의 서당을 방문하여 元董仲이 지은 『三聖

記』와 紅杏村叟가 지은 『단군세기』를 얻었고, 朔州의 진사 이형식의
집을 방문하여 범세동이 지은 『穿理鏡』 등의 서적을 얻었고, 海鶴 李沂
를 스승으로 모셔 『太白眞訓』 『太白逸史』를 얻었고 또 定州의 篠湖 李
沰으로부터 乙巴素가 지은 『參佺戒經』을 얻었으니 모두 보배스러운
고전서적이었다. 光武 2년(1898년)에 『태백진훈』 『단군세기』를 간행하
고 다음해 己亥年(1899년)에 『참전계경』 『태백일사』 『天符經要解』를 간
행하고 13년(1909년) 정월 1일에 해학선생이 檀學會 綱領三章을 지으
시고, 3월 16일에 단학회 창립을 마리산 참성단에서 告由하시었다.”

이후의 내용은 앞의 내용을 설명해가면서 또는 해당되는 곳에서 부연설
명하고자 한다.

桂氏의 시원을 『海東人物志』에서는 “고려 충렬왕 때 桂文庇가 大將軍이
되었는데 桂氏의 시작이 아마 여기에서 나온 듯하다”고 하였지만 『韓國姓
氏寶鑑』에는 다음과 같이 기술되어 있다.

『계씨중주동방분파고증(桂氏中州東方分派考證)』에서 시조 계석손(桂碩遜)
은 ‘평양에 들어와 태사(太師)가 되었다’고 기록되어 있다. 그는 중국
명나라 사람으로 예부시랑(禮部侍郎)을 역임할 때 왕명으로 고려말 동
래(東來)하여 수안백(遂安伯)에 봉해져 후손들이 봉군지를 본관으로 삼
게 되었다. 수안은 황해도에 있으며 고구려 때는 장색현(章塞縣), 통일
신라 때는 서암군(栖岩郡)의 속현이었으며 고려조 이후 수안으로 되어
오늘에 이르고 있는바 계(桂)·박(朴)·이(李)·피(皮)·추(秋)씨 등이 세거해
온 곳이다.

위의 내용으로 볼 때 수안 계씨 종친회에서는 공식적으로 桂碩遜을 始祖로 삼고 있는 것을 알 수 있다. 著者는 1973년에 간행된 遂安桂氏族譜에서 桂延壽를 찾아보았지만, 찾을 수가 없었다. 이는 아마 그가 조실부모하고 일찍 고향을 떠나 天摩山, 묘향산 등에서 학문을 연마하고 수련을 했으며 그 후 독립운동에 매진하여 고향을 등지고 살았기 때문이라 사료된다.

桂氏와 桂延壽가 태어난 宣川과의 관계를 살펴보면 桂碩遜의 3아들 중 큰아들 桂元祐가 선천에 터전을 잡았다고 했고, 그의 장남 文植을 이어 장손 斌이 定遠都護府使에서 물러난 후 선천에 머물며 宣川長派를 이루어 대대로 거주하였다고 하였다. 이로 보아 계연수는 ① 桂碩遜 → ② 元祐 → ③ 文植 → ④ 斌 → ⑤ 遵 → ⑥ 操 → ⑦ 蕃榮으로 이어지는 宣川長派일 가능성이 크다 하겠다. 네이버 「지식백과」를 찾아보면 선천군의 郡山面 대목동에 수안계씨의 집성촌이 있다고 기술되어 있다.

계연수는 字를 仁卿이라고 하였다. 仁卿을 사전에서 찾아보면 역대로 仁卿이란 字를 쓴 사람이 10여 명 열거되어 있다. 이로 보아 仁卿이란 字는 사람들이 일반적으로 쓰는 字라는 것을 알 수 있다. 延壽는 '수명을 늘린다.'라는 뜻이 있는데, 『論語·雍也』에서 "仁者壽(어진 자는 오래 산다)"라고 하여 仁字를 쓴 것 같고, '卿'은 높은 벼슬 또는 사람에 대한 尊稱이거나, 비슷한 벼슬에 있는 사람들끼리 서로 부르는 호칭이라 하였으니 '어진마음을 가진 卿'이란 뜻 외에 '선한 사람, 선한 분'의 개념으로 보아도 좋을 듯하다.

雲樵라는 號에 대해 이유립은 '雲은 白雲山의 雲자를 뜻한 것이다'라고 하였다. 그렇다면 雲樵의 뜻은 '백운산에서 땔나무를 마련하는 나무꾼'이라는 의미가 될 것이다. 그런데 선천군에서는 白雲山을 찾지 못하였다. 『환단고기』 「소도경전본훈」에 "을파소가 白雲山에 들어가 하늘에 기도하다가 天書를 얻었는데 이것이 『참전계경』이다."라고 하였고, 이유립은 "白雲山은

지금의 天摩山이니 삭주 의주 구성의 3군이 교차하는 경계에 있다."고 하였
으니 이 말이 옳다. 운초는 『天符經要解』의 跋文에서 "세수하고 절하고 天
摩山 아래의 雲樵書所에서 발문을 쓰다"라고 하여 이를 증명해 준다. 또 다
른 號인 一始堂主人은 天符經의 시작인 '一始無始一'에서 따온 것으로 운초
가 천부경을 중시한 일면을 엿볼 수 있다.

  운초 인생의 전환점은 海鶴 李沂와의 만남이라 할 수 있다. 이기(1848~
1909)는 石亭 李定稷(1840~1910) 梅泉 黃玹(1855~1910)과 함께 호남의 三才라
불리운 사람으로 운초와는 16살 차이가 난다. 운초가 李沂를 만난 해를 정
확히는 알 수 없으나, 1897년 이전으로 추정된다. 그것은 운초가 1898년
에 李沂에게서 전해 받은 『태백진훈』『태백일사』 등을 간행했다고 기술되
어 있기 때문이다.

  李沂는 1905년 羅寅永 오기호 등 몇몇 동지들과 일본으로 건너가 일본의
침략정책을 힐책하고 한국의 입장을 호소하는 글을 日王과 정계요인들에
게 보냈으며, 1907년에는 나인영 등 동지 10여인과 모의하여 을사오적을
암살하기로 하였으나 성공하지 못하고, 珍島로 귀양까지 간 행동주의 애국
자였다. 그 뒤 1909년 7월 13일 이기는 망해가는 나라를 痛憤해하면서 서
울의 여관방에서 絶食自盡하실 때 운초에게 國亡存道라는 다음과 같은 유
언을 남겼다고 한다.

道不可以亡國而廢오　　　도는 나라가 망한다고 폐기할 수가 없고
國必以有道而興하나니　　나라는 반드시 도를 통해 흥하게 되나니
惟君免之어다　　　　　　오직 그대는 힘쓸지어다

운초는 李沂의 장례를 치르며 다음과 같은 輓章을 지었다.

夢奠兩楹七月天에	공자가 두 기둥 사이에 앉아 음식 받는 꿈을 꾸고 돌아가셨듯이 스승님께서 떠나신 7월의 하늘
秋空一鶴白雲仙이로다.	가을 허공에 해학 스승님 신선되어 구름타고 가셨네.
一斧劈破振民氣하고	을사오적을 죽이기 위해 도끼 한번 휘둘러 백성의 기운 진작시시키고
三育全材恢國權이로다.	단학회 3강령으로 인재를 길러 국권을 회복하려 하셨도다.
苦心은 未愜斬妖後요	애태우는 마음은 아직 간적들을 통쾌하게 처단하지 못했기 때문이요
絶食은 最哀雪耻前이로다.	곡기를 끊은 것은 치욕을 씻기 전이라 가장 애석하도다.
道大에 難容今世界하니	도가 너무 커서 지금 세상에 용납되기 어려우니
後承倍切負雙肩이로다.	후학들은 갑절로 양 어깨에 짊어져야 할 것이다.

또 돌아가신 海鶴 李沂에게 大宗師의 존호를 올리면서 다음과 같은 시를 지었다.

一手執經一手刀하니	한손에 천부경을 들고 또 한손은 긴칼을 들었나니
斬奸怒號凜生毛라	오간(오적)을 목베이며 성낸 울부짖음에 차겁

게 털이 돋았네.

自任宙宇彌綸策하야　　스스로 우주의 미륜책을 담당하여

檀學織群鬪漲濤라　　환단의 정신으로 무리를 조직하여 불어넘치

　　　　　　　　　　는 외세의 물결을 물리치려 했네.

辛亥年(1911년) 5月에 『환단고기』를 만주 遼寧省 寬甸縣에서 간행하였고, 壬子年(1912년) 5月에 「聖陵碑文徵實考」를 발표하였다.

甲寅年(1914년) 3月 16일에 檀海 李觀楫, 石泉 崔時興 등 12인과 朔州 天摩山에 모여 祭天하고 민족의 독립을 위해 몸 바칠 것을 血盟하였으며 1915년(著者 의견: 1918년의 잘못인 듯하다. 커발한 重興小錄에 홍범도 이상룡은 戊午 7월 追署라고 분명히 기록되어 있다. 커발한 47호) 白巖 洪範圖, 石洲 李相龍의 동의를 얻었고 同年(1918년) 10月에 朴應龍 鄭昌和 등 14명이 發起文에 추가 서명하였다. 同年(1918년) 겨울에 檀學會를 만주 寬甸縣 紅石拉子區 紅石嶺 산 아래로 이전하고 倍達義塾을 설치하고 檀學會報를 간행하였다.

己未年(1919년) 3月에 大孤山 抗日示威에 同參했고, 이해 3月 16일에 석주 이상룡 홍범도 呂運亨 申采浩 등 모두 28인과 함께 署名하여 朝鮮人 十寶章을 발표했으며 4月에 이상룡의 幕下에 나아가 西路軍政署에 참여하여 공을 세웠다.

庚申年(1920년) 8月 15일에 韓奸 甘永極에게 被逮되어 屍身이 압록강에 던져졌고, 배달의숙과 草稿 10여種과 장서 3,000여권이 모두 불태워졌다.

甘永極은 甘演極이라고도 하는데, 일제의 巡査監督으로 "조선역사를 고취하는 놈은 일본제국 大東方平和政策을 방해하는 것이니 모두 빨리 잡아 없애야 한다." 하여 기어코 밀정을 紅石拉子로 보내어 운초 선생을 살해하였던 것이다.

일제의 악질 앞잡이 甘永極의 이름은 미주지역 신문인 신한민보에도 그 이름이 등장하고 있다. 신한민보는 1909년 2월 10일 미주 지역의 한인 단체들이 통합하여 결성한 國民會의 기관지로 창간된 신문으로 국문으로 매주 수요일에 발행되었으며, 3·1운동 때에는 격일로 발행되기도 했다. 여러 차례 휴간되기도 했으나 해방 이후까지 꾸준히 발행되었다.

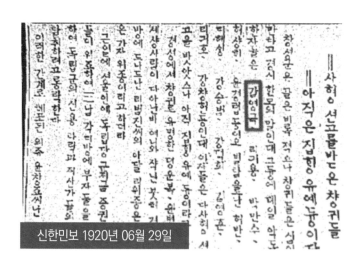

신한민보 1920년 06월 29일

신한민보 1920년 06월 29일자에는 '사형선고를 받은 창귀(倀鬼)들, 아직은 집행유예 중이다'라는 제목으로 "창성군은 골은 비록 적으나 창귀들은 심히 많다고 경시 한모의 말인대 그중에 제일 악독한 자들은 감영극 이기용 박만수... 등인데 이자들은 다 사형선고를 받았으나 아직 집행유예 중이라고..." 하여 일제의 앞잡이가 되어 날뛰던 韓奸 감영극을 첫 번째로 언급하고 있다.

甘永極은 倭警의 補助員이 되어 독립운동가들을 고문하고 살해했던 악질 土倭였던 것이다. 門人 李觀楫이 다음과 같이 輓詞를 지어 운초를 애도하였다.

理融經誥道貫天하야　　이치는 경전을 통하고 도는 하늘을 꿰뚫어

天符至妙達魚鳶이로다.　천부경의 지극한 오묘함으로 만물이 움직이
　　　　　　　　　　　　는 이치를 통달했도다.

養英功可風千里요　　　영재를 기른 공덕은 온 천하에 드날리고

傳敎魂能月萬川이로다.　민족의 가르침을 전한 정신은 온 세상에 각
　　　　　　　　　　　　인되었도다.

聞鷄起舞豪雄志요　　　닭 우는 소리 듣고 일어나 춤을 추니 호걸
　　　　　　　　　　　　영웅의 심지요

抗日復讐烈士拳이로다.　일제에 항거해 원수를 갚으니 열사의 주먹이
　　　　　　　　　　　　로다.

獨修心喪皐比席에　　　스승님 강의하던 자리에서 홀로 심상을 행
　　　　　　　　　　　　하니

胸海恨無運巨船이로다.　가슴속 바다에 움직이지 않는 큰 배가 되어
　　　　　　　　　　　　한으로 남아있다.

　檀海 이관즙은 이유립의 아버지로 단해가 운초보다 2년 늦게 태어났으
나, 단해는 무명의 운초를 스승으로 대하였다고 한다.

3. 思想 및 業績

1) 桓檀古書 및 神敎 哲學書 간행

　『해동인물지』를 보면 운초는 1898년『檀君世紀』,『太白遺史』 등의 책을
간행하였다고 하였고, 이유립은 1898년『太白眞訓』,『檀君世紀』를 간행하

고, 1899년『參佺戒經』,『太白逸史』,『天符經要解』를 간행하였다고 하였다. 이 중『太白眞訓』과『天符經要解』에 대해서 살펴보고 나머지는『桓檀古記』 조에서 설명하고자 한다.

이유립은 "오직『단군세기』『북부여기』『천부경』『삼일신고』『참전계경』 『태백진훈』등의 책이 다행스럽게도 收上書目에서 빠져 겨우 세상에 남아 볼 수가 있게 되었다"라고 하였다.『태백진훈』은 본시『태백일사』의 부록으 로 되어있던 것을 海鶴 雲樵 두 사람이 따로 배내어『천부경』『삼일신고』 『참전계경』과 함께 弘益四書라고 불렀다고 한다. 여기에『太白續經』을 추가 하여 弘益五書라고 부른다.『태백진훈』은 고려 말기 杏村 李嵒이 지으신 책 으로『환단고기』「고려국본기」에는 다음과 같이 기록되어 있다.

杏村侍中이 有著書三種하니 其著檀君世紀하야 以明原始國家之體統하 고 又著太白眞訓하야 紹述桓檀相傳之道學心法하고 農桑輯要는 乃經世 實務之學也라.

행촌 시중侍中이 지은 저서가 3종이 있다.

『단군세기檀君世紀』를 지어 시원 국가의 체통을 밝혔고,『태백진훈太白 眞訓』을 지어 환·단桓檀 시대부터 전수되어 온 도학道學과 심법心法을 이 어받아 밝혔다.

『농상집요農桑輯要』는 세상을 다스리는 실무實務 관련 학문을 담은 것 이다.

『태백진훈』은 상·중·하 3편으로 되어 있다. 상편은 三一哲學의 근본이념 과 一을 추구하는 방법론 그리고 王, 國, 民, 教 등에 대하여 기술하고 있다. 중편에서는 桓桓上帝, 桓雄, 高矢, 神誌, 熊后, 蚩尤, 단군왕검, 단군부루, 高

豆莫, 高朱蒙, 廣開土烈帝, 을지문덕, 연개소문 등의 공덕을 서술하고, 배달
의 국가인 어아가, 誓効詞 등을 실었으며, 東鬘山, 松岳山을 찬양하는 글을
싣고 있다. 하편은 師弟問答篇으로 우리 민족의 신교철학, 道學心法과 治國,
학문 등에 대해서 제자가 묻고 대답하는 형식으로 기술하고 있다. 운초는
이 책을 간행하면서 다음과 같이 跋文을 쓰고 있다.

舊俗이 慕效尊周不緊之義하고 習讀宋學無實之文而已오 此世에 更不知
有神市開天之法統하고 尤昧於太白弘益之眞訓하야 無能爲善하고 無動
爲大하니 所謂善者 果善也며 所謂大者 果大耶아 今에 外侮荐至하고 危
辱疊生이로대 而兩班儒林은 看把名義太重하야 視他外人如犬羊하고 素
缺技術精巧로대 對新科學若茶毒이라 尋常言論에 輒做嫌怨하고 直實報
筆에 兵戈相隨하야 風氣之束縛이 旣如是하고 黨論之痼疾이 又如此라
達變通權之材則缺焉하며 求我自新之量則蔑焉하야 固無合群爲公之思想
이어니 其何以能競進於物競天擇之世界乎아 惟我先師杏村李先生은 道
探三極하시고 功存民國하사 爲蓍龜元老하시고 爲國人矜式이라 平生信
念이 專主求我하야 弘誓救國하시고 恢圖扶民하야 修鍊驗躬하시며 發
揮竭力하사 充實光輝之能聞於天下오 且好文章하야 尤於闡明桓檀古道
하야 有一副苦心하시고 孜孜焉講述하야 至老而不衰하시니 此書 足以
爲倍達人宗敎之本이오 又其祭天一事는 不當用之一域이오 當留爲天下
後世之大法綱이라 先師ㅣ處於倭寇紅賊之繼相侵撓之世하야 其艱險而樹
立하시며 亡滅而扶存하시니 何其偉哉며 何其烈哉아 嗚呼라 先師ㅣ嘗慨
然於世道하사 先破華夷名分之界限하시며 唱人外無尊之說하야 尊吾倍
達之祖하시며 喚醒倍達之魂하야 蕩洗詐僞하시며 養成人材之是賴於是
書하야 將欲光大雄飛於天下萬世者耳니 此其先師之志也시니라 先師之

玄孫忠憲公陌이 廣搜據實하야 旣撰「太白逸史」하시며 兼以繕修此書하야 祕藏之於家者 久矣러니 餘從海鶴李沂先生하야 始得草稿하고 喜甚不寐而讀之熟하며 味之完然後에 更復與一、二同志로 論難相確하며 間有增補遺事하야 以公於世하니 後之思保國敎者ㅣ或可採擇者歟아 此所以區區之望耳라 乃爲跋하노라.

光武二年 戊戌 三月十六日에 後學 宣川 桂延壽는 謹跋하다.

옛 습속이 중국을 높이는 별로 중요하지도 않은 의리를 사모하고 답습하며, 송나라 성리학의 실속 없는 글들만 읽고, 익힐 따름이요, 이 세계에 더욱 신시개천의 법통이 있음을 알지 못하고 더 더욱 우리 민족의 홍익인간의 참된 가르침에 어두워 쓸모없는 것으로 좋은 것을 삼고, 바뀌지 않는 것으로 훌륭함을 삼으니, 이른바 좋은 것이 과연 좋은 것이며 이른바 훌륭한 것이 과연 훌륭한 것인가. 지금 밖의 침략이 거듭 이르고 위험과 욕됨이 첩첩이 생겨나되, 양반과 유학자들은 명예와 의리를 너무 중시하여 저 외인들 보기를 개나 양같이 여기고 본래 기술의 정교함이 부족하되 신과학에 대하여 해악(害惡)으로 여긴다. 항상 말하고 논함에 문득 싫어하고 원망하며 바르고 진실하게 알려주는 직필에 싸우려고 달려와 풍기가 속박하는 것이 이미 이러하고 고질적인 당론이 또 이와 같다. 변화와 권도에 통달할 재질은 부족하며 나에게서 찾아 스스로 새로워지는 역량은 전혀 없어 진실로 무리를 합쳐서 공도를 위하는 사상이 없으니 어찌 생존경쟁에서 하늘이 선택하는 적자생존의 세계에 힘차게 나아갈 수 있겠는가. 오직 우리의 선대의 스승이신 행촌 이암선생은 천지인 삼극의 도를 탐구하시고 공덕은 백성과 나라를 보존시켜 시초점과 거북점처럼 우러르는 원로가 되셨고 나라 사람들이 존경하고 우러르는 분이 되셨다. 평생의 신념이 전적으로 나에게서 찾는 것을 주장하여 나라를 구할 것을 크게 맹서하시고 백성을 도울 것을 크게 도모하시어 수련을 통해 몸에서 체험하시며 발휘하는데 힘을 다하시어 속이 꽉 차고 빛나는 능력이 천하에 소문이 났고 또 문장을 좋아하시어 환단의 옛 도리를 밝히는데 힘을 써서 고심하고 자세히 강술하여 늙음에 이르러도 그만두지 아니하셨으니 이 책은 족히 배달겨레의 종교의 근본이 되고 또 <u>하늘에 제사지내는 천제의 일은 한 지역에서만 행해져서는 안 되고 마땅히 천하 후세의 대법강으로 남겨야 할 것이다.</u> 이암선사께서는 왜구와 홍건적이 계속 침략하는 세상을 만나 고난 속에서 학문을 세우시고 망실된 것을 붙잡아 보존 하셨으니 얼마나 위대한 일이며 얼마나 공적이 뛰어나신가. 아! 선사께서 일찍이 세상의 도리를 개탄하시어 먼저 중화와 동이의 명분의 한계를 깨트리시며 사람 외에는 존귀한 것이 없다는 설을 창도하여 우리 배달의 선조를 높이고 배달의 정신을 깨우쳐 주어 거짓된 것을 싹 쓸어버리시며 인재를 양성하는 것을 이 책에 의뢰하여 천하 만세에 크게 빛을 내고 웅비하게 하고자 한 것이니 이것이 선사의 뜻이다. 선사의 현손 충헌공 이맥이 널리 수집하고 사실에 근거하여 이미 『태백일사』를 지으시며 겸하여 이 책을 수정하여 집에 비장해온 것이 오래되었더니 내가 해학 이기 선생을 쫓음으로부터 비로소 초고를 얻어 보고 너무 기뻐 잠도 안자면서 숙독하며 완미한 뒤에 다시 1~2명의 동지와 토론·확정하였으며 간간히 빠진 곳을 증보하여 세상에 공표하니 뒷날 나라의 가르침을 생각하고 보존하려는 자가 혹 채택할 수 있을 것인가. 이것이 작은 소망일 뿐이다. 이것으로 발문을 삼는다.

광무 2년 무술(1898년) 3월 16일에 후학 선천 계연수는 삼가 발문을 쓰다.

위의 글은 운초가 1898년 『태백진훈』을 간행하면서 쓴 발문이다. 먼저 우리의 학문하는 풍토가 중국과 성리학에 경도되어 신시개천의 법통과 우리 민족의 참된 가르침을 알지 못함을 개탄하였고 이어서 서세 동점하는 혼란 속에서 우물 안 개구리가 되어 능동적으로 대처하지 못하는 유학자를 비판하고 사상의 결핍을 강조하고 있다.

다음으로 행촌 이암의 도덕을 칭찬하고 그가 지은 『태백진훈』이 배달겨레의 근본 가르침으로 인재를 양성하는 중요 서적이 된다는 것을 밝혀주고 있다.

그리고 끝으로 『태백진훈』의 전래과정과 출판과정을 이야기하고 있다. 즉 행촌 이암이 짓고 현손인 이맥이 수정하여 집에 보관하였으며 운초는 李沂에게서 붓으로 쓴 초고를 얻어 밤새워 연구하고 동지들과 토론하며 빠진 곳을 보충하여 1898년 비로소 간행을 하였다는 것이다.

이어서 『天符經要解』에 대해 살펴보고자 한다. 이유립은 운초는 처음으로 『천부경』과 『삼일신고』의 전문을 『太白逸史』 속에서 뽑아내어 비로소 세상에 유포하였다고 하였다. 『환단고기』 범례에서 운초는 "『천부경』과 『삼일신고』 두 글의 전문이 모두 『태백일사』 속에 실려 있으니 이는 실로 郞家의 『대학』 『중용』과 같은 것이다"라고 하여 대단히 중시하였고 『천부경』과 『삼일신고』 속의 三一心法을 우리 민족의 핵심 사상으로 인식하였다. 그리고 그는 1899년 『참전계경』도 간행하였으니 한민족의 造化經인 『천부경』, 教化經인 『삼일신고』, 治化經인 『참전계경』의 三化經이 모두 비로소 운초에 의해 새롭게 독립되어 세상에 전해지게 된 것이다. 운초의 『천부경요해』는 이유립의 『대배달민족사(三)』에 실려 있다. 그는 『천부경』을 9장으로 나누었고 다음과 같이 요약하여 해석하고 있다.

분장	천부경 본문	운초의 요해
제1장	一은 始无나 始一이니라.	穿理鏡에 曰 无는 無無無之无요 一은 壹壹壹之一이라 하니, 無無無之无는 一中之无니 大道之理요 壹壹壹之一은 无中之一이니 大德之機라. 无始一而始无는 數象理之无極이오 一始无始一은 機體用之一本이니라 右는 解大一之始라.
제2장	析三極하야도 无盡本이니라.	始於一而析三爲極하고 極無盡而本相自在니라. 三爲天地人三極之象이니 析三之象이 象極於无中之一이니라. 外一圓而向內하야 機成於天極하니 是天覆一无之理요 內二方而對外하야 體成於地極하니 是地載萬有之象이요 間三角而貫中(兼內外)하야 用成人極하니 是人參三才之數니라. 右는 解大一之本이라.
제3장	天一은 一하고 地一은 二하고 人一은 三이니라.	圓方角은 象之體요 一二三은 數之用이니 理在其中이니라. 一中一而環一은 一圓之始요 一正二而對一은 二方之始요 一支三而互一은 三角之始니라. 右는 解大一之理라.
제4장	一積하야 十鉅하고 无匱化三이니라.	一者는 眞理之一이니 萬事가 擇於有萬하야 而貴取一也며 十者는 極數之零이나 億土(本大地今改)가 交南北於東西하야 而功成十이라. 故로 一積一而爲十하고 一鉅十而化三하나니 積一之體는 體具於十하고 化三之用은 用變於九라. 故로 環積一而中鉅化三이면 圓無不環하고 對積二而正鉅化三이면 方無不對하고 互積三而支鉅化三이면 角無不互니라. 右는 解大一之機라.
제5장	天은 二요 三이며 地는 二요 三이며 人은 二요 三이니라.	天二는 謂日月이요, 地二는 謂水陸이요, 人二는 謂男女라. 三은 謂兼三才而兩之也니라. 故로 中正支는 體之理요 環對互는 用之機라. 一環一而中二三은 圓之成이요, 一對二而正二三은 方之成이요, 一互三而支二三은 角之成이니라. 右는 解大一之象이라.

분장	천부경 본문	운초의 요해
제6장	大三이 合六하야 生七八九하나니	三은 謂天地人이오 六은 謂陰陽剛柔仁義라. 故로 一生二而大三하고 二運三而合六하니 大三之理는 理生於无하고 合六之機는 機運於一이라. 中生一而環運合六이면 圓无不中하고 正生二而對運合六이면 方无不正하고 支生三而互運合六이면 角无不支니라. 穿理鏡에 曰 一二三·積六은 天地人始一成六之象이요, 一二三·鉅九는 圓方角化三變九之體라. 一六六·六六三十六은 大道生生无窮之理요 一九九·九九八十一은 大德運運不盡之機라하니 盖天地萬物이 氣化以成形하고 理卽賦而化三하니 六焉水와 七焉火와 八焉木과 九焉金 十焉土가 第次而成也니라. 右는 解大一之體라.
제7장	運三四하야 成環五七이니라.	歲有四時而時各有三月하고 地有四方而方各有三形하고 人有四體而體各有三骨節하나니 是謂運三四요, 五는 五行이니 空間은 平等이며, 七은 七曜니 時間은 自由라, 是謂五七成環而中有人間하야 最爲尊貴라. 故로 穿理鏡에 曰 外圓內方하야 老少陰陽이 循環不息하니 先天始成之理요 內圓外方하야 上下奇耦가 錯綜無停하니 後天交媾之機라. 一在六中者는 理之一이 生於中而運於內하고 六居一中者는 機之六이 成於中而環於外라하니 是也라. 右는 解大一之數라.
제8장	一이 妙衍하야 萬往萬來라도 用變은 不動本이니라.	杏村先生이 曰 一者는 大一眞元之體요 玄妙自能之力이라. 穿理鏡에 曰 中宮은 造化地原也니 妙衍之理가 由是而生하고 八門은 變化之機니 往來之機가 從此而運이라. 二三四五는 乃一之妙니 先天萬往之數요 七八九十은 是一之衍이니 後天萬來之用이라하니 天下事가 豈自遭之而可動哉아 此理甚明하야 不動爲本이니라. 穿理鏡에 又曰 一是本而成六하고 六成中而具於十하고 六妙一而用爲五하고 六衍一而變爲七이라 五用妙而又妙하니 前宇宙之萬往이요 七變衍而又衍하니 後宇宙之萬來라. 上下經緯가 妙衍하야 一極而六은 中不易이오 古今往來가 用變하야 六合而一은 本不動이라하니 故로 曰 一이 妙衍이라. 一은 本이니 本者는 萬理之極也라. 象理之道가 從此而化하고 六은 中이니 六中者는 萬機之極也라. 體用之由가 是而合이니 故로 曰 不動本이니라. 右는 解大一之用이라.

분장	천부경 본문	운초의 요해
제9장	本은 心이니 本太陽하야 昂明하고 人이 中天地하야 一하나니 一終无나 終이 一이니라.	本은 卽心이요 心卽神明이니 主宰人物之本形이요 本은 卽日이요 日卽太陽이니 君臨天地之中心이라. 中心之理는 極於本하야 與天地로 昂其道하며 本形之機는 極於中하야 與日月로 明其德하야 理氣가 化合於本形하고 道德이 昂明於中心하나니 故로 曰 人中天地一이라. 右는 解大一之中이라.

그가 『천부경』의 핵심을 大一(太一)로 파악하고 있는 것은 탁견이라고 말할 수 있다. 그는 『천부경』에 注를 달면서 범세동이 지은 『穿理鏡』을 인용하고 있는데 이로 보아 『천리경』이 역사 서적이 아니라 이치를 밝힌 서적이라는 것도 알 수가 있다. 「소도경전본훈」을 보면 범세동이 천부경에 대한 註解를 했다고 하였는데 이 『천리경』이 천부경의 주해와 관련된 서적이 아닌가 하는 생각이 든다. 그가 쓴 『천부경요해』의 발문은 다음과 같다.

夫天符者는 大一之道也라. 三神運化之妙가 符驗於人事하니 一體之原理는 作用於三神하야 化顯焉而爲三眞之一像하고 治法焉而爲三韓之一土하니 此天符大一之眞義也라. 一極成大而大自一起하고 一積鉅十而一自零生하니 零은 卽起點也라. 一切物이 惟三神所造요 而數는 生於一而成於三하고 終於十하니 一十之象이 積而鉅하고 化三之數가 无匱焉하니 於是乎永久生命之理가 存焉이라. 有生曰根이요. 知守曰核이니 根核生命이 主宰萬物하야 視之無形하고 聽之無聲이니 有此而生하고 無此而滅일새 恭惟我 桓雄天王이 以天降之姿로 至神兼聖하시사 能代天而立敎하야 標的萬世하시니 此天符經之所以作也시니라. 性通功完하야 永得快樂之學이 其必眞在此乎인저 然이나 一自西勢東漸으로 天壤易處하고 人心不古하야 失我理性하며 非我做偶하야 滔滔之勢가 實有不可抗力者라. 余

嘗慨此하야 冒濫大呼하야 求我自立하노니 自立之道가 先在知我而能獨하야 反史學之正하며 復國學之古하야 一是勤於內修하며 又勉外攘하야 備修我有之智慧하고 恢新我有之物力하고 兼採新來之文化하야 達變通權호대 取舍自主하야 和白恢公하야 萬機聽民이니 如此然後에 始可得以言多勿興邦也라. 外此而更何他求哉아 今經殘史沒之餘에 幸得此經於太白逸史而抽出하야 作本單行하고 添以要解하야 名之曰天符經要解라 是爲跋하노라.

神市開天 五千七百九十六年 歲在己亥 十月 乙亥朔 初三日 丁丑未時에 太白遺徒宣川桂延壽는 盟手拜書于天摩山下之雲樵書所하다.

천부는 大一(太一)의 도를 밝힌 것이다. 삼신의 오묘한 운행 변화가 인사에 부합되고 징험되니 한 몸(一體)의 원리는 삼신으로 작용하여 세상에 나타나는 것은 삼진일상(三眞一像)의 모습이 되고 다스리는 법도는 삼한이 한나라가 되니 이것이 천부 大一의 참된 뜻이다. 1이 극하여 커지되 큰 것은 1로부터 시작되고 1이 쌓여 10으로 커지되 1은 영(零)으로부터 생겨나니 영은 즉 기점이다. 일체 만물이 오직 삼신께서 지으신 것이요 수는 1에서 생겨 3에서 완성되고 10에서 끝이 나니 1과 10의 모습이 쌓여서 커지고 3으로 변화되는 것이 예외가 없으니 이에 영원한 생명의 이치가 존재하게 된다. 생명이 있는 곳이 뿌리이고 지킴이 있는 곳이 핵(核)이니 뿌리와 핵의 생명이 만물을 주재하여 보아도 보이지 않고 들어도 소리가 없으니 이것이 있으면 살고 이것이 없으면 없어지기 때문에 삼가 생각건대 우리 환웅천황께서는 하늘에서 내려보내신 자질을 갖추시었고 지극히 신령스러우면서도 通明하시어 능히 하늘을 대신해서 가르침을 세워 만세를 목표로 삼으셨으니 이것이 천부경이 지어진 이유이다. 본성을 관통하고 공력을 완수하여 영원히 쾌락을 얻는 학문이 반드시 정말로 여기에 있도다. 그러나 한 번 서세가 동점 함으로 말미암아 천지가 뒤집어지고, 사람 마음이 옛날 과 같지 않아 나의 이성을 잃으며 내가 아닌 것으로 우상을 만들어 도 도한 형세가 실상 힘으로 대항할 수가 없게 되었다. 내가 일찍이 이를 개탄하여 참람함을 무릅쓰고 큰 소리를 내어 우리의 자립을 구하노니 자립의 도가 먼저 나를 알아 능히 독립하여 올바른 사학을 회복하며 옛날의 국학을 복원하여 한결같이 부지런히 내면을 닦으며 또 외부의 유혹을 물리치는데 힘써 나에게 갖춰진 지혜를 모두 닦고 나에게 본래 있는 힘을 회복하고 새롭게 하며 겸해서 새로 들어온 문화를 채택하 여 변화와 권도에 통달하되 스스로 주인이 되어 취할 것은 취하고 버 릴 것은 버려 화백의 공도를 회복하여 모든 일을 백성의 뜻을 따르는 데 있으니 이와 같이 한 뒤라야 옛 법도를 회복하여 나라를 흥하게 한 다고 말할 수 있다. 이 밖에 다시 무엇을 달리 구하리오. 지금 경전과 사학이 없어지고 매몰됨에 다행스럽게도 이 천부경을 『태백일사』에서 얻어 뽑아내서 단행본으로 만들고 요약된 해석을 덧붙여 『천부경요 해』라고 하였다. 이것으로 발문을 삼는다.

신시개천 5796년(1899년) 기해년 10월 초하루는 을해이고, 초3일 정 축일 未時에 태백의 후손 선천 계연수는 세수하고 절하고 천마산 아래 의 운초 글방에서 서문을 쓰다.

위의 내용을 요약해보면 다음과 같다.

첫째, 천부경은 大一(太一)의 도를 밝혔다는 것이다. 그는 『천부경요해』에 서 천부경을 9장으로 나누고 제1장은 大一의 시작, 제2장은 大一의 근본, 제3장은 大一의 이치, 제4장은 大一의 기틀, 제5장은 大一의 모습, 제6장은

大一의 본체, 제7장은 大一의 수, 제8장은 大一의 작용, 제9장은 大一의 중심이라고 모두 大一로 요약하였다. 大一은 程子가 말한 萬殊之一本과 같은 자리라고 말할 수 있는데 천지만물과 인간의 생명이 시작되는 근원이고 모든 인간이 궁극적으로 돌아가야 할 고향이라 생각된다.

둘째, 이 一이 三으로 작용하는 一體三用, 三神一體, 三眞一像, 三韓一國의 예를 들고 있다.

셋째, 모든 數가 零에서 1이 나와 3으로 작용하고 10까지 발전하는 수리를 설명하고 있다.

넷째, 환웅천왕께서 천부경을 지으신 목적이 性通功完하여 永得快樂에 있다는 것을 말하고 있다.

다섯째, 서세동점하여 가치관이 무너지는 때를 당해 나를 찾아 자립(求我自立)하고 나를 알아 독립(知我能獨)하며 안으로 수행을 하고, 밖의 유혹을 물리쳐서(內修外攘) 새로워져서 權道에 통해야만 多勿興邦을 할 수 있다고 말하고 있다.

그리고 끝으로 『태백일사』에서 뽑아내 단행본을 만들어 주석을 달았다는 것을 밝히고 있다. 이상의 내용은 인류 最初의 경전이며, 最高의 이치를 담고 있는 경전이며, 81자로 이루어진 가장 짧은 경전이며, 모든 경전의 근본 경전인 『천부경』이 운초 계연수의 손을 거쳐 새롭게 公表되는 역사적인 순간이라고 말할 수 있을 것이다. 운초는 조선시대 말기와 망국으로 이어지는 혼돈의 시대에 桓檀이래 우리 민족의 고유 心法과 道學을 계승하여 三一철학과 太一心法을 체득하여 후손에게 전해준 민족의 큰 스승이라고 말하고 싶다.

2) 檀學會 活動 및 독립운동

단학회는 李沂로부터 시작된다. 1905년 일본에 갔다가 귀국한 李沂는 大韓自强會를 조직하여 사회문화의 계몽운동을 시작하였다. 1907년 을사오적신의 암살실패로 진도에 귀양을 갔다가 放還되어 서울로 돌아온 이후 그는 행촌 이암이 쓴 『太白眞訓』의 주석과 『천부경』, 『삼일신교』, 『참전계경』, 『삼성기』, 『단군세기』, 『太白遺史』, 『揆園史話』 등 신교경전과 桓檀古史의 연구에 심혈을 기울였다. 그가 단학회를 창립하게 된 계기는 홍암 나철과의 역사관 신관의 차이에 의한 갈등 때문이었다. 1907년 12월 除夕에 친구 10여명과 茶洞에 모여 술을 마셨는데, 여러 사람의 의견이 檀君教로 많이 기울어졌지만 李沂와 雲樵만은 의견이 달랐다. 이것이 檀學會와 檀君教가 갈라지게 되는 연유가 된다. 이를 『커발한』 「檀學會略史」에서는 다음과 같이 기술하고 있다.

> 평소에 弘岩 羅寅永 先生과 서로 심각하고도 광범한 討論의 기회를 많이 갖기도 했으나 결국 三神說의 정의와 神市開天과 檀君建元등 핵심 문제의 歸一點을 찾지 못하고 羅弘岩은 檀君教 (大倧教전신)의 체제를 갖추어 세상에 표명하게 되니 自强會원중 桂延壽 李廷普 金孝雲 등 여러 선생들의 간곡한 희망에 의하여
>
> 一, 祭天報本〈三神님께 제사하여 근본을 갚는다.〉
> 二, 敬祖興邦〈조상을 공경하여 나라를 일으킨다.〉
> 三, 弘道益衆〈大道를 홍포하여 무리를 유익하게 한다.〉
> 이러한 세 가지의 檀學綱領을 채택하고 각 갈래로 흩어져있는 민족의 마음을 하나로 묶기 위한 새로운 연구단체인 「檀學會」를 만들기로 합

의했으니, 때는 隆熙三年 三月 十六日이며 塹城檀에 고유하기는 그해 五月五日이었다 한다. 그러나 海鶴대종사는 발기총회를 보시기전에 국치민욕이 너무한 悲憤을 이기지 못하여 그해 七月十三日 서울 旅舍에서 絶食自盡 하였다.

海鶴 李沂가 세상을 떠난 후 운초는 庚戌年(1910년) 이후 특히 서북지방을 근거로 비밀리에 단학회의 확대발전을 노력하였다. 운초는 1914년 3월 16일 평안북도 天摩山 聖人堂에 모여 三神一體 上帝를 주벽으로 모시고 환국시조 桓仁天帝, 신시시조 桓雄天皇, 조선시조 檀君王儉을 配享하여 天祭를 올리면서 단학회의 운영과 미래의 발전방향을 토의하였으며, 趣旨文을 지어 서명을 받았다. 이때 天摩山 확대회의에 참석한 중요인물은 雲樵 桂延壽, 檀海 李觀楫, 石泉 崔時興, 松岩 吳東振, 白下 金孝雲, 碧山 李德秀, 一峰 朴應白, 昌春 梁承雨, 直松軒 李龍潭, 菊隱 李泰楫, 綠水 徐靑山, 白舟 白亨奎 등 12명이었으며 1918년 7월에 白岩 洪範圖 장군과 石洲 李相龍朴선생은 碧山의 소개로 참가하였으며 그해 10월 開天節에 朴應龍, 鄭昌和, 朴龍琰, 金炳周, 李龍俊, 李奉坰, 許基浩, 申讚禎, 李陽甫, 朱尙玉, 李東奎, 金錫奎, 孫榮麟, 李振武 등 十四명이 추가로 趣旨文에 서명하게되어 회원이 五萬여명에 달하였다. 이해 겨울에 단학회를 요령성 관전현 紅石拉子로 옮겼는데 오동진 장군이 檀學會館을 짓고 田土를 사서 기증하였다고 한다. 여기에서 운초는 倍達義塾을 열었다. 배달의숙에 대해 梁宗鉉은 다름과 같이 설명하고 있다.

배달의숙의 모양과 규모에 대한 자세한 설명이 없어 어떠했는지는 알수 없으나 만주의 독립운동가와 삭주의 열사들이 수시로 모여 기숙하고 강론과 훈련을 할 만큼의 규모였을 것이다. 배달의숙은 송암이 단해와 운초, 석천, 벽산, 직송헌등의 뜻을 모아 기미년 7월경 관전현 홍석랍자에 설치했으며 초기에 단해와 아우 국은 (菊隱 李泰楫)이 세운 통균사(統均社)의 지원이 있었다.

1919년 3월 16일 운초는 檀學會報 창간호를 간행하였고, 8號까지 간행되었다. 단학회보 창간을 축하하면서 운초는 다음과 같은 시를 지었다.

開天始自帝桓雄이오	개천은 처음 환웅천황으로부터 시작되었고,
五百又千設教功이라	1,500명이 교화와 공덕을 베풀었네.
檀君繼後建皇極하니	단군이 계승한 뒤에 황극이 세워졌고
紫府述先呼國中이라	자부선인은 선대를 이어 나라의 중심이라 불렀네.
人道秉彝須報本이오	태어날 때 가지고 온 인간의 도리는 모름지기 근본에 보은해야 하고,
祖魂齊族更生東이라	선조의 정신으로 겨레의 마음을 하나로 하니 다시 동방에서 기운이 솟네.
多少獻誠何有事오	조금이라도 정성을 드린 것은 무슨 일인가.
白山萬古自神風이라	백두산은 만고에 변함없이 신교의 바람 일으키네.

회보 간행의 비용은 西路軍政署 總裁인 李相龍 선생이 보조했다고 한다. 단학회보의 중요 내용을 간추리면 다음과 같다.

첫째, 개천절을 일반 사람들이 무진년 단국건국의 날로 기념하나, 단학회에서는 환웅천왕의 갑자년 太白山 天降을 기념하며, 홍익인간사상도 단군에서 시작된 것이 아니고, 환국시대부터 시작된 것이다.

둘째, 대종교에서 단군의 생년을 甲子로 보고 124년이 지난 무진년에 등극한 것을 개천으로 보아 神市時代를 124년으로 보고 있는 것은 역사 왜곡이다.

셋째, 대종교에서 환인 환웅을 추상의 神으로 보고 단군까지를 합해 三神一体上帝로 믿으나 三神一体上帝는 우주의 최고 인격적 主宰神이고, 환인천제는 환국의 시조이고, 환웅천황은 신시의 시조이고, 단군왕검은 조선의 시조로써 각각 父道, 師道, 王道로 백성을 다스렸다.

이상의 내용은 『환단고기』의 내용과도 정합하는 내용으로 대단히 합리적인 견해라 생각된다. 『환단고기』를 보면 기원전 3897년 甲子年에 배달국이 건국되었고 기원전 7197년 甲子年에 환국이 건국되었다. 운초의 역사관과 신관 등은 모두가 『환단고기』 三化經 등에 근본한 것으로 그는 이를 바탕으로 연구활동과 불굴의 독립운동을 병행해 나갔던 것이다.

1920년 8월 15일 운초가 피살된 뒤, 石泉 崔時興이 제3대(1920~1934) 단학회 회장을 맡았고, 이어서 4대 碧山 李德秀(1934~?), 5대 直松軒 李龍潭(1945~?)으로 계승되었다. 단학회에서 三宗五正으로 받드는 분이 있는데 三正은 海鶴 李沂 大宗師, 石洲 李相龍 大宗師, 丹齋 申采浩 大宗師이고, 五正은 雲樵 桂延壽 大承正, 白岩 洪範圖 大承正, 松岩 吳東振 大承正, 石泉 崔時興 大承正, 碧山 李德秀 大承正이다.

3) 『환단고기』 간행

운초는 李沂를 만나기 이전(이유립은 1897년 운초가 李沂를 만났다고 기술하고 있다.) 약초를 캐 湖口하며 서북의 班家를 방문하고 勝地를 유람하며 곳곳의

祕藏書冊과 金石文 岩刻文등 각종 史料를 모았다고 한다. 또한 李沂를 스승으로 섬기게 된 것도 그가 史書를 수집하는 현장에서 만나게 되지 않았나 하는 생각이 든다. 『환단고기』 범례를 통해 그가 『환단고기』를 편찬하게 된 과정을 이야기해 보고자 한다.

운초의 집안에서는 安舍老가 지은 『三聖紀』가 전해 내려왔다. 이것이 운초가 桓檀의 歷史에 관심을 가지게 된 결정적인 계기가 되었으리라 사료된다. 이후 운초는 당시 藏書家로 소문이 났던 白進士 寬黙(1804~1866)의 집을 방문하여 元董仲이 지은 『삼성기』와 『단군세기』를 얻게 된다. 지금까지도 많은 사람들이 운초가 백관묵에게서 직접 『삼성기』와 『단군세기』를 전해 받은 것처럼 이해하고 있으나 백관묵이 卒했을 때 운초는 겨우 3살이었다. 백관묵은 1840년 進士試에 합격한 이후 은거하면서 오로지 죽을 때까지 경전만을 연구하였으며 6卷의 문집을 남겼다고 한다. 그의 집안에는 본래 책을 많이 소장하였다고 하니 아마 운초가 소문을 듣고 그가 죽은 뒤 그의 집을 방문하여 『삼성기』와 『단군세기』를 얻었으리라 사료된다. 운초는 朔州 배골 李亨栻의 집에서 范樟이 지은 『북부여기』를 얻는다. 이것도 사람들이 이형식에게서 직접 얻은 것으로 생각하나 고성이씨 족보를 보면 이형식은 1796년에 태어나 1867년에 卒했다고 되어 있다. 이로 보면 그가 卒했을 때 운초는 4살이었으므로 역시 그의 死後에 그 집을 방문하여 얻었으리라 생각된다.

李陌이 지은 『태백일사』는 스승인 李沂가 소장하고 있던 책을 전해 받은 것이다. 그런데 여기서 『태백일사』와 『太白遺史』에 대해서 살펴보고자 한다. 『해동인물지』에서는 운초가 1898년에 『태백유사』를 간행했다고 하였고, 이유립은 1899년에 『태백일사』를 간행했다고 하였다. 『태백일사』와 『태백유사』는 같은 책인가, 아니면 다른 책인가. 이유립은 「커발환」이라는 단학회 기관지를 간행하면서 『太白遺史』라는 제목으로 제8호, 제12호, 제13호, 제14호 등에 내용을 연재하였다. 그러나 여기의 내용은 지금의 『태백일사』와 비슷하면서도 다른 곳이 많이 있다.

첫째, 지금의 『태백일사』는 「三神五帝本紀」 제1, 「桓國本紀」 제2, 「神市本紀」 제3, 「三韓管境本紀」 제4, 「蘇塗經典本訓」 제5, 「高句麗國本紀」 제6, 「大震國本紀」 제7, 「高麗國本紀」 제8로 목록이 구별되어 있으나, 「커발환」의 『태백유사』는 위와 같은 제목이 없다.

둘째, 『태백유사』는 위의 8편의 내용이 서로 섞여서 나오고 있다. 제8호의 처음에 「삼신오제본기」의 내용이 나오다가 「환국본기」의 내용이 나오는데 순서가 완전히 바뀌어 있다. 이어서 「신시본기」가 나오다가 「환국본기」의 마지막 내용이 나오고, 『태백일사』에는 없는 내용으로 이어진다. 이어서 「三一神誥奉藏記」가 있고, 다음에 「신시본기」의 태호복희씨의 내용이 나오고 이어서 發其禮의 頌이 있고, 다음 「삼성기」 下의 내용이 나오는데 지금 「삼성기」 下의 내용과도 조금 다르며 이어서 단군의 내용이 나오는데 이는 『환단고기』와는 다른 내용이다.

다음 제12호에 연재된 내용은 짧은데 「삼신오제본기」에 있는 고려팔관기의 三神說의 내용이 있고, 「소도경전본훈」에 있는 「천부경」의 내용이 나온다.

제13호는 「천부경」 본문, 삼황내문경 이야기, 삼일신고의 소개와 본문이 나오고 신지비사의 내용이 나온다.

제14호는 「고구려국본기」의 平安好太王으로 시작해 참전계경 이야기가 있고 이어서 募漱覽과 穴口의 이야기가 있는데, 『환단고기』에는 없는 내용이다. 이어서 「신시본기」의 七回祭神之曆 내용이 나오고, 다음 「삼신오제본기」 마지막에 있는 支石과 三郎, 墓制 이야기가 나오는데 내용이 조금 다르다. 이어서 乙支文德, 九誓之會, 紫府仙人의 내용이 나오고, 이어지는 虞舜에 대한 내용은 지금의 『환단고기』에 없고, 蚩尤의 내용도 『환단고기』와는 문장이 다르다. 이후의 세세한 내용은 생략하거니와 마지막에 「고려국본기」와 『태백진훈』의 下篇의 내용이 섞여서 나오면서 끝을 맺고 있다. 「고려국본기」의 내용에도 지금에 없는 내용이 많이 실려 있다.

이상의 내용으로 분석을 해보면 『태백일사』와 『태백유사』는 내용은 비슷하지만 다른 책인 듯하다. 단학회조에서도 한번 언급했지만 해학 이기가 진도에 귀양 갔다가 放還한 이후에 연구한 서적 중에 『太白遺史』가 있었는데 바로 위의 『태백유사』가 아닌가 하는 생각이 든다. 여기에서는 이상으로 문제제기만 하고 진일보된 연구는 다음으로 미루고자 한다.

운초는 「고려국본기」에서 언급된 李佲, 李茗, 范樟에게 神書를 전수해 준 천보산 태소암의 素佺居士를 기리면서 다음과 같은 시를 지었다.

太素庵中太素翁은	태소암에 머무시던 소전거사 태소옹은
明道千載稱豪雄이라	천년에 이어지는 도를 밝히셨으니 호걸 영웅이라 말할 수 있네.
檀君世紀扶民紀하고	『단군세기』『북부여기』『진역유기』가 이로 말미암아 나와 백성의 기운 북돋우고
天寶仙風振國風이라	천보산의 선풍이 국풍을 진작시켰도다.
水與古雲合一色하고	물은 옛 구름과 합해져 일색을 이루었고
山並紅杏化春融이라	산은 붉은 살구꽃과 함께 봄속에 녹아있네.
後人久仰先生訓하니	후학은 오랫동안 선생의 가르침을 우러렀으니
眞實不虛求我功이라	진실되고 헛되지 않아 나를 찾는 공부로 인도하네.

운초는 1898년『단군세기』를 간행하고 1899년『태백일사』를 간행했던 것을 이어서 안함노의『삼성기』, 원동중의『삼성기』, 이암의『단군세기』, 범장의『북부여기』, 이맥의『태백일사』다섯 권을 묶어 해학 이기의 감수를 거친 다음 1911년 5월 5일 묘향산 檀窟庵에서『환단고기』의 서문을 쓰고 만주의 寬甸縣城 안에서 드디어『환단고기』를 간행하였다.

『환단고기』는 이때 활자본이 아니라 나무에 붓글씨로 쓰고 새김칼로 새겨서 찍어낸 목판본이었고, 30부를 간행했다고 한다. 그리고 출판비용을 대준 인물은 독립운동가로 유명한 백암 홍범도 장군과 松庵 오동진 장군이었다. 홍범도 장군과 오동진 장군이 운초를 만났을 때 다음과 같은 일화가 전한다. 1907년 가을에 松庵 吳東振이 白岩 洪範圖 石泉 崔時興 碧山 李德秀 眞松軒 李龍潭 등의 동지와 서울에 몇 달간 머무르며 여러 단체를 방문하고 돌아갈 때 德川郡에 있는 묘향산을 지나가다 檀窟庵에 있는 계연수를 방문하였다. 운초가 기뻐하며 말하기를 "어제 밤 꿈에 다섯 마리의 호랑이가 숲에서 나오는 것을 보았는데 과연 호걸지사 다섯 사람이 왔도다."라고 하였다고 한다. 오동진은 1898년 무술년 운초가 광개토태왕 비문을 탁본하기 위해 떠날 때 50金을 여비로 준 기록이 보이므로, 이때의 만남이 초면은 아니었다. 운초는『환단고기』를 간행하면서 다음과 같은 自祝의 말을 남기고 있다.

一爲自我人間之發見主性而大賀也며
一爲民族文化之表出理念而大賀也며
一爲世界人類之對合共存而大賀也라.
우리 자신의 주된 본성을 발견하게 되었으니 크게 축하할 만한 일이요,
또한 민족 문화의 이념을 표출하게 되었으니 크게 경축할 만한 일이며,

또 한편으로 세계 인류가 대립을 떠나 공존할 수 있는 기틀을 마련하게
되었으니 더욱 경축할만한 일이다.

위의 내용은 3단계로 이루어져 있는데, 먼저 인간이고 다음이 민족이고
마지막이 세계이다. 그는 첫째, 모든 인간은 자신의 본성을 발견해야 한다
는 것이다. 천부경 발문에서도 內修外攘하여 자신이 가지고 있는 지혜를 닦
고 物力을 회복해야 한다 하였고 삼일신고에서도 止感, 調息, 禁觸의 수행
을 통해 三妄을 고쳐 三眞에 나아가는 것을 이야기했으니 性通光明이 곧 發
見主性의 길이라고 이야기할 수 있다.

둘째, 『환단고기』를 통해 한민족의 홍익인간, 在世理化, 光明開天의 이념
을 발견할 수 있다는 것이다.

셋째, 『환단고기』를 통해 세계 인류가 하나가 되어 共存共榮 할 수 있다
는 것이다. 이것은 인류가 어머니 국가인 桓國에서 분파되었으니 모두 형제
의 나라요 또 모든 것이 자기의 고유성과 독립성을 유지하면서 大一統의
조화를 이룰 수 있다는 것으로 天地가 하나 되어 만물이 공존하고, 頭目肢
體가 合하여 一身을 이루고, 夫婦兄弟가 合하여 一家를 이루고, 君臣吏民이
合하여 一國을 이룬다는 『태백진훈』의 사상과 상통한다고 할 것이다.

『환단고기』의 위대한 가치는 한 두 마디의 말로 표현할 수가 없다. 몇 가
지만 정리해보면 다음과 같다.

첫째, 환국 3,301년, 배달국 1,565년, 단군 조선 2,096년 도합 6,960년
의 한민족의 상고의 역사를 기술하여 민족의 뿌리역사를 상세하게 밝혀주
고 있다.

둘째, 182년간의 부여 역사를 기록하였을 뿐만 아니라 북부여(전기 북부
여), 졸본부여(후기 북부여, 동명부여), 동부여(가섭원부여), 갈사부여, 연나부부여

(서부여)의 관계를 밝혀주어 단군조선에서 고구려로 이어지는 잃어버린 고리를 연결시켜 주고 있다.

셋째, 「대진국본기」를 두어 환국, 배달국, 단군조선, 북부여, 고구려, 대진국, 고려로 이어지는 한민족의 國統을 바로잡고 있다.

넷째, 弘益人間 在世理化 光明開天의 민족의 건국이념을 밝혀주고 있는데 이것이 환국에서부터 전해왔음을 알려주고 있다.

다섯째, 천부경, 삼일신고, 참전계경을 위시하여 誓效詞, 念標文 등을 기술하여 우리 민족의 정신세계를 밝혀주고 있으며, 神敎哲學과 蘇塗祭天 文化를 소상하게 밝혀주고 있다.

여섯째, 한사군은 평양에 없었고 임나가라는 대마도에 있었으며 일본의 역사가 단군조선, 서부여, 고구려, 백제, 신라, 가야의 이주민에 의해 개척되었음을 밝혀주고 있다.

일곱째, 배달국, 단군조선시대 때 중국에 문물을 전해주었고 우리 민족이 이주하여 역사를 개척하였음을 알려주고 있다.

여덟째, 원시한글을 비롯하여 문자의 역사를 밝혀주고, 易學, 음양오행, 10간 12지, 曆法 등의 시원을 밝혀주어 인류문명의 뿌리가 한민족임을 밝혀주고 있다.

아홉째, 북한의 단군릉 문제, 광개토열제의 17세손 문제와 일본열도 정벌, 建興 5년 銘金銅佛光背의 제작연대와 만든 나라 등 강단사학계에서 풀지 못하거나 잘못 해석하고 있는 문제들에 대하여 명쾌한 해답을 내려주고 있다.

열째, 중국의 동북지방에서 발굴된 홍산 문화의 주인공이 한민족이며 이를 올바르게 해석할 수 있는 근거를 제시해주고 있다.

이상의 내용을 통해서 볼 때 『환단고기』는 한민족의 역사, 문화, 철학, 정신세계를 정확하게 알려주고 있을 뿐만 아니라 민족의 주체성과 자긍심을 높여주며 더 나아가 미래의 방향까지 제시해 주고 있는 참된 책(眞書)이며 보배스런 책(寶書)이라고 말할 수 있다.

4) 광개토태왕의 비문을 徵實함

운초는 1898년 5월에 輯安에 있는 광개토태왕비를 답사하여 탁본을 떴는데 이것을 戊戌謄本이라 부른다. 이때 1,802글자 중에서 알 수 없는 글자가 117자였다. 그 후 14년이 지난 1912년 5월 다시 가서 탁본을 떴는데 많은 글자가 마멸되어 알 수 없는 글자가 더욱 많았다. 이에 운초는 무술등본을 바탕으로 138자를 복원하고, 이를 徵實이라 하였다. 여기서 徵 자는 證 자와 같은 글자로, 徵實은 사실을 증명한다는 뜻이다. 그가 쓴 廣開土聖陵碑文缺字徵實의 서문(小引)을 살펴보면 다음과 같다.

歲戊戌五月에 欲觀高句麗古都하야 將發에 吳君東振이 聞之하야 餽贐以五十金하고 李參奉鴻麟이 亦出布以助之라 於是에 束裝北行할세 路由江界滿浦鎭하야 舟渡鴨綠水하야 而直底輯安縣하니 李君德洙와 金君孝雲과 白君善健이 先在碑石家焉이라 留與之議謄碑事하고 雇壯丁數人하야 至聖陵하니 林深山險하야 通路多未便이러라 一行이 先祭以酒果하고 又灌油酒掃後에 寫出碑全文하니 字總一千八百二字라 雖字劃精整하야 猶可判讀이나 竟未得以取謄者 惟一百一十七字而己러니 越十五年壬子五月에 又復來祭觀碑則字劃이 尤至滅滅하야 多非如故也라 乃嘆曰此碑不傳則何能以知我高句麗聖人之治化於天下萬世者乎아 是乃冒淺劣하고 敢以前所謄으로 作此徵實하야 以備存古하니 讀者諒焉이어다.

무술년(1898년) 5월에 고구려의 옛 수도를 보고자 하여 출발하려고 할 때에 오동진이 듣고 50金의 여비를 주고 이참봉 홍린이 또한 '베'를 내어서 보조해주었다. 이에 장비를 꾸려 북쪽으로 갈 때 강계의 만포진을 거쳐 배로 압록강을 건너 곧장 집안현에 이르니 이덕수와 김효운과 백선건이 먼저 비석가에 와 있었다. 함께 머무르면서 비석의 등본뜰 일을 상의하고 장정 서너명을 고용하여 성릉에 이르니 숲이 깊고 산이 험하여 가는 길이 많이 불편하였다. 일행이 먼저 술과 과일로 제사를 지내고 또 기름과 술을 부어 청소를 한 뒤에 비의 全文을 본떠서 내니 글자가 모두 1,802글자였다. 비록 글자 획이 정확하고 정돈되어 그런대로 판단하여 읽을 수 있었지만 끝내 등본을 뜨지 못한 글자는 오직 117자뿐이었다. 15년이 지나 임자년(1912년) 5월에 또 다시 가서 제사를 지내고 비를 관찰해 보니 글자의 획이 더욱 감소되고 마멸되어 많은 곳이 옛날과 같지 않았다. 이에 탄식하여 이르기를 "이 비석이 전해지지 않으면 어떻게 우리 고구려 성인께서 천하만세를 다스리고 교화한 것을 알 수 있겠는가"라고 하였다. 이에 천박하고 용렬함을 무릅쓰고 감히 앞서 떠온 등본을 가지고 이 사실을 증명하는 글을 지어 옛 것을 보존하는 것을 갖추었으니 독자들은 잘 헤아려 주기를 바란다.

이 때 徵實한 글자 138字는 다음과 같다. 徵實字는 '˙'으로 위에 표시한다. ( )에 있는 것은 징실한 글자 수이고, 번역은 論者가 추가하였다.

一, 掃除仇恥 (2)

원수와 부끄러움을 쓸어 제거하다. (태왕의 등극과 승하)

二, 以碑麗 屢犯邊境 (4)

과려가 자주 변경을 침범하였다. (영락 5년)

三, 百殘 聯侵新羅 (4)

백잔이 (왜와) 연합하여 신라를 침범했다. (영락 6년)

四, 又分遣 急圍其國城 (5)

또 군사를 나누어 보내 급히 그 도성을 포위하였다. (영락 6년)

五, 橫截直突 掠使國城 (4)

가로질러 끊고 곧장 돌격하여 군사들로 하여금 도성을 공략하게 했다. (영락 6년)

六, 官兵 躡跡而越 夾攻來背 急追至任那加羅 (8)

관병이 (도망간) 자취를 밟아 바다를 건너가 협공을 하면서 등 뒤로부터 급히 추격하여 임나가라에 이르렀다. (영락 10년)

七, 倭滿倭潰 城 六被我攻 盪滅無遺 倭遂擧國 降 死者十之八九 盡臣率來 (20)

왜적이 성에 가득했으나 왜적이 무너지니 성이 여섯 번이나 우리의 공격을 받고 탕멸하여 남은 것이 없게 되었다. 왜적이 드디어 나라를 들어 항복하니 죽은 자가 10명 중 8, 9명이고 모두 신하가 되어 복종하여 왔다. (영락 10년)

八, 滿假□□ 倭欲敢戰 與㖨己吞 卓淳諸賊 謀□□官兵 制先直取卓淳 而左軍 由淡路島 到但馬 右軍 經難波 至武藏 王直到竺斯 諸賊悉自潰 遂分爲郡 安羅人 戍兵 (55)

滿假□□ 왜적이 감히 싸우려고 하여 㖨己吞, 卓淳(지금의 博多)의 여러 적들과 함께 □□을 도모하다가 관병이 기선을 제압하여 곧장 탁순을 취하고 좌군은 淡路島를 거쳐 但馬(兵庫縣의 북부, 현재의 豊岡市, 養父市, 朝來市, 香美町, 新溫泉町구역)에 이르고 우군은 難波(지금의 大阪)를 지나 武藏(近畿 동쪽, 지금의 東京都, 埼玉縣, 神奈川縣의 일부)에 이르고 왕께서는 곧장

筑斯(築紫, 북구주)에 이르시니 모든 적들이 다 스스로 무너졌다. 드디어 나누어 郡을 만들고 안라인으로 지키게 하였다. (영락 10년)

九, □倭不軌, 侵入帶方界 焚掠邊民 自石城島 連船 蔽海大至 主 聞之怒 發平穰軍 直欲戰 相遇 (19)

왜가 법도를 어기고 대방계에 침입하여 불지르고 변방의 백성들을 노략질을 하며 석성도로부터 배를 잇대어 바다를 덮고 크게 이르니 태왕께서 들으시고 진노하시어 평양의 군사를 출동시켜 곧장 만나 싸우려고 했다. (영락 14년)

十, 丁未 敎遣步騎五萬 往討契丹城以太牢薦師祭□合戰 (11)

정미(407년)에 전교를 내리시어 보병과 기병 5만명을 파견하여 가서 거란성을 치게 할 때 태뢰로 군제를 올리고 전쟁을 하였다. (영락 17년)

十一, 破沙溝城 婁城 爲郡縣 降凢□ 又襲取凉州城 (5)

사구성, 누성을 격파하여 郡縣으로 삼고 범□를 항복받고 또 양주성을 습격하여 취하였다. (영락 17년)

十二, 臼模盧城四家 (1)

구모로성 4가 (수묘인호구)

위의 내용 중에서 일본과 관련된 내용을 중심으로 몇 가지 조문을 설명해보고자 한다.

三條의 百殘 聯侵 新羅의 앞뒤의 문장은 다음과 같다.

百殘 新羅 舊是屬民 由來朝貢

而倭 以辛卯年 來渡海破 百殘 聯侵新羅 以爲臣民

日人 학자들은 이것을 "고대 倭가 신묘년 즉 391년에 바다를 건너와 百殘을 격파하고 □□신라를 신하의 백성으로 삼았다."라고 해석한다. 著者는 이 조문에서 渡海破의 海를 每로 보고자 한다. 사진에서 보는 바와 같이 渡와 달리 海의 '삼수변'은 세로줄 밖으로 나가 있어 '삼수변'을 버리면 每가 되기 때문이다. 이 주장은 耿鐵華가 처음

주장하였고 이도학도 이 說을 따르고 있다. 유승국 교수도 海字의 左側 'ㆍ氵'이 碑文·縱線 안에 있지 않고 線 밖으로 삐져나와 있다 하여 '每'라고 하였다. 그리고 聯侵을 補缺하고 앞의 문장부터 토를 붙이고 해석하면 다음과 같다.

百殘 新羅는 舊是屬民이니 由來朝貢이오 而倭가 以辛卯年에 來渡하니 每破하고 百殘이 聯侵新羅어늘 以爲臣民이라

백잔(백제)과 신라는 옛날부터 우리의 속민이니 이전부터 조공을 바쳤고 倭가 신묘년(391년)에 바다를 건너오니 매번 격파하였고 백잔이 (왜와) 연합하여 신라를 침범함으로 (신라가) 우리의 신하 백성이라고 여기시었다.

이렇게 해석해야만 앞부분에서 "백잔과 신라가 옛날부터 고구려의 속민이었다."라는 내용과, "신라를 고구려의 신민으로 여겼다."가 정확하게 일치한다.

6條의 고구려 군이 도망가는 倭軍의 자취를 밟아 바다를 건너 임나가라에 이르렀다는 내용은 임나가라가 한반도의 남해안이 아니라 대마도에 있

다는 사실을 정확하게 밝혀준다.

7條의 내용 바로 앞의 문장이 "拔始羅城 都城"이다. 시라성은 九州 大隅國의 始羅城으로 지금의 鹿兒島縣의 始良郡이 옛 始羅郡이고, 都城은 宮崎縣의 남쪽에 있는 城이다. 따라서 7條의 내용은 고구려 군이 九州의 남쪽을 초토화 시키는 내용이 된다.

8條의 내용은 고구려군이 淡路島를 거쳐 지금의 兵庫縣을 치고 大阪과 東京까지를 공략한 내용을 담고 있다.

이상의 내용은 운초가 무술등본을 바탕으로 138자를 徵實補缺했기 때문에 알 수 있는 내용들이다. 징실한 138글자 중에서 3조의 4자, 6조의 8자, 7조의 20자, 8조의 55자, 8조의 19자 등 모두 106글자가 倭와 관련이 있으니 일본인들이 太王碑를 크게 훼손시켰다는 것을 미루어 짐작할 수 있다. 운초의 이러한 위대한 업적이 강단 사학자들이 받아들이지 않고 태왕비의 연구가 더 이상 진전되지 않고 있으니 안타까울 뿐이다. 1931년 三育社의 回覽雜誌에 계연수의 '聖陵碑缺字徵實'을 게재했다가 압수당한 일이 있었는데 당시의 편집자 全鳳天은 도주하였고 三育社는 해산되었으며 관련자들은 구속되었다.

이를 보더라도 광개토태왕 비문의 진실이 알려지는 것을 일제가 얼마나 두려워 했는지를 알 수 있다.

5) 묘향산 석벽에서 天符經 발견

『환단고기』의 「소도경전본훈」에는 천부경의 유래에 대하여 설명하고 있는데, 이를 요약하여 설명하면 다음과 같다.

"천부경은 천제 환인의 환국 때부터 구전되어 왔다. 환웅께서 백두산에 내려오신 뒤에 神誌 赫德에게 명하여 이를 鹿圖文으로 기록하게 하였다. 신라시대 때 최치원은 神誌가 篆文으로 기록한 옛 비석을 발견하고 이를 한문으로 번역하여 세상에 전하였다. 고려 말기에 牧隱 李穡과 伏崖 范世東이 천부경의 註解를 했다고 하나 오늘날에는 찾아 볼 수 없다."

그리하여 지금까지 많은 사람들이 천부경을 20세기 초에 조작한 위서라고 믿고 있다. 그러나 2018년 한국전통문화대 최영성 교수는 이색(1328~1396)의 문집인 牧隱集에서 천부경을 언급한 詩를 발견하여 고려 말에 이미 천부경이 존재했다는 사실을 '목은 이색의 역사의식과 민족사상'이라는 논문에서 발표하였다. 그 시의 내용은 다음과 같다.

扈從白嶽山有作	백악산에 호종하여 짓다.
祕書初出鬼神驚하니	도선국사가 지은 道詵祕記가 처음 나왔을 때 귀신도 놀랐으니
擧世皆疑誰辨明고	세인들 모두가 의심하는데 누가 분명히 밝힐까
獨斷與天符契合하니	'독단' '천부경' 내용과도 부합하니
群官奉日佩環鳴이라	뭇 관원이 임금님 받드느라 패옥소리가 난다.
雲連翠盖山增秀오	구름이 푸른 일산에 연하니 산색이 더욱 수려하고
風透羅衣水更淸이라	바람이 비단 옷을 뚫고 들어가니 물이 더욱 푸르다.

共說龍顏新有喜하니　　　모두들 용안에 기쁨이 새로 넘친다고 말하니

當年卜洛想周成이라　　　주나라 성왕 때 낙읍에 도읍 정한 일 생각나네.

　위의 시는 이색이 1360년 공민왕을 扈從하여 백악산의 행궁에 갔을 때 지은 시이다. 고려시대 때 개경의 주위에 三蘇를 두었는데, 左蘇는 백악산(지금의 경기도 장단 白鶴山), 右蘇는 白馬山(개풍군 大聖面), 北蘇는 箕達山(황해도 신계군)에 있었고 각각 延基宮闕 造成官을 두었다고 한다. 개경 주위에 三蘇를 둔 것은 도참설의 지리쇠왕설에 의하여 국가의 基業을 연장시키기 위함이었고, 고려의 왕들은 주기적으로 三蘇에 巡行하며 머물렀다.

　최교수는 '독단'은 중국 후한 때 인물인 蔡邕(133~192)이 지은 책 이름이기에, '천부'도 천부경을 가리키는 고유명사로 풀어야 옳다고 보았다. '독단'에는 하늘을 아버지로, 땅을 어머니로 하는 父天母地의 사상과 天地를 대행하는 天子의 사상이 본래 동이족에게서 시작되었다(天子는 夷狄之所稱이니 父天母地故로 稱天子라)고 하였다. 이색은 동이족의 천자의식, 천손의식이 서술된 책과 함께 천부경을 거론하여 주나라 때 鎬京에 도읍하면서도 成周 洛邑을 경영하였듯이 開京을 두고 다시 주위에 行宮을 두는 것이 마땅하나 하여 은연 중 天子國의 위상을 드러내고자 한 듯하다.

　또 앞에서 운초는 진사 이형식의 집을 방문하여 범장이 지은 『穿理鏡』을 얻었다고 하였고 『천부경요해』 5곳에서 『穿理鏡』을 인용하여 주석을 달고 있는데, 이 『천리경』이 범장이 지은 천부경주해와 관련이 있다고 사료된다. 이를 통해보면 고려 말기에 이색과 범장이 모두 천부경주해를 두었다는 말이 진실에 부합된다 할 것이다.

　천부경은 비록 최초의 全文이 1520년에 지은 『태백일사』에 나오지만 『삼국유사』 고조선 조에도 환웅천왕이 백두산에 오실 때 천부경을 가지고 오

셨다고 하였고,『삼성기』下에서도 환웅천왕이 "천부경을 풀어 설명하시고 (演天經) 삼일신고를 강론하였다(講神誥)"고 하였다.

단군조선시대에 들어와 11세 단군 때 國子師傅 有爲子는 "천부경과 삼일신고는 역대 단군께서 직접 강론을 하셨다(天經神誥는 詔述於上이라)" 하였고, 대진국시대 4대 世宗 光聖文皇帝(737~793)가 즉위한 "다음 해 (738년)에 태학을 세워 천부경과 삼일신고를 가르치셨다(明年에 立太學하사 敎以天經神誥라)" 하였으니 천부경은 환국시대부터 배달국, 단군조선, 북부여, 고구려, 대진국에 이르기까지 우리 민족 최고의 경전으로 崇奉되었다는 것을 알 수 있다. 이러한 경전이 20세기 초에 만들어진 위서라고 하니 너무도 안타까운 일이다.

운초가『태백일사』「소도경전본훈」에 있는 천부경을 뽑아내어 주석을 달고 이를『천부경요해』라 이름짓고 1899년에 간행했다는 것은 앞에서 언급한 바 있다.

운초는 1916년 묘향산의 석벽에 새겨진 천부경을 발견하여 탁본을 뜬 것을 다음 해 서울에 있는 단군교당으로 보내면서 다음과 같은 편지를 썼다.

桂延壽 寄書

僕이 嘗聞之師하니 "東方開荒之祖 檀君은 神人이시라 持『天符』·三印하시고 自天降世하사 德化大行于今四千餘年이라 事在鴻濛에 未知三印이 爲何物이요, 如何寶物而『天符』난 卽設敎之經也라尙今遺傳處하니 人若得而誦之 則災厄이 化爲吉祥하고 不良이 化爲仁善이니 久久成道 則子孫이 繁昌하고 壽富連綿하야 必得仙果요 但愚昧者라도 藏之一本이면 可免災禍矣라 云하온바" 僕이 銘在心中하고 求之不得矣러니 後乃鍊性爲工하고 採藥爲業하야 雲游名山十許年矣라가 昨秋에 入太白山하야 信步窮源

에 行到人跡不到之處하니 澗上石壁에 若有古刻이라 手掃苔蘚하니 字劃
分明에果是『天符神經』이라 雙眼이 忽明에 拜跪敬讀하니 '一以喜 檀君
天祖之寶經이요 一以喜 孤雲先生之奇蹟이라' 心中에 充然하야若有所得
에 始覺吾 師 不發虛言하고 乃百步疊石하야 記其道路하고 歸携紙墨하
야 更入山中하니 非復前日經過處라 東尋西覓에 暗禱山靈하야 三宿而始
得하니 時난 九月九日也라 纔搭一本하니 字甚模糊라 故로 更欲搭之하니
雲霧忽起라 乃間關而返山寺하야 終夜解釋호되 不得要領하니 自顧少短
學識에 老滅聰明으로 無復硏鑽之道하고 但口誦而已矣러니 適有自京城
來人하야 說到京城에 有 檀君教云耳라聞甚欣然하여 意欲躬往이나 足跡
이 齟齬하야 未得遂意하고 荏苒發春이라 路逢歸京人하야 玆以搭本을 獻
上하오니 望須解釋經旨하야 開喩衆生則衆生이 必受福祿하고 教運이 從
此發興矣리라 竊爲 貴教賀之이오 又聞 '檀世에 有神志氏古文字하야 傳
來于高麗云하니' 竊惟求之하야 若得之면 更當付呈爲旿나 然이나 得之
則幸이요 若不得而不送이라도 勿以無信으로 垂諒焉하라 爲祝

誠心修道

丁巳 正月 初十日

　　香山遊客 桂 延 壽 再拜

檀君教堂 道下

계연수가 보내는 편지

제가 일찍이 해학 이기 스승님으로부터 다음과 같이 들었습니다.

"동방에서 나라를 개창한 선조 단군은 신인이었다. 천부경과 도장 세
개를 가지고 하늘로부터 세상에 내려오시어 덕화를 크게 행하신 것
이 지금에 이르기까지 사천여 년이 되었다. 태고시대의 일인지라. 도
장 세 개가 무슨 물건이며 무슨 보물이 되는지는 알 수 없지만, 천부경

은 가르침을 베푼 경전이다. 지금까지 전해지는 장소가 있으니 사람이 만약 얻어서 외우면 재앙이 길상으로 변하고 불량한 사람이 착한 사람이 되니 오래도록 계속하여 도를 이루면 자손이 번창하고 수명과 부귀가 이어져서 반드시 신선이 될 것이오, 어리석은 사람일지라도 한 부를 간직하고 있으면 재앙을 면할 수 있다."라고 하셨습니다. 제가 가슴속에 새기고 그것을 찾아도 얻지 못하였더니 뒤에 본성을 닦는 수련 공부를 하고 약을 채취하는 것을 업으로 삼아 구름처럼 명산을 유람한지가 십여 년이 되었습니다. 작년 가을에 태백산에 들어가 발길이 닿는 대로 먼 곳까지 가서 인적이 이르지 않는 곳에 다다르니 개울가 석벽에 오래전에 새긴 글자가 있는 것 같았습니다. 손으로 이끼를 제거하니 글자 획이 분명함에 과연 천부신경이었습니다. 두 눈이 갑자기 밝아짐에 절을 하고, 무릎을 꿇고 공경스럽게 읽으니 하나는 단군 천조(天祖)의 보배스러운 경문을 기뻐한 것이고, 또 하나는 고운 최치원 선생의 유적임을 기뻐한 것입니다. 가슴이 터질듯 하여 실물을 얻음에, 비로소 스승님께서 허황된 말을 하지 않으셨다는 것을 깨달았습니다. 이에 백보마다 돌을 쌓아 길을 표시하고 돌아와 종이와 먹을 가지고 다시 산 속에 들어가니 전날 지나갔던 곳을 찾지 못하였습니다. 이리저리 찾으며 마음속으로 산신령에게 기도를 하여 세 밤을 자고 나서 비로소 찾으니 때는 9월 9일이었습니다. 겨우 한 부를 탁본하니 글자가 아주 모호하여 다시 한 부를 더 탁본하고자 하는데 갑자기 구름과 안개가 몰려왔습니다. 이에 험한 길을 힘겹게 걸어 산사로 돌아와 밤새도록 해석하였으되, 요령을 깨닫지 못하였습니다. 스스로 돌아 보건데, 젊어서 학식이 부족하였고, 늙어서는 총명함을 잃어버려 더 이상 연구를 하지 않고 다만 입으로만 외울 뿐이었습니다. 마침 경성으로부터 어떤 사람이 와서 경성에 단군교가 있다고 말해주었습니다. 이 말을 듣고 몹시 기뻐 몸소 가고자 하였으나, 발걸음이 어긋나고 떨어지지 않아 뜻을 이루지 못하고 시일만 끌다가 봄에 출발을 하였습니다. 도중에 서울로 돌아가는 사람을 만나 이에 탁본을 올리니 바라옵건대 경전의 뜻을 해석하여 중생들을 깨우치면 중생들이 반드시 복록을 받고 교운이 이로부터 부흥하게 될 것입니다. 귀교를 위하여 축하를 드리며 또 들으니 단군시대에 신지씨가 고문자로 새긴 것이 고려시대까지 전래되었다고 하니 그것을 구해보아 만약 얻으면 다시 마땅히 보내드리겠습니다. 그러하지만 얻으면 다행이고 얻지 못하면 보내주지 못할지라도 신용이 없다 하지 마시고 아량을 베풀어 주시기 바랍니다. 정성스러운 마음으로 수도하기를 축원드립니다.

정사년(1917년) 정월 초 십일 향산 유객 계연수는 두 번 절합니다.

단군교당 도하

운초가 위의 편지를 보낸 곳은 단군교당이었다. 1909년 1월 15일 홍암 나철은 정식으로 단군을 숭봉하는 단군교를 선포하였고, 1910년 7월 대종교로 교명을 바꾸었다. 이 때 나철과 함께 단군교의 창교에 적극 참여했던 鄭遊(薰模)은 1910년 음력 9월 10일 단군교 명칭 고수를 명분으로 나철과 분립하였다. 따라서 위의 단군교당은 정훈모의 단군교이다. 편지의 내용을 분석해보면 다음과 같다.

첫째, 계연수가 단군교당으로 한 부 밖에 없는 탁본을 보낸 것은 단군교 관련자들과 본래부터 안면이 있었기 때문이라 사료된다. 운초의 스승 李沂는 홍암 나철과 일본도 함께 다녀왔고 을사오적의 암살에도 함께 관여했던 동지이기 때문에 운초도 나철의 주위에 있었던 단군교 고수파인 鄭薰

模, 李裕馨, 兪鎭九, 徐彰輔 등과도 알고 지내던 사이가 아니었나 하는 생각이 든다.

둘째, 천부경을 불신하는 사람들은 이 편지를 계기로 천부경이 이때 처음 세상에 나온 것으로 폄하하나 앞에서도 설명했듯이 천부경은 면면히 전해 내려왔고, 李沂는 운초에게 세상에 별도로 전해지는 천부경을 찾아보게 했다고 보아야 할 것이다.

셋째, 李沂가 이런 부탁을 한 것은 1906년경이고, 운초는 10년이 지난 1916년 9월 6일 묘향산에서 발견을 하고 9월 9일 탁본을 떴다고 볼 수 있다.

넷째, 운초는 최치원이 漢譯하여 새긴 천부경을 찾은데 그치지 않고 단군 시대 때 神志가 篆文으로 새긴 천부경을 찾으려고 노력했다는 것이다.

이렇게 단군교에 전해진 천부경은 1918년 尹孝定에 의해 북경에 있던 全秉薰에게 전해지고, 1920년에 전병훈은 『정신철학통편』을 간행하면서 천부경 해제와 함께 천부경에 주석을 달아 세상에 펴낸다. 전병훈은 동방 한국의 神聖한 단군 천부경이라는 제목으로 다음과 같이 말하고 있다.

동방의 현인이며 선진(仙眞)인 최치원이 말하기를 "단군(檀君)의 천부경 팔십일 자는 신지(神志)의 전문(篆文)으로 되어 있는데 옛 비석을 발견하고 그 글자를 해석하여 백산(白山)에 刻을 해두었다."라고 하였다. 내가 살펴보건대 최치원은 당나라에 가서 진사(進士)가 되었다가 한국에 돌아와서 신선이 된 자이다. 이 경문(經文)이 작년 정사년(1917년)에 비로소 한국의 서쪽 영변(寧邊) 백산에서 출현하였다. 백산에서 약초를 캐는 도인 계연수라는 분이 깊은 골짜기까지 들어갔는데 석벽에서 이 글자를 발견하고 탁본을 떴다고 한다. 나는 이미 『정신철학』을 편성하고 바야흐로 인쇄에 맡기려고 할 때 갑자기 이 경을 알게 되었다(유학자 尹孝定이 가지고 왔다.) 참으로 하늘이 주신 신이한 일이었다. 세상 사람이 陰符經을 황제가 지은 경전이라 하나 그러나 (朱子의 비평이 있다) 나는 깊이 믿지 않는다. 오직 이 천부경만이 天人을 포괄하고 道는 성인을 겸하였으니, 확실히 우리 단군 성조의 정신이 담겨있는 眞傳임을 의심하지 않는다. 그러나 문장의 뜻이 깊고 넓으며 뛰어나고 精微하여 정말로 해석하기가 어렵다. (이하 생략)

이어서 1921년 단군교의 기관지인 『檀鐸』에 천부경과 桂延壽寄書, 天符經圖, 桂延壽寄書에 대한 蘇菴小引 등이 실리면서 천부경은 세간에 널리 알려지게 된다.

論者는 여기에서 운초가 묘향산 석벽에서 천부경을 발견하여 이를 단군교 교당에 보냄으로부터 천부경이 처음 나왔다고 주장하는 사람들의 주장에 다음과 같은 반론을 제시한다.

운초는 분명 한 부밖에 탁본을 뜨지 않았고, 글씨가 모호하여 다시 한 부를 뜨려고 했는데 구름과 안개가 몰려들어 뜨지 못했고, 山寺로 돌아와 밤새도록 해석했으나 요령을 얻지 못하였다고 하였다. 이 말을 보면 탁본의 글씨가 명확하지 않았다는 것이다. 운초는 이미 1899년 『천부경 요해』를 간행하여 천부경의 원문을 모두 알고 있었다. 따라서 論者는 글자가 모호한 탁본과 함께 천부경 원문을 별도로 써서 단군교당에 함께 보냈고 이 원문이 「소도경전본훈」에 있는 천부경 원문이었을 것이라고 추정한다. 그 이유는 『환단고기』 『정신철학통편』 『檀鐸』에 있는 천부경 원문이 한 글자도 틀리지 않고 모두 동일하기 때문이다.

4. 나오는 말

　운초 계연수는 1864년 宣川에서 태어나 조실부모하고 修鍊을 하면서 桓檀의 古書와 神敎 哲學書를 널리 수집하였다. 泰川의 진사 백관묵의 집에서 원동중이 지은 『삼성기』와 이암이 지은 『단군세기』를 얻었고, 朔州의 진사 이형식의 집을 방문하여 범세동이 지은 『단군세기』와 『穿理鏡』을 얻었으며 스승인 海鶴 李沂로부터 『태백진훈』『태백일사』를 얻었고, 定州의 李沰으로부터 『참전계경』을 얻었다.

　운초는 1898년 『태백진훈』, 『단군세기』를 간행하고 1899년 『참전계경』, 『태백일사』, 『천부경요해』를 간행하였으며, 1911년 자기 집에서 전해오던 안함로의 『삼성기』, 원동중의 『삼성기』, 이암의 『단군세기』, 범세동의 『북부여기』, 이맥의 『태백일사』를 합편하여 『환단고기』를 간행하였다.

　이암이 지은 『태백진훈』은 『태백일사』 부록으로 전해지던 것을 별도로 떼어 간행한 것이고, 『천부경요해』는 『태백일사』의 「소도경전본훈」에 있던 천부경을 별도로 뽑아서 주석을 단 것이다. 그는 『천부경요해』에서 『천리경』을 5회 인용하고 있는데 이 『천리경』은 고려 말 범세동이 천부경의 註解를 남겼다고 했는데 이와 깊은 관련성이 있다고 사료된다.

　스승인 李沂가 단학회를 창립하고, 1909년 絶食自盡하자 운초는 단학회를 발전시키고 독립운동에 매진하였다. 1914년 天摩山 祭天을 계기로 趣旨文을 만들어 서명을 받아 동지들을 규합하였고, 1918년에는 홍범도 이상룡 등의 서명을 받고 더욱 회원을 늘려나갔다. 1918년 겨울 단학회 본부를 관전현 紅石拉子로 옮겨 단학회관을 짓고 倍達義塾을 열었으며 단학회보를 8호 까지 간행하였다. 1919년 4월 이상룡의 西路軍政署에 참여하여 공을 세웠고 1920년 8월 15일 韓奸 甘永極에게 체포되어 被殺 당하였다.

『환단고기』는 최초로 1911년 寬甸縣 성안에서 목판본 30부를 간행하였다. 그는 이 책의 간행의 의의를 인간의 본성을 발견할 수 있고, 민족문화를 드러낼 수 있고, 인류가 대립을 지향하고 共存할 수 있는 길을 열었기 때문에 그게 축하할 만한 일이라고 하였다. 이것은 大一統 속에서 모든 것이 고유성과 독립성을 유지하며 조화된 삶을 이루는 것을 바란 것으로 그의 主要 사상이라고 말할 수 있다.

운초는 1898년 무술년에 광개토태왕비를 탁본하고 1912년 다시 탁본을 뜬 이후 무술등본에 의거하여 그 사이에 마멸된 138자를 복원하여 '聖陵碑文缺字徵實'을 발표하였다. 이를 통해 광개토태왕비의 진면목이 후세에 알려지게 되는데 임나가라가 대마도이고 서기 400년 일본의 九州와 本州에 고구려군이 상륙하여 일본 열도를 정벌하여 속국으로 삼았다는 내용을 확인할 수 있다. 그러나 지금의 비문에는 일본 관련 내용이 모두 마멸되어 제대로 전해지지 않고 있으니, '성릉비문결자징실'의 위대한 가치는 시간과 더불어 세상에 드러나게 될 것이다.

운초는 1916년 9월 9일 묘향산 석벽에서 천부경을 탁본하여 이것을 1917년 1월 단군교 교당으로 보냈다. 이것이 1918년 尹孝定에 의해 북경에 있는 전병훈에게 전해지고 전병훈은 1920년 『정신철학통편』을 간행하면서 천부경 해제와 함께 천부경 주석을 실었다. 그리고 1921년 단군교 기관지인 『檀鐸』에 계연수의 편지와 천부경이 실리면서 천부경이 세간에 널리 알려지게 되었다. 그리하여 천부경이 이 때 처음 나온 것으로 오해하고 있으나 운초는 글자가 모호했던 탁본과 함께 천부경 필사본을 함께 보냈고, 단군교에 보낸 천부경의 필사본이 『태백일사』본이라고 사료된다. 그 이유는 『태백일사』, 『정신철학통편』, 『단탁』에 있는 천부경의 글자가 동일하기 때문이다.

운초 계연수는 조선시대 말기와 일제강점기 시대를 살면서 우리 민족의 9천년 역사를 밝히는 桓檀의 古史를 수집하여 간행하였고,『천부경』,『삼일신고』,『참전계경』,『태백진훈』등 한민족의 道學心法을 밝히는 서적을 연구하여 간행하였다. 말년에는 민족의 독립을 위하여 헌신하다가 순국하신 위대한 역사가이고 훌륭한 철학자이며 불굴의 독립운동가였으며, 겨레의 큰 스승이었다. 그러나 선생은 국가로부터 어떠한 포상도 받지 못하였고, 그의 사상과 업적은 제대로 평가를 받고 있지 못하고 있다. 이는『환단고기』를 위서로 매도하는 강단 사학자들의 시각과 깊은 관련이 있다. 본 연구를 통하여 운초 계연수의 功勞와 업적이 정당한 평가를 받기를 기대한다.

/ 참고문헌 /

- 成昌鎬 편집. 海東人物志(下). 大田.回想社 인쇄. 단기 4302년(1969년).
- 李裕岦. 대배달민족사(一). 서울: 고려가. 1987.
- 白信根 편집. 한국성씨보감(上). 서울: 한국민족문화진흥회. 1992.
- 선천군. 한국민족문화대백과. [검색일자 2020.03.19.] Available from: URL: https:// terms.naver.com/entry.nhn?cid=46618&docId=575209&categoryId=46618
- 中文大辭典編纂委員會. 中文大辭典(二). 대북: 中華學術院. 1966.
- 李裕岦. 대배달민족사(五). 서울: 고려가. 1987.
- 檀檀學會 발행. 커발한. 제17호. 단기 4303(1970년)
- 양종현. 백년의 여정. 대전: 상생출판. 2009.
- 운초 계연수 선생을 죽음으로 몬 밀정 감영극. [검색일자 2020.03.19.] Available from: URL: https://www.daehansarang.org/post/2401
- 李裕岦. 대배달민족사(三). 서울: 고려가. 1987.
- 안경전 역주.『환단고기』. 대전: 상생출판. 2012.
- 檀檀學會 발행. 커발한. 제14호. 단기 4301(1968년).
- 檀檀學會 발행. 커발한. 제47호. 단기 4308(1975년).
- 檀檀學會 발행. 커발한. 제3호. 단기 4298(1965년).
- 檀檀學會 발행. 커발한. 제16호. 단기 5866(1969년).
- 윤창열. 광개토태왕비문과『환단고기』의 정합성. 세계환단학회지. 5권 1호. 2018.
- 국학연구. vol.37. 목은 이색의 역사의식과 민족사상.
- 정훈모 편. 단탁(창간호). 경성부. 단탁사. 1921.
- 전병훈 지음. 윤창대 간행. 정신철학통편. 서울: 우리출판사. 2004.

제2편

환단고기桓檀古記 진서고眞書考 (Ⅰ)

1. 들어가는 말

『환단고기』가 이 땅에 나온 지 어언 100년의 세월이 흘렀고 이것이 대중
화된 지도 이미 30여 년 이상의 시간이 지나갔다. 그럼에도 불구하고 과거
의 중화주의 사관에 의해 쓰여진 사서의 망령에 사로잡히고 일제 식민주의
사관의 굴레를 벗지 못한 강단의 사학자들은 유치한 궤변을 늘어놓으며
『환단고기』가 위서라는 주장을 끊임없이 되풀이 하고 있다.

『환단고기』는 계연수桂延壽가 이전부터 전하여 오던 5종류의 책을 합편合
編한 것이다. 이 책은 우리 민족의 찬란했던 상고역사를 밝혀주고 있을 뿐
만 아니라 우리 민족의 종교와 철학 문화까지도 밝혀 주고 있으며 더 나아
가 인류의 시원역사와 원형문화까지도 밝혀주고 있는 지보지서至寶之書이
다.

계연수는 안함로安含老가 지은 「삼성기三聖紀」, 원동중元董仲이 지은 「삼성
기」, 이암이 지은 「단군세기檀君世紀」, 범장范樟이 지은 「북부여기北夫餘紀」,
그리고 이맥李陌이 지은 「태백일사太白逸史」 다섯 권의 책을 합본하여 『환단
고기』를 편찬하였다.

여기에 언급된 다섯 명의 인물들은 모두 역사에 실존했던 사람들이다. 안

함로(서기 579~640)는 신라 진평왕 때의 도승으로 각훈覺訓이 지은『해동고승전』에 그의 생애가 기록되어 있으며 신라 십성十聖의 한분으로 받들어진 분이다. 고려 때의 인물로 비정되는 원동중의 자세한 행적은 전해지지 않지만「세조실록世祖實錄」3년(서기 1457)조에 8도 관찰사에게 유시諭示한, 책을 수집하여 올리라는 수거령 속에「안함노安含老·원동중삼성기元董仲三聖記」라는 말이 나오므로 이 두 사람이 지은「삼성기」가 조선시대 초기에 세상에 전하여 왔다는 것을 확증할 수가 있다.

이암(서기 1297~1364)은 고려 말의 명신으로『고려사』「열전」24에 전기가 실려 있다.「단군세기」에는 그가 강화도의 해운당海雲堂에서 단군세기 서문과「단군세기」를 썼다고 두 군데서 언급하였는데 목은牧隱 이색李穡이 쓴 묘지명墓誌銘에서도 "선원사의 식영息影 스님과 속세를 떠난 벗으로 삼고 절 안에 집을 지어 해운이라 현판을 걸었다.(與禪源息影老人으로 爲方外友하고 築室寺中하야 扁曰海雲이라)" 하여 그가 말년에 강화도 선원사禪源寺에 해운당을 짓고 머물렀음이 확인되고 있다.

범장은 1369년 과거에 급제한 후 고려가 망하자 만수산萬壽山에 은거했던 두문동 72현 중의 한 사람이고, 이맥(1455~1528)은 조선 중종 때의 인물로 1498년 과거에 급제한 후 1504년 연산군의 총애를 받는 장숙용張淑容이 사가의 집을 크게 짓는 것을 간하다가 괴산에 유배되었다가 중종반정 이후 유배에서 풀려난 후 1519년부터 춘추관의 편수관으로 있다가 1528년에 74세로 졸卒한 사람이다. 그런데 그가 쓴「태백일사」의 발문을 보면 정사에 기록되어 있는 그의 삶과 완전히 일치하고 있으며 그가「태백일사」를 쓰는 과정까지도 소상하게 밝혀주고 있다.

"갑자(연산군 10, 단기 3837, 1504)년에 내가 괴산으로 귀양을 갔는데 마땅히 근신해야 할 처지였기에 아주 무료하게 나날을 보냈다. 이에 집 안에 간직하고 있는 오래된 상자를 열고 점고해서, 역사와 전기에 근거가 있는 것과 평소에 노인들에게 들은 것을 함께 채록해 두었지만 책으로 완성하지는 못하였다. 그 후 16년이 지난 경진(중종 15, 단기 3853, 1520)년에 내가 찬수관撰修官의 신분으로 내각內閣의 비서秘書를 많이 구해서 읽을 수 있었다. 이에 이전 원고를 순서대로 편집하여 「태백일사太白逸史」라 이름 붙였다."

이를 보면 그가 「태백일사」를 쓰기 시작한 것은 1504년 귀양 가 있을 때로 소급된다.

이상의 내용을 통해 우리는 5권의 책이 역사적인 근거가 있으며 내력이 분명한 실존 인물에 의해 쓰여진 믿을만한 책이라는 것을 확인할 수 있다.

또 계연수는 5권 책의 입수과정도 상세하게 밝혀주고 있다. 그는 범례에서 안함노의 「삼성기」는 자신의 집에서 예부터 전해오던 책이고, 원동중의 「삼성기」와 「단군세기」는 북한 최대의 장서가였던 태천泰川의 백관묵白寬黙 씨 집에서 수집하였고, 「단군세기」는 삭주朔州의 이형식李亨栻의 집에서 구입하였으며 「태백일사」는 자신의 스승인 해학海鶴 이기李沂 선생으로부터 전해 받았다고 소상하게 기술하고 있다.

그렇지만 『환단고기』를 부정하고 싶어하는 사람들에게는 이상의 내용만을 가지고는 『환단고기』가 진서임을 아무리 주장하더라도 그들의 믿음을 이끌어 내기에는 한계가 있다고 사료된다. 따라서 『환단고기』가 진서眞書이고 『환단고기』가 비전秘傳된 사서史書임을 증명하기 위해서는 기존의 사학계에서 풀지 못하는 난제難題와 왜곡 해석하고 있는 오류들을 객관적으로 증명하고 바로잡아 『환단고기』의 가치를 스스로 드러내는 것만이 최상의 방법이라고 생각된다.

『환단고기』에는 기존 사료들의 공백을 메워주고 기존의 내용을 새롭게 해석해주고 왜곡 해석하고 있는 오류들을 바로잡고 이미 알려져 있는 사실들을 재확인 할 수 있는 내용들로 가득 차 있지만 본 논문에서는 일차적으로 모든 사람들이 객관적으로 수긍할 수 있는 몇 가지 사실들을 예시하여 『환단고기』의 진면목을 드러내보이고자 한다.

2.『환단고기』의 진실성

1) 단군의 수壽 1,048세와 1,908세가 단군조선의 역년임을 증명하고 있다.

「세종실록」 권75 세종 18년(1436년) 12월 정해丁亥일의 기록과 권제權踶가 지은 『역대세년가歷代世年歌』(1436년)를 보면 모두 단군이 누린 역년歷年이 1,048년(享國一千四十八)이라고 기술하고 있으나 권람權擥이 지은 『응제시주應製詩註』(1461년 탈고, 1462년 간행)에는 단군의 나이가 1,048세(享年一千四十八年)라고 기술하고 있어 이후 1614년에 지은 오운吳澐의 동사찬요東史纂要 등의 여러 서적에서는 단군의 수명이 1,048세라고(古記享壽千四十八年) 기술하고 있다. 그러나 1,048년에 대해서 서거정徐居正이 지은 『동국통감東國通鑑』에서는 "1,048세를 사셨다고 하는 이 설은 의심스럽다. …… 임금이 오랫동안 나라를 다스린다 해도 오륙십 년을 넘지 않는데 어찌 단군이 홀로 1,048년간 장수하면서 한 나라를 다스릴 수 있는가. 이 주장은 틀렸다는 것을 알 수 있다. 과거의 선배들이 이르기를 '1,048년이라고 한 것은 단군이 대대로 전한 역년의 숫자이지 단군의 수명이 아니다'라고 하였다.(享壽

千四十八年은 此說可疑라…人君享國久長者가 不過五六十年이어늘 安有檀君이 獨壽千四十八年하야 以享國乎아 知其說之誣也라 前輩以謂 其曰千四十八年者는 乃檀氏傳世歷年之數오 非檀君之壽也라"고 하여 1,048년에 대해서 합리적으로 해석하고 있다. 그리고 이 주장은 금남錦南 최부崔溥의 문집인 금남집錦南集과 안정복安鼎福의 지은 동사강목東史綱目에서도 이 설을 지지하고 있다.

이상의 내용을 보면 단군조선의 역년이 1,048년이라는 주장인데『환단고기』에서는 이 내용에 대해서 분명한 해답을 제시하고 있다.「단군세기」에 기록된 단군시대 제1왕조, 제2왕조, 제3왕조에 대해서 요약한 도표를 살펴보면 다음과 같다.

단군조선 변천과정		
제1왕조	**송화강 아사달(하얼빈)시대** | 1,048년간 지속 단군왕검~21세 소태단군(BCE 2333~BCE 1286)	삼한
제2왕조	**백악산 아사달(장춘)시대** | 860년간 지속 22세 색불루단군~43세 물리단군(BCE 1285~BCE 426)	삼조선
제3왕조	**장당경 아사달(개원)시대** | 188년간 지속 44세 구물단군~47세 고열가단군(BCE 425~BCE 238)	대부여

단군조선의 역년이 1,048년이라는 것은 단군조선의 초대단군이 서기전 2333년 지금의 하얼빈 송화강변에 나라를 건국하고 21대 소태단군까지 즉 서기전 1286년까지의 송화강 아사달 시대의 제1왕조 시대의 역년에 해당한다. 22대 색불루 단군은 귀방鬼方을 멸망시키고 중병重兵을 장악하고 있던 고등高登의 손자로써 무력에 의지해 처음으로 단군의 자리에 오른 인물이다. 그는 1286년 백악산 아사달인 부여신궁夫餘神宮에서 제위帝位에 올랐고 이때부터 단군조선의 제2왕조가 시작이 된다.

또 『삼국유사』의 고조선조에 단군의 "수명이 1,908세(壽一千九百八歲)"라 하였고 이 설을 답습한 조정趙挺의 『동사보유東史補遺』 등에서도 "壽一千九百八歲"라 하였다. 이 내용도 상식적으로 한 사람의 수명이 1,908세에 이르기는 불가능함으로 단군조선의 역년으로 보아야 한다. 위의 도표에서 보듯 송화강 아사달 시대 1,048년과 백악산 아사달 시대 860년을 합하면 1,908년이 나온다. 단군의 수명이라고 한 1,908년은 바로 단군조선의 제1왕조 시대와 제2왕조 시대까지의 역년이 된다. 43세 물리勿理 단군 36년(서기전 426년) 융안隆安 엽호獵戶 우화충于和冲이 반란을 일으키자 이해 겨울에 물리 단군께서 몽진蒙塵을 하다가 붕어하시고 백민성白民城 욕살褥薩 구물丘勿이 군사를 일으켜 다음 해에 우화충을 참斬하고 장당경藏唐京에서 즉위하시고 국호를 대부여로 고치면서 단군조선의 제3왕조 시대가 열리게 된다.

이처럼 『환단고기』는 기존의 사서에서 단군의 수명이라고 전해져 온 1,048년이 제1왕조 시대의 역년이고 1,908년이 단군조선의 제1왕조 시대와 제2왕조 시대까지의 역년이 됨을 분명하게 밝혀주고 있다. 이것은 『환단고기』가 기존사료의 공백을 메워주고 있을 뿐만 아니라 기존사서의 내용을 새롭게 해석할 수 있는 기틀을 제공해 주고 있는 것이다.

2) 『환단고기』는 광개토태왕비의 내용을 정확히 해석할 수 있는 기틀을 제공하며 내용이 정확히 일치한다.

금석문은 당시의 사람들이 그 당시의 사실을 기록한 것이므로 후세에 문헌을 보고 정리한 것보다 더욱 정확하며 사실적이다. 그런데 『환단고기』의 기록은 우리나라의 대표적인 금석문 기록인 광개토태왕비의 내용과 정확하게 일치하고 있으며 지금의 학자들이 올바르게 해석하지 못하고 있는 내용들을 정확하게 해석할 수 있는 기틀을 제공해주고 있다. 우리는 이러한 사실을 통해『환단고기』의 진실성을 다시 한 번 확인할 수 있다.

(1) 고주몽성제가 북부여의 왕통과 혈통을 계승했음을 밝혀주고 있다.

광개토태왕비는 그의 아들인 장수열제께서 서기 414년에 아버지의 업적을 찬양하여 세운 기념비이다. 광개토태왕비는 첫머리에서 "옛적에 시조 추모왕께서 나라를 건국하실 때 북부여로부터 나오셨다.(惟昔始祖鄒牟王之創基也에 出自北夫餘라)"고 기술하고 있다. 고주몽성제가 북부여에서 나왔다고 하였는데 북부여를 지금의 대부분의 학자들은 국호가 아닌 부여의 북쪽에 있었던 땅 정도로만 이해하고 있다. 또 부여라는 호칭 앞에 동서남북의 방위를 붙인 것은 모두 후세에 붙인 명칭이라고 하였다.

"이러한 방위명 부여는 당초부터 이러한 이름은 가졌을 리가 없었을 것이다" (이도학, 『고구려 광개토왕릉비 연구』)

"북부여는 고구려 사람들이 '북쪽의 나라인 부여'라는 뜻에서 쓴 것이다." (『조선전사』 3, 「고구려사」)

고주몽이 북부여에서 나온 사실은 5세기 전반의 것으로 추정되는 모두루묘지명牟頭婁墓誌銘에서도 "하백의 자손이며 일월의 아들인 추모성왕께서 원래 북부여에서 나오셨다.(河伯之孫이며 日月之子인 鄒牟聖王이 元出北夫餘라.) 하여 고주몽성제가 북부여에서 나왔음을 거듭 확인해 주고 있다.

『환단고기』에는 범장이 쓴 「북부여기」가 있어 북부여의 역사에 대해서 소상하게 밝혀주고 있는데 북부여는 후대에 고구려 사람들이 붙인 지역 명칭이 아니라 정식 국호이다. 북부여는 서기전 239년 해모수 단군께서 건국하셨다. 북부여라는 국호를 쓴 이유는 당시 단군조선이 대부여라 국호를 바꾸어 장당경 아사달(지금의 요령성 개원)에 도읍하고 있었고 해모수가 처음 일어난 웅심산(지금의 길림성 서란舒蘭)이나 도읍을 했던 백악산 아사달이 대부여의 북쪽에 위치하고 있었기 때문이라 사료된다. 필자가 북부여의 수도를 백악산 아사달로 보는 견해는 다음의 기록 때문이다.

① 이보다 앞서 종실인 대해모수께서 은밀히 수유국과 약속을 하고 옛 도읍지 백악산을 습격하여 점거한 뒤에 스스로 천왕랑이라 칭하셨다.(先是에 宗室大解慕漱가 密與須臾로 約하사 襲據故都白岳山하시고 稱爲天王郎하시다. 「단군세기」)

② 일찍이 웅심산에서 머무르다가 부여의 옛 도읍(백악산 아사달)에서 군사를 일으켰다.(嘗居于熊心山이라가 起兵於夫餘古都라. 「고구려국본기」)

③ 을미년(서기전 86) 한나라 소제때 고두막한이 부여의 옛 도읍을 점령하고 나라를 동명이라 칭하였다.(乙未漢昭時에 進據夫餘故都하사 稱國東明하시다. 「삼성기」)

고주몽성제는 서기전 58년 북부여의 6대 고무서단군을 이어 7대 임금으로 대통을 계승하시는데 『환단고기』는 그 내용을 다음과 같이 기술하고 있다.

① 재위 2년 계해(서기전 58년) 겨울 10월에 고무서단군께서 붕어하셨다. 고주몽이 유명을 받들어 대통을 이으셨다.(癸亥二年이라 冬十月에 帝崩하시니 高朱蒙이 以遺命으로 入承大統하시니라. 「북부여기」)

② 도망하여 졸본에 이르렀다. 마침 부여왕(북부여 6세 고무서단군)이 대

를 이을 아들이 없어 주몽이 마침내 왕의 사위가 되어 대통을 이으시니 고구려 시조이시다.(逃至卒本하시니 適에 夫餘王이 無嗣라 朱蒙이 遂以王婿로 入承大統하시니 是謂高句麗始祖也시니라. 「고구려국본기」)

고주몽성제는 혈통적으로도 북부여를 건국한 해모수의 현손으로써 그 혈통을 계승하고 있는데 『환단고기』는 이를 다음과 같이 기술하고 있다.

고리군의 왕 고진은 해모수의 둘째 아들이고 옥저후 불리지는 고진의 손자이다. 모두 도적 위만을 토벌한 공으로 봉토를 받았다. 불리지가 일찍이 서압록을 지나가다 하백의 딸 유화를 만나 기뻐하며 장가들어 고주몽을 낳았다. 때는 임인(서기전 79)년 5월 5일이요. 한나라 왕 불릉(소제昭帝) 원봉 2년이었다.

(槁離郡王高辰은 解慕漱之二子也오 沃沮侯 弗離支는 高辰之孫也니 皆以討賊滿功으로 得封也라. 弗離支가 嘗過西鴨綠이라가 遇河伯女 柳花하여 悅而娶之하고 生高朱蒙하시니 時則壬寅 五月五日也오 乃漢主弗陵元鳳二年也라)

위의 내용으로 볼 때 『환단고기』는 고주몽성제가 북부여의 7대 임금으로써 북부여의 왕통을 계승하고 혈통적으로도 해모수의 현손이 되어 광개토태왕비문에서 북부여에서 나왔다고 한 사실을 정확하게 입증하고 있다. 이를 도표로 그리면 다음과 같다.

1 해모수	→	2 모수리	→	3 고해사	→	4 고우루	⋯	5 고두막	→	6 고무서	⋯	7 고주몽

〈북부여의 왕위계승〉 ―은 부자계승 ⋯은 타성계승

〈해모수와 고주몽의 혈통〉

따라서 고구려의 시작은 해모수의 건국으로까지 소급해 올라갈 수 있고 『환단고기』는 이와 관련하여 고구려라는 국호가 어디에서 나왔는지도 상세하게 밝혀주고 있다.

① 고구려는 해모수께서 태어난 고향이므로 북부여를 또한 고구려라고도 불렀다.(高句麗는 乃解慕漱之生鄕也라. 故로 亦稱高句麗也니라.「단군세기」)

② 고구려의 선조는 해모수로부터 나왔는데 해모수의 고향이 또한 그 땅(고구려)이다.(高句麗之先이 出自解慕漱하시니 解慕漱之母鄕이 亦其地라.「고구려국본기」)

③ 고진을 발탁하여 서압록을 지키게 하였다.…공을 세우자 고진의 벼슬을 높여 고구려후로 삼으셨다.(擢高辰하사 守西鴨綠하시다. … 有功하니 陞爲高句麗侯하시니라.「북부여기」)

위의 내용을 보면 해모수의 고향이 서압록의 '고구려' 땅임으로 북부여를 또한 고구려라고도 불렀고 고주몽이 북부여에서 고구려로 이름을 바꾼 이유도 고구려가 해모수의 고향이며 또한 증조할아버지인 고진이 고구려후를 지낸 것과도 연관이 있다고 사료된다. 즉 고구려라는 명칭은 북부여시대 때부터 함께 사용되다가 아마 서기전 37년 평락平樂으로 연호를 바꾸면서 국호도 고구려로 고정시킨 듯하다. 그래서 『삼국사기』에서 고구려의 건국을 서기전 37년으로 한 것인 듯하다. 그러므로 '원시고구려'의 건국은 고

주몽이 입승대통한 서기전 58년, 또는 『삼국사기』에서 말하는 서기전 37년이 아니라 해모수가 나라를 세운 서기전 239년까지 소급해 올라갈 수 있다.

「삼성기」 상에서는 고주몽이 해모수를 태조로 받들어 제사를 지냈다.(祠解慕漱하사 爲太祖라)고 하였다. 태조라는 말은 나라의 건국자에게만 붙일 수 있으니 원시 고구려의 시작은 분명 해모수로부터 시작되는 것이다. 『신당서新唐書』「동이열전東夷列傳」 구려句麗 조에도 다음과 같이 기록되어 있다.

> 고구려비기에 다음과 같이 말하고 있다. "고구려의 역년이 900년에 미치지 못하여 80세가 되는 대장이 고구려를 멸망시킬 것이다."라고 하였는데 고구려는 한나라 때부터 나라가 존재하여 지금에 이르기까지 900년이 되었고 이적李勣의 나이가 80살입니다.(高麗祕記에 日不及九百年하야 當有八十大將滅之라한데 高氏自漢有國하야 今九百年이요 勣年이 八十矣니이다.)

위의 이야기는 당唐의 시어사侍御史 가언충賈言忠이 요동에서 돌아와 당 고종에게 보고하는 내용 속에 있는 말이다. 이는 당시 중국 사람들도 고구려의 역사가 900년에 이른다는 사실을 인정하고 있는 내용이다. 고구려의 건국을 해모수의 건국까지 소급해 올라가면 역년이 239+668년=907이 된다. 따라서 고구려가 북부여에서 나왔다는 비문의 내용을 『환단고기』는 왕통을 계승한 측면에서 또한 혈통적인 측면에서 정확하게 증명하고 있다.

(2) 17세손에 대한 의문을 풀어준다.

광개토태왕비에는 또 다음과 같은 구절이 있다.

황룡을 타고 하늘로 오르실 때(돌아가실 때) 세자인 유류왕을 돌아보시며 명하시기를 도道로써 나라를 다스러라 하시고 대주류왕이 기업基業을 이으시어 '17세손'인 국강상광개토경평안호태왕까지 이르셨다.(黃龍이 負昇天하실새 顧命世子儒留王하사 以道興治하라 하시고 大朱留王이 紹承基業하사 還至十七世孫國罡上廣開土境平安好太王하시니라.)

이 17세손 문제는 이제까지 수많은 논문이 나왔지만 속 시원한 해답이 없는 대표적인 문제 중의 하나이다.

먼저 17세손을 설명하기 위해 『삼국사기』에 나타난 광개토태왕까지의 고구려의 왕위계승도와 세손계보도를 살펴보면 다음과 같다.

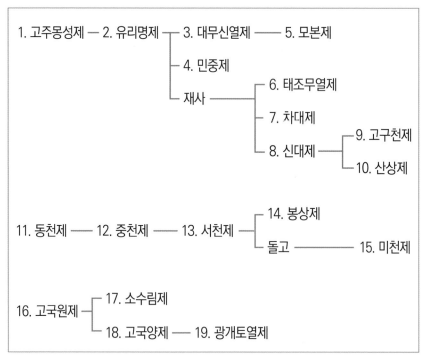

〈고구려 왕위 계승도〉

> 1. 고주몽성제 - 2. 유리명제 - 3. 재사 - 4. 신대제 - 5. 산상제 - 6. 동천제 -
> 7. 중천제 - 8. 서천제 - 9. 돌고 - 10. 미천제 - 11. 고국원제 - 12. 고국양제 -
> 13. 광개토열제

〈고구려 세손 계보도〉

위의 도표에서 보듯이 광개토태왕은 고구려의 19대 왕이며 고주몽성제의 13세손이 된다. 비문의 17세손은 무엇으로도 설명이 안 된다. 그리하여 역대의 연구가들은 백가쟁명으로 자신들의 견해를 주장하였는데 이를 살펴보면 다음과 같다.

일본사람 쓰다 소우키치津田左右吉는 "광개토왕을 19세손으로 기술한 『삼국사기』의 기술을 『위서』 등의 기록과 비교하여 『삼국사기』의 기술이 편자의 생각으로 윤색된 것"이라고 하여 『삼국사기』의 내용을 불신하는 입장을 취하고 있다.

다케다 유키오武田幸男는 당시까지 제기된 다양하고 복잡한 의견들을 다음과 같이 넷으로 분류하여 정리하였다.(권오엽, 『광개토왕비의 신화』)

① 3대 대주류왕을 기준으로 삼아 왕통의 계승을 세기 시작한다는 설 — 아오에 히데靑江秀, 요코이 타다나오橫井忠直, 那珂通世설

② 기준왕을 추모왕으로 하고 추모왕부터 세기 시작한다는 설 — 橫井忠直의 제2설

③ 기준왕을 추모왕으로 하고 3대 대주류왕으로부터 세기 시작한다는 설 - 박시형설

④ 기준왕을 2대 유류왕으로 하고 3대 대주류왕부터 세기 시작한다는 의견 - 陸心源설

이상의 내용은 주로 17세손을 17대 왕이라는데 초점을 맞추어 해석한 것인데 너무 인위적이어서 객관성이 결여되어 있고 억지로 뜯어 맞추고 있다는 생각이 든다.

한국학자들의 견해를 정리하면 다음과 같다. (이종학 외 5인 공저, 『광개토왕 비문의 신 연구』)

① 『삼국사기』의 왕계는 후대에 정리된 것이고 그 과정에서 몇 세대의 왕계가 누락되었다. 그리고 비문의 17세손 문제는 혈통의 진행순서인 세대수로 보아 시조왕으로부터 17세대손인 광개토왕에 이르렀다.
- 조인성, 이도학
② 17세손은 왕대수로 보아야 한다. 17세손은 대주류왕부터 광개토왕까지의 왕대수이다. - 노태돈, 박찬규
③ 비문의 대주류왕大朱留王을 2대 유류왕儒留王으로 보고 그로부터 17세손이 광개토왕이다. 대주류왕과 유류왕을 같은 왕으로 본 근거는 비문을 작성할 당시 주朱와 유儒가 동음자라고 보기 때문이다. - 임기중

한국학자들의 견해도 일본학자들의 해석과 별반 다르지 않다.

북한의 연구가들은 "17세손은 17대왕을 이야기 하는 것이 아니고 17대를 가리키는 것이다. 광개토왕이 추모(동명)왕의 17세손이 되려면 현 『삼국사기』의 계보를 그대로 인정하고 앞부분에 누락된 5세대의 왕을 더 보아야만 한다."고 하면서 "『위서』나 『북사』에 보이는 왕명들을 참고하여 동명왕 다음에 시려해(려달·유류)왕, 여를왕, 막래(대주류왕)왕, 애루왕 등 5세대의 왕들이 있었다."라고 하여 세대를 맞추고 있다. 그리고 "그들의 통치기간은 240년에 해당하며 따라서 고구려의 건국은 기원전 277년으로 소급된다."

고 주장하고 있다. (손영종, 『광개토왕릉비문 연구』)

이상의 분분紛紛한 주장을 『환단고기』는 명쾌하게 해답을 내려주고 있다. 고구려의 뿌리를 원시고구려인 해모수의 건국으로 잡고 고주몽성제 이전에 4세대를 추가하여 세대를 살펴보면 17세손의 문제가 간단히 해결된다.

1. 해모수 － 2. 고진 － 3. ○○○ － 4. 불리지 － 5. 고주몽성제 － 6. 유리명제 －

7. 재사 － 8. 신대제 － 9. 산상제 － 10. 동천제 － 11. 중천제 － 12. 서천제 －

13. 돌고 － 14. 미천제 － 15. 고국원제 － 16. 고국양제 － 17. 광개토열제

〈광개토태왕 17세손도〉

따라서 17세손은 왕위계승의 순서가 아닌 해모수로부터 세대 계승의 숫자가 됨을 정확하게 이해할 수가 있다.

3) 『환단고기』는 비문에서 언급한 18세에 즉위했다는 사실을 명확하게 기술하고 있다.

비문에서는 광개토태왕이 18세(二九登祚)에 등극하여 39세에 세상을 떠났다.(卅有九에 晏駕棄國이라.)고 분명하게 기술하고 있다. 그렇지만 현재의 『삼국사기』의 번역판을 위시하여 기타의 대부분의 책들은 서기 384년에 등극한 고국양제가 9년 동안 재위에 있다가 훙서하였다고 하여 광개토태왕이 392년에 등극한 것으로 기술하고 있다. 고구려는 즉위년칭원법卽位年稱元法을 따랐으므로 고국양제가 돌아가신 9년은 392년이 된다. 그러나 이것은 『삼국사기』의 명백한 오류이다.

비문에 "영락오년永樂五年 세재을미歲在乙未"라고 되어 있는데 을미년은

395년이고 이해가 영락 5년이라면 391년에 등극한 것이 명확하고 이때 그의 나이 18세였던 것이다.

『환단고기』는 "18세의 나이에 광명전에서 등극하셨다(年十八에 登極于光明殿)."라고 하여 비문의 18세에 등극했다는 내용과 정확히 일치하고 있다. 그렇다면 태왕의 출생년은 374년이 된다. 또 그가 비문에서 39세에 세상을 떠났다고 하였는데 이때는 서기 412년으로 지금 학계에서 통용하고 있는 413년 설은 오류이며 바로잡아야 할 것이다. 이 문제는 다음 장에서 더욱 구체적으로 설명이 될 것이다.

4) 건흥 5년 명문불상의 정확한 제작연대를 알려주고 있다.

1915년 충북 중원군 노은면 금학동 탑골이라고 불리던 절터에서 한 점의 금동석가불상이 발견되었다. 그런데 이 불상이 우리의 주의를 끄는 것은 이 불상의 광배光背에 연호年號와 간지干支가 함께 기록되어 제작연대를 우리들에게 알려주고 있기 때문이다. 명문銘文의 내용은 다음과 같다.

> 건흥 5년 병진년에 불제자 청신녀인 상부의 아암이 석가모니 부처님의 불상을 만드오니 원컨대 태어날 때마다 부처님의 진리를 만나 불법을 듣고자 기원합니다.(建興五年 歲在丙辰에 佛弟子 淸信女 上部 兒庵이 造釋迦文像하오니 願生生世世에 値佛聞하노이다.)

지금까지의 연구 견해를 보면 일본의 구로이타 가쓰미黑板勝美는 596년 병진년이라고 주장했고 문명대는 '536년 병진년으로도 볼 수 있지만 여러 정황상 536년으로는 볼 수 없다'고 하면서 '만약 건흥 5년의 흥興을 좀 더 분명하게 살펴서 복福의 오기誤記 내지 다른 표현이라고 밝혀진다면 이 불상이 신라 진평왕시대인 596년에 만든 신라작품이 될 가능성도 높다는 것을 결코 간과해서는 안 될 것이다'라고 했고 김원룡 교수는 이 불상의 제작연대는 550년 전후 또 그 직전이라고 생각된다고 하였다.

『환단고기』에서는 다음과 같은 기록이 있다.

> 장수홍제호태열제(412~491)는 연호를 건흥으로 고치셨다. 인의로써
> 나라를 다스리고 영토를 넓히고 개척하시어 금강 이북이 고구려에 귀
> 속되었다.(長壽弘濟好太烈帝는 改元建興하사 仁義治國하시고 恢拓疆宇하시니 熊津
> 江以北이 屬我라. 「고구려국본기」)

위의 기록으로 살펴보면 장수열제때의 연호가 건흥이고 광개토열제가 39세인 412년 임자壬子에 승하하셨다면 당년에 장수열제께서 계위하셨을 것이고 즉위년칭원법에 따라 건흥 5년은 416년이 되고 416년의 간지가 또한 병진丙辰임으로 즉위 이후 재위년과 간지가 정확하게 일치하게 된다. 따라서 노은면에서 발견된 금동석가불상의 제작은 신라가 아닌 고구려에서 제작된 것이고 장수열제 5년 서기 416년에 제작된 것이 의심의 여지가 없다. 이러한 내용은 『환단고기』의 기록이 없었다면 영원히 미궁에 빠졌을 가능성이 크다. 이러한 사실 앞에서 『환단고기』가 위서라고 주장하는 것은 손바닥으로 하늘을 가리려고 하는 어리석은 행동이라는 것도 스스로 깨닫게 될 것이다.

그리고 지금 대부분의 서적이 광개토열제의 승하년과 장수열제의 즉위년을 서기 413년으로 잡고 있는데 이것도 위의 내용과 374년생인 광개토열제가 39세에 승하하셨다는 것에 의거하여 412년으로 바로잡아야 할 것이다.

고구려 사람들은 스스로 자신들의 나라가 세계의 중심이며 자주 독립국이라는 자긍심을 가지고 독자적인 연호를 사용하였다. 지금 학계에 밝혀진 것으로는 광개토태왕의 비문에 나타난 영락永樂 연호만이 알려져 있지만 『환단고기』에는 이외에도 여러 연호들이 밝혀져 있는데 이를 정리하면 다음과 같다.

① 고주몽성제	⑥ 태조무열제	⑲ 광개토열제	⑳ 장수열제	㉑ 문자열제	㉕ 평원제	㉖ 영양제	㉘ 보장제
다물多勿 평락平樂	융무隆武	영락永樂	건흥建興	명치明治	대덕大德	홍무弘武	개화開化

고구려의 모든 열제烈帝들이 연호를 사용하였다는 사실을 인정한다면 현재 금석문 속에서 고구려의 연호로 비정되는 신라의 서봉총瑞鳳塚에서 출토된 연수원년명延壽元年銘(연수 원년 신묘辛卯) 은합銀盒, 경남 의령에서 출토된 연가칠년명延嘉七年銘(연가 7년 세재계미歲在癸未) 금동불상, 평양 평천리平川里에서 발견된 영강칠년명永康七年銘 주형광배舟形光背, 황해도 곡산에서 출토된 경4년명景四年銘 혹은 신묘명辛卯銘, 금동삼존불, 1988년 6월 함경남도 신포시에서 출토된 ○화○和 삼년三年 세재병인歲在丙寅이라고 기록된 금동판金銅板 등에서 보이는 연호에 대해서도 해결의 실마리를 제공해주리라 사료된다. 그리고 여기에 접근하기 위해서는 고구려의 열제들이 일세일원제一世一元制를 고수했는지 아니면 일세다원제一世多元制를 썼는지에 대한 검토가 먼저 이루어져야 한다고 생각된다.

5) 연개소문의 아버지 할아버지의 이름을 통해『환단고기』가 진서임이 입증된다.

1923년 중국 하남성 낙양의 북망산北邙山에서 연개소문의 아들인 천남생泉男生의 묘지墓誌가 출토되었다. 본래의 성姓이 연淵이나 당고조 이연李淵의 이름을 휘諱하여 천泉으로 바꾼 것이다. 이 묘지의 명문銘文을 지은 이는 왕덕진王德眞이고 글은 당나라 초기의 유명한 서예가인 구양순歐陽詢의 아들 구양통歐陽通이 썼다. 묘지에는 남생의 관직·품계 및 그의 조상과 아버지에 관한 사적이 기록되어 있다. 종래『삼국사기』의 기록으로 남생이 46세에 죽었음을 알 수 있었지만 그의 생몰년은 알 수 없었으나 이 묘지의 출토로 말미암아 그가 634년에 태어나서 679년 죽었음이 밝혀지게 되었다. 그러나 우리는 여기에서 그의 조상에 관한 기록을 통해서『환단고기』가 진서眞書임을 증명하는 중요한 단서를 살펴볼 수 있다. 묘지명에는 다음과 같이 기록되어 있다.

증조할아버지의 이름은 자유이고 할아버지의 이름은 태조인데 모두 막리지를 지냈다. 아버지의 이름은 개금이고 태대대로를 역임했다. 할아버지와 아버지가 철을 잘 다루고 활을 잘 쏘아서 모두 병권을 장악하였다.(曾祖는 子遊오 祖는 太祚니 竝任莫離支하고 父는 蓋金이니 任太大對盧라. 乃祖乃父가 良冶良弓으로 竝執兵鈐이라.)

그런데 놀랍게도 과거의 어떤 문헌에도 나오지 않는 위의 기록이『환단고기』의「고구려국본기」에 정확하게 기술되어 있는데 다음과 같다.

조대기에 다음과 같이 기록되어 있다. 연개소문은 일명 개금이라고도 한다. 성은 연씨이고 선조는 봉성사람이다. <u>아버지의 이름은 태조, 할 아버지는 자유, 증조부는 광이고 나란히 막리지를 지냈다.</u>(朝代記에 曰淵 蓋蘇文은 一云蓋金이니 姓은 淵氏오 其先은 鳳城人也라. 父曰太祚오 祖曰子遊오 曾祖 曰廣이니 幷爲莫離支라. 「고구려국본기」)

우리는 위의 기록을 통해서 <u>『환단고기』의 모든 기록을 믿을 수 있다는 확신을 가질 수 있다.</u> 그러나 『환단고기』를 위서僞書라고 주장하는 사람은 다음과 같은 궤변을 늘어놓고 있다.

"주지하다시피 이 묘지명은 1923년에 출토되었는데 지난 세기 70년 대 말에 나온 『환단고기』라는 위서에서는 신통하게도 땅속에 묻혀 있던 연개소문의 가계를 아주 정확하게 기록하고 있다. 따라서 『환단고기』는 1923년 이후에 쓰여진 것임을 스스로 자인하고 있다 하지 않을 수 없다. 왜냐하면 이 묘지명이 발굴되기 이전에는 국내외 어느 사료에도 연개소문의 가계를 기록한 것이 없기 때문이다."

이러한 주장이 얼마나 무지한 것인지를 다음에 설명해 보고자 한다.
첫째, 『환단고기』가 1911년에 편찬되었다는 사실은 『환단고기』의 범례를 통해서도 잘 알려져 있고 이 책의 편찬자인 계연수 선생은 1920년 그의 나이 57세 때 조선독립군으로 위장한 밀정의 덫에 걸려 무참하게 살해되신 분으로 1923년에는 이 땅에 존재하지도 않았다. 『태백일사』「고구려국본기」의 저자는 중종 때의 인물인 이맥李陌으로 그는 1520년경에 이 책을 지었다. <u>「고구려국본기」는 1923년 이후에 누가 조작한 책이 결코 아니다.</u>

둘째, 『환단고기』의 내용을 보면 출처의 근거를 천남생 묘지명이 아니라 『조대기朝代記』라고 분명히 밝히고 있다. 『조대기』는 대진국이 망하면서 대진국의 유민들이 고려로 가져온 사서史書로 추정되는데 고려 말에 이명李茗이 지은 『진역유기震域遺記』의 저본이 되었고 『진역유기』는 북애자北崖子가 쓴 『규원사화揆園史話』의 저본이 되었다. 그리고 『조대기』는 1457년 조선 세조가 내린 사서의 수거령 속에서도 언급되고 있다.

셋째, 천남생 묘지명을 보고 썼다면 연개소문의 증조할아버지의 이름이 광廣이라는 것은 결코 쓰지 못했을 것이다. 이를 기록한 것을 보면 이것이 이전부터 전해오는 사서, 즉 『조대기』를 보고 기록한 것이지 1923년에 발견된 천남생 묘지명을 보고 기록한 것이 결코 아니라는 것을 알 수 있다.

이상의 내용으로 볼 때 『환단고기』의 기록은 진실성이 증명되며 믿을 수 있는 진서眞書라는 사실을 거듭 확인할 수가 있다.

3. 나오는 말

『환단고기』는 역사상 실존했던 인물들에 의해 쓰여졌으며 이 책의 편집자인 운초雲樵 계연수桂延壽는 1911년 이 책을 편집하면서 『환단고기』 범례에서 그 책들의 소자출所自出에 대해서 분명하게 언급하여 일호의 의문도 남겨 놓지 않았다. 이를 간략하게 도표로 그리면 다음과 같다.

그럼에도 불구하고 진위眞僞 논쟁이 지속되고 있는 것이 작금의 현실이다. 이를 극복하기 위해서는 『환단고기』의 내용을 가지고 기존의 강단 사학자들이 풀지 못한 내용들과 잘못 해석하고 있는 내용들을 객관적으로 증명하여 『환단고기』의 가치를 스스로 드러내고 대중의 지지를 획득하는 것이 급선무라는 생각이 들어서 본 논문을 쓰게 되었다.

구성	저자	저술시기	출처	비고
삼성기 上	안함노 (579~640)	신라 진평· 선덕여왕	계연수가 소전	세조 3년(1457년) 수상서목
삼성기 下	원동중(?~?)	고려	태천 백관묵가	〃
단군세기	이암 (1297~1364)	1363	태천 백관묵가	목은 이색의 묘지명에 축실사중築室寺中 편왈해운扁曰海雲이 보임
북부여기	범장(?~?)	고려 말	삭주 이형식가	두문동 72현중 한분
태백일사	이맥 (1455~1528)	1520년경	해학 이기	1519년부터 춘추관의 편수관으로 있으면서 내각內閣의 비서祕書를 많이 구해 읽음

본고에서는 일차적으로 4개의 내용에 대해서 살펴보았다.

첫째, 「세종실록」과 권제가 지은 『역대세년가』에서는 단군의 역년이 1,048년이라 하고 있으나 권람이 지은 『응제시주』와 오운이 지은 『동사찬요』에서는 단군의 수명이 1,048세라고 기록하고 있다. 『환단고기』에서는 지금의 하얼빈에 도읍을 했던 고조선의 초대단군의 건국년인 서기선 2333년부터 21대 소태단군이 물러나는 서기전 1286년까지를 고조선의 제1왕조시대로 기록하고 있는데 이 기간이 1,048년으로 후대의 기록과 정확히 일치한다.

또 『삼국유사』에서는 단군의 수명이 1,908세라 하였고 조정이 지은 『동사보유』에서도 역시 단군의 수명이 1,908세라 하였다. 『환단고기』에서는 22세 색불루단군이 서기전 1285년에 백악산 아사달에 도읍을 정하고 이것이 43대 물리단군 때까지 즉 서기전 426년까지 860년간 고조선의 제2왕조가 지속되었다고 하였는데 1,908년은 제1왕조시대 1,048년에 제2왕조시대 860년을 더한 숫자로 이처럼『환단고기』는 기존 사서의 내용을 새롭게 해석하여 고조선의 역사를 회복할 수 있는 기틀을 제공해주고 있다.

둘째, 사서의 내용이 금석문의 기록과 일치한다는 것은 그 사서의 내용이 정확하다는 것을 의미한다. 광개토태왕비에서 고주몽성제가 북부여에서 나왔다고 하였는데『환단고기』는 고주몽은 북부여의 건국자인 해모수의 4세 후손 현손자로 북부여 왕족의 혈통을 계승하고 있으며 또한 북부여의 7대 단군으로써 북부여의 왕통을 계승하고 있음을 밝히고 있다. 그리고 비문에서는 광개토열제가 17세손이라고 언급하고 있는데 지금의『삼국사기』기록으로는 광개토열제는 고구려의 19대 왕이고 고주몽으로부터 13세손이 되어 17세손에 대한 해답이 나오지 않는다. 그러나 고구려는 북부여를 계승한 나라임으로 원시 고구려인 북부여의 건국자인 해모수로부터 혈통적으로 세손을 계산하면 광개토열제는 17세손이 되어 아직까지 논란이 지속되고 있는 17세손에 대한 명쾌한 해답이 나온다. 그리고 비문에서는 광개토열제가 18세에 등극하여 39세에 세상을 떠났다고 하였는데『환단고기』에서도 18세에 등극하였다고 언급하여 두 곳의 내용이 일치하고 또한 39세인 412년에 승하하였다고 하여 413년으로 보고 있는 기존의 오류를 바로잡을 수 있다.

셋째, 1915년 충북 중원군 노은면에서 발견된 금동석가불상에 새겨져 있는 건흥오년建興五年 세재병진歲在丙辰의 해석을 둘러싸고 기존 학계에서 여러 설이 난무하고 있는데『환단고기』에서 건흥은 장수열제 때의 연호라 하였고 장수열제는 39세로 세상을 떠난 광개토열제의 뒤를 이어 412년 임자壬子에 등극하였고 고구려의 즉위년 칭원법에 따라 건흥 5년은 서기 416년이 되며 이해의 간지가 병진임으로 정확히 합치됨으로 위의 석가불상은 416년 고구려에서 만들어진 것이 명확하다. 이를 통해『환단고기』의 위대한 가치를 재발견할 수 있다.

넷째, 1923년 중국 낙양의 북망산에서 연개소문의 아들 천남생의 묘지명이 출토되었고 이곳에 연개소문의 아버지의 이름이 태조이고 할아버지의 이름이 자유라고 하였는데 이에 앞서서 1911년에 간행된 『환단고기』의 「고구려국본기」에도 『조대기』를 인용하여 동일한 내용이 실려 있을 뿐만 아니라 그의 증조부의 이름이 광廣이라고까지 기술되어 있어 『환단고기』의 기록이 매우 정확하다는 것을 확인할 수 있다.

이상의 내용으로 볼 때 『환단고기』는 기존의 사료에 기록되어 있지 않은 한국 고대사의 공백을 메워줄 수 있는 소중한 내용들로 가득 차 있으며 기존의 역사학계에서 그릇 해석하고 있는 오류를 객관적으로 바로잡을 수 있는 자료를 제공하고 있으며 더 나아가 기존학계에서 풀지 못하는 난제難題까지도 속 시원하게 증명해주는 비전祕傳된 사서史書이며 진서眞書가 된다는 것을 거듭 확인할 수 있다.

/ 참고문헌 /

- 固城李氏思菴公派宗中, 『固城李氏思菴公派譜』卷一, 瑞進出版社, 1999
- 歐陽修 宋祁撰, 『新唐書』20, 中華書局出版, 1991
- 권오엽, 『광개토왕비의 신화』, 인문사, 2011
- 渡邊隆男, 中國法書選37 道因法師碑泉男生墓誌銘, 株式會社二玄社, 1995
- 문명대, 한국조각사, 悅話堂, 1984
- 손영종, 『광개토왕릉비문연구』, 도서출판 중심, 1999,
- 안경전 역주, 『환단고기』, 상생출판, 2012,
- 윤이흠 외, 『檀君 그 이해와 자료』, 서울대학교 출판부, 1994
- 이도학, 『고구려 광개토왕릉비 연구』, 서경문화사, 2006
- 李載浩 譯註, 『三國遺事』, 光信出版社, 1993
- 李鍾學 外 5인 共著, 『광개토왕비문의 신 연구』, 서라벌군사연구소, 1999
- 『조선전사』 3. 「고구려사」, 과학백과사전종합출판사, 1991
- 韓國古代社會研究所, 「역주한국고대금석문」 I , 1992
- http://m.cafe.naver.com/manchuria/99 만주원류고를 사랑하는 사람들의 모임. 천남생묘지에 관하여

| 제3편 |

환단고기 진서고(Ⅱ)

1. 들어가는 말

『환단고기』는 한민족의 찬란했던 9천 년의 역사와 국통맥을 전해주는 유일한 사서이다. 우리의 역사는 신라의 김춘추가 648년 당에 들어가 대동강 이북의 땅을 바치기로 나당밀약을 맺어 사대의 길을 연 이후 신라 28대 진덕여왕 4년(AD 650년) 당나라 고종의 永徽 元年의 연호를 쓰면서부터 본격적인 사대주의가 시작되었다. 이후 고려시대를 거치고 조선시대에 들어와서 事大가 국시로 자리잡아 유구하고도 찬란했던 환국, 배달, 단군조선, 북부여의 뿌리역사가 송두리째 왜곡되고 거세되었다.

그리고 36년 동안 일제강점기를 거치면서 일제는 식민주의 사관에 입각하여 우리의 상고사와 국조, 특히 단군을 부정하고 우리의 역사를 한반도에 국한시키는 반도사관을 만들어 대륙의 광활했던 영토와 7,000년의 뿌리역사를 우리 역사에서 제외시켜버렸다.

1945년 해방을 맞이하였지만 우리 역사는 식민주의 사관에 세뇌당한 강단사학자들과 실증주의 사학이라는 미명아래 역사의식이 마비된 사학자들에 의해 더욱 고대사가 부정되고 왜곡되는 한심한 경지에까지 이르게 되었다. 역사는 민족의 혼이다. 杏村 이암은 「단군세기」 서문에서 "國猶形하고

史猶魂하니 形可失魂而保乎아(나라는 육신과 같고 역사는 정신과 같으니 육신이 정신을 읽고 보전될 수가 있겠는가)"라고 하여 역사를 잃어버리면 국가와 민족이 존립할 수 없음을 준엄하게 경고하였다.

우리는 역사를 통해서 우리 민족의 잃어버린 혼을 찾을 수 있을 뿐만 아니라 진정한 한국인으로 거듭 태어날 수 있는 것이다. 우리는 역사를 통해서 진정으로 自我를 인식하여 주체성을 확립할 수 있는 것이다.

『환단고기』는 9천년 역사와 더불어 환국, 배달국, 단군조선, 북부여, 고구려, 대진국, 고려로 이어지는 國統을 밝혀주는 유일무이한 寶書이고 한민족의 정신세계와 철학과 문화를 밝혀주는 眞書이다. 그런데 지금의 강단사학자들은 『환단고기』를 僞書라고 매도하며 貶下하고 있다.

丹齋 申采浩는 우리의 역사가 우리 역사를 저작하던 사람들에 의해 더 많이 없어지고 파괴되었음을 다음과 같이 탄식하고 있다.(이만열 주석, 『주석조선상고사』 상)

「安鼎福이 〈東史綱目〉을 짓다가 慨然히 內亂의 빈번과 外寇의 출몰이 東國의 古史를 蕩殘케 함을 悲歎하였으나, 나로써 보건댄, 朝鮮史는 내란이나 外寇의 兵火에서 보다, 곧 朝鮮史를 저작하던 其人들의 손에서 더 탕잔되었다 하노라……도깨비도 뜨지 못하는 땅 뜨는 재주를 부리어 卒本을 떠나가 成川 혹 寧邊에 놓으며, 安市城을 떠다가 龍岡 혹 安州에 놓으며, 阿斯山을 떠다가 黃海道의 九月山을 만들며, 迦瑟羅를 떠다가 江原道의 江陵郡을 만들어, 이와 같은 허다한 「地」의 빙자가 없는 歷史를 지어, 더 크지도 말고 더 작지도 말아라 한, 鴨綠江 以內의 理想的 彊域을 劃定하려 하며」

단재의 탄식은 지금까지도 지속되고 있다. 필자는『桓檀古記 眞書考(I)』을 통해서『환단고기』가 기존사료를 올바르게 해석하는데 도움을 주고 기존사료의 부족한 점을 보충해주며 기존학계에서 풀지 못하는 難題까지도 속 시원하게 증명해주는 祕傳된 史書라는 것을 객관적으로 입증한 바 있다. 그리고 이 작업은『환단고기』가 正史로 자리 잡는 그날까지 지속되어야 한다고 사료된다.

2. 북한의 단군릉은 5세 단군 丘乙의 무덤이다

북한은 1993년 10월 2일 사회과학원 발표를 통해 평양 부근 단군릉에서 한민족의 국조인 단군의 유골과 유물을 발견하여 단군의 역사적 실존을 고고학적으로 확인했다고 주장하였으며 1994년 단군릉을 복원하였다. 이에 대해서 남한 학계의 반응은 한결같이 부정적이었다. "북한이 왜 그처럼 황당한 주장을 하는지 모르겠다"고 하거나 "북한이 주체사상을 너무 앞세우다 보니 넘지 말아야 할 선을 넘은 것 같다"고 하면서 북한의 단군릉 발굴 보고가 조작된 것이라고 생각하는 사람이 적지 않았다.

그리고 1994년「한국상고사학보」에서는 '단군릉 발굴에 대한 몇가지 이견'이라는 제목의 반론을 제기하여 북한에서 발굴한 단군릉은 결코 단군의 무덤이 될 수 없다는 주장을 펴면서 "단군릉 발굴에 대한 북한측의 견해가 학문적이라기보다는 그들의 정통성 확보를 위한 정치적인 면을 더 보이고 있다"라고 결론을 내리고 있다. 그렇지만『환단고기』에는 북한에서 주장하는 단군릉이 5세 단군 丘乙을 무덤임을 분명하게 알려주고 있다.

따라서 북한에서 발굴복원한 단군릉은 북한체제를 선전하기 위해 조작한 것이 결코 아니다. 조선시대 때부터『조선왕조실록』을 비롯한 여러 사서에서는 평양 동쪽에 단군의 무덤이 있다는 수많은 기록을 남기고 있는데 이에 대한 내용을 먼저 살펴보고자 한다.

1) 조선왕조실록

숙종 31권 23년(1697, 정축) 7월 4일

「그리고 또 기자(箕子)의 후손을 거두어다 기용하고 해마다 강동(江東)의 단군묘(檀君墓)와 평양(平壤)의 동명왕묘(東明王墓)를 손질하여 가다듬도록 청하자, 모두 윤허하였다.

又請收用箕子後裔, 每歲修治江東檀君墓 平壤 東明王墓, 竝允之.」

이 기록은 조선왕조실록에서 단군의 무덤에 관한 최초의 기록인데 해마다 단군묘에 대한 손질을 요청하자 숙종이 즉시 윤허한 것으로 보아 이때에 강동의 단군묘에 대한 인지는 보편화되어 있었던 것으로 생각된다.

영조 15년(1739, 己未) 5월 23일(戊辰)

「임금이 소대를 행하였다. 근신을 보내어 숭인전(崇仁殿)에 치제(致祭)하게 하고 단군(檀君)·기자(箕子) 이하 여러 왕의 능묘(陵墓)를 수리하라고 명하였으니, 시독관 유최기(兪最基)의 말을 따른 것이었다. 기우제를 다시 거행하라고 명하였다. 이때 날마다 가는 비가 내리다가 곧 개므로 이 명이 있었다. 유최기가 말하기를, "각도의 감사가 으레 몸소 빕니다마는, 기내(畿內)로 말하면 수령은 행하나 도신은 아니하니, 뭇 신명에게 두루 행한다는 의리로서는 마땅히 예관에게 물어서 행해야 하겠습니다." 하니, 임금이 말하기를, "방기(邦畿)는 임금의 도읍이므로 압존

(壓尊)되어 감히 하지 못하는 것인가?" 하였다. 유최기가 말하기를, "압존이라 한다면 수령과 도신이 같을 것입니다." 하고, 시독관 조명리(趙明履)가 말하기를, "수령은 그 경내에서 빌 뿐입니다마는, 기백(畿伯)이 빈다면 기내의 산천(山川)에 두루 제사하는 것일 것입니다." 하니, 임금이 말하기를, "예관을 시켜 널리 상고하고 대신(大臣)에게 물어서 품처하게 하라." 하였다. 외읍(外邑)에 명하여 각각 사직의 신위(神位)를 설치하게 하였으니, 유최기의 주청(奏請)을 따른 것이었다.

上行召對。遣近臣, 致祭崇仁殿, 命修檀君、箕子以下諸王陵墓, 從侍讀官兪最基言也。命復行祈雨祭。時連日微雨, 旋又開霽, 故有是命。最基曰: "諸道監司, 例爲躬禱, 而至如畿內守令則行之, 道臣則否, 其在偏于群神之義, 宜問禮官行之。"上曰:"邦畿, 王者之都, 故壓尊而不敢爲耶?"最基曰: "如曰壓尊則守令與道臣等耳。"侍讀官趙明履曰:"守令則禱於其境而已, 若畿伯行禱, 則是偏祭畿內山川也。"上曰:"第使禮官博考, 問大臣稟處。" 命外邑各設社稷神位, 從最基奏也。」

영조 39년(1763, 癸未) 4월 22일(己酉)
「전조(前朝)의 옛 능(陵)과 단군(檀君)·기자(箕子)·신라·고구려·백제의 시조(始祖)의 능을 수축(修築)하라고 명하였다.
命修理前朝舊陵及檀君·箕子, 新羅高句麗百濟始祖陵。」

영조는 2회에 걸쳐 단군의 능묘를 수리하라고 명하고 있다. 이 능묘가 강동군 대박산의 능묘라고 명확히 밝히지는 않았지만 우리나라에서 단군묘로 전해지는 곳은 강동군에 있는 것이 유일하고 이미 숙종 때에 강동의 단군묘를 수리하라고 하였으니 이곳의 단군묘는 강동군의 단군묘가 틀림없다고 사료된다.

<u>정조 22권 10년(1786, 丙年) 8월 9일(己西)</u>

「단군(檀君)의 묘소를 수리하고 무덤을 수호(守護)할 호(戶)구를 두었다.
승지 서형수(徐瀅修)가 아뢰기를, "단군은 우리 동방의 맨 먼저 나온 성
인으로서 역사에 편발 개수(編髮盖首)의 제도를 제정하였다고 일컫고
있습니다. 군신 상하의 분수와 음식과 거처의 예절을 모두 단군이 창
시(創始)하였다면 단군은 동방에 있어서 사실 세상이 끝나도록 잊지 못
할 은택이 있는 것이니, 모든 것을 극도로 갖추어 높이 받들어야 할
것입니다. 그런데 신이 강동(江東)에 벼슬할 때에 보았는데, 고을 서쪽
3리쯤 되는 곳에 둘레가 4백 10척쯤 되는 무덤이 있었습니다. 옛 노인
들이 서로 단군의 묘소라고 전하고 있었으며, 유형원(柳馨遠)의 《여지
지(興地誌)》에 기록되어 있으니, 그것이 참인지 거짓인지를 막론하고 어
떻게 황폐해지도록 놔두고 사람들이 마음대로 땔나무를 하거나 소와
말을 먹이도록 놔둘 수 있겠습니까? 만약 단군이 아사달산(阿斯達山)
에 들어가 신(神)이 되었으므로 묘소가 있을 수 없다고 이의를 제기한
다면, 중국의 황제(黃帝)는 교산(喬山)에 신발이 있는 일도 있었고 공동
산(崆峒山)에 무덤이 있는 고사도 있습니다. 더구나 평양에 단군의 사
당이 있고 본 고을에서 숭령전(崇靈殿)으로 높였는데 이 묘소만 떳떳한
전장(典章)에서 빠졌다는 것은 정말 하나의 흠결된 일입니다." 하니, 하
교하기를, "비록 믿을만한 증거의 흔적이 없으나, 고을의 옛 노인들이
가리키는 곳이 있다면 병졸을 두어 수호하거나 돌을 세워 사실을 기
록하는 등 근거할 수 있는 사례가 하나뿐만이 아니다. 더구나 이곳의
사적이 읍지(邑誌)에 자세하게 기록되어 있는데도 불구하고 비석을 세

우지 않았을 뿐만 아니라, 수호하는 사람까지 없으니, 매우 흠결된 일이다. 연대가 멀고 또 믿을 만한 문헌도 없어서 제사는 지내지 못하더라도 땔나무를 하거나 목축을 하지 못하도록 금지해야겠다. 그 도백으로 하여금 순행할 때에 몸소 살펴보게 하고 무덤 가까이 사는 민호(民戶)를 수호로 정하고 본 고을 수령이 봄·가을로 직접 살피게끔 규식을 정하도록 하라." 하였다.

己酉/修檀君墓, 置守塚戶。承旨徐澄修啓言:"檀君, 卽我東首出之聖, 史稱編髮蓋首之制。君臣上下之分, 飮食居處之禮, 皆自檀君創始, 則檀君之於東, 實有沒世不忘之澤。其所尊奉, 宜極崇備。臣待罪江東, 見縣西三里許, 有周圍四百十尺之墓。故老相傳, 指爲檀君墓, 登於柳馨遠《輿地志》, 則毋論其虛實眞僞, 豈容任其荒蕪, 恣人樵牧乎? 若以爲檀君入阿斯達山爲神, 不應有墓, 則旣有喬山之舃, 而又有崆峒之塚矣。況檀君廟, 在於平壤, 而本郡秩之爲崇靈殿, 則此墓之尙闕彝典, 誠一欠事。"敎曰:"雖無徵信之跡, 邑中故老, 旣有指點之處, 則或置卒守護, 或立石紀實, 可據之例, 不一而足。況此處事蹟, 昭載邑誌, 而不惟不立石, 又無守護之人, 甚是欠事。年代久遠, 且無可信文字, 雖不設祭, 宜禁樵牧。令該道伯, 巡過時躬審, 以近塚民戶, 定守護, 本邑倅春、秋躬審爲式。"」

위의 기록은 강동현에 몸소 머물렀던 서형수가 자기가 보았던 사실을 바탕으로 정조에게 아뢴 내용으로 그때까지도 제대로 관리가 되지 않았음을 살펴볼 수 있다. 정조는 그곳에서 나무하고 가축을 방목하는 것을 금지시키고 관찰사와 그곳의 수령에게 몸소 살펴보게 하였으며 무덤 부근의 백성을 정해 무덤을 지키고 보호하게 하고 있다.

「의관(議官) 백호섭(白虎燮)이 올린 상소의 대략에, "평양(平壤)은 바로 단군(檀君), 기자(箕子), 동명왕(東明王) 세 성인이 수도를 세운 곳입니다. 단군은 맨 먼저 나타나 태고 시대에 나라를 여셨는데 그가 나라를 세운 것은 당요(唐堯)와 때를 같이 하였고, 나라를 보전한 것은 천 년이나 오래되었습니다. 지금 그의 능(陵)이 강동군(江東郡) 읍치(邑治)에서 서쪽으로 5리(里) 떨어진 태백산(太白山) 아래에 있습니다. 이것은 이 고을의 읍지(邑志)와 《관서문헌록(關西文獻錄)》에 명백히 실려 있습니다. 그리고 고(故) 상신(相臣) 허목(許穆)이 지은 《단군세가(檀君世家)》에 이르기를, '송양(松壤) 서쪽에 단군총(檀君塚)이 있는데 송양은 곧 오늘의 강동현(江東縣)이다.'라고 하였으니, 확실한 증거가 참으로 명백한 것입니다. 이 고을의 산림을 봉식(封植)하자는 내용으로 여러 번 부군(府郡)에 청한 것이 문서와 편지에 가득 쌓여 있으니 이것은 누가 시켜서 그렇게 하였겠습니까?

생각건대 우리 성조께서 숭보(崇報)의 전례(典禮)를 지극하게 거행하지 않은 것이 없으니, 지난 기축년(1889)에는 기자릉(箕子陵)을 봉하고 신묘년(1891)에는 동명왕릉(東明王陵)을 봉하여 예법대로 상설(象設)하여 귀신과 사람들이 다 기뻐하였습니다. 무릇 세 성인이 서로 이은 순서로 단군묘를 『단군릉(檀君陵)으로』 숭봉(崇奉)하는 것이 앞섰어야 하는데 아직까지 미처 겨를이 없었으니 어찌 숭보하는 거조(擧措)에 결함이 되지 않겠습니까?

삼가 바라건대, 황상께서는 변변치 않은 말이나마 굽어 살피시고 조정의 의논을 널리 모으시어 특별히 본도 도신(道臣)으로 하여금 강동의 단군묘도 기자와 동명왕 두 능의 예에 따라 똑같이 숭봉하게 하여 성인을 받드는 뜻을 밝히고 백성들의 기대를 위로하여 주소서.”

하니, 비답하기를, “숭보의 논의는 오히려 늦었다고 할 수 있다. 그러나 사체가 신중한 만큼 정부(政府)로 하여금 품처하도록 하겠다.” 하였다.

議官白虎燮疏略: “平壤卽檀君、箕子、東明王三聖人建都之地, 而檀君首出, 肇開鴻荒。立國倂唐堯之世, 寶曆享千歲之永。今其衣履之藏, 在江東邑治西五里太白山下, 此旣昭載於該邑志與《關西文獻錄》。而故相臣許穆所述《檀君世家》曰: ‘松壤西有檀君塚, 松壤卽今之江東縣’云。其爲可徵、可信, 固已章章明矣。該邑山林, 屢以封植之意, 請于府郡者, 積劵累牘, 是孰使之然哉? 惟我聖朝崇報之典, 靡不用極。往在己丑, 封箕子陵, 辛卯封東明王陵, 象設如禮, 神人胥悅。夫以三聖相繼之序, 則檀君墓之崇封, 當居其先, 而尙此未遑者, 豈不有欠於崇報之擧乎? 伏願皇上, 俯察蕘言, 博採廟議, 特令本道道臣, 江東之檀君墓, 亦依箕、東兩陵之例, 一體崇封, 以昭尊聖之義, 以慰群黎之望焉。” 批曰: “崇報之論, 尙云晩矣。然而事體愼重, 令政府稟處。”」

위의 기록은 정조 10년 이후, 114년 이후의 기록이다. 議官 白虎燮은 1889년에 箕子陵을 封하고 1891년에 東明王陵을 봉했으나 아직까지 江東의 檀君墓를 檀君陵으로 봉하지 않았으니 本道의 道臣으로 하여금 강동의 단군묘를 기자릉과 동명왕릉의 前例에 의거하여 똑같이 높여 단군릉으로 崇封하자는 상소를 올린 것이다.

순종 3권 2년(1909, 己酉) 1월 31일(양력)
「조령(詔令)을 내리기를, “우리나라에서 처음으로 나온 성인인데 사당의 모습이 고요하다. 숭령전(崇靈殿)에 평안남도 관찰사(平安南道觀察使)

를 보내어 치제(致祭)하도록 하라. 듣건대 의복과 신발은 강동(江東)에 보관하고 있으며 지금 그것을 가리켜 단군릉(檀君陵)이라고 하는데, 잡초가 우거진 채로 거두지 않고 있다고 하니 높이 받드는 예차가 전혀 없다. 이제부터 관리하고 수호하는 절차를 마련하여 거행하도록 하라." 하였다.

詔曰: "東方首出之聖, 廟貌有侐。崇靈殿, 遣平安南道觀察使致祭。聞衣履之藏, 在江東地, 至今指點謂檀君陵, 而無沒不治, 殊欠崇奉之禮。其自今封植守護之節, 磨鍊擧行。"」

이는 고종 37년 이후 9년만의 기록인데 江東의 檀君墓를 檀君陵으로 호칭하고 지금부터라도 잘 관리하고 守護하도록 명을 내리고 있다.

이상의 내용은 조선왕조실록에 언급된 江東의 단군 무덤에 대한 기록이다. 동일한 내용이 『승정원일기』, 『국조보감』 등에도 실려 있으나 중복된 내용이므로 생략한다.

2) 신증동국여지승람

제55권 江東縣

【군명】 송양(松壤)

【산천】 대박산(大朴山): 현의 북쪽 4리에 있는 진산이다.

잡파탄(雜派灘: 현의 동쪽. 자산군(慈山郡) 우가연(禹家淵)의 하류이며 또 동쪽으로 흘러 성천부(成川府) 비류강(沸流江)으로 들어간다.

【고적】 대총(大塚): 하나는 현의 서쪽으로 3리에 있으며 둘레 4백 10척을 속담에 단군묘(檀君墓)라 전한다. (一在縣西三里 周四百十尺 諺傳檀君墓)

『신증동국여지승람』은 『동국여지승람』을 증보하여 이루어진 책이다. 1481년(성종 12년) 50권으로 된 『동국여지승람』이 완성되었고, 1485년(성종 16년)에는 金宗直 등에 의해 성씨와 봉수 古跡 등의 항목이 추가되었다.

그리고 1499년 연산군 때 2차 수정작업을 거친 후 1530년(중종 25년)에 『신증동국여지승람』으로 마무리되어 간행되었다. 이를 통해 보면 江東縣의 古跡條에 보이는 檀君墓는 1485년에 기술되었을 가능성이 크며 이는 단군묘에 대한 최초의 기록이라고 사료된다.

3) 기타문헌

- 『東國輿地志』「塚墓」: 하나는 縣의 서쪽 3리에 있는데 주위가 410尺이고 諺說에 단군묘라 전한다.
- 『眉叟記言』「東事」檀君世家: 松壤(송양은 지금의 江東縣) 서쪽에 檀君塚이 있다.
- 『眉叟記言』「四方」關西誌: 지금의 江東縣에 檀軍塚이 있다는 말이 전해온다.
- 『東史綱目』: 여지승람 강동현 古跡條에 "고을 서쪽 3里에 큰 무덤이 있으니 그 주위가 4백 10척으로 속설에 단군총이라 전해진다"하였다. 이는 諺說에서 나왔기 때문에 따르지 않는다.
- 『東史綱目』: 여지승람에는 江東縣에 大朴山을 太白山이라고 하나 또한 믿을 수 없다.
- 『燃藜室記述』歷代典故: 단군의 墓는 江東縣 서쪽 三里쯤 되는 곳에 있는데 주위가 4백 10척이다.

『동국여지승람』이외에 江東의 檀君墓를 처음 기록한 문헌은 1656년 유
형원이 지은『東國輿地志』이고 이후 許穆이 지은『眉叟記言』, 安鼎福이 지
은『東史綱目』, 이긍익이 지은『燃藜室記述』등에 잇달아 기재되었다.

4) 빙허 현진건의 大朴山 檀君陵 참배

현진건은 기자생활을 하다 옥고를 치른 후 잠시 쉬는 동안 1932년 7월
8일부터 단군성적 순례의 길에 올라 10월 23일 摩尼山 祭天壇에서 순례를
마치고『단군성적순례』란 글을 남겼다. 이 路程에서 그는 7월 16일 大朴山
檀君陵을 답사하고 다음과 같은 글을 남겼다.

> 임경대(臨鏡臺)의 애상(崖上)에 대박산에서 건너 뛰셨다는 완연한 족적을
> 뵈옵고, 창송울울한 아달산(阿達山)이라 부르는 소봉을 돌고 단군전이
> 란 동리와 제천골을 지점하며, 대박산릉에 이르니, 창창한 송림을 뒤
> 로 두고, 경사 완만한 산록에 주위 140여 척의 일대릉이 뚜렷이 정남
> 으로 자리를 잡았다. 산은 비록 높지 않으나 좌우는 장류(長流)를 끼고
> 앞으로는 멀리 운산 자락에 녹아드는 평야가 터져 강동 전군(全郡)이
> 일모지하(一眸之下)에 보인다.『강동읍지』에 의하면,
> 단군묘재현서삼리(檀君墓在縣西三里), 대박산하위사백십척(大朴山下圍
> 四百十尺) 언전(諺傳) 단군묘(檀君墓) 자본현봉수수호의(自本縣封修守護矣) 정
> 종(正宗) 병오(丙午) 현감서공형(縣監徐公瀅) 정묘십년(正廟十年) 팔월수주
> (八月修奏) 계(啓) 명(命) 본도감사(本道監司) 조돈(趙暾) 순로(巡路) 친심(親審)
> 본관(本官) 춘추봉심(春秋奉審).
> 이라 하였다. 이로써 보더라도 이조의 말엽까지 숭앙의 제전과 봉심이

국령으로 거행되었던 것을 짐작할 것이다. 여말에 어떤 수령이 이 능을 파 보았더니 지하로부터 황옥관(黃玉棺)이 드러나 송연히 발굴을 중지하였다고, 부로(父老)는 전한다. 이 고을의 유지…… 여러분의 발기로 단군릉 보존회를 조직하고 동릉의 수축과 수호각 등 여러 가지로 성적 보존을 구체적으로 강구한다는데 금추(今秋)에는 자진 성금의 대대적 모집에 착수하리라 한다. 그네들의 주장을 들으면 조선 팔도에 단군릉으로 구전이나마 되는 것은 여기뿐이요, 또 진부(眞否)를 의심하는 것부터 황송한 일이니 성릉을 모시게 된 것만 무쌍(無雙)의 은총을 드리우신 것이라 하여 군하(郡下)에서 진성갈력(盡誠竭力)할 것은 물론이거니와 일이 성조께 관한 것이니 전 민족의 성원을 기다린다 한다.

이상의 기록을 살펴보면 조선시대 이전부터 강동군에 단군릉이 있다는 것이 입에서 입을 통해 구전되어 왔고 조선 전기에 이르러 전적에 비로소 기록되었다는 사실을 알 수가 있다. 이 무덤이 5세 단군 丘乙의 무덤임을 『환단고기』의 「단군세기」에서는 다음과 같이 증언하고 있다.

「七月에 帝南巡하사 歷風流江하시고 到松壤하사 得疾尋崩하시니 葬于 大博山하니라.

이해(환기 5114, 신시개천 1814, 단기 250, BCE 2084) 7월에 임금께서 남쪽으로 순수하실 때 풍류강을 거쳐 송양에 당도하여 병을 얻어 갑자기 붕어하시므로 대박산에 장사지냈다.」

또 「삼한관경본기」의 「번한세가上」에서도 역시 같은 내용을 기술하고 있다.

「丁丑에 天王이 巡到松壤이라가 得疾而崩하시니 番韓이 遣人治喪하고 分兵戒嚴하니라.

정축(단기 250, BCE 2084)에 천왕(5세 구을단군)께서 순행하시다가 송양에서 병을 얻어 붕어하시자 번한 왕이 사람을 보내 초상을 치르고 군사를 나누어 엄히 경계하였다.」

여기에서 風流江은 강동읍의 북쪽을 흐르는 沸流江으로 볼 수 있고 松壤은 『신증동국여지승람』과 『眉叟記言』에 보이는 것처럼 강동현의 古號이며 大博山은 『신증동국여지승람』, 『동사강목』의 大朴山과 音이 같으며 크게 밝은 산이란 뜻으로 볼 수 있다. 북한에서는 이곳을 지금도 여전히 대박산으로 부르고 있는데 북한사회과학원에서 발표한 「단군릉 발굴 보고」에서는 다음과 같이 기록하고 있다.

「현재의 단군릉은 평양시 강동군 강동읍에서 서북쪽으로 좀 떨어진 대박산의 동남쪽 경사면 기슭에 자리잡고 있다. 대박산의 박산(즉 밝은 산)을 옛날에는 박달이라고 하였는데 그것은 박달임금을 가리키는 단군과 관련되어 생긴 것이다.」

이상의 내용으로 볼 때 의심의 여지가 없이 북한에서 발굴 복원한 평양직할시 강동군 문흥리 대박산 동남쪽 기슭에 있는 단군릉은 5세 단군 丘乙의 무덤이 확실하다. 이를 통해서 볼 때 『환단고기』의 내용은 믿을 수가 있으며 결코 위서가 될 수 없다고 확신한다.

3. 神誌秘詞는 神誌發理가 지은 誓効詞이다

신지비사라는 말이 처음 보이는 곳은 『삼국유사』 「興法」의 寶藏奉老普德移庵(보장제가 노자를 숭봉하자 보덕화상이 절을 옮기다) 條이다. 이곳에서 "按神誌秘詞序云 蘇文大英弘序幷注"라 하였다. 이 말은 "신지비사의 서문을 보면 연개소문 대영홍(文人 蘇英弘으로 해석할 수도 있다고 하였다.)이 신지비사에 대해 서문을 쓰고 주를 달았다"는 뜻인데 고구려 시대 때 神誌秘詞가 있었다는 분명한 근거가 되는 말이다.

신지비사의 내용이 구체적으로 언급되는 곳은 『고려사』 「열전」의 金謂磾傳이다. 그는 신지비사의 10句를 인용하면서 中京인 松嶽과 西京인 平壤을 이어 木覓壤(지금 서울의 남산 부근)에 南京을 세울 것을 건의하고 있다. 그리고 이러한 내용은 『星湖僿說』의 「天地門」 高麗祕記에서도 다시 기술되어 있는데 李瀷은 "신지비사라는 것은 어느 사람이 지은 것인지 모르겠으나 역시 우리 聖朝의 文明之治를 예견했으니 이상하다 하겠다."고 하였다.

고려 예종 1년(1106년) 예종은 金仁存등의 儒臣과 太史官들에게 命을 내려 陰陽地理諸家書 즉 도참서를 刪定하여 『海東祕錄』을 편찬케 하였는데 이 속에 신지비사가 당연히 포함되었으리라 추측된다.

태종 12년(1412년)에 代言 柳思訥을 시켜 『神祕集』을 불태우게 했다는 기록이 있고 신지비사는 세조 3년(1457년) 八道觀察使에게 수거령을 내릴 때 『古朝鮮祕詞』라는 이름으로 다시 등장하게 된다.

신채호는 『조선상고사』에서 신지비사에 대해 다음과 같이 언급하고 있다.

「朝鮮의 歷史에 관한 서류를 치자면 〈神誌〉부터 비로소였나니, 神誌는 權擥 「應制詩」에서 壇君時 史官이라 한 자라. 그러나 나로서 보건대, 壇君은 곧「수두 임금」이요, 神誌는 人名이 아니라 곧「수두 임금」의 首佐인 官名의「신치」니, 역대의 臣智들이 매양 10월「수두」大祭에 宇宙의 창조와 朝鮮의 건설과 山川地理의 명승과 後人의 鑑戒할 일을 들어 노래하더니, 후세의 문사들이 그 노래를 혹 吏讀文으로 이를 편집하며 혹 漢字의 五言詩로 이를 讀謄하여 王宮에 祕藏한 고로,〈神誌祕詞〉혹〈海東祕錄〉등 명칭이 있었더라. 그 적은 바가 事實보다 箴言이 많아서, 昔人이 왕왕 預言의 一類로 보았었으나, 李朝 太宗이 儒學을 중심하고 그밖에 일체를 배척하여 이단시하는 문자를 모두 燒火할 때,〈神誌〉도 그때에 액운을 면치 못하여 겨우〈高麗史〉金謂磾傳에 적힌『如秤錘極器 秤幹扶疎樑 錘者五德地 極器百牙岡 朝降七十國 賴德護神精 首尾均平位 興邦保太平 若廢三諭地 王業有衰傾』이라 한 것 열 짝만 전하였다. 만일 그 전부가 다 남아 있으면 우리의 故事 연구에 얼마나 大力을 주리오.」

단재는 신지비사의 全文이 전해지지 않음을 안타깝게 여겼는데 놀랍게도 『환단고기』의「단군세기」6세 단군 達門條에 全文뿐만 아니라 지은이와 지은 장소, 지은 목적까지 상세하게 기술되어 있다.

「壬子三十五年이라	재위 35년 임자(단기 285, BCE 2049)년에
會諸汗于常春하시고	여러 왕[諸汗]을 상춘常春에 모아
祭三神于九月山하실새	구월산九月山에서 삼신께 제사지내실 때,
使神誌發理로	신지神誌 발리發理로 하여금
作誓効詞하시니	「서효사誓効詞」를 짓게 하시니
其詞에 曰	그 가사는 이러하다.

「朝光先受地에 三神赫世臨이로다 　　아침 햇빛 먼저 받는 이 땅에 삼신 께서 밝게 세상에 임하셨고

桓因出象先하사 樹德宏且深이로다 　　환인천제 먼저 법을 내셔서 덕을 심음에 크고도 깊사옵니다.

諸神議遣雄하사 承詔始開天이로다 　　모든 신이 의논하여 환웅을 보내 셔서 환인천제 조칙 받들어 처음 으로 나라여셨사옵니다

蚩尤起靑邱하시니 萬古振武聲이로다 　치우천황 청구에서 일어나 만고 에 무용을 떨치셔서

淮岱皆歸王하니 天下莫能侵이로다 　회수 태산 모두 천황께 귀순하니 천하의 그 누구도 침범할 수 없었 사옵니다

王儉受大命하시니 懽聲動九桓이로다 단군왕검 하늘의 명을 받으시니 기쁨의 소리 구환에 울려퍼졌사 옵니다

魚水民其蘇오 草風德化新이로다 　　물고기 물 만난 듯 백성들이 소생 하고 풀잎에 부는 바람처럼 덕화 가 새로워졌사옵니다

怨者先解怨이오 病者先去病이로다 　원한 맺힌 자 원한먼저 풀어주고 병든 자 먼저 낫게 하셨사옵니다

一心存仁孝하시니 四海盡光明이로다 일심으로 인과 효를 행하시니 사 해에 광명이 넘치옵니다

眞韓鎭國中하니 治道咸維新이로다 　진한이 나라 안을 진정시키니 정 치의 도는 모두 새로워졌사옵니다

慕韓保其左하고 番韓控其南이로다	모한은 왼쪽을 지키고 번한은 남쪽을 제압하옵니다
巉岩圍四壁하니 聖主幸新京이로다	깎아지른 바위가 사방 벽으로 둘러쌌는데 거룩하신 임금께서 새 서울에 행차하셨사옵니다
如秤錘極器하니 極器白牙岡이오	삼한형세 저울대 저울추 저울판 같으니 저울판은 백아강이요
秤幹蘇密浪이오 錘者安德鄕이로다	저울대는 소밀랑이요 저울추는 안덕향이라
首尾均平位하야 賴德護神精이로다	머리와 꼬리가 서로 균형 이루니 그 덕에 힘입어 삼신정기 보호하옵니다
興邦保太平하야 朝降七十國이로다	나라를 흥성케하여 태평세월 보전하니 일흔 나라 조공하여 복종하였사옵니다
永保三韓義라야 王業有興隆이로다	길이 삼한관경제 보전해야 왕업이 흥하고 번성할 것이옵니다
興廢莫爲說하라 誠在事天神이로다」	나라의 흥망을 말하지 말지니 천신(삼신상제)님 섬기는데 정성을 다하겠사옵니다」

이상의 내용을 보면 신지비사는 단군 달문 때 사람인 神誌發理가 三神上帝님께 天祭를 올리면서 맹세와 소원을 기록한 誓願文이다. 이것을 지은 근본 목적은 백성을 위해 복을 빌고 三韓管境制를 통해 나라가 興起하기를 기

원하는 것이다.

내용을 살펴보면 총 36句로 이루어져 있는데 三神으로 시작하여 三神으로 매듭을 짓고 있다. 먼저 三神에서 시작된 우리의 역사가 환인, 환웅, 치우를 거쳐 왕검에 이르게 되었고 왕검의 선정에 의해 백성들의 삶이 고통에서 벗어나게 되었고 도덕적인 삶을 누리게 되었음을 찬양하고 있다.

이어서 三韓管境과 三韓의 首都를 저울판, 저울대, 저울추로 설명하고 있으며 三韓管境制를 유지해야만 나라가 흥성하게 될 것이고 이것보다 더 중요한 것은 天神을 정성스럽게 모시는데 있다고 강조하면서 매듭을 짓고 있다. 따라서 신지비사는 후세에서 말하는 도참서가 결코 아니다. 이에 대해 李陌도「소도경전본훈」에서 다음과 같이 비판을 하고 있다.

「夫上古祭天之義는 要在爲民祈福하고 祝神興邦也어늘 今好事之人이 將神誌祕詞하야 與圖讖星占으로 相出入하고 推數敷演하야 言其震檀九變之圖하고 又作鑑訣豫言之先河하니 亦謬矣哉로다.
무릇 상고 시대에 하늘에 제사지낸 근본 뜻은 백성을 위해 복을 빌고 나라가 잘 되도록 신에게 축원하는 것이었다. 그런데 오늘날 일을 벌이기 좋아하는 자들이 『신지비사』를 도참圖讖·성점星占과 관련시키고, 사리를 추축하고 설명을 덧붙여서 진단구변도震檀九變圖라 하고, 또 감결鑑訣과 예언의 처음이라 하는데 모두 잘못된 것이다.」

이어서 신지비사의 全文 36句와 김위제전의 10句를 대조하여 살펴보고자 한다.

김위제는 도선의 술법을 공부한 다음 南京으로 천도하자는 건의를 올렸다. 그는「道詵記」,「踏山歌」,「三角山明堂記」등을 인용하여 南京(木覓壤으로 서울의 남산 근방) 천도의 당위성을 주장하고 마지막 「神誌祕詞」의 10句를 인용하여 三京을 두는 것이 단군시대 때부터 내려오는 저울대, 저울추, 저울판의 원리와 相合함을 역설하고 있다.

「如稱錘極器하니	저울대 저울추 저울판과 같으니
稱幹扶疎樑이라	저울대는 부소량이고
錘者五德地오	저울추는 오덕지이고
極器百牙岡이라	저울판은 백아강이다.
朝降七十國이오	(위의 세 곳을 수도로 정하면) 70국이 항복해서 조공을 바칠 것이고
賴德護神精이라	그 지덕에 힘입어 삼신의 정기를 보호할 것이다.
首尾均平位하면	저울판과 저울추의 균형을 잡아 수평을 이루면
興邦保太平이로다	나라가 흥하고 태평성대를 이룰 것이지만
若廢三諭地면	만약 3곳의 깨우쳐준 땅(諭旨)을 폐한다면
王業有衰傾하리라	왕업이 쇠퇴하게 되리라.」

원본 신지비사와 김위제전에 인용된 신지비사는 다음과 같은 차이점이 있다.

첫째, 원본은 36구로 되어 있고 김위제전의 인용은 10구로 되어 있다.

둘째, 첫 4句가 원본은 首인 極器, 提綱인 稱幹, 尾인 錘로 되어 있어 首尾의 순서가 맞지만 인용문은 稱幹, 錘, 極器의 순서로 되어있다.

셋째, 원본의 首尾均平位 이하 4구가 인용본에서는 순서가 바뀌어 朝降七十國 賴德護神精 首尾均平位 興邦保太平으로 되어 연결이 부드럽지 않다.

넷째, 원본의 永保三韓義가 若廢三諭地로 바뀌었고 王業有興隆이 王業有

衰傾으로 바뀌었다. 그리고 원본의 三京은 三韓管境의 三京으로 辰韓의 首都인 蘇密浪(扶疎樑이라고도 하며 하얼빈) 番韓의 首都인 安德鄉(五德地라고도 하며 하북성 당산시) 馬韓의 首都인 白牙岡(平壤)을 지칭하고 김위제 인용문의 三京은 西京인 平壤, 中京인 松嶽, 南京인 木覓壤(남산 근방)을 나타낸다.

이상의 내용으로 살펴볼 때 신지비사의 全文을 싣고 있는『환단고기』의 「단군세기」는 至寶의 가치를 지닌 眞書이다. 고구려시대 이후 고려, 조선시대를 거치면서 그 전모가 드러나지 않아 단편적인 내용에 의해 도참서로 인식되어 왔던 신지비사는 6세 단군 達門 때 신지 發理가 常春의 九月山 祭天 때 지은 誓効詞로 우리 민족의 역사를 노래하고 三韓管境의 제도를 찬양한 祭天誓願文이었던 것이다.

이 한 가지 사실로만 보아도『환단고기』는 우리의 숨겨진 역사를 밝혀주는 지침이 되는 책이라고 할 수 있다.

4.『환단고기』는 夏商 교체기의 비밀을 밝혀주고 있다

일반적으로 夏商周를 3代라고 부른다. 하나라는 치산치수에 성공한 禹가 BCE 2205년에 건국하였고 마지막 임금 桀이 포악하여 成湯에 의해 BCE 1766년에 멸망하고 商이 건국되었다고 말한다. 이 과정에 대해서 상세하게 내용을 밝혀주고 있는 책은 물론 書經이지만 이때 檀君朝鮮의 역할을 처음으로 밝혀주고 있는 문헌은 前漢 때 劉向(BCE 77~BCE 8)이 지은『說苑』이다.『說苑』「權謀」편에서는 다음과 같이 기술하고 있다.

「湯欲伐桀한대 伊尹이 曰請阻乏貢物하야 以觀其動하소서 桀이 怒起九

夷之師하니 伊尹이 日未可라 彼猶能起九夷之師하니 是罪在我也라 湯乃
謝罪하고 復入貢職하다 明年에 又不貢職한대 桀이 起九夷之師나 九夷之
師不起하니 伊尹이 日可矣라하고 湯이 乃興師伐之하야 遷桀南巢하다
탕(湯)임금이 걸왕(桀王)을 치려 하자 이윤(伊尹)이 말하였다.「청컨대 그
에게 바쳐지는 공물(貢物)을 막고 그때 그의 반응이 어떤가를 살펴보시
지요!」이윤의 말대로 하자 과연 걸왕이 노하여 구이(九夷)의 군대를 일
으켜 쳐들어왔다. 이를 본 이윤이 탕임금에게 말하였다.「아직 때가 이
르지 않았습니다. 그가 아직도 능히 구이의 군대를 일으킬 수 있는 것
을 보면 잘못이 우리에게 있기 때문입니다.」탕임금은 이에 사죄를 하
고 항복을 청하여 다시 공물을 바치는 임무를 다하였다. 이듬해 다시
공물을 끊자 걸왕이 다시 노하여 구이의 군대를 일으키려 하였지만
구이의 군대가 따라주지 아니하였다. 그제서야 이윤이 말하였다.「됐
습니다.」탕임금은 이에 군대를 일으켜 걸왕을 벌하여 잔멸시키고 그
를 남소씨(南巢氏)의 땅으로 내쫓아 버렸다.」

『說苑』의 기록은, 하·상 교체기에 성탕이 포악무도한 걸왕을 내쫓고 상
왕조를 세울 수 있었던 것은 두 나라 간의 패권 싸움에서 成敗의 관건을 쥐
고 있던 九夷, 곧 단군조선의 강한 영향력 때문이라는 사실을 명백히 입증
해 준다.
　이와 관련된 자세한 내용이 「단군세기」 13세 단군 屹達條에는 다음과 같
이 기술되어 있다.

　　「是歲冬에 殷人이 伐夏한대 其主桀이 請援이어늘 帝以邑借末良으로 率
　　九桓之師하사 以助戰事하신대 湯이 遣使謝罪어늘 乃命引還이러시니 桀

이 違之하고 遣兵遮路하야 欲敗禁盟일새 遂與殷人으로 伐桀하시다.

이 해 겨울, 殷나라 사람이 夏나라를 치자 하나라 桀왕이 구원을 청하

였다. 임금께서 邑借 末良에게 구환의 병사를 이끌고 전투를 돕게 하

셨다. 이에 湯이 사신을 보내 사죄하므로 군사를 되돌리라 명하셨다.

이때 걸이 약속을 어기고 군사를 보내어 길을 막고 맹약을 깨뜨리려

하였다. 그리하여 임금께서 마침내 은나라 사람과 함께 걸을 쳤다.」

또 「三韓管境本紀」 「番韓世家上」에도 같은 내용이 기술되어 있다.

「甲午에 遣將蚩雲出하야 助湯伐桀하고 乙未에 遣墨胎하야 賀湯卽位하

니라

갑오(단기 567, BCE 1767)년에 장수 치운출을 보내 탕을 도와 걸을 정벌

하였다. 을미(단기 568, BCE 1766)년에 묵태를 보내 (은나라 시조) 탕임금의

즉위를 축하하였다.」

『환단고기』의 내용은 『설원』의 내용과 서로 일치한다. 단군조선의 군사

가 처음에는 걸을 도와 湯을 공격하였지만 걸의 不義한 행동에 분노하여

오히려 湯을 도와 桀을 멸망시켰다는 것이다. 그리고 진한에서는 邑借 末良

이 九桓(九夷)의 군사를 지휘했고 번한에서는 장수 蚩雲出을 보냈다는 기록

등으로 보아 내용이 대단히 상세하다. 이러한 내용들은 어느 누가 조작해

서 기술한다는 것은 더욱 불가능하다. 傅斯年도 "湯이 桀을 내쫓은 것은 夷

가 夏를 멸망시켰다는 말과 같다"고 하면서 다음과 같이 기술하고 있다.

「商人은 비록 夷는 아니나 일찍이 夷方의 사람들을 돌보고 있었으며

그 문화를 함께 누리고 있었다. 이 백성들에 의지하여 夏를 정벌하고 멸망시켰으니 실제로는 역시 夷人이 夏를 이겼다고 말할 수 있다. 商 人이 周人들에게 夷로 불렸음은 경전으로 입증할 수 있으나 설명은 따 로 상세히 하겠다.」

그리고 여기에서 하나 언급하고 지나가야 할 것이 있다. 중국에서는 하상 주단대공정을 통해 2000년 11월 "하나라를 이어 상나라가 들어선 것은 기 원전 1600년"이라고 공식 발표하였다. 그러나 중국의 전통사서에서 BCE 1766년에 商이 건국되었다고 기술하고 있는데『환단고기』의 기술도 이와 일치하고 있다.

5.『환단고기』는 8조禁法을 모두 기술하고 있다

『漢書』「地理志」를 보면 樂浪 朝鮮에는 犯禁八條가 있다고 하면서 이중 "相殺以當時償殺하고 相傷以穀償하고 相盜者는 男沒入爲其家奴요 女子爲婢 라" 하여 3條만을 기술하고 있다. 그러나『桓檀古記』의「番韓世家下」에서는 8條의 전문이 모두 기술되어 있다.

「四年己亥에 眞朝鮮이 以天王勅文으로 傳曰 爾三韓은 上奉天神하고 接
化羣生하라하신대 自是로 敎民호대 以禮義田蠶織作弓矢字書오
爲民設禁八條하니
相殺에 以當時償殺하고
相傷에 以穀償하고
相盜者는 男沒爲其家奴오 女爲婢하며

毁蘇塗者는 禁錮하고

失禮義者는 服軍하고

不勤勞者는 徵公하고

作邪淫者는 笞刑하고

行詐欺者는 訓放이라.

색불루단군 4년 기해(단기 1052, BCE 1282)년에, 진조선眞朝鮮이 천왕(색불루단군)의 칙문을 전하였다. 그 칙문에서 말하기를, "너희 삼한은 위로 천신을 받들고, 아래로 뭇 백성을 맞아 잘 교화하라"라고 하였다. 이로부터 백성에게 예절과 의리, 농사, 누에치기, 길쌈, 활쏘기, 글자를 가르쳤다. 또 백성을 위하여 금팔조禁八條를 정하였는데, 그 내용은 다음과 같다.

◇제1조: 살인한 자는 즉시 사형에 처한다.

◇제2조: 상해를 입힌 자는 곡식으로 보상한다.

◇제3조: 도둑질 한 자 중에서 남자는 거두어들여 그 집의 노奴(남자종)로 삼고 여자는 비婢(여자종)로 삼는다.

◇제4조: 소도를 훼손한 자는 금고禁錮 형에 처한다.

◇제5조: 예의를 잃은 자는 군에 복역시킨다.

◇제6조: 게으른 자는 부역에 동원시킨다.

◇제7조: 음란한 자는 태형笞刑으로 다스린다.

◇제8조: 남을 속인 자는 잘 타일러 방면한다.」

이 禁八條는 색불루단군 4년 기해(BCE 1282)에 반포되었다. 색불루단군은 단군조선 역사에서 처음으로 무력에 의해 단군의 자리에 올라 단군조선의 제 2왕조를 개창한 분이시다. 그는 三韓의 제도를 三朝鮮으로 개편하여 국정을 쇄신하였고 국가의 기강을 확립하기 위하여 8條法을 선포하였다고 생각되는데 우리는 이 조문을 통해 당시의 사회상을 파악할 수가 있다.

첫째, 단군조선은 고대국가로서 체계와 면모를 갖춘 문명국가라는 것이다.

둘째, 생명을 존중하고 사유재산제도가 있었으며 노예는 존재했으나 감옥이 없었다. 이는 『三國志』「魏志」東夷傳의 高句麗條에 고구려에 無牢獄(감옥이 없었다)이라 한 것으로도 확인이 된다. 『三國志』가 지어진 시기는 확정할 수 없지만 陳壽가 297년에 죽었으니 8조금법이 반포된 이후 1,500년 정도가 흐른 뒤이다. 이때에도 감옥이 없었다면 1,500년 이전이야 더 말할 것도 없다.

셋째, 통치자와 백성들이 신앙적 일체 관계를 이루어 三神上帝님께 天祭를 올리는 소도를 중시한 것이다.

넷째, 윤리와 도덕을 권면하고 근면함과 노동을 중시하였다는 것이다.

다섯째, 간단하게 총 8개의 조문으로만 이루어지고 이중 4조문이 윤리와 도덕 등을 강조한 것으로 보아 法治사회가 아닌 德治사회였다는 것을 알 수가 있다.

이는 다음의 구절로서도 증명이 된다.

「欲自贖者는 雖免爲公民이나 俗猶羞之하야 嫁娶에 無所售라 是以로 其民이 終不相盜하야 無門戶之閉오 婦人은 貞信不淫하며 闢其田野都邑하며 飮食以邊豆하니 有仁讓之化러라.

자신의 잘못을 속죄한 자는 비록 죄를 면해 공민이 될 수 있었지만, 당시 풍속이 이것을 수치스럽게 여겨 시집가고 장가들 수 없었다. 이리하여 백성이 마침내 도둑질하지 않았고, 문을 닫고 사는 일이 없으며, 부인은 정숙하여 음란하지 않았다. 田野와 도읍을 개간하고, 음식을 그릇에 담아 먹었으며, 어질고 겸양하는 교화가 이루어졌다.」

그런데 22대 색불루단군이 제정한 8조금법을 『三國志』「魏志」東夷傳의
濊條에서는 箕子가 東來하여 지은 것이라고 왜곡시키고 있다.

「옛적에 箕子가 朝鮮에 와서 八條의 가르침을 지어 백성을 가르치니
문을 닫지 않아도 백성들이 도둑질을 하지 않았다.(昔에 箕子가 旣適朝鮮
하야 作八條之敎하야 以敎之하니 無門戶之閉로대 而民不爲盜라)」

이것은 사마천 『사기』「宋微子世家」의 "於是에 武王이 乃封箕子於朝鮮而
不臣也라"는 말을 답습한 내용으로 기자는 조선에 와서 결코 왕노릇을 한
적이 없다. 『환단고기』에서는 箕子에 대해 「삼한관경본기」와 「단군세기」에
서 다음과 같이 언급하고 있다.

「己卯에 殷이 滅하니 後三年辛巳에 子胥餘가 避居太行山 西北地하다
기묘(단기 1212, BCE 1122)년에 은나라가 멸망하였다. 3년이 지난 신사(단
기 1214, BCE 1120)년에 자서여(箕子)가 태항산 서북땅에 피하여 살았다.」

「丁亥 三十七年이라. 箕子가 徙居西華하야 謝絶人事하니라.
재위 37년 정해(단기 1220, BCE 1114)년에 기자가 서화에 살면서 인사를
사절했다.」

위의 내용을 보면 기자는 은나라가 망한 2년 후부터 태항산 서북에 살다
가 6년 후 하남성 西華縣으로 옮겨 살았음을 알 수 있다. 『左傳』僖公 33년

(BCE 627)에 "晉人이 敗狄于箕라.(진나라 사람이 狄人을 箕땅에서 물리쳤다)"하였고 箕땅에 대해『春秋左傳正義』에서는 "太原陽邑縣南에 有箕城이라"하였다. 陽邑縣은 西漢시대 때 建置하여 太原郡에 소속되었는데 治所는 지금의 山西省 太谷縣 東北 20리에 있는 陽邑鄉에 있었다. 그리하여『史記辭典』에서도 武王이 箕子를 지금의 山西省 太谷縣 東北에 봉하였다고 하였는데, 이는 番朝鮮 땅의 서쪽 국경에 해당한다.

기자는 이곳에서 6년을 지낸 후 西華에 은둔했다가 湯임금이 처음 도읍했던 北亳(景亳)에 묻혔으니 그의 무덤은 지금 山東省 曹縣 鄭莊鄉 班莊村 경내에 있다. 따라서 箕子가 조선에 와서 팔조금법을 지었다는 것은 날조된 주장이다.

箕子가 朝鮮에 와서 왕노릇을 하고 8조금법을 지었다는 중국 사서의 기록은 事大에 경도된 고려 조선의 학자들에게 영향을 주어 고려 숙종 때는 무주고총을 하나 찾아 箕子墓를 만들고 사당을 지어 제향을 올렸고 조선시대 때는 陵으로까지 승격시켰다.

조선시대 때는 더욱 심하여 8조금법을 箕子가 지었다는 것을 철석같이 믿었을 뿐만 아니라 안정복의『東史綱目』은 우리 민족의 역사를 箕子에서 시작하고(首箕史觀) 단군왕검의 사적은 箕子東來의 밑에다 적는 妄筆까지도 서슴지 않았다. 이 모든 것을 바로잡을 수 있는 유일한 사서는 오직『환단고기』일 뿐이다. 또한『漢書』「地理志」에서 "自贖하려는 자는 50만전을 내놓아야 한다"라는 조항은 후대에 조작된 것임이 분명하다.

이처럼 8조금법의 모든 내용을 전하고 있는『환단고기』는 한국사의 왜곡을 바로잡고 不足함을 補充하여 올바른 역사를 복원할 수 있는 眞書中의 眞書가 됨을 다시 한 번 확신할 수 있다.

6. 古公亶父의 岐山移住에 대한 의문을 풀어준다

周나라는 시조인 后稷은 처음 邰에 封함을 받았다가 4세인 公劉가 邠으로 옮겼고 13세인 古公亶父가 다시 岐山으로 옮겨가 周나라 왕업의 터전을 닦았다. 그런데 고공단보가 邠에서 岐山아래로 옮겨오는 이유에 대해서 『孟子』「梁惠王下」에서는 다음과 같이 기술하고 있다.

「옛날에 태왕이 빈 땅에 사실 때에 狄人이 침범하거늘 가죽과 폐백으로 섬길지라도 면할 수가 없었고 개와 말로 섬길지라도 면할 수가 없었으며 구슬과 옥으로 섬길지라도 면할 수가 없어 이에 나라 안의 노인들을 모아놓고 다음과 같이 고하였다. "狄人이 원하는 것은 우리의 땅이니 내가 들으니 군자는 사람을 기르는 토지 때문에 사람을 해치지 않는다 하니 여러분들은 어찌 임금이 없음을 근심하리오. 나는 장차 이곳을 떠나리라" 이에 빈 땅을 떠나 梁山을 넘어 기산의 아래에 도읍을 정하시고 머무셨다. 빈 땅 사람들이 이르기를 "어진 사람이다. 잃어서는 안 된다" 하고 그를 좇는 자가 시장에 가는 것처럼 많은 사람이 앞을 다투었다.(昔者에 大王이 居邠하실새 狄人이 侵之어늘 事之以皮幣라도 不得免焉하며 事之以犬馬라도 不得免焉하며 事之以珠玉이라도 不得免焉하야 乃屬其耆老而告之曰 狄人之所欲者는 吾土地也니 吾聞之也호니 君子는 不以其所以養人者로 害人이라호니 二三子는 何患乎無君이리오 我將去之호리라하시고 去邠하시고 踰梁山하사 邑于岐山之下하사 居焉하시니 邠人이 曰 仁人也라 不可失也라하고 從之者如歸市하더라)」

고공단보가 邠에서 岐山으로 옮겨간 사실에 대해서는 『詩經』의 「綿篇」에서도 "古公亶父 來朝走馬하야 率西水滸하사 至于岐下하시니 爰及姜女로 聿

來胥宇 하시니라.(고공단보가 아침에 말을 달려와서 서쪽 물가를 따라 岐山아래에 이르시니 이에 姜女와 더불어 와서 집터를 보시니라)” 하시어 이러한 사실을 확인시켜 주고 있다.

같은 내용이 사마천의 『史記』「周本紀」에는 다음과 같이 기술되어있다.

「공숙조류가 죽자 아들인 고공단보가 즉위하였다. 고공단보는 다시 후직 공류의 舊業을 회복하고 덕을 쌓고 의로움을 행하니 나라사람들이 모두 그를 떠받들었다. 훈육 등의 융적이 그를 공격하자 재물을 원하는 것이라 여겨 재물을 주었지만 조금 지나 다시 공격해오니 땅과 백성들을 얻고자 하는 것이었다. 백성들이 모두 분노하여 싸우려고하였다. 고공이 말하기를 “백성이 있음에 임금을 세워 장차 저들을 이롭게 하리라. 지금 융적이 공격하고 싸우는 이유는 우리들의 땅과 백성들 때문이다. 백성들은 나의 治下에 있던 저들의 治下에 있던 무엇이 다르리오. 백성들이 나 때문에 싸움을 하여 다른 사람의 부자를 죽게하고 임금이 되고자 하는 것은 내가 차마 할 수 있으리오.”하였다. 이에 그의 친근한 사람들과 함께 드디어 빈 땅을 떠나 칠수와 저수를 지나 양산을 지나 기산의 아래에 정착하였다. 빈 땅의 사람들이 거국적으로 노인들을 부축하고 어린아이를 데리고 모두 기산아래에 있는 고공에게로 돌아왔다. 이웃의 나라들도 고공이 어질다는 말을 듣고 또한 많은 사람이 귀의해왔다. 이에 고공은 융적의 풍속을 물리치고 성곽과 집을 지어 별도로 邑落을 만들어 거주하였다. 다섯 종류의 관직을 세우니 백성들이 모두 노래를 지어 그를 찬미하고 그의 덕을 칭송하였다.(公叔祖類卒, 子古公亶父立。古公亶父得脩后稷 公劉之業, 積德行義, 國人皆戴之。薰育戎狄攻之, 欲得財物, 予之。已復攻, 欲得地與民。民皆怒, 欲戰。古公曰「有民立君,

將以利之。今戎狄所爲攻戰, 以吾地與民。民之在我, 與其在彼, 何異。民欲以我故戰, 殺人
父子而君之, 予不忍爲。」乃與私屬遂去豳, 度漆 沮, 踰梁山, 止於岐下。豳人舉國扶老携
弱, 盡復歸古公於岐下。及他旁國聞古公仁, 亦多歸之。於是古公乃貶戎狄之俗, 而營築城
郭室屋, 而邑別居之。作五官有司。民皆歌樂之, 頌其德。)」

그리고 『孟子』의 「梁惠王下」 3장에서 "大王이 事獯鬻이라 한 것으로 보아
狄人과 薰育, 獯鬻은 동일 민족이라고 생각된다. 그런데 이곳의 狄人이 누
구인가에 대해서 구체적으로 설명해주는 문헌이 바로 『환단고기』이다.
『환단고기』의 「檀君世紀」 22세 단군 索弗婁條에서 다음과 같이 기술하고
있다.

「乙卯二十年이라 至是하야 藍國이 頗強하야 與孤竹君으로 逐諸賊하고
南遷하야 至奄瀆忽하야 居之하니 近於殷境이라. 使黎巴達로 頒兵하사
進據邠岐하시고 與其遺民으로 相結하사 立國稱黎하시니 與西戎으로
雜處於殷家諸侯之間하사 藍氏威勢甚盛하고 皇化가 遠及恒山以南之地
하니라.
재위 20년 을묘(단기 1054, BCE 1266)년에 이르러 남국藍國이 자못 강성
하여 고죽국孤竹國왕과 더불어 모든 도적을 쫓아 버렸다. 남쪽으로 옮
겨 엄독홀奄瀆忽에 이르러 머무르니 그곳은 은나라 국경과 가까운 곳
이었다. 임금께서 여파달黎巴達로 하여금 병력을 나누어 빈邠·기岐 땅
으로 진격하게 하시고, 그곳 유민과 서로 단합하여 나라를 세워, 그
이름을 여黎라 하셨다. 이들을 서쪽 융족[西戎]과 더불어 은나라의 제
후국들 안에 뒤섞여 살게 하셨다. 남씨의 위세가 매우 강성해지고, 임
금의 덕화가 멀리 항산恒山 이남의 땅까지 미쳤다.」

위의 내용을 보면 古公亶父를 쫓아낸 狄人 또는 玁狁은 藍國君이 黎巴達을 시켜 邠과 岐에 진격케 하여 黎國을 세우게 한 단군조선의 한 갈래였던 것으로 볼 수가 있다. 앞 문장을 보면 여파달이 邠·岐까지 진격하여 그곳의 유민과 서로 단합하여 나라를 세웠다고 하였다. 그렇다면 그곳에는 본래 단군조선의 유민들이 살고 있었다는 뜻이다. 이에 대한 「단군세기」 13세단 군조에서는 다음과 같이 밝혀주고 있다.

「密遣臣智于亮하사 率畎軍하시고 合與樂浪하사 進據關中邠岐之地而居 之하시고 設官制하시니라
은밀히 신지臣智 우량于亮을 보내어 견군畎軍을 이끌고 낙랑樂浪의 군사 와 합세하여 관중의 빈邠·기岐 땅을 점령하여 주둔시키고 관제官制를 설치하였다.」

이는 서기전 1766년 成湯을 도와 桀을 멸망시키던 해에 동시에 진행되었 던 사건으로 단군조선에서 邠岐 진출에 대한 최초의 기록이며 이때 畎夷와 함께 진출했음을 알려주고 있다. 畎夷의 邠岐 진출은 『後漢書』「西羌專」에 서도 "后桀之亂에 畎夷入居邠岐之間이라(임금 걸의 난리에 견이가 빈·기의 사이에 들어갔다)"라고 하여 이를 확인시켜 주고 있다. 畎夷는 犬戎(畎戎)으로 史書에 서는 混夷, 昆夷라고도 부르는데 중국의 서북쪽에 거주하던 우리 민족에서 分派된 한 지파라고 볼 수가 있다. 이처럼 邠岐 지역은 우리 민족이 일찍부 터 진출해 있었기 때문에 여파달은 이 유민들과 더불어 黎國을 건립하였던 것이다.

7. 나오는 말

『환단고기』는 한민족사의 왜곡되고 거세된 上古史을 복원시켜 한민족의 정신을 회복하고 긍지를 심어줄 수 있는 유일한 사서이다. 『환단고기』가 眞書임을 다음과 같이 요약할 수 있다.

첫째, 북한에서 1993년 발굴하고 1994년 복원한 평양직할시 강동군 문흥리 대박산에 있는 단군릉은 결코 조작된 것이 아니며 5세 단군 구을의 무덤이 확실하다.

평양 동쪽 강동군에 단군릉이 있다는 기록은 『동국여지승람』에 처음 기록된 이래 『조선왕조실록』에서 「숙종실록」, 「영조실록」, 「정조실록」, 「고종실록」, 「순종실록」에도 기록이 보인다. 이들 왕들은 단군의 능묘를 잘 수리하고 보존할 것을 지시하고 있으며 고종대에 와서는 단군묘를 단군릉으로 崇奉하였다.

그리고 강동군의 단군묘는 유형원의 『東國輿地志』, 許穆이 지은 『眉叟記言』, 安鼎福의 『東史綱目』 이긍익의 『燃藜室記述』에도 기록되어 있고 빙허 현진건은 1932년 大朴山의 檀君陵을 참배하고 『단군 성적 순례』란 글을 남겼다.

『환단고기』에서는 「단군세기」와 「삼한관경본기」 두 곳에서 "5세 단군 丘乙이 風流江을 거쳐 松壤에 이르러 병을 얻어 붕어하시자 大博山에 장사지냈다"고 하였다.

여기서 風流江은 지금 강동읍의 동북쪽을 흐르는 沸流江으로 볼 수 있고 松壤은 『신증동국여지승람』과 『眉叟記言』에서 강동현의 古號라 하였고 大博山은 『신증동국여지승람』과 『동사강목』의 大朴山과 음이 같으며 지금도 북한에서는 대박산이라고 부르고 있다.

이러한 사실에 비추어 볼 때 북한에서 발굴 복원한 단군릉은 결코 조작한 것이 아니고 5세 단군 丘乙의 무덤이 틀림없으며 이는『환단고기』의 사료적 가치가 뛰어남을 증명하는 실례라 할 것이다.

둘째, 神誌祕詞는『삼국유사』의 寶藏奉老 普德移庵條에 처음 나오는데 이를 보면 고구려시대 때 신지비사가 있었다는 분명한 증거가 된다. 고려시대 때 金謂磾는 신지비사의 10句를 인용하여 中京인 松嶽과 西京인 평양에 이어 지금의 서울시 남산 부근에 南京을 세울 것을 건의하고 있다. 조선시대에 와서 태종이 1412년에 신지비사를 불태웠다는 기록이『조선왕조실록』에 보인다. 세조는 팔도관찰사에게 祕書 수거령을 내릴 때『古朝鮮祕詞』라는 이름으로 나타나고 星湖 李瀷은『星湖僿說』에서 신지비사에 대해 기술하고 있다. 근세에 이르러 신채호는『고려사』김위제전에 10句만 전해짐을 안타깝게 여겨 "만일 그 전부가 다 남아 있으면 우리 故事 연구에 얼마나 大力을 주리오" 하였다.

그런데『환단고기』에서는 신지비사의 36句 全文이 모두 전해지고 있다. 「단군세기」6세 단군 達門條를 보면 6세 단군께서 常春의 九月山에서 三神上帝님께 천제를 올릴 때 신지 발리로 하여금 誓效詞를 짓게 하셨는데 이것이 신지비사이다. 신지비사의 내용은 삼신상제님께 천제를 올리면서 환인, 환웅, 치우, 단군으로 이어지는 우리의 역사를 기술하고 백성을 위해 복을 빌며 三韓管境制를 통해 나라가 흥기하기를 기원하고 있다.

이곳의 三京은 辰韓의 수도 하얼빈, 마한의 수도 白牙岡(평양), 번한의 수도 안덕향(지금의 하북성 당산시)으로 三京이 서로 균형을 이루고 안정을 찾을 때 나라가 흥성하고 태평세월이 유지된다고 강조하고 있다. 후세에는 신지비사를 도참설, 星占, 예언 등과 관련시켰으나 이는 모두 잘못된 것이다.

이처럼 신지비사의 36句 全文이 기록되어 있고 지은이와 지은 장소 지은 목적 등을 소상하게 기록하고 있는 『환단고기』는 한민족의 정신사까지 복원할 수 있는 眞書중의 眞書라고 말할 수 있다.

셋째, 『환단고기』는 중국 夏殷周 삼대 왕조와 단군조선과의 관계를 소상하게 밝혀주고 있는 책이다. 劉向이 지은 『說苑』에는 하나라와 상나라의 교체기에 成敗의 관건을 九夷인 단군조선이 쥐고 있었음을 기술하고 있다. 『환단고기』에서는 「단군세기」와 「삼한관경본기」 두 곳에서 夏나라를 멸망시키고 商나라가 건국되는 과정에서 단군조선에서 邑借 末良과 虱雲出등의 장수를 보내 湯을 도와 桀을 멸망시키고 다음해에 墨胎를 보내 탕임금의 즉위를 축하했다는 등의 상세한 내용이 기술되어 있다. 이 내용은 『說苑』의 내용과 동일하면서도 더욱 구체적이어서 내용에 대한 신뢰를 더해준다.

넷째, 『환단고기』는 8條禁法의 8조목을 모두 밝혀주고 있다. 『漢書』「地理志」에 조선에 犯禁八條가 있다고 하고 "사람을 죽인 자는 즉시 사형에 처하고 상해를 입힌 사람은 곡식으로 보상하고 도둑질한 자는 남자는 그 집의 종으로 삼고 여자도 종으로 삼는다"는 3조목만 기술하고 있다.

그러나 『환단고기』에는 22대 색불루단군이 단군조선의 제2왕조 시대를 열고 4년 己亥(BCE 1282)에 設禁八條를 반포하였는데 위의 3조 외에 "제4조 소도를 훼손하는 자는 禁錮형에 처한다. 제5조 예의를 잃은 자는 군에 복역시킨다. 제6조 게으른 자는 부역에 동원시킨다. 제7조 음란한 자는 笞刑으로 다스린다. 제8조 남을 속인 자는 잘 타일러 방면한다"의 8조목을 모두 기술하고 있다.

따라서 『三國志』「魏志」東夷傳 등에서 箕子가 東來하여 지었다는 주장은 모두 사실과 다른 왜곡임을 잘 알 수가 있다. 이처럼 八條禁法의 8條을 모두 기록하고 있는 『환단고기』는 우리 역사의 부족한 부분을 보충하고 왜곡된 사실을 바로잡을 수 있는 眞書가 됨을 확인할 수 있다.

다섯째, 『詩經』『孟子』『史記』의「周本紀」에서는 文王의 할아버지인 古公亶父가 邠에서 거주할 때 狄人(獯鬻)의 침입을 받고 岐山下로 이주한 사실을 기록하고 있다. 그런데 어떠한 책에서도 이 狄人과 獯鬻(薰育)의 실체에 대해서 기록하고 있지 않다. 그런데 『桓檀古記』를 보면 서기전 1266년 단군조선의 제후국인 藍國君이 黎巴達로 하여금 邠岐땅으로 진격하게 하시고 그곳의 遺民들과 단합하여 黎라는 나라를 세우게 하였다고 하였다. 이를 보면 『孟子』나 『史記』「周本紀」에 나오는 狄人또는 獯鬻(薰育)은 단군조선의 한 갈래였다는 사실이 분명하게 드러난다.

이상의 내용으로 볼 때 『환단고기』는 우리 민족의 역사의 공백을 메꾸어주고 왜곡된 사실을 바로잡을 수 있을 뿐만 아니라 중국 역사의 비밀까지도 밝혀주는 소중한 史書라고 말할 수 있을 것이다.

/ 참고문헌 /

저서

- 동아대학교 석당학술원, 『국역고려사』, 부산: 도서출판 민족문화, 2006
- 『孟子』(乾), 대전: 학민문화사, 2002
- 班固撰, 『漢書』(六), 北京: 中華書局, 1992
- 范曄, 『後漢書』(10), 북경: 中華書局, 1991
- 傅斯年著, 정재서 역주, 『夷夏東西說』, 서울: 우리역사연구재단, 2011
- 司馬遷, 『史記』(五), 北京: 中華書局, 1992
- 史爲樂主編, 『中國歷史地名大辭典』, 北京: 中國社會科學出版社, 2005
- 成百曉譯註, 『詩經集傳』(下), 서울: 傳統文化硏究會, 1993
- 성삼제, 『고조선 사라진 역사』, 서울: 동아일보사, 2005
- 申采浩著, 李萬烈註釋, 『註釋朝鮮上古史(上)』, 서울: 螢雪出版社, 1983
- 안경전 역주, 『桓檀古記』, 대전: 상생출판, 2012
- 安鼎福, 『國譯東史綱目(9)』, 서울: (주)민족문화간행회, 1982
- 劉向著, 林東錫 옮김, 『說苑』 중권, 서울: 東文選, 1977
- 윤이흠 외, 『단군 그 이해와 자료』, 서울: 서울대학교출판부, 1994
- 웨난 지음, 심규호·유소영 옮김, 『夏商周斷代工程』1, 서울: 도서출판 일빛, 2005
- 이강언, 이주형 등, 『현진건문학전집(6)』, 서울: 국학자료원, 2006
- 이긍익, 『燃藜室記述』, 서울: 景文社, 1976
- 李瀷, 『星湖僿說(Ⅰ)』, 서울: (주)민문고, 1989
- 李載浩 譯註, 『三國遺事』, 서울: 光信出版社, 1993
- 李學勤 主篇, 『春秋左傳正義』(上), 北京: 북경대학출판사, 1999
- 李荇, 洪彦弼 등, 『국역 신증동국여지승람(Ⅵ)』, 서울: (주)민문고, 1989
- 左丘明, 『春秋左傳』(一), 北京: 中華書局, 1992
- 陳壽, 『三國志』(三), 北京: 中華書局, 1992
- 倉修良 主編, 『史記辭典』, 濟南: 山東敎育出版社, 1991
- 許穆, 『國譯眉叟記言(Ⅰ)』, 서울: (주)민문고, 1989

인터넷 자료

- 한국고전종합DB, http://www.db.itkc.or.kr/
- 『조선왕조실록』, http://www.sillok.history.go.kr/

제4편

桓檀古記를 통해서 본 三國遺事 古朝鮮記 해석

1. 들어가는 말

『三國史記』와 『三國遺事』는 한국의 고대사를 기록한 雙璧을 이루는 대표사서이다. 『삼국사기』는 김부식이 왕명을 받아 삼국시대의 역사를 紀傳體로 기록한 역사서로서 정사로 인정을 받지만 유학자로서 中華事大主義 사관에 입각하여 역사를 기술함으로써 우리 민족의 참 역사를 후세에 올바로 전해주지 못하였다. 대표적으로 신라를 정통으로 기술하였고, 중국과 대립하였던 고구려의 역사를 폄하하였으며, 민족의 자주성을 비판하였고, 고조선과 부여 등에 대한 상고사를 한마디도 언급하지 아니하여 한국사의 영역을 한반도로 축소시켜 우리의 역사를 뿌리를 잃어버린 사생아의 역사로 전락시켰다. 『삼국유사』는 고려 충렬왕 때에 승려 一然이 편찬한 책으로 저자 개인의 관점에서 자유로운 형식으로 정사에 빠진 역사를 기술한 野史의 성격을 띠고 있다. 그렇지만 그도 승려라는 신분을 벗어나지 못하여 단재 신채호의 말처럼 "불법이 한 자도 들어 오지 않은 王儉시대부터 인도의 梵語로 만든 지명과 인명이 가득 차 있어" 불교사관의 틀을 벗어나지 못하고 있다.

이처럼 우리의 역사는 고려시대 때부터 오히려 우리의 역사를 기록했던 역사가들에 의해서 더욱 왜곡되어 회복불능의 상태에 이르게 되었던 것이다. 이에 대해 신채호는 "安鼎福이 『東史綱目』을 쓰다가 빈번한 내란과 外寇의 출몰이 東國의 고대역사를 다 없애버리고 파괴하였다고 분하게 여기고 슬퍼서 탄식하였으나 내가 보건대 조선사는 내란이나 외구의 兵火에서보다도 조선사를 저작하던 그 사람들의 손에서 더 많이 없어지고 파괴되어버린 것 같다."라고 하였는데 이 말에 저자는 전적으로 공감하며 이러한 역사왜곡의 상황은 현재도 진행 중이라고 확신한다. 우리 역사 왜곡의 대표적인 사례는 『삼국유사』의 古朝鮮記에 대한 해석이다.

1926년 일본 경도제대 니이토 코우지로 [內藤虎次郞]교수와 이마니시류[今西龍]가 공모하여 昔有桓国의 桓国을 桓因으로 변조하여 桓國의 역사를 부정하고 신화로 해석하였으며, 승려 一然도 一熊一虎에 대한 이해가 부족하여 古記를 인용하면서도 자기의 좁은 식견으로 글자를 축소·삭제하여 곰과 호랑이가 사람이 되게 해달라는 내용으로 왜곡하였다. 그리하여 지금의 초등학교, 중학교, 고등학교 교과서에 "곰과 호랑이가 환웅을 찾아와 사람이 되게 해달라고 빌었다. 곰은 여자로 태어났고 환웅이, 곰이 변한 여자와 혼인하여 단군을 낳았다."라고 기술되어 있다. 그러나 『환단고기』를 보면 이와 관련된 내용이 『三聖紀』 下篇과 『太白逸史』의 『神市本紀』에 자세히 실려 있으며 특히 『神市本紀』에서 『朝代記』를 인용한 내용과 거의 문장이 일치하고 있다.

『삼국유사』의 「고조선」기는 환국, 배달국, 고조선의 역사를 기록하고 있는 소중한 문헌이지만 우리의 고대사를 신화로 해석할 수 있는 빌미를 제공한 이중적인 성격을 가지고 있다. 이에 著者는 『환단고기』를 중심으로 「고조선」기를 재해석하여 『환단고기』가 眞書라는 것을 밝히고 『삼국유사』의 「고조선」기를 더 이상 신화로 해석하는 어리석음을 범하지 않기를 희망하며 환국, 배달, 단군조선의 역사를 올바르게 이해시키기 위하여 이 글을 쓴다.

2. 『삼국유사』와 『환단고기』의 관련 내용 비교

1) 삼국유사 고조선기

먼저 『삼국유사』의 고조선기를 현토 번역하여 내용을 소개한다. 번역은 『환단고기』의 내용을 근거로 하였다.

古朝鮮(王儉朝鮮)

魏書에 云 乃往二千載에 有壇君王儉하사 立都阿斯達하시고 (經云無葉山이오 亦云白岳이니 在白州地라 或云在開城東이라하니 今白岳宮이 是라) 開國號朝鮮하시니 與高同時라

古記에 云 昔有桓國하니 (謂帝釋也라) 庶子桓雄이 數意天下하야 貪求人世어늘 父知子意하시고 下視三危太伯하니 可以弘益人間일새 乃授天符印三箇하야 遣往理之하시니라

雄이 率徒三千하시고 降於太伯山頂 (卽太伯은 今妙香山이라) 神壇樹下하시니 謂之神市오 是謂桓雄天王也시니라 將風伯 雨師 雲師하사 而主穀 主命 主病 主刑 主善惡하시고 凡主人間三百六十餘事하사 在世理化하시니라

時에 有一熊一虎하야 同穴而居러니 常祈于神雄하야 願化爲人이어늘 時에 神遺로 靈하니 艾一炷와 蒜二十枚라 曰 爾輩食之하고 不見日光百日하면 便得人形하리라 熊虎得而食之하야 忌三七日이러니 熊得女身하고 虎不能忌하야 而不得人身하니라 熊女者가 無與爲婚일새 故로 每於壇樹

下에 呪願有孕이어늘 雄이 乃假化而婚之하야 孕生子하니라

號曰壇君王儉이니 以唐高卽位五十年 庚寅에(唐高卽位 元年은 戊辰이니 則
五十年은 丁巳오 非庚寅也니 疑其未實이라) 都平壤城하시고(今西京이라) 始稱朝
鮮하시니라 又移都於白岳山阿斯達하시니 又名弓(一作方이라)忽山이오 又
今彌達이라

御國一千五百年 周虎王卽位 己卯에 封箕子於朝鮮하니라 壇君이 乃移藏
唐京하시고 後還隱於阿斯達하야 爲山神하시니 壽一千九百八歲라

唐 裵矩傳에 云 高麗는 本孤竹國이니(今海州라) 周以封箕子하야 爲朝鮮
하고 漢分置三郡이라하니 謂玄菟 樂浪 帶方이오(北帶方이라) 通典도 亦
同此說이라(漢書는 則眞臨樂玄四郡이어늘 今云三郡이라하고 名又不同은 何耶오)

고조선(왕검조선)

『위서』에서 다음과 같이 말하였다. 과거 2,000년 전에 단군왕검이 계
셔서 아사달에 도읍을 정하시고(경전에서 "무엽산이라 하였고 또 백악이라"
하였는데 백주의 땅에 있다. 혹자는 개성 동쪽에 있다고 하였는데 지금의 백악궁이
이곳이다.) 나라를 열어 조선이라 불렀으니 요임금과 같은 때이다.

『고기』에서 다음과 같이 말하였다. 옛날에 환국이 있었다(제석을 말한다).
서자부 마을의 환웅께서 항상 천하에 뜻을 두어 인간을 찾아 사람들의
마음속의 광명을 열어주려고 하거늘 아버지께서 자식의 뜻을 아시고
삼위산과 태백산을 내려다보니 인간을 널리 이롭게 할 수 있다고 여겨
이에 천부경과 도장 3개를 주어 보내서 그곳을 다스리게 하시니라.

환웅이 무리 3,000명을 거느리고 태백산 꼭대기(즉 태백산은 지금의 묘향
산이다.) 신단수 아래에 내려오시니 신시라고 불렀고 이분을 환웅 천왕
이라고 부른다. 풍백, 우사, 운사와 주곡, 주명, 주병, 주형, 주선악하
는 관리들을 거느리시고 인간의 360여가지 일을 주관하시어 인간세

상을 다스리고 교화하시니라.

이 때에 웅족과 호족이 있어 함께 이웃하여 살았더니 항상 삼신하느님과 환웅에게 빌어 변화되어 광명을 연 사람이 되기를 원하거늘 이 때 삼신께서 전해주신 수행법으로 신령스럽게 하니 쑥 한 다발과 마늘 20개였다. 말씀하시기를 "너희들이 이것을 먹고 100일 동안 햇빛을 보지 아니하면 광명을 체험한 참사람의 모습을 얻게 되리라"라고 하셨다. 웅족과 호족이 이를 받아서 먹어 21일 동안을 금기를 지키면서 수행을 하였더니 웅족은 마음의 광명을 열어 새로운 여자의 자격을 얻게 되고 호족은 금기를 지키지 못하여 광명을 체험한 환족(桓族)의 신분을 얻지 못하였다. 웅족의 여인들이 결혼할 대상자가 없었기 때문에 매양 신단수 아래에 와서 주문을 읽으며 임신을 하기를 원하거늘 환웅이 잠정적으로 귀화를 허락하여 그들과 혼인하여 임신을 하여 자식을 낳게 하니라.

뒤에 단군왕검이라고 부르는 분이 계셨으니 당요(唐堯)가 즉위한 50년 경인년(당요가 즉위한 원년은 무진년이니 50년은 정사년이지 경인년이 아니니 사실이 아닌 듯하다.) 평양성에 도읍을 하시고(지금의 서경이다.) 비로소 조선이라 부르니라. 또 도읍을 백악산 아사달로 옮기시니 또 궁(한 책에는 '방'으로 되어 있다.) 홀산이라 하고 또 금미달이라고 한다.

나라를 다스린 지 1,500년, 주나라 무왕 즉위 기묘년에 기자를 조선에 봉하였다. 단군이 장당경으로 수도를 옮기시고 뒤에 물러나서 아사달에 은둔하여 산신이 되시니 수명이 1,908세였다.

당나라 배구전에 이르기를 "고구려는 본래 고죽국(지금 해주이다.)이니 주나라가 기자를 봉하여 조선왕으로 삼으니라. 한나라가 3군을 나누어 두었다하니 현도, 낙랑, 대방(북대방이다.)이다."라고 하였다. 통전도

이설과 같다.(한서에는 진번, 임둔, 낙랑, 현도의 4군인데 지금 3군이라 하고 명칭
이 또 같지 않으니 어째서인가.)

위의 내용을 분석해보면 크게 3부분으로 나뉘어진다. 첫째는 『위서』를
인용한 것이고, 둘째는 『고기』를 인용한 것이고, 셋째는 단군 조선과 봉기
자(封箕子) 그리고 한사군에 대해서 일연 자신이 서술한 것이다.

『위서』의 내용은 『위서』가 만들어지던 그때보다 2,000년 전에 단군왕검
이 아사달에 도읍을 정하고 조선이란 나라를 열었는데 당요와 동시대라는
것이다.

『고기』의 내용은 다시 셋으로 나뉘어지는데 첫째 환웅천왕의 문명개척
의지와 壯途에 나서는 과정, 둘째 태백산 강세와 三韓五加의 조직으로 在世
理化하는 내용, 셋째 웅족과 호족의 대립과 교화 및 환족(桓族)과 웅족의 결
합으로 배달국이 시작하는 내용을 담고 있다.

마지막 부분도 셋으로 나누어 볼 수 있는데 첫째는 단군의 고조선 건국
과 변천, 둘째 봉기자의 내용과 단군조선의 종말, 셋째 한사군과 관련된 내
용이다.

위의 내용은 진실과 오류가 혼재하여 있으므로 한 구절씩 내용을 분석해
보고자 한다. 이를 위해서 먼저 『환단고기』에 있는 관련 내용을 살펴보면
다음과 같다.

2) 고조선기와 관련된 『환단고기』의 내용

여기에서는 『고기』와 관련된 내용만 살펴보고자 한다. 『고기』와 관련된
내용은 『삼성기』下와 『태백일사』의 『신시본기』에 실려있다.

(1) 三聖紀下의 관련내용

桓國之末에 安巴堅이 下視三危太白하시고 皆可以弘益人間일새 誰可使
之오 하신대 五加僉曰 庶子에 有桓雄이 勇兼仁智하고 嘗有意於易世以
弘益人間하오니 可遣太白而理之니이다 하야늘 乃授天符印三種하시고
仍敕曰 如今에 人物이 業已造完矣니 君은 勿惜厥勞하고 率衆三千而往
하야 開天立敎하고 在世理化하야 爲萬世子孫之洪範也어다.

時에 有盤固者가 好奇術하야 欲分道而往으로 請하니 乃許之하시니라
遂積財寶하고 率十干十二支之神將하고 與共工·有巢·有苗·有燧로 偕至
三危山拉林洞窟하야 而立爲君하니 謂之諸畎이오 是謂盤固可汗也라. 於
是에 桓雄이 率衆三千하사 降于太白山頂神壇樹下하시니 謂之神市오 是
謂桓雄天王也시니라 將風伯·雨師·雲師하시고 而主穀·主命·主刑·主病·
主善惡하시며 凡主人間三百六十餘事하사 在世理化하사 弘益人間하시
니라.

時에 有一熊一虎가 同隣而居러니 嘗祈于神壇樹하야 願化爲神戒之氓이
어늘 雄이 聞之曰可敎也라 하시고 乃以呪術로 換骨移神하실새 先以神遺
靜解로 靈其艾一炷와 蒜二十枚하시고 戒之하야 曰 爾輩食之하라 不見日
光百日이라야 便得人形이리라. 熊虎二族이 皆得而食之하고 忌三七日이
러니 熊은 能耐飢寒하야 遵戒而得儀容하고 虎則放慢不能忌하야 而不得
善業하니 是는 二性之不相若也라 熊女者無與爲歸故로 每於壇樹下에 呪
願有孕이어늘 乃假化爲桓而使與之爲婚하사 懷孕生子에 有帳하시니라.

桓雄天王이 肇自開天으로 生民施化하실새 演天經하시고 講神誥하사
大訓于衆하시니라. 自是以後로 治尤天王이 闢土地하시며 採銅鐵하시며
鍊兵興産하시니 時에 九桓이 皆以三神으로 爲一源之祖하니라. 主蘇塗
하시며 主管境하시며 主責禍하시며 與衆議一歸로 爲和白하시며 並智

生雙修하사 爲居佺하시니라. 自是로 九桓이 悉統于三韓管境之天帝子하니 乃號曰 檀君王儉이시니라.

密記에 云「桓國之末에 有難治之强族하야 患之러니 桓雄이 乃以三神으로 設敎하시고 以佺戒로 爲業하시며 而聚衆作誓하사 有勸懲善惡之法하시니 自是로 密有剪除之志하시니라. 時에 族號不一하야 俗尙漸歧러니 原住者는 爲虎오 新移者는 爲熊이라. 虎性은 嗜貪殘忍하야 專事掠奪하고 熊性은 愚憨自恃하야 不肯和調하니 雖居同穴이나 久益疎遠하야 未嘗假貸하며 不通婚嫁하며 事每多不服하야 咸未有一其途也러라. 至是하야 熊女君이 聞桓雄이 有神德하고 乃率衆往見曰 願賜一穴廛하야 一爲神戒之盟이니이다 하거늘 雄이 乃許之하시고 使之奠接하사 生子有産하시고 虎는 終不能悛하야 放之四海하시니라. 桓族之興이 始此焉하니라.」

환국 말기에 안파견께서 삼위산三危山과 태백산太白山을 내려다보시며 이렇게 물으셨다.

"두 곳 모두 인간을 널리 이롭게 할[弘益人間] 수 있는 곳이다. 과연 누구를 보내는 것이 좋은가?"

오가의 우두머리가 모두 대답하였다.

"서자庶子에 환웅이란 인물이 있는데 용기와 어짊과 지혜를 겸비하고, 일찍이 홍익인간의 이념으로 세상을 개혁하려는 뜻을 가지고 있으니 그를 동방의 태백산(백두산)으로 보내 다스리게 하십시오."

이에 환인께서 환웅에게 천부天符와 인印 세 종류를 주시며 명하셨다.

"이제 인간과 만물이 이미 제자리를 잡아 다 만들어졌으니, 그대는 노고를 아끼지 말고 '무리 3천 명'을 이끌고 가서, 새 시대를 열어 가르침을 세우고[開天立教] 세상을 신교의 진리로써 다스리고 깨우쳐서[在世理化] 이를 만세 자손의 큰 규범으로 삼을지어다."

환웅께서 동방을 개척할 당시 기이한 술법을 좋아하던 반고라는 인물이 있었다. 반고가 개척의 길을 따로 나누어 가기를 청하므로 환인께서 이를 허락하셨다. 드디어 반고는 많은 재화와 보물을 싣고 십간十干 십이지十二支의 신장을 거느리고 공공共工·유소有巢·유묘有苗·유수有燧와 함께 삼위산 납림拉林 동굴에 이르러 임금으로 즉위하였다. 이들을 제견諸畎이라 하고, 반고를 반고가한이라 불렀다.

이때 환웅께서는 무리 3천 명을 이끌고 태백산 마루, 신단수神檀樹 아래에 내려오시어 이곳을 신시神市라 하시니, 이분이 바로 환웅천황이시다.

환웅께서 풍백風伯과 우사雨師와 운사雲師를 거느리시고, (오가五加에게) 농사·왕명·형벌·질병·선악을 주장하게 하시고, 인간 세상의 360여 가지 일을 주관하여 세상을 신교의 진리로써 다스려 깨우쳐서[在世理化] 인간을 널리 이롭게 하셨다[弘益人間].

이때 웅족과 호족[一熊一虎]이 이웃하여 함께 살았다. 일찍이 이 족속들은 삼신상제님께 천제를 올리고 기도 드리는 신단수에 가서 "삼신의 계율을 따르는 백성이 되기를 바라옵니다" 하고 빌었다. 환웅께서 이 소식을 듣고 "가히 가르칠 만하도다" 하시고, 신령한 도술로써 환골換骨케 하여 정신을 개조시키셨다. 이때 먼저 삼신께서 전해 주신 정해법靜解法으로 그렇게 하셨는데, 쑥 한 ¹음과 마늘 스무 매를 영험하게 여겨 이를 주시며 경계하여 말씀하셨다.

"너희들은 이것을 먹을지어다. 100일 동안 햇빛을 보지 말고 기도하라. 그리하면 참된 인간이 되리라."

이에 웅족과 호족 두 족속이 함께 쑥과 마늘을 먹으면서 삼칠일(21일)을 지내더니, 웅족은 능히 굶주림과 추위를 참아 내고 계율을 지켜 인

간의 참모습[儀容]을 얻었으나, 호족은 방종하고 게을러 계율을 지키지

못하여 좋은 결과[善業]를 얻지 못하였으니, 이것은 두 족속의 성정性

情이 서로 같지 않았기 때문이다. (후에) 웅족 여인[熊女]들이 시집갈 곳

이 없어 매일 신단수 아래에 와서 주문을 외우며 아이 갖기를 빌었다.

이에 환웅께서 이들을 임시로 환족으로 받아들여 환족 남자들과 혼인

하게 하셨는데, 임신하여 아이를 낳으면 환桓의 핏줄을 이은 자손으로

입적시키셨다.

환웅천황께서 처음으로 동방 배달민족의 새 역사 시대를 열고[開天] 백

성에게 교화를 베푸실 때, 『천부경天符經』을 풀어 설명하시고 『삼일신

고三一神誥』를 강론하여 뭇 백성에게 큰 가르침을 베푸셨다.

이후에 치우천황(14세 환웅, 자오지환웅)께서 영토를 개척하고, 구리와 철

을 캐어 무기를 제조하는 한편 병사를 훈련시키고 산업을 일으키셨

다. 이때에 구환족이 모두 삼신을 한뿌리의 조상으로 삼았다.

천황께서 소도蘇塗와 관경管境과 책화責禍를 주관하고, 백성의 의견을

모아 하나로 통일하는 화백제도를 두셨다. 또한 백성으로 하여금 지

혜와 생명력을 함께 닦아[智生雙修] 전佺의 도에 머물게 하셨다.

그 후 구환족이 관경을 삼한三韓으로 나누어 다스리시는 천제의 아들

[天帝子]에 의해 모두 통일되니, 이분이 단군왕검이다.

『밀기密記』에 이렇게 기록되어 있다.

환국 말기에 다스리기 어려운 강한 족속[强族]이 있어 이를 근심하던

차에 환웅께서 삼신의 도로써 가르침을 베풀고[以三神設教], 전계[佺戒]

로써 삶의 본업[業]을 삼으며, 백성을 모아 맹세하게 하여 권선징악의

법을 두셨다. 이때부터 은밀히 그 강족을 제거하려는 뜻을 두셨다. 이

때 각 부족의 이름[族號]이 한결같지 않고 풍속은 점점 갈라졌다. 본래

살고 있던 사람들은 호족이고, 새로 이주해 온 사람들은 웅족이었다. 호족은 탐욕이 많고 잔인하여 오로지 약탈을 일삼고, 웅족은 어리석고 괴팍하며 고집스러워서 서로 조화를 이루지 못하였다. 비록 같은 곳에 살았으나 세월이 지날수록 더욱 소원해졌다. 그리하여 서로 물건을 빌리거나 빌려 주지도 않고 혼인도 하지 않으며, 매사에 서로 불복하여 함께 같은 길을 가지 않았다.

이 지경에 이르자 웅족의 여왕이, 환웅께서 신령한 덕[神德]이 있으시다는 소문을 듣고 무리를 거느리고 찾아와 환웅을 뵙고 아뢰기를, "원하옵건대 저희들에게 살 곳을 내려 주십시오. 저희들도 하나같이 삼신의 계율을 따르는 환족의 백성이 되고자 하옵니다"라고 하였다.

환웅께서 이 말을 듣고 허락하시어 웅족에게 살 곳을 정해 주시고 자식을 낳고 살아가게 하셨다. 그러나 호족은 끝내 성격을 고치지 못하므로 사해四海 밖으로 추방하셨다. 환족의 흥성이 이때부터 시작되었다.

위의 내용에서 "於是에 桓雄이 率衆三千하사"부터 "懷孕生子에 有帳하시니라."까지의 내용은 『삼국유사』의 『古記』의 내용과 거의 동일하다. 따라서 우리는 이를 통해서 『삼국유사』 고조선기의 내용을 정확하게 해석할 수가 있는 것이다.

(2) 太伯逸史 神市本紀의 관련 내용

이곳에서는 『三聖密記』를 인용한 부분과 『朝代記』를 인용한 부분의 2곳에 걸쳐 관련 내용이 실려 있다.

三聖密記에 曰「桓國之末에 有難治之强族하야 患之러니 桓雄이 爲邦에

乃以三神設教하시고 而聚衆作誓하사 密有剪除之志하시니라. 時에 族號
不一하야 俗尙漸歧하니 原住者는 爲虎오 新移者는 爲熊이라.

然이나 虎性은 嗜貪殘忍하야 專事掠奪하고 熊性은 愚慠自恃하야 不肯
和調하니 雖居同穴이나 久益疎遠하야 未嘗假貸하며 不通婚嫁하며 事每
多不服하야 咸未有一其途也러라. 至是하야 熊女君이 聞桓雄有神德하고
乃率衆徃見曰 願賜一穴廛하사 一爲神戒之氓하노이다 하거늘 雄이 乃
許之하시고 使之奠接하사 生子有産하시고 虎는 終不能悛하야 放之四
海하시니 桓族之興이 始此하니라.」

朝代記에 曰「時에 人多産乏하야 憂其生道之無方也러니 庶子之部에 有
大人桓雄者가 探聽輿情하시고 期欲天降하사 開一光明世界于地上하실
새 時에 安巴堅이 遍視金岳·三危·太白하시고 而太白은 可以弘益人間이
라 하야 乃命雄曰 如今에 人物이 業已造完矣니 君은 勿惜勞苦하고 率
衆人하야 躬自降徃下界하야 開天施教하고 主祭天神하야 以立父權하며
扶携平和歸一하야 以立師道하며 在世理化하야 爲子孫萬世之洪範也어
다. 乃授天符印三個하사 遣徃理之하신대 雄이 率徒三千하사 初降于太
白山神壇樹下하시니 謂之神市라 將風伯·雨師·雲師하시고 而主穀하시
며 主命하시며 主刑하시며 主病하시며 主善惡하시며 凡主人間三百六
十餘事하사 在世理化하사 弘益人間하시니 是謂桓雄天王也시니라.

時에 有一熊一虎가 同隣而居러니 常祈于神壇樹하고 而又請於桓雄하
야 願化爲天戒之氓이어늘 雄이 乃以神呪로 換骨移神하시고 又以神遺
로 得驗靈活하시니 乃其艾一炷와 蒜二十枚也라. 仍戒之曰 爾輩食之하
라 不見日光百日이라야 自由成眞하고 平等濟物하야 便得化人踐形之大
人者也니라. 熊與虎兩家가 皆得而食之하고 忌三七日하야 務自修鍊이러
니 而熊은 耐飢寒痛苦하야 遵天戒하고 守雄約하야 而得健者之女容하

고 虎則誣慢不能忌하야 違天戒而終不得與之贊天業하니 是는 二姓之不相若也라. 熊氏諸女가 自執愚强而無與之爲歸故로 每於壇樹下에 群聚以呪願하야 有孕有帳이어늘 雄이 乃假化爲桓하사 得管境而使與之婚하사 孕生子女하시니 自是로 群女群男이 漸得就倫하니라.

其後에 有號曰檀君王儉이 立都阿斯達하시니 今松花江也라 始稱國하야 爲朝鮮하니 三韓·高離·尸羅·高禮·南北沃沮·東北夫餘·濊與貊이 皆其管境也니라.

『삼성밀기三聖密記』에 이렇게 기록되어 있다.

환국 말기에 다스리기 어려운 강한 족속[强族]이 있어 이를 근심하던 차에 환웅께서 나라를 다스림에 삼신의 도로써 가르침을 베푸시고[以三神設敎], 백성을 모아 맹세하게 하시니, 이때부터 은밀히 그 강족을 제거하려는 뜻을 두셨다.

당시 부족 호칭이 통일되지 않고 풍속은 점점 갈라졌다. 원주민은 호족虎族이고, 새로 이주해 온 백성은 웅족熊族이었다. 호족은 성품이 탐욕스럽고 잔인하여 오직 약탈을 일삼았고, 웅족은 성품이 고집스럽고 우둔하여 서로 잘 어울리지 못하였다. 두 부족이 비록 한 고을에 살았으나 시간이 지날수록 더욱 소원해져서 서로 물건을 빌리거나 빌려 주지 않았고 혼인도 하지 않았으며, 매사에 서로 승복하지 않아, 한 길을 같이 간 적이 없었다.

이러한 지경에 이르자 웅족 여왕[熊女君]이, 환웅천황께서 신령한 덕이 있으시다는 소문을 듣고 무리를 거느리고 찾아와 천황을 뵙고 "원컨대 살 터전을 내려 주시어 저희도 한결같이 삼신의 계율을 지키는 신시의 백성이 되게 해 주옵소서"라고 간청하였다. 환웅천황께서 이를 허락하시고 살 곳을 정해주시어 자식을 낳고 살게 하셨다. 그러나 호족은 끝내 성질을 고치지 못하므로 사해四海 밖으로 추방하시니, 환족의 흥성이 이때부터 시작되었다.

『조대기朝代記』에 이렇게 기록되어 있다.

당시 사람은 많고 물자는 적어 살아갈 방법이 없음을 걱정하였더니, 서자부[庶子之部]의 대인 환웅이 민정을 두루 살펴 듣고 천계에서 내려와 지상에 광명 세상을 열고자 하셨다. 이때 안파견 환인께서 금악산金岳山과 삼위산三危山과 태백산太白山을 두루 살펴보시고, "태백산은 가히 널리 인간을 이롭게 할 수 있는 곳이로다"라고 하셨다. 이에 환웅에게 명하여 말씀하시기를,

"이제 인간과 만물이 제자리를 잡았으니, 그대는 노고를 아끼지 말고 무리를 거느리고 몸소 하계에 내려가 새 시대를 열어[開天] 가르침을 베풀고, 천신에게 제사를 지내 부권父權을 세우라. 노인은 부축하고 어린이는 이끌어 평화롭게 하나 되게 하여 사도師道를 세우고 세상을 신교의 진리로 다스려 깨우쳐서[在世理化] 자손만대의 홍범으로 삼을지어다." 하셨다.

그리고 환웅에게 천부天符와 인印 세 개를 주시고 세상에 보내어 다스리게 하셨다. 환웅께서 무리 3,000명을 거느리고 처음으로 태백산 신단수 아래에 내려오시니, 이곳을 신시神市라 한다.

또한 풍백·우사·운사를 거느리시고, (오가五加에게) 농사·왕명·형벌·질병·선악을 주장하게 하시고, 인간의 360여 가지 일을 주관하여 신교神教의 진리로써 정치와 교화를 베풀어 인간을 널리 이롭게 하시니, 이분이 바로 환웅천황이시다.

이때 웅족과 호족[一熊一虎]이 이웃하여 살았다. 항상 신단수에 와서 기도하며 환웅께 "하늘의 계율을 지키는 신시의 백성이 되기를 원하옵

니다" 하고 간청하였다. 환웅께서 신령한 주문[神呪]으로 체질을 개선시켜 신명을 통하게 하셨다. 또 삼신이 내려 주신 물건으로 신령한 삶을 얻게 하시니, 바로 쑥 한 단과 마늘 스무 개였다.

그리고 경계하여 말씀하시기를 "너희들은 이것을 먹을지어다. 100일 동안 햇빛을 보지 말고 기도하라. 그리하여야 스스로 참을 이루고 만물을 고르게 구제하며, 진정한 사람다운 인격을 갖춘 대인이 되리라" 하셨다. 웅족과 호족 양가는 이것을 먹고 삼칠일(21일) 동안 삼가며 스스로 수련에 힘썼다. 웅족은 굶주림과 추위와 고통을 참으며 하늘의 계율을 준수하고, 환웅과 한 언약을 지켜서 건강한 '여자의 모습'을 얻었으나, 호족은 거짓과 태만으로 하늘의 계율을 어겨 끝내 천업天業을 함께 이루지 못하였다. 이것은 두 부족의 천성이 서로 다르기 때문이었다. 웅씨족 여성들은 고집이 세고 어리석음이 지나쳐서 이들과 혼인하려는 사람이 없었다. 그래서 매양 신단수 아래에 함께 모여 주문을 읽으며 아기를 가져 환웅의 백성이 되기를 기원하였다. 환웅께서 임시로 이들을 환족 백성으로 귀화시켜 살 곳을 주시고[得管境] 환족 남자와 혼인하게 하여 자녀를 낳게 하시니, 이로부터 모든 남녀가 점차 인륜의 도를 얻게 되었다.

그 후 단군왕검이라 불리는 분이 아사달에 도읍을 세우시니 지금의 송화강이다. 이때 비로소 나라 이름을 조선이라 칭하시니 삼한三韓, 고리高離, 시라尸羅, 고례高禮, 남·북옥저, 동·북부여, 예濊와 맥貊이 모두 그 관할 영토였다.

이곳의 『삼성밀기』의 내용은 『삼성기』 下의 『밀기』의 내용과 몇 글자가 더해지거나 빠진 것을 제외하고는 동일한 내용이다.

『조대기』의 내용을 보면 『삼국유사』의 고조선기의 원본이라고 생각할 수 있을 정도로 내용이 흡사하다. 특히 "乃授天符印三個하사 遣往理之하신대"로부터 "得管境而使與之婚하사 孕生子女하시니"까지의 내용이 거의 일치하고 있다. 이를 표로 만들어 비교하면 다음과 같다.

조대기	삼국유사	차이
乃授天符印三個하사 遣往理之하신대 雄이 率徒三千하사 初降于太白山神壇樹下하시니 謂之神市라 將風伯·雨師·雲師하시고 而主穀하시며 主命하시며 主刑하시며 主善惡하시며 凡主人間三百六十餘事하사 在世理化하사 弘益人間하시니 是謂桓雄天王也시니라.	乃授天符印三箇하야 遣往理之하시니라 雄이 率徒三千하시고 降於太伯山頂神壇樹下하시니 謂之神市오 是謂桓雄天王也시니라 將風伯 雨師 雲師하사 而主穀 主命 主病 主刑 主善惡하시고 凡主人間三百六十餘事하사 在世理化하시니라	조대기의 글자수는 74자이고 고기의 글자수는 70자이다. 조대기에는 '初' 자가 더 있고 고기에는 '頂' 자가 더 있다. 조대기의 '主刑 主病'이 고기는 '主病 主刑'으로 되어 있다. 조대기의 맨 뒤에 있는 '是謂桓雄天王也'가 고기에서는 '謂之神市' 다음에 있다. 조대기의 '弘益人間' 4자가 고기에서 빠져 있는데 이는 앞에 '可以弘益人間'이란 말이 있어 생략한 것으로 보인다.
時에 有一熊一虎가 同隣而居러니 常祈于神壇樹하고 而又請於桓雄하야 願化爲天戒之氓이어늘	時에 有一熊一虎하야 同穴而居러니 常祈于神雄하야 願化爲人이어늘	조대기의 '隣'이 '穴'로 되어있다. 조대기의 '神壇樹하고 而又請於桓雄'을 '神雄' 2글자로 줄였다. 조대기의 '天戒之氓'이 '人'으로 되어 있다.
雄이 乃以神呪로 換骨移神하시고 又以神遺로 得驗靈活하시니 乃其艾一炷와 蒜二十枚也라.	時에 神遺로 靈하니 艾一炷와 蒜二十枚라	조대기의 '雄이 乃以神呪로 換骨移神하시고 又以'가 '時'로 되어 있다. 조대기의 '得驗靈活'이 '靈'으로 되어 있다. 조대기의 '乃其'와 '也'가 생략되어 있다.

조대기	삼국유사	차이
仍戒之曰 爾輩食之하라 不見日光百日이라야 自由 成眞하고 平等濟物하야 便得化人踐形之大人者也 니라.	曰 爾輩食之하고 不見 日光百日하면 便得人 形하리라	조대기에서 '曰 爾輩食之 不見 日光百日'만 인용하고 조대기 의 '便得化人踐形之大人者也'가 '便得人形'으로 되어 있다.
熊與虎兩家가 皆得而食 之하고 忌三七日하야 務 自修鍊이러니 而熊은 耐 飢寒痛苦하야 遵天戒하 고 守雄約하야 而得健者 之女容하고 虎則誣慢不 能忌하야 違天戒而終不 得與之贊天業하니 是는 二姓之不相若也라.	熊虎得而食之하야 忌 三七日이러니 熊得女 身하고 虎不能忌하야 而不得人身하니라	조대기의 문장을 축약하여 '熊 與虎兩家'를 '熊虎'라 했고 '熊은 耐飢寒痛苦하야 遵天戒하 고 守雄約하야 而得健者之女容' 을 '熊得女身'으로 했으며 '虎則 誣慢不能忌하야 違天戒而終不 得與之贊天業하니 是는 二姓之 不相若也'를 '虎不能忌하야 而 不得人身하니라'로 했다.
熊氏諸女가 自執愚强而 無與之爲歸故로 每於壇 樹下에 群聚以呪願하야 有孕有帳이어늘 雄이 乃 假化爲桓하사 得管境而 使與之婚하사 孕生子女 하시니 自是로 群女群男 이 漸得就倫하니라.	熊女者가 無與爲婚일 새 故로 每於壇樹下에 呪願有孕이어늘 雄이 乃假化而婚之하야 孕 生子하니라	조대기의 '熊氏諸女'를 '熊女者' 라 했고 '無與之爲歸'를 '無與爲 婚'이라 했고 '群聚以呪願하야 有孕有帳'을 '呪願有孕'이라 했 고 '雄이 乃假化爲桓하사 得管 境而使與之婚'을 '雄이 乃假化 而婚之'라 했고 '孕生子女'를 '孕生子'라고 하였다. 이후는 생략했다.

이상의 내용을 분석해보면 『삼국유사』의 『고기』는 『朝代記』의 내용을 그
대로 인용하거나 글자를 압축하고 한두 글자를 변형시켜 완성된 것임을 알
수 있다.

따라서 筆者는 『삼국유사』의 『고기』는 『조대기』라고 조심스럽게 주장하
고자 한다.

『조대기』는 『환단고기』에서 가장 많이 인용된 책이다. 「환국본기」에 3회,

「신시본기」에 1회, 「고구려국본기」에 4회, 「대진국본기」에 1회 등 모두 9회에 걸쳐 인용되어 있다. 위의 내용을 보면 『조대기』는 환국, 배달, 단군조선, 북부여, 고구려, 대진국으로 이어지는 국통맥에 따라 각 조대(왕조)의 역사를 기록한 역사서라는 것을 추측할 수 있다. 또한 대진국의 역사까지를 기록한 것을 보면 『조대기』는 대진국 시대에 만들어진 책이라는 것을 확신할 수 있다.

『조대기』와 관련된 내용을 『揆園史話』를 통해 살펴보면 다음과 같다.

> 전에 청평산인(淸平山人) 이명(李茗)이란 사람이 있었다. 그는 고려 때의 사람인데 그에게 『진역유기(震域遺記)』 3권이 있었다. 이 책은 『朝代記』를 인용하여 우리나라 옛 역사를 기록한 사서이다.

발해왕자 대광현(大光顯)을 비롯한 많은 무리들이 고려에 항복했다. 그 중에는 높은 벼슬아치와 세상을 한탄하며 눈물 흘린 선비가 많았다. 청평의 기록은 발해 사람들이 몰래 감춰 소장해 오던 것에 근거를 두었다.

淸平의 기록이 발해사람들의 비장서에 근거했다는 구절을 통해서 내용을 분석하면 『조대기』는 대진국에서 만들어진 후 대진국이 멸망하던 926년에 대진국의 태자 대광현이 고려로 망명할 때 이들이 고려에 가져온 책으로 이 책을 통해 淸平 李茗은 『震域遺記』를 지었고, 『진역유기』를 저본으로 北崖老人은 『揆園史話』를 저술하였다고 볼 수 있다.

『환단고기』의 「고려국본기」에 다음과 같은 구절이 있다.

> 杏村先生이 嘗遊於天寶山이라가 夜宿太素庵할새 有一居士曰素佺이니
> 多藏奇古之書라 乃與李茗·范樟으로 同得神書하니 皆古桓檀傳授之眞訣

也라.

행촌 선생이 일찍이 천보산天寶山에서 유람을 하다가 밤에 태소암太
素庵에서 묵게 되었다. 그곳에 소전素佺이라 하는 한 거사가 기이한
옛 서적[奇古之書]을 많이 가지고 있었다. 이에 이명李茗, 범장范樟과
함께 신서神書를 얻었는데, 모두 환단시절부터 전해 내려온 역사의 진
결[桓檀傳授之眞訣]이었다.

위의 會同은 행촌 이암이 39세가 되던 1335년 이루어진 것으로 후세에
전하고 있다. 소전거사로부터 전수받은 神書를 통해 청평 이명은 『진역유
기』를 저술하고, 행촌 이암은 『단군세기』를 짓고, 범장은 『북부여기』를 짓
게 된다. 『단군세기』와 『북부여기』는 『단군세기』에서 『古記』를 한 군데 인
용한 것을 제외하고는 인용서가 없는데, 『조대기』가 역대 왕조의 역사를 기
록했다면 분명 단군조선의 역사와 북부여의 역사도 기록했을 것이므로 筆
者는 『단군세기』와 『북부여기』의 가장 중요한 참고서적이 『조대기』였을 가
능성이 크다고 추론한다. 『조대기』는 대진국에서 저술되었음으로 『삼국사
기』 또는 신라 고려시대 때 저술된 책 그리고 중국사서에 기록되지 않은 내
용을 담고 있음으로 사료적 가치가 크다고 생각된다.

고려에 들어온 『조대기』는 "書雲觀에서 『고조선비사』, 『대변설』, 『표훈삼
성밀기』, 『삼성기』 등과 함께 보존되었다."고 한다. 그리고 조선시대에 들
어와서 세조 3년(1457년) 사서수거령 때도 언급된 것으로 보아 조선시대 전
기까지 『조대기』는 전해졌던 것으로 사료된다.

3. 『환단고기』를 통해서 본 고조선기의 내용분석

1) 위서인용의 내용분석

먼저 전체 내용을 기술하고 한 구절씩 분석해 보고자 한다.

> 古朝鮮(王儉朝鮮)
>
> 魏書에 云 乃往二千載에 有壇君王儉하사 立都阿斯達하시고 (經云無葉山
>
> 이오 亦云白岳이니 在白州地라 或云在開城東이라하니 今白岳宮이 是라) 開國號朝鮮
>
> 하시니 與高同時라

(1) 古朝鮮(王儉朝鮮)

일연이 고조선이란 표현을 쓴 것은 바로 다음에 기록한 衛滿朝鮮과 구별하기 위하여 그 이전에 존재했던 조선이란 개념으로 고조선이란 표현을 쓴 것이다. 그러나 지금은 이성계가 세운 근세조선과 구별하는 개념으로서 고조선이란 말을 더욱 즐겨 사용한다.

조선이란 명칭에 대해 신채호는 이전의 주장들을 열거하면서 이 설들을 모두 부정하고 있는데 이를 간단히 요약해서 살펴보면 다음과 같다.

① 『輿地勝覽』에는 "동쪽 땅 위로 해가 솟는다.(東表日出)"라는 뜻을 취하여 朝鮮이라고 했다. 金鶴峰은 "아침 해가 선명하다.(朝日鮮明)"라는 뜻을 가지고 있어 朝鮮이라고 이름지었다고 하였는데 모두 억설이다.

② 안정복은 "朝는 東이요 鮮은 西의 뜻으로 鮮卑를 가리키니 선비산 동쪽에 나라를 세웠으므로 조선이라 하였다."라고 했는데 선비는 곧 단군때

부터 고구려때까지 조선의 속국이었으므로 취할 가치가 없다.

③『史記索隱』에서 "潮水, 汕水, 洌水의 三水가 합하여 洌水가 되는데 朝鮮의 뜻은 이에서 취한 것이다." 하였으나 조선을 두 개의 작은 강을 아울러서 이름을 지었다고 하는 것은 여전히 따를 수 없는 해석이다.

위의 3가지 내용에 대한 부정을 필자는 전적으로 공감하며 단, 朝日鮮明의 내용만은 참고할 가치가 있다고 사료된다. 신채호는 "朝鮮이 단군이 정한 나라 이름이다."라고만 하였을뿐 정작 조선의 의미에 대한 해석을 하지 아니하였다.

『환단고기』를 보면 단군은 三韓管境制를 써서 나라를 통치하였는데 초대단군부터 21대 소태단군 때까지는 辰韓, 馬韓, 番韓의 三韓으로 나누어 다스렸고, 22대 색불루단군 때부터는 三朝鮮으로 제도를 개편하였는데 이에 대해 「삼한관경본기」, 〈마한세가〉下에서 "五月에 改制三韓하사 爲三朝鮮하시니 朝鮮은 謂管境也라(5월에 제도를 고쳐 삼한을 삼조선이라 하셨는데 조선은 관경을 말한다.)"라고 하였다.

『환단고기』에서 조선의 뜻을 영토관할(관경)의 뜻이라고 했는데 이는 더 연구를 필요로 한다. 중국의 史書에서 말한 것 즉 州愼(『오월춘추』), 肅愼(『산해경』, 『尙書』, 『사기』, 『회남자』), 息愼(『사기·虞紀』) 稷愼(『급총서』) 珠申(『만주원류고』) 등은 모두 조선과 같은 뜻으로 音이 변한 것이라고 볼 수 있다.

王儉의 뜻은 2가지로 나누어 볼 수 있다. 첫째, 보통명사로 보면 왕검은 일정한 영역을 다스리는 우두머리의 명칭이니, 모든 土境마다 각각 왕검이 있었다. 이에 대해 「삼한관경본기」에서 "王儉은 俗言大監也라 管守土境하고 除暴扶民이라.(왕검은 세속말로 대감이라 한다. 왕검은 영토를 관장하고 지키며 포악한 것을 물리치고 백성을 보살폈다.)"라고 하였고 「신시본기」에서 "王儉은 亦卽監群

이시니 管境之長也라(왕검은 감군이라고도 하는데 나라를 다스리는 군주이다.)"라고
하였다. 대감은 王에는 大의 뜻이 있고 儉이 監으로 바뀐 듯하며 監群을 무
리 즉 백성을 감독히고 다스리는 사람이란 뜻으로 볼 수 있다. 둘째, 고유
명사로 보면 왕검은 모두 왕검들 중에서 九桓族을 통일하여 檀君에 선출되
어 天祭를 봉행하고 三韓을 管境하는 한 사람의 왕검을 말하니, 이분은 단
군왕검이시다. 왕검 조선이란 바로 단군왕검께서 다스리는 조선이란 의미
가 될 것이다.

(2) 魏書

정인보는 "일연이 여기서 언급한 『위서』는 아마 拓跋씨의 정사를 담은
『위서』가 아니라 曹魏시대에 王沈이 지은 『위서』였을 것이다."라고 하였고
신채호도 『조선상고사』에서 왕침이 지은 『위서』라고 하였다. 김원중은 "北
齊의 魏收가 찬술한 것으로 『후위서』라고도 한다. 지금 전하는 『위서』는 송
나라 때 29편이 없어져 단군에 관한 이야기는 찾아볼 수 없다"라고 하였
다. 이유립도 이곳의 『위서』는 왕침이 지은 『위서』라고 하였다. 『晉書』 39
권 列傳 第9의 王沈傳을 보면 "정원년간에 산기상시, 시중의 벼슬로 옮겨가
서 책을 짓는 일을 맡았다. 순의, 완적과 함께 『위서』를 지었으나 당시에 꺼
리는 일을 많이 실어 진수가 지은 실록만 같지 못하였다.(正元中에 遷散騎常侍
侍中하야 典著作이라. 與荀顗 阮籍으로 共撰魏書나 多爲時諱하야 未若陳壽之實錄也라)"고
하였다. 왕침은 A.D. 244년 위장 관구검이 고구려를 침략하여 국내성을 함
락하고 고구려사고에서 약탈해간 서적들을 직접보고 『위서』를 짓지 않았
을까 하는 추측을 해본다. 이유립은 청나라 때 山陰人 章宗源이 『隋書經籍
志考證』이란 책에서 왕침의 『위서』가 陋華夏而矜夷狄(중국을 낮추고 이적을 높
였다)이라 하였다고 하였으니 이로 볼 때 이 책이 중국을 위해서 부끄러움

을 꺼리는 춘추필법에 저촉되어 일찌감치 망실되었다고 이야기하였다.

(3) 乃往二千載

왕침의 『위서』가 正元년간에 쓰여졌다고 했는데 正元은 曹魏의 高貴鄕公 때의 연호로 254년, 255년에 해당된다. 단군이 건국한 BCE 2333년에 255년을 합산하면 2,588년이 됨으로 2,000년 전이라고 한 것은 대략적인 숫자를 말한 것이다.

(4) 有壇君王儉

일반적으로 檀君으로 쓰나 여기서 壇君이라 쓴 것은 天祭를 올리는 제사장의 의미가 있다고 본다. 그리고 단은 하늘을 뜻하는 순우리말을 한자로 쓴 것임으로 壇이건 檀이건 모두 통용할 수 있다는 생각이다. 檀에 대해 이유립은 "天을 檀(당)이라 하고 父를 君이라 하니 단군은 天父, 天王의 뜻이다."라고 하였다. 정소문은 단군에 대해 다음과 같이 말하고 있다.

'단군'은 '텡그리'에 바탕을 두고 이루어진 말입니다. 알타이계 말을 쓰는 투르크(터키)나 몽골·헝가리·볼가강 중류 지대에서 소아시아, 크림반도 및 중앙아시아(키르키스스탄·우즈베키스탄·투르크메니스탄·카자흐스탄)와 시베리아의 부리야트·투바·야쿠트 등이 그래서 지금도 하늘을 '텡그리·텡게리·탕가라·팅기르·뎅기르'라고 하고 중국도 그것을 본받아 하늘을 '티엔', 또는 '텐'이라고 합니다. 최초로 인류문명을 연 서아시아 수메르족의 말 '딩기르'에서 가지를 쳐내려온 말이라고 합니다.

한자로 天을 撑黎(탱리)라고 하는 것도 같은 의미이며 堂木을 天木이라 하는 것도 같은 의미일 것이다.

「삼한관경본기」에 있는 단군왕검의 所自出에 대해서 살펴보면 다음과 같다.

斯瓦羅桓雄之初에 熊女君之後를 曰黎니 始得封於檀墟하야 爲王儉하야
樹德愛民하니 土境이 漸大하고 諸土境王儉이 來獻方物하야 以歸化者가
千餘數라 後四百六十年에 有神人王儉者가 大得民望하사 陞爲裨王이라
가 居摄二十四年에 熊氏王이 崩於戰하고 王儉이 遂代其位하사 統九桓
爲一하시니 是爲檀君王儉也시니라.

사와라환웅(13세) 초기에 웅족 여왕의 후예를 여黎라 하였는데, 처음으
로 단허檀墟에 봉함을 받아 왕검이 되었다.

왕검이 덕을 베풀고 백성을 사랑하므로 영토가 점점 넓어졌다. 여러
지역 왕검이 와서 방물을 바쳤고, 귀화하는 자가 천여 명이었다.

그 뒤 460년이 지나 신인神人 왕검이 출현하여 백성에게 신망을 크게
얻어 비왕裨王(부왕)에 올라 24년간 섭정하였다.

웅씨 왕이 전쟁에서 죽자 왕검이 드디어 그 자리를 계승하여 구환九桓
을 통일하였다. 이분이 단군왕검이시다.

『단군세기』에서는 다음과 같이 기술하고 있다.

古記에 云「王儉의 父는 檀雄이시오 母는 熊氏王女시라
辛卯五月二日寅時에 生于檀樹下하시니 有神人之德하사 遠近이 畏服하
니라
年十四甲辰에 熊氏王이 聞其神聖하고 擧爲裨王하야 攝行大邑國事하시고

戊辰唐堯時에 來自檀國하사 至阿斯達檀木之墟하시니 國人이

推爲天帝子하야 混一九桓하시고 神化遠暨하시니 是謂檀君王儉이시라.

在神王位二十四年이시오 在帝位九十三年이시오 壽는 一百三十歲시니라.」

『고기古記』에 다음과 같이 기록되어 있다.

왕검王儉의 아버지는 단웅檀雄이요, 어머니는 웅씨왕熊氏王의 따님이다.

신묘(환기 4828, 신시개천 1528, BCE2370)년 5월 2일 인시에 박달나무가

우거진 숲[檀樹]에서 태어나시니, 신인神人의 덕이 있어 원근 사람들이

모두 경외敬畏하여 따랐다.

14세 되던 갑진(신시개천 1541, BCE2357)년에, 웅씨왕이 그 신성함을 듣고

비왕裨王으로 천거하여 '대읍국大邑國'의 국사를 맡아 다스리게 하였다.

무진년 당요唐堯 때에 단국檀國에서 돌아와 아사달의 박달나무가 우거

진 터[檀木之墟]에 이르시니 온 나라 백성이 천제의 아들로 추대하였다.

구환족九桓族을 합쳐서 하나로 통일하시고 신성한 덕화가 멀리까지 미

치니 이분이 단군왕검이시다. 성조께서 비왕으로 24년, 제왕으로 93

년 동안 재위하셨고, 그 수壽는 130세였다.

위의 내용을 요약하면 초대 단군의 아버지는 檀雄이라 했는데 배달국의

18세 거불단환웅이 아니고 檀國의 지방관을 지낸 듯하며 초대 단군은 웅씨

왕의 외손자이다. 만약 거불단환웅이라면 배달국의 연장이 되므로 따로 새

로운 왕조를 세울 필요가 없기 때문이며 위의 내용이 배달국과는 관련 없

이 웅씨국과 관련되어서 전개되고 있기 때문이며 웅씨왕이 전쟁에서 돌아

가신 뒤에 그 자리를 이었기 때문이다. BCE 2370년에 태어나 14세에 웅씨

국의 裨王이 되었고, 38세에 九桓을 통일하여 단군왕검이 되셨다.

단군왕검은 제정일치 시대 때 하늘에 제사를 올리는 제사장과 삼한을 통

치하는 정치적 군장을 겸한 고조선 통치자의 고유명사라고 할 수 있다.

(5) 立都阿斯達

아사달은 고조선의 도읍지이다.

이유립은 아사달이 3가지 뜻이 있다고 했다.

① 아사는 原初의 뜻이고 달은 山地가 되니 原初地로써 아이땅이 된다. 우리가 처음 김을 매는 것(初耘)을 아이김이라 하는 것과 같다.

② 아는 阿審(아심, 아침)이고 사는 漏入(새서 들어옴, 새다.)이니 날이 새서(밝아서) 아침의 태양이 처음 떠올라 비추는 산의 뜻이다.

③ 아는 上(위)이고 사는 林(숲)이니 上林에 蘇塗가 있는 곳이다. 아사달은 지금 完達山 아래 忽濱이니 지금 지명으로 하얼빈이다.

안경전은 다음과 같이 설명하고 있다.

① 아사달은 밝고 환한 땅(산)이다. 아사달은 아시밝(첫빛)에서 유래하였다. 아사달은 아사 + 달로 아사는 '아침(朝), 밝음'을, 달은 '산, 땅'을 뜻한다. 이것을 한자로 나타낸 것이 조선이다.

② 아사달은 넓게 확 트인 땅이다. 아사달은 몽골이나 거란어로 '확트인 밝은 벌판이나 장소(나라)'를 뜻하는 '아사다라As-tala'와 음이 유사하다. 『遼史』에서 '아사는 넓다. 혹은 관대하다는 뜻으로 사용된다.'고 하였다. 이런 의미에서 아사달을 한자로 옮긴 것이 平壤이다. 「삼한관경본기」에서 "阿斯達은 三神所祭之地라(아사달은 삼신께 제사지내는 곳)"이라 하였다.

이상을 종합해보면 아사달은 단군조선의 도읍지로써 아침의 태양이 떠올라 처음으로 밝게 비추는 넓고 탁트인 땅으로 三神께 천제를 올리는 소도가 있는 신성하고 성스러운 땅이라고 말할 수 있다.

일연이 주석을 단 '經云' 이하의 내용은 사실에서 크게 벗어나는데 뒤의 白岳山阿斯達조에서 언급하고자 한다.

(6) 開國號朝鮮

『환단고기』에서는 초대 단군부터 21대 소태단군 때까지는 삼한이라 했고, 22대 색불루단군 때부터 三朝鮮이라 불렀다 했으나 朝鮮이 관경의 뜻이고 초대 단군 때부터 삼한관경제를 시행했으므로 韓과 朝鮮의 명칭을 처음부터 병행했을 것으로 생각된다.

(7) 與高同時

高는 堯라는 글자이다. 고려 정종의 이름이 '堯'이어서 피휘하여 '高' 자로 대신한 것이다. '堯'는 BCE 2357년 甲辰년에 등극했으니 이때는 단군께서 14살이 되어 웅씨국의 비왕이 된 해이다. BCE 2333년 戊辰년에 대단군의 자리에 올랐으니 이때는 堯 25년이 된다.

2) 고기의 내용분석

(1) 환웅천왕의 문명개척 의지와 壯途에 나서는 과정

古記에 云昔有桓國하니 (謂帝釋也라) 庶子桓雄이 數意天下하야 貪求人世어늘 父知子意하시고 下視三危太伯하니 可以弘益人間일새 乃授天符印三箇하야 遣往理之하시니라

① 古記

앞에서 분석한 바와 같이 『고기』는 『조대기』로 추정된다. 물론 『조대기』

를 인용한 『해동고기』, 『삼한고기』 등이 될 수도 있지만 어디까지나 근본되
는 저본은 『조대기』라고 생각된다.

② 昔有桓國

桓国이 桓因으로 된 책이 있는데 이는 잘못된 것이다. 1512년 경주부윤
이계복이 간행한 正德本(壬申本)에 桓国으로 되어 있고, 최남선의 책도 桓国
으로 되어 있다. 桓國을 桓因으로 변조한 영인본을 보고 1932년 7월 21일
조선사편수회의 제6차 위원회에서 최남선은 이를 淺人의 妄筆이라고 통박
하였다. 필자는 『고기』를 『조대기』로 추정하였는데 「환국본기」를 보면 『조
대기』를 인용하여 '昔有桓仁'과 '昔有桓國'이 모두 언급되어 있다. 그러나 桓
仁으로 쓰여져 있고 桓因이라 하지 않았다. 일연이 『조대기』를 인용하여 昔
有桓国이라 썼고 또한 『조대기』에 昔有桓仁의 구절이 있어 桓國의 아래에
謂帝釋也라고 주를 달았을 가능성이 있다. 帝釋은 욕계 6천의 2번째 하늘
인 도리천의 임금이다. 제석은 釋迦提桓因陀羅의 준말이고 帝釋桓因의 축약
이다. 석가는 성으로 能의 뜻이고, 提桓은 天의 뜻이고 因陀羅는 帝의 뜻이
니 합하면 能天帝이다. 일연이 帝釋桓因에서 桓國의 통치자를 桓因으로 보
고 帝釋이라고 주를 단 것이다. 환국 당시에는 신채호의 말처럼 불법이 이
땅에 들어오기 전이니 이 주석이 엉터리라는 것이 자명하다. 이 주석 때문
에 桓國을 桓因으로 바꾸어 오역하는 일이 생기고 7명의 桓仁이 3,301년
동안 다스린 桓國의 역사를 신화로 오인시켰으니 그의 잘못이 적지 않다.

③ 庶子桓雄

서자는 일반적으로 嫡子가 아니 첩의 자식을 말한다. 그러나 이러한 개념
이 6,000여년 전에 쓰여졌다는 것은 상상할 수 없다. 「신시본기」의 『조대

기』 인용부분에서는 '庶子之部'라고 나오니 부족 또는 부락의 명칭이 분명하다. 이에 대해 이유립은 다음과 같이 말하고 있다.

> 서자는 부락의 명칭이니 '자식들의 마을'이라고 하는 곳이다. 지금의 오소리강 유역 4개 촌락 중에 '브라고 슬로벤노예'라는 마을이 있는데 庶子村이라고 번역한다. 『삼국유사』의 「신라시조 혁거세왕」조에 "지금의 풍속이 中興部는 母가 되고, 長福部는 父가 되고, 臨川部는 子가 되고, 加德部는 女가 된다"고 하였으니 생각건대 神市 당시에 반드시 諸父部, 諸母部, 庶子部, 庶女部가 있어 넷으로 나뉘어 행정구역을 달리하였으니 늙은 父母와 젊은 자녀들이 각각 서로 나뉘어 業을 달리하고 남녀의 성별에 따라 따로 모였으니 또한 편안한 것을 좋은 것이다. 夫婦有別이 없던 세상에 당연한 법이었다.

이유립은 인류가 對偶婚을 하여 가정을 이루고 살기 전에는 이와 같은 생활구조를 이루고 살았다고 하였는데 참고할 가치가 있다. 지금도 중국의 운남성에 사는 瀘沽湖女兒國이라고 부르는 모소(摩梭)족은 중국 최후의 모계사회라고 불리고 있는데 이들의 생활모습에서 부부가 가정을 이루지 않고 살았던 시대의 생활모습을 어렴풋이 엿볼 수가 있다.

桓雄에서 桓은 환하다, 밝다의 뜻으로 광명을 말한다. 『환단고기』에서 '自天光明을 謂之桓'이라 하였다. 雄은 대장부 또는 스승을 의미한다고 볼 수 있으니 桓雄은 자신의 마음속의 광명을 열어 인간들을 광명의 세계로 인도하는 영적인 스승 또는 대장부라는 뜻으로 풀이할 수 있다. 이 시대의 사람들은 문명은 비록 발달하지 않았으나 정신적인 내면세계를 계발하는 것을 인생의 목표로 삼아 생활했던 순박했던 선민들이라고 말할 수 있다.

④ 數意天下 貪求人世 父知子意

삭(數)은 '자주 삭' 자이니 '늘'이라는 뜻이다. 貪은 '즐길 탐'의 뜻이 있고 '찾을 탐'의 뜻이 있어 貪求는 探求로도 볼 수 있으며 '하고자 할 욕(欲)'의 뜻도 있다. 貪求人世를 開人이라 하는데 이는 뒤에서 설명하고자 한다.

위에서 소개한 『조대기』의 내용에 "당시 사람은 많고 물자는 적어 살아갈 방법이 없음을 걱정하였다."고 하였다. 환웅천왕께서 북쪽의 환국에서 남쪽으로 내려온 것은 인구의 증가와 더불어 기후의 변화가 중요 요인이었던 듯하다. 2014년 9월 12일, 13일에 방영된 KBS파노라마 다큐멘터리에서 빙하기 직후 몽골지방에 현재의 한반도처럼 여름장마가 있었다는 사실이 밝혀졌다고 하였다. 이를 추측해보면 지금은 겨울만 되면 동토의 땅으로 변하는 시베리아의 바이칼호수 지역 역시 비옥한 땅이었다고 추론할 수 있다.

이러한 이유 때문에 북쪽에 있던 환국으로부터 남쪽으로의 이주는 필연적인 상황이었다. 이때 환웅은 여론을 따라 남쪽으로 내려와 地上에 光明한 世界를 건설하고자 하였다. 이것이 數意天下 貪求人世의 이면에 있는 숨은 뜻이라 할 수 있다.

父知子意는 환인과 환웅이 혈연적으로 父子의 관계가 아니고 환국 당시에 통치자는 君師父의 三位의 位格을 가지고 있었기 때문에 환인은 아버지가 되고 백성들은 자식의 입장이 된다고 해석해야 할 것이다.

⑤ 下視三危太伯 可以弘益人間

三危는 지금 중국의 감숙성에 있는 삼위산이고 太伯은 백두산이다. 『삼성기』 下를 보면 당시에 중국민족의 시조가 되는 盤古는 삼위산으로 가기를 원하여 삼위산으로 가서 임금이 되고 환웅천왕은 태백산으로 내려오시게 된다. 지금의 대부분의 번역판들은 삼위산을 잘못 해석하고 있다.

弘益人間의 뜻은 인간을 널리 이롭게 한다는 의미이다. 이 뜻은 어둠에 쌓인 인간의 내면세계를 열어 모든 인간의 마음을 광명하게 열어준다는 의미인 듯하다. 지금의 많은 사람들이 홍익인간의 이념을 단군이 개창한 것으로 잘못 알고 있는데 환웅시대로 소급되어야 하며 환국시대 때부터 내려오는 우리 민족의 궁극의 이념이다. 『태백일사』의 「소도경전본훈」에서 "夫弘益人間者는 天帝之所以授桓雄也오 一神降衷하사 性通光明하니 在世理化하야 弘益人間者는 神市之所以傳檀君朝鮮也라"고 하여 이를 분명하게 밝혀주고 있다. 11세 단군 道奚는 念標文에서 "一神降衷하사 性通光明하니 在世理化하야 弘益人間하라"고 하셨다. 「환국본기」를 보면 "옛 풍속이 광명을 숭상하여 태양을 神으로 삼았다"고 하였고 "태양은 광명이 모인 곳으로 삼신께서 머무시는 곳이다"라고 하였다. 따라서 一神은 곧 三神으로 광명의 주체이고 神이 우리의 참마음에 내려와 계시니(一神降衷) 우리의 성품과 마음은 광명으로 충만된 자리이다.(性通光明) 이 밝은 마음을 회복하여 인간세상에서 광명을 밝히는 법으로 다스리고 교화하여(在世理化) 모든 인간들의 마음의 광명을 열어주는 것이 진정으로 인간을 널리 이롭게 하는 것이다.(弘益人間) 이렇게 해석하는 것이 홍익인간의 본의가 아닌가 한다.

⑥ 乃授天符印三箇 遣往理之

천부인에 대하여 이유립은 "天帝가 준 符印으로 거울, 북, 칼의 3종류를 말한다"고 했고, 이병도는 "풍백, 우사, 운사의 三神을 거느리는 印綬인 듯하다."라고 하였으며 이외에도 다양한 설이 있다. 필자는 우선 천부는 천부경이고 印三個는 천지인을 상징하는 3개의 도장이라고 해석해 본다.

遣往理之는 '보내서 그곳을 다스리게 했다'는 뜻이다. 「신시본기」에 있는 관련된 내용을 살펴보면 다음과 같다.

遣往理世之謂開天이니 開天故로 能創造庶物이니 是虛之同體也오

貪求人世之謂開人이니 開人故로 能循環人事니 是魂之俱衍也오

治山通路之謂開地니 開地故로 能開化時務니 是智之雙修也니라.

성인을 보내어 세상을 다스리는 것을 일러 개천開天이라 하니, 하늘을 열었기 때문에 만물을 창조할 수 있다. 이것이 곧 이 세상이 하늘의 이법(천리)과 부합되어 하나로 조화[虛粗同體]되는 것이다.

인간의 본래 성(인간 속에 있는 삼신의 마음)을 여는 것을 개인開人이라 하니, 사람들의 마음자리를 열어 주기 때문에 세상일이 잘 순환하게 된다. 이로써 형체와 함께 영혼이 성숙해[形魂俱衍] 가는 것이다.

산을 다스려 길을 내는 것을 일러 개지開地라 하니, 땅을 개척하기 때문에 능히 때에 알맞은 일을 지어서 세상일이 변화할 수 있게 한다. 이러한 개척의 삶을 통해 지혜를 함께 닦게[智生雙修] 된다.

일정한 지역에 가서 다스리는 것을 開天이라 한 것은 개척자의 삶을 말한 것이니 無(虛)에서 有(粗)를 창조하되 天理에 부합되게 하는 것이다.(虛粗同體)

貪求人世를 開人이라 한 것은 인간의 마음 속의 광명을 열어주는 것이니 인간의 마음(魂)이 열리게 되면 인간의 육신(形)도 함께 발전해 나가게 된다.(形魂俱衍)

산을 다스리고 길을 내는 것을 開地라고 한 것은 땅을 열기 위해서는 인간의 지혜(智)가 필요하고 땅이 열리면 인간의 삶(生)도 풍족하게 된다.(智生雙修) 遣往理之는 개척의 사명을 띠고 새로운 세상을 열기위해 장도에 오르는 것이니 우리가 기념하는 開天節은 환웅이 이러한 이념을 가지고 백두산

에 오신 것을 기념하는 날이지 단군이 고조선을 연 날이 아니다.

(2) 환웅천왕의 태백산 강세와 三韓五加 조직으로 在世理化

雄이 率徒三千하시고 降於太伯山頂 (卽太伯은 今妙香山이라) 神壇樹下하시니 謂之神市오 是謂桓雄天王也시니라 將風伯 雨師 雲師하사 而主穀 主命 主病 主刑 主善惡하시고 凡主人間三百六十餘事하사 在世理化하시니라

① 雄 率徒三千 降於太伯山頂神壇樹下

雄은 환웅천왕이다. 「神市歷代記」를 보면 一世 환웅을 居發桓이라고 한다고 했으며 재위기간이 94년이고 120세를 사셨다고 했다. 거발환은 순우리말이고 이를 한자로 풀이하면 大圓一이 된다. 또 『삼신오제본기』에서 "所謂居發桓은 天地人定一之號也라"고 하였다. 居는 '크다(大, 太)'는 뜻이고 發은 '밝다. 막힘이 없다. 원륭무애하다'의 뜻이며 桓은 '하나가 되다(oneness)'의 뜻이니 大圓一이 된다. 그리고 天地人定一之號라 했으니 마음 속의 광명을 열어 천지 광명과 하나된 太一人間을 거발환이라고 말할 수 있다. 120세에서 재위기간 94를 빼면 26이 되니 환웅천왕이 백두산에 오실 때의 성수는 1을 더하여 27세가 된다.

3은 동방木의 생수이고 생장성하는 三變成道의 수이며 1,000은 음수의 분열로 통일을 지향하는 수이다. 3,000의 숫자는 3에 1,000을 곱한 수가 되니 수리 철학적으로도 깊은 의미가 있다고 사료된다.

태백산은 백두산으로 제일 꼭대기는 天王峯이다. 「삼신오제본기」에서는 또한 三神山이라고도 한다고 했다. 일연은 묘향산이라고 주를 달았는데 「신시본기」에서는 이에 대해 다음과 같이 가혹하게 비판하고 있다.

世俗이 率以寧邊妙香山으로 當之는 實由於一然氏三國遺事之說이나 而
彼等眼孔이 如豆如太하니 安足以與之論哉아 今白頭山은 上有大澤하야
周可八十里오 鴨綠松花豆滿諸江이 皆發源於此하니 曰天池오 卽桓雄氏
乘雲天降處也라. 妙香山은 曾無一小洿하고 且不爲桓雄天皇肇降之太白
山이니 不足論也라.

세속에서는 대개 영변의 묘향산으로 말하기도 하나, 이것은 실로 일연
이 쓴 『삼국유사』에서 비롯된 것이다. 저들의 눈알이 마치 콩알 같고
팥알 같으니 어찌 더불어 의논할 수 있겠는가.

지금 백두산 꼭대기에는 큰 못이 있어 둘레가 80리요, 압록강·송화
강·두만강이 모두 여기에서 발원한다. 그 못을 천지天池라 부르는데,
바로 환웅 신시씨께서 구름을 타고 하늘에서 내려온 곳이다. 묘향산
은 조그마한 웅덩이 하나 없고, 또 환웅천황이 내려오신 태백산도 아
니니 거론할 것도 없다.

백두산은 우리 민족에게 있어서 첫째, 白頭大幹의 뿌리가 되는 국토의 鎭
山이고, 둘째, 환웅천왕께서 오셔서 배달국을 여신 역사의 發祥地이고, 셋
째, 三神께 天祭를 올리던 聖地로 민족문화의 發源地이다.

神壇樹는 三神하느님께 천제를 올리던 나무이다. 나무는 땅에다 뿌리를
박고 하늘로 올라가기 때문에(柢地而出乎天) 인간이 하늘에 기도하는 대상으
로 삼았던 듯하다. 지금까지도 우리 민족은 신성한 나무를 堂木(당산나무)으
로 삼아 제사를 지내고 신성한 장소 또는 蘇塗의 주위에 나무를 심었는데
이것들을 모두 신단수라고 말할 수 있다.

② 謂之神市 是謂桓雄天王也

神市는 배달국의 수도로써 신을 섬기고 신의 목적과 이상을 실현하는 도시라는 의미이다. 이를 통해서 보면 환웅천왕은 신의 뜻을 지상에다 구현하고자 했다는 것을 살펴볼 수 있다.

③ 將風伯 雨師 雲師 而主穀 主命 主病 主刑 主善惡

將은 거느린다는 뜻이다. 풍백, 우사, 운사와 주곡, 주명, 주병, 주형, 주선악은 환웅천왕을 보필하는 조직으로 이를 三韓五加라고 부른다. 「소도경전본훈」에서 "風伯之立約과 雨師之施政과 雲師之行刑"이라는 표현을 쓴 것을 보면 풍백은 立法官이 되고 우사는 行法官이 되고 운사는 司法官이 된다고 말할 수 있다.

五事에 대하여 「환국본기」에서는 다음과 같이 설명하고 있다.

所謂五事者는 牛加主穀하며 馬加主命하며 狗加主刑하며 猪加主病하며 羊加一作鷄加主善惡이라.

이른바 배달의 오사란, 우가牛加는 곡식을 주관하고[主穀], 마가馬加는 왕명을 주관하고[主命], 구가狗加는 형벌을 주관하고[主刑], 저가猪加는 질병을 주관하고[主病], 양가羊加(혹은 계가鷄加)는 선악을 주관하는[主善惡] 것을 말한다.

주곡의 벼슬은 농사일을 주관하고, 주명의 벼슬은 왕명의 집행을 주관하고, 주병의 벼슬은 의료와 관련된 일을 주관하고, 주형의 벼슬은 형벌의 집행을 주관하고, 주선악은 윤리도덕과 교화를 담당하는 벼슬이었던 것 같다.

三韓五加 조직은 어디에서 유래한 것인가. 이는 三神五帝에서 유래한 것

이다. 三神은 天一神, 地一神, 太一神을 말하는데 天一神은 造化를 주장하고, 地一神은 敎化를 주장하고, 太一神은 治化를 주장한다. 五帝는 북방과 肅殺을 주관하는 黑帝神과, 남방과 光熱을 주관하는 赤帝神과, 동방과 生養을 주관하는 靑帝神과, 서방과 成熟을 주관하는 白帝神과, 중앙과 和調를 주관하는 黃帝神을 말한다.

  三神과 五帝는 시간과 공간의 질서를 주재하는 궁극의 존재로써 환웅천왕은 이를 바탕으로 三韓五加의 제도를 만든 것이다. 이에 대한 영향은 대단히 커서 이후 우리 민족의 三皇(환인, 환웅, 치우) 고조선의 삼한관경제, 중국의 三皇五帝, 고구려의 三京五部, 중국의 三公, 신라의 五小京, 흉노의 선우와 左賢王 右賢王制, 大震國의 五京, 遼의 五京, 金의 五京, 백제의 五部五方制, 고려의 三京, 조선의 삼정승 등 후세에 지대한 영향을 미쳤다.

  ④ 凡主人間三百六十餘事 在世理化

  360여사가 어떤 책에는 365로 되어 있고 또 366으로 된 곳도 있는데 모두 통용할 수 있다. 이것은 1년의 周天度數에 기준을 둔 것으로『書經』을 보면 帝堯의 1년은 366일로 되어 있고 지금은 365와 4분의 1일로 되어 있어 1년의 주천도수(曆法)를 援用하여 다스림의 법도로 활용한 것이다. 이러한 원리에 의거하여「삼일신고」가 366자로 되어 있고, 을파소가 후세에 전한『참전계경』이 366節目으로 되어 있고, 해모수단군은 BCE 220년에 366칸의 天安宮을 지었다.

  在世理化는 앞에서 설명한 것 같이 "一神降衷하사 性通光明하니 在世理化하야 弘益人間하라"는 전체적인 맥락에서 이해해야만 한다. 우리 민족은 이 땅에다가 마음의 광명을 열어 신의 이상을 건설하려고 하였지 사후의 세계를 추구하지 않았다. 내 마음의 神性인 광명을 열어 이를 바탕으로 인간세상에서(在世) 남들도 마음의 광명을 열수 있도록 다스리고 교화(理化)하는 것이 在世理化의 진정한 의미이다.

(3) 웅족과 호족의 대립과 교화 및 환족과 웅족의 결합

時에 有一熊一虎하야 同穴而居러니 常祈于神雄하야 願化爲人이어늘 時에 神遺로 靈하니 艾一炷와 蒜二十枚라 曰 爾輩食之하고 不見日光百日하면 便得人形하리라 熊虎得而食之하야 忌三七日이러니 熊得女身하고 虎不能忌하야 而不得人身하니라 熊女者가 無與爲婚일새 故로 每於壇樹下에 呪願有孕이어늘 雄이 乃假化而婚之하야 孕生子하니라

① 時有一熊一虎 同穴而居

熊과 虎에 대해『삼성기』下에서는 '熊虎二族'이라 하였고, 「신시본기」에서는 '雄與虎兩家'라고 하였다. 이는 한 마리의 곰과 한 마리의 호랑이라는 뜻이 아니라 곰을 토템으로 하는 부족과 호랑이를 토템으로 하는 부족이란 의미이다. 同穴이『삼성기』下와 「신시본기」에서 모두 同隣이라 하였으니 서로 이웃하여 살았다는 뜻이다. 일연은 이를 같은 동굴이라 바꾸어 여기에서부터 신화로 꾸미기를 시작하고 있다. 곰과 호랑이가 같은 굴속에 산다는 것 자체가 벌써 신화로 변색시키는 것이다.

② 常祈于神雄 願化爲人

이 부분이『조대기』에는 "常祈于神壇樹하고 而又請於桓雄하야 願化爲天戒之氓"이라고 되어 있다.『조대기』의 원문을 줄여 곰과 호랑이가 사람이되려고 한다고 완전하게 신화로 각색하고 있다. 신단수에서 비는 것은 三神께 소원을 빈 것이고 또 환웅에게 청하여 天戒(삼성기에서는 神戒)의 백성이

되고 싶다고 했는데 이는 하늘의 계율 또는 삼신의 계율을 지키는 환족으로 편입시켜 주기를 바란 것이다.

③ 時 神遺 靈 艾一炷 蒜二十枚

時神遺靈이 『조대기』에는 "雄이 乃以神呪로 換骨移神하시고 又以神遺로 得驗靈活"로 되어 있다. 神遺靈은 『조대기』의 원문을 참고하지 않으면 올바르게 해석하기가 매우 어렵다. 환웅은 신령스런 주문으로 육체와 정신을 변화시키고 또 삼신께서 내려주신 물건으로 신령스러움을 체험하여 얻게 하였으니 그 물건이 바로 쑥과 마늘이었다. 따라서 神遺靈은 '삼신께서 내려주신 물건으로 신령스러움을 체득하게 한다'는 뜻이다. 『환국본기』에서 "쑥은 달여먹어서 냉증을 치료하고 마늘은 구워먹어서 魔를 다스린다"고 하였으니 수행 중에 몸을 덥게 하고 邪魔를 물리치는 물건인 것이다.

④ 曰 爾輩食之 不見日光百日 便得人形

위의 내용이 『조대기』에는 "仍戒之曰 爾輩食之하고 不見日光百日하면 自由成眞하고 平等濟物하야 便得化人踐形之大人者也니라"고 되어 있다. 너희 무리들이란 웅족과 호족을 모두 말한다. 일연은 곰과 호랑이가 사람의 형체를 얻는다고 하여 역시 신화로 각색하였다. 그러나 『조대기』에서는 "자유를 누리는 眞人이 되고 평등하게 남들을 구제할 수 있는 새로운 사람이 되어 인간다움을 실천하는 대인이 될 것이다"라고 하였다. 환웅은 웅족과 호족을 수행시켜 마음속의 광명을 열어주어 대자유인, 대평등인, 대인격자 즉 桓族과 같은 사람을 만들고자 했던 것이다. 『조대기』의 원문이 『환단고기』를 통해 전해지지 않았다면 위의 해석은 신화적으로 해석되어 영원히 미궁 속에 빠지게 되었을 것이다.

우리 민족은 100일 수행을 중요시 하였다. 이는 완전수 10을 다시 10배한 수가 100이기 때문이며 또한 생장의 과정을 나타내는 낙서의 수 45와 성숙의 과정을 나타내는 하도의 수 55를 합하여 생장염장과 춘하추동을 완전히 나타낸 一元數가 100이 되기 때문이다.

⑤ 熊虎得而食之 忌三七日 熊得女身 虎不能忌 而不得人身

『조대기』의 熊與虎兩家를 일연은 熊虎라고 하여 웅족과 호족을 곰과 호랑이로 둔갑시켰으며 得健者之女容을(『삼성기』에서는 得儀容이라했다.) 得女身이라 하고 違天戒而終不得與之贊天業(『삼성기』에서는 不得善業이라 했다)을 不得人身이라 하여 곰은 여자의 몸을 얻고 호랑이는 사람의 몸이 되지 못하였다고 결정적으로 신화로 왜곡시켰다. 得健者之女容은 수행 통해 건강한 여자의 참모습(儀容은 인간의 모범이 되고 법도에 부합하는 모습)을 얻었다는 뜻이고 終不得與之贊天業은 天業(하늘이 부여한 課業 또는 天性을 회복하는 일)을 돕는데 참여하지 못했다는 뜻이다.

환웅천왕이 웅족과 호족을 교화하여 인간의 본성인 광명을 회복하여 참인간으로 거듭나게 하는 수행과정을 일연은 곰과 호랑이가 사람이 되려고 한다는 엉뚱한 내용으로 왜곡시켜 우리 민족의 위대한 창세역사를 왜곡시켜 회복불가능하게 만들어 버렸다.

우리 민족은 수행에서 21일 수도를 중시하였다. 3과 7을 곱하면 21이 되는데 3은 三神의 수이고 7은 七星의 수이다. 또 3은 生長成의 三變成道를 나타내고 7은 火의 成數로 만물을 익혀서 변화시키는 수이다. 영혼의 변화와 성숙의 기본수인 7을 3단계 반복할 때 수행의 결과가 나오게 되는 것이다.

⑥ 熊女者 無與爲婚 故 每於壇樹下 呪願有孕 雄乃假化而婚之 孕生子

熊女者가『조대기』에는 熊氏諸女로 되어 있다. 이들은 결혼할 대상자가 없어 三神께 기도를 하는 신단수 아래에 모여 주문을 읽으면서 결혼하여 임신하기를 빌었다.『삼국유사』에는 '假化而婚之'라고 쓰여져 있지만『조대기』에는 '假化爲桓하사 得管境而使與之婚'이라고 되어 있다. 假化에 대해 이유립은 "假는 因也며 大也라. 웅씨제녀의 기도와 소원에 따르고 또 천왕께서 包容하여 제도 교화한 것을 크게 하시어"라고 하였고 정인보는 "환웅이 변신하여"라 했는데 이병도도 "환웅이 이에 잠깐 변하여"라고 했고 김원중은 "환웅이 잠시 사람으로 변해"라고 하였다.

문정창은 "假는 寬容이고 大也라. 與嘉同하니 美라. 化는 敎行也라. 躬行 于上하고 風動于下하야 使人回心曰化라. 큰 관용으로써 嘉美하게 생각하고"라고 하였고, 안경전은 "이들을 임시로 환족으로 받아들여"라고 하였다. 필자는 안경전의 해석이 합리적이라고 생각되며 참고적으로 '假化爲桓'을 "웅족이 변화되어 마음의 광명을 밝혀 桓이 된 것을 아름답고 가상하게 여겨"라는 해석도 제시해 본다.

환웅천왕이 백두산에 내려와 神市를 열 때부터 배달국이 시작되었지만 웅족과의 결합을 통해 배달의 역사가 본격적으로 시작되었다고 생각해 볼 수 있다.

3) 일연이 보충한 고조선 역사와 한사군

(1) 단군조선의 건국과 변천

號曰壇君王儉이니 以唐高卽位五十年 庚寅에(唐高卽位 元年은 戊辰이니 則 五十年은 丁巳오 非庚寅也니 疑其未實이라) 都平壤城하시고(今西京이라) 始稱朝

鮮하시니라 又移都於白岳山阿斯達하시니 又名弓(一作方이라)忽山이오 又
今彌達이라

① 號曰檀君王儉

이 부분은 『古記』의 인용 내용임으로 위에서 설명해야 하나 그렇게 되면
환웅과 웅씨녀가 결혼하여 단군을 낳았다고 하여 배달국의 1,565년의 역
사가 사라지고 『삼국유사』의 내용이 왕조변천사가 아닌 가족사의 신화로
오해되기 때문에 아래로 내린 것이다. 또한 이곳부터 고조선의 역사가 시작
됨으로 이곳에 두는 것이 합리적이다.

『조대기』의 원문을 보면 "使與之婚하사 孕生子女하시니 自是로 群女群男
이 漸得就倫하니라(환족 남자와 혼인하게 하여 자녀를 낳게 하시니 이로부터 모든 남
녀가 점차 인륜의 도를 얻게 되었다)"라고 하여 환족과 웅족의 결합으로부터 群
婚에서 對偶婚으로 발전하는 역사 과정을 서술하였다.

그리고 이어서 "其後에 有號曰 檀君王儉이 立都阿斯達"이라고 하여 배달
국의 역사가 끝난 뒤에 단군왕검이 나오셔서 고조선을 건국하였다고 하였
다. 그러나 일연은 중간의 내용을 모두 생략하고 "孕生子 號曰 檀君王儉"이
라 하여 마치 단군이 환웅과 웅씨녀의 자식인 것처럼 왜곡시켰다.

이는 桓國을 帝釋이라 하고 태백산을 묘향산이라 하고 뒤에서 고죽국을
해주라고 하는 것과 같은 如豆如太한 眼孔이니 통탄스러울 뿐이다.

② 以唐高卽位五十年 庚寅 都平壤城 始稱朝鮮

唐高는 唐堯이다. 堯는 13살 때 陶(산서성 襄汾縣, 陶寺鄕)에 봉해졌다가 15세
때 唐地(하북성 唐縣)에 改封되어 陶唐氏 또는 唐堯라고 부른다. 앞에서도 살
펴보았듯이 당요의 즉위년은 BCE 2357년 갑진년이고 50년은 계사년이

된다. 일연이 주에서 당요 즉위년을 무진이라 하고 이에 근거해 50년을 정사라고 한 것은 모두 잘못된 것이다. 당요 50년이 경인이 아닌 것은 더 말할 것도 없다. 일연이 고조선의 건국을 경인이라 한 것은 잘못된 것이다. BCE 2333년 무진년이 고조선이 건국된 해이다.

단군은 지금의 하얼빈에서 도읍을 하고 이곳을 아사달이라 하였다. 앞에서 아사달은 평양의 뜻이 있다고 했으니 평양에 도읍했다고 말할 수 있다. 그러나 이곳은 일연이 주를 단 고려의 西京, 즉 지금의 평양이 아니다. 「소도경전본훈」에서 "저울대 扶蘇樑이라 한 것은 진한의 옛 수도를 말한다. 그곳은 바로 단군조선이 도읍한 아사달이며 지금의 송화강 하얼빈이다."라고 분명히 말하고 있다.

③ 又移都於白岳山阿斯達 又名弓(一作方)忽山 又今彌達

단군조선의 진조선은 3번 수도를 옮긴다. BCE 2333년 초대단군부터 21대 소태단군이 물러나는 BCE 1286년까지 1,048년간의 수도는 하얼빈이었다. 무력을 앞세워 22대 단군이 된 색불루는 수도를 지금의 농안, 장춘지역인 白岳山 아사달로 옮기게 된다. 일연은 『위서』를 인용한 주석에서 초대 단군이 도읍한 곳을 白岳山이라고 잘못 말했고 또 이곳을 황해도 배천(白川)의 옛 이름인 白州라고 더욱 잘못 말했으며, 一說로 개성의 동쪽에 있는 白岳宮이라고 엉터리 주석을 달았다. 이의 영향으로 이병도는 白岳宮이 長端邑에 있다고까지 하였다. 『환단고기』에서 백악산 아사달은 夫餘新宮(『단군세기』), 鹿山(〈마한세가〉 下) 등으로도 표현하고 있다.

(2) 封箕子의 날조와 장당경아사달시대

御國一千五百年 周虎王卽位 己卯에 封箕子於朝鮮하니라 壇君이 乃移藏

唐京하시고 後還隱於阿斯達하야 爲山神하시니 壽一千九百八歲라

① 御國一千五百年 周虎王卽位 己卯 封箕子於朝鮮

御國一千五百年은 근거가 없다. 일연은 周 武王(고려2대 혜종의 이름이 武임으로 이를 휘하여 虎王이라 쓴 것이다)이 은나라를 멸망시킨 BCE 1122년 己卯年까지가 1,500년이라고 하였는데 이 해는 단군기원 1212년이 되는 해이다. 주무왕이 은나라를 멸망시킨 해는 「삼한관경본기」의 〈마한세가〉 下에서 기묘년(BCE 1122년)에 은나라가 망했다고 분명하게 기록하고 있다. 그리고 이뒤 3년인 辛巳年(BCE 1120년)에 子胥餘(箕子의 姓이 子이고 이름이 胥餘이다)가 太行山의 서북쪽에 피하여 살았다고 하였다. 箕子의 箕는 國名이고 子는 爵位의 명칭이다. 미자, 비간과 더불어 은나라의 三仁이라고 불리우는 사람이다. 『사기』「송미자세가」에 "武王이 乃封箕子於朝鮮而不臣也"라는 말이 있다. 이 한마디 말 때문에 중국의 역사학자들과 고려 조선의 사대주의 학자들이 기자 조선설을 날조하였다. 『단군세기』25세 단군조에 "기자가 西華(하남성 서화현)에 살면서 인사를 사절했다"고 하였는데 지금까지 서화현에 기자독서대가 있고 기자의 무덤이 산동성 曹縣에 있으니 기자가 조선에 와서 왕을 했다는 것은 완전한 허구이다. 『한서』「지리지」에서는 "殷道衰하니 箕子去하야 之朝鮮하야 敎其民以禮義라(은나라 도가 쇠약해지자 기자가 떠나 조선에 가서 예의로써 그 백성들을 교화하였다)라고 하여 그가 조선의 왕을 했다고는 말하지 않았다. 그러나 이 말도 믿을 수 없는 내용이다. 기자 당시에 고조선은 강력한 대국으로써 정국이 안정되어 있었는데 망국의 유민을 받아들여 임금으로 섬겼다는 것과 기자가 평소에 "商其淪喪이라도 我罔爲臣僕(상나라가 망할지라도 나는 주나라의 신하가 되지 않겠다)"라고 했는데 무왕의 명을 받고 조선의 왕이 되었다는 것도 상식적으로 납득이 가지 않는 일이다.

② 壇君 乃移藏唐京 後還隱於阿斯達 爲山神 壽一千九百八歲

고조선은 하얼빈에 도읍했던 제1왕조 시대(BCE 2333~BCE 1286, 1,048년)를 지나 백악산아사달에 도읍했던 제2왕조(BCE 1285~BCE 426, 860년)를 지내고, 장당경에 도읍을 하는 제3왕조 시대를 맞이하게 된다. BCE 426년 43대 물리단군 때 于和沖의 반란으로 물리단군이 승하하고 이를 평정한 白民城 욕살 丘勿이 44대 단군이 되면서 BCE 425년 지금의 요녕성 開原인 장당경으로 천도하고 고조선이 종말을 고하는 BCE 238년까지 188년을 지속하게 된다. 일연은 단군의 수명이 1,908세라고 하였는데 이는 제1왕조 1,048년과 제2왕조 860년을 합산한 숫자로 초대 단군부터 43대 물리단군 때까지의 역년을 말한 것이다.

단군이 뒤에 물러나서 아사달에 은거하여 산신이 되었다고 하였는데 여기서는 47세 마지막 단군인 것처럼 기술하였다. 그러나 우리가 추리해 볼 수 있는 산신이 된 단군은 21대 소태단군과 47대 고열가 단군이다. 『단군세기』에서 21대 소태단군이 "아사달에 은거하여 생을 마치셨다" 했고 47대 고열가 단군은 "왕위를 버리고 산에 들어가 도를 닦아 신선이 되어 올라갔다"라고 하였다. 이승휴는 『帝王韻紀』에서 "於殷虎丁八乙未에 入阿斯達山爲神이라" 하였는데 은나라 武丁 8년 乙未는 BCE 1286년이 됨으로 21대 소태단군이 나라를 색불루단군에게 넘기고 아사달에 은거한 해와 일치함으로 아사달에 은거하여 산신이 된 단군은 21대 소태단군이 확실한 듯하다.

(3) 한사군 문제

唐 裵矩傳에 云 高麗는 本孤竹國이니(今海州라) 周以封箕子하야 爲朝鮮하고 漢分置三郡이라하니 謂玄菟樂浪帶方이오(北帶方이라) 通典도 亦同此說이라(漢書는 則眞臨樂玄四郡이어늘 今云三郡이라고 名又不同은 何耶오)

① 唐裵矩傳云 高麗本孤竹國 周以封箕子爲朝鮮

배구(?~627)는 수나라-당나라 시기 산서성 聞喜人이고 字는 弘大이다. 배구전은 구당서 63권 列傳 제13에 실려 있다. 수양제大業 3년(607년) 배구는 수양제를 따라 북쪽을 순행하여 돌궐의 啓民可汗의 막사에 이르렀다. 당시 고구려도 사신을 보내 먼저 돌궐과 通交하였다. 계민가한이 숨기지 않고 그들을 안내하여 수양제를 보게 했다. 이때 배구는 수양제에게 "高麗之地는 本孤竹國也니 周代以之封箕子하고 漢時分爲三郡이라"고 말하는 내용이 나온다. 이는 배구가 자신의 머리 속에 있는 상식으로 이야기한 것이지 실제의 역사와는 거리가 멀다. 여기서 고려는 물론 고구려이다.

배구는 고구려가 본래 고죽국이라 했는데 고죽국은 고구려의 일부의 땅에 불과할 뿐이다. 고구려와 고죽국은 연대가 너무 멀리 떨어져 있다. 『사기』의 「백이열전」을 보면 백이 숙제는 孤竹君의 두 아들이라고 했다. 그리고 『사기색은』에서 "고죽군은 은나라 탕임금 때 봉해져서 相傳하여 백이 숙제의 아버지에까지 이르렀다"고 하였다. 그리고 『사기정의』에서는 『括地志』를 인용하여 "고죽국의 옛성이 盧龍縣 남쪽 12리에 있으니 은나라 때 제후 고죽국이다"라고 하였다. 위의 내용을 종합해보면 적어도 고죽국은 은나라가 건국되던 BCE 1766년 즈음부터 존재하고 있었고, 제환공(즉위 BCE 685년)이 관중과 더불어 고죽국과 전쟁을 한 기록(BCE 663)이 나오니 1,000년 이상을 지속한 나라이다. 또한 탕임금이 제후로 봉했다고 했는데 이는 잘못된 내용이고 고조선의 渠帥國이었다. 그리고 위치는 지금의 하북성 노룡현에 있었다. 일연은 고죽국이 황해도 해주에 있었다는 근거없는 주석을 달아 놓았다.

② 漢分置三郡 謂玄菟 樂浪 帶方 通典 亦同此說

한사군 문제를 언급하기 위해서는 고조선 말기, 북부여 초기의 역사를 숙지해야 한다. 『환단고기』의 내용을 간략하게 요약하면 다음과 같다. 고조선 말기 BCE 239년 해모수는 북부여를 건국하고 고조선을 압박하자 고조선의 마지막 47대 고열가 단군은 BCE 238년 帝位를 버리고 入山함으로 마침내 2,096년간 지속된 고조선은 정식으로 종말을 고하게 된다. BCE 238~BCE 232년까지 五加가 共和政을 실시하고, BCE 232년 북부여에 통합된다. 해모수는 이 과정에서 須臾의 도움을 많이 받아 須臾侯 箕丕(BCE 232~BCE 221)를 번조선왕으로 삼는다. 기비를 이어 箕準이 번조선왕이 되는데, 수도는 지금의 하북성 昌黎縣이었다. BCE 195년 연나라 盧綰이 한나라를 배반하고 흉노로 들어가자 그 일당인 衛滿이 번조선으로 망명해 오자 기준왕은 그를 博士로 삼고 上下雲障(지금의 천진지역)지역을 주어 지키게 하였다. BCE 194년 위만이 기준을 배반하여 수도를 빼앗고 『삼국유사』에서 말하는 위만조선이 들어서게 된다. 이상의 내용을 보면 위만은 중국인으로 은혜를 원수로 갚은 배은망덕한 인간이다. 그리하여 안정복은 『동사강목』에서 '위만은 나라를 찬탈한 도적(簒賊)'이라 하였고 임시정부 국무령을 지낸 석주 李相龍은 '한 명의 강도에 불과하다(乃一強盜)'라 했으며 신채호는 '위만조선은 우리의 변강침략사로 다루어야 한다'고 하였다. 일연은 위만조선이란 표현을 쓰고 있지만 위만왕조 또는 위만정권이라고 불러야지 조선이란 명칭을 붙이는 것은 가당치가 않다.

BCE 109년 위만의 손자 우거왕 때 이르자 한무제는 위만왕조에 대한 침략을 개시한다. 이때 樓船장군 楊僕은 발해를 건너 王險城을 치는데 이를 보더라도 위만의 도읍지 왕험성은 지금의 평양이 아니라 하북성 창려현이 분명하다. 만약 왕험성이 평양에 있었다면 발해가 아닌 황해를 건넜다고 기록하였을 것이다. 杜佑가 지은 『通典』에도 위만이 도읍한 王險城이 浿水의 동쪽에 있다고 하였다. 패수는 지금의 난하이고, 이 동쪽에 창려현이 있다. 패수를 청천강이라 하고 왕험성을 평양이라 한다면 동쪽에 있다는 말이 성립하지 못한다.

BCE 108년 왕험성이 함락되었고 사마천은 『사기』 「조선열전」에서 "遂定朝鮮하야 爲四郡하다"라고 말하였고, 『한서』 「조선전」에서는 "遂定朝鮮하야 爲眞番 臨屯 樂浪 玄菟 四郡하다"라고 하였다. 『한서』 「五行志」에서 "元封六年秋에 蝗하다. 先是에 兩將軍이 征朝鮮하야 開三郡하다"라고 하였고 『한서』 「지리지」 樂浪郡條에서 "武帝 元封 三年開"라 하였고 여기에 "朝鮮縣,遂成縣 등 25개의 현이 있다"고 하였다. 또 玄菟郡條에서 "武帝 元封 四年開"라 하였다.

위의 내용을 요약하면 원봉 3년인 BCE 108년에 한무제는 위만정권을 함락시킨 후 이곳에 낙랑, 진번, 임둔의 3郡을 설치하였고 동쪽으로 영토를 넓혀 다음 해에(BCE 107) 현도군을 설치하였다고 볼 수 있다.

『한서』 「昭帝紀」 始元 5년條에 "罷儋耳 眞番郡"이라고 하였고, 『후한서』 「동이열전」 濊條에서 "昭帝 始元 五年 罷臨屯,眞番하야 以幷樂浪 玄菟"라고 하였다. 이상의 내용을 보면 진번군과 임둔군은 설치 후 26년만인 昭帝 始元5년(BCE 82년)에 폐지되었음을 알 수 있다.

대방군은 BCE 108년에 설치된 진번군의 縣이었다. 진번군에는 15현이 소속되어 있었는데 북부여의 저항으로 BCE 82년 진번군이 폐지되면서 낙랑군과 현도군에 편입되었다. 낙랑군은 편입된 진번군 지역을 관할하기 위해 南部都尉를 설치하여 7개 현을 관할하게 하였다. 7개 현 가운데 하나가 대방현으로 남부도위의 중심지였다. 낙랑군 일대는 2세기 말 요동의 군벌 公孫度의 세력에 속했고 公孫度의 뒤를 이은 공손강(?~209)은 남부도위 관할의 7개현을 낙랑군에서 분할하여 대방군을 설치하였다. 이후『삼국사기』美川王조에 기록된 바와 같이 313년 낙랑군은 고구려에 병합되었고 314년 대방군도 고구려에 복속되었다.

배구가 한나라 때 3군을 두었다고 했고, 이를 현도, 낙랑, 대방이라고 한 것은 후대에까지 남아있던 3군을 이야기하고 있기 때문이었다. 두우의『통전』에도 "한나라 때 3군을 두고 이 3군이 현도, 낙랑, 대방이다"라고 하였다고 했는데 통전의「조선」조를 보면 "조선에 진번, 임둔, 낙랑, 현도의 4군을 두었다가 소제 때 임둔, 진번을 폐하고 낙랑, 현도에 병합하였다"고 하였고「弁辰」조에서 "헌제 建安(196~220년) 중에 공손강이 屯有縣, 有鹽縣을 나누어 이남의 황무지에 帶方郡을 만들었다"고 하였다. 又 注에서 "둔유현과 유염현은 모두 遼東의 屬縣이다"라고 하였다. 지금 황해도 지역을 대방군이 있던 곳이라고 주장하는 식민사학자들의 주장은 일고의 가치도 없는 것이다. 대방군은 요동에 있었고 공손씨는 요동을 관할했지 황해도까지는 세력이 미치지 못하였다. 한사군의 위치는 난하유역 주위에 있었던 것으로 추정된다.

그런데 지금의 강단 사학자들은 한사군을 평양을 중심으로 한반도 안에 설치되었다고 주장하고 있다. 그렇다면 낙랑군이 폐지되는 313년까지 중국에서 평양을 지배했다는 것인가.『환단고기』『북부여기』를 보면 BCE 195년 낙랑국왕 崔崇은 樂浪山에서 바다를 건너 평양(왕검성)에 이르러 도읍을 하였다고 하였고, 이 낙랑국은 232년간 지속된 뒤 AD 37년 고구려에 망하게 되고 이후 이 평양지역은 고구려가 지배한다. 따라서 313년에 철거되는 낙랑군은 결코 평양에 있을 수가 없다.

낙랑군의 위치를 확정하는데 가장 중요한 단서가 되는 것이 碣石山의 위치이다.『사기』「夏本紀」에 있는 갈석의 위치에 대해『사기집해』는『太康地

理志』를 인용하여 "樂浪의 遂城縣에 有碣石山하니 長城所起"라고 하였다. 갈석산은 하북성 昌黎縣에 위치하고 있다.

2017년 11월 3일 국립중앙박물관에서 열린 제 41회 한국고고학전국대회에서 영남대학교의 정인성 교수는 "지금까지 확보된 고고자료를 종합하건대 평양성은 위만조선 왕검성이 될 수 없는 공간"이라고 주장하였다. 갈석산의 최고봉이 娘娘頂인데 낙랑과 발음이 비슷함도 연관이 있지 않나 하는 생각이 든다.

1997년 중국 요녕성 錦西市 連山區(지금의 葫蘆島市) 台集屯鎭의 옛성터에서 '臨屯太守章'이 발견되었다. 길림대 고고학과에서 박사학위를 받은 복기대교수는 2002년 백산학보 61집에서 '임둔태수장 封泥를 통해본 한사군의 위치'를 발표하여 임둔군의 위치가 요녕성의 서쪽에 있었을 가능성을 제시하였다. 그러나 아직도 주류사회에서는 식민사학의 잔재인 한사군이 한반도에 있었다는 주장을 철회하지 않고 있다.

4. 나오는 말

『삼국사기』와 『삼국유사』는 한국의 고대사를 기록한 대표적인 역사서이다. 그러나 유학자 김부식에 의해 쓰여진 『삼국사기』는 삼국 이전의 고조선의 역사를 언급하지 않고 있을 뿐만 아니라 中華事大主義사관에 입각하여 역사를 기술하여 우리 민족의 참역사를 후세에 전하여 주지 못하였다. 승려 일연에 의해 쓰여진 『삼국유사』는 고조선의 역사를 기록하였으나 단군을 신화로 각색하여 지금까지도 우리 민족이 고대 역사를 회복하는데 장애물로 작용하고 있다.

그런데 1911년 간행된 『환단고기』 속에는 환국, 배달, 단군조선으로 이어지는 三聖祖의 역사가 상세히 기술되어 있고『삼국유사』의「고조선」기에서 인용한『古記』와 동일한 내용이『삼성기』下와『태백일사』의「신시본기」에 실려 있다. 특히「신시본기」에서『조대기』를 인용한 내용은『古記』의 원본이라고 말할 수 있을 정도로 내용이 동일하다. 이에 필자는『삼국유사』에서 인용한『古記』는『조대기』일 가능성이 크다고 추정한다.

『조대기』는 926년 대진국이 망하자 대진국의 태자 大光顯이 많은 무리들과 함께 고려로 망명할 때 가져온 책으로 환국, 배달, 고조선, 고구려, 대진국으로 이어지는 국통맥에 따라 각 朝代의 역사를 기록한 대진국에서 편찬한 역사서이다. 이 책은 고려시대 때 書雲觀에 보존되었으며 뒤에 淸平 李茗은 이 책을 저본으로『震域遺記』를 지었고, 이『진역유기』를 저본으로 北崖老人은 조선시대 숙종 때『揆園史話』를 저술하였다. 그리고『조대기』는 세조3년(1457) 사서의 수거령 때도 언급되었으니 조선시대 전기까지는 전해 내려왔을 것으로 사료된다.『환단고기』에서 인용한『조대기』와 일연이 인용한『고기』를 비교하면 일연의 무지한 역사 인식으로 實史가 神話로 왜곡되는 과정을 상세하게 파악할 수 있다. 이를 나열해보면 다음과 같다.

① 桓國을 帝釋이라 注를 달아 환국을 통치하는 桓仁을 욕계 6천 중 두 번째 하늘인 도리천의 임금으로 왜곡하였다.

② 환웅천왕이 내려온 太白山(백두산)을 묘향산이라고 왜곡시켰다.

③ 同隣而居를 同穴而居라 하여 웅족, 호족 두 부족이 이웃하여 산 것을 곰과 호랑이가 같은 동굴 속에 살았다고 왜곡하였다.

④ 웅족과 호족이 하늘의 계율을 지키는 백성이 되고자 한 것(願化爲天戒之氓)을 곰과 호랑이가 사람이 되고자 한다(願化爲人)라고 왜곡시켰다.

⑤ 참사람이 되어 인간다움을 실천하는 대인이 될 것이다(便得化人踐形

之大人者也)를 곰과 호랑이가 사람이 된다(便得人形)라고 왜곡하였다.

⑥ 곰 토템부족과 호랑이 토템부족의 두 집단(熊與虎兩家)을 곰과 호랑이(熊虎)라고 왜곡시켰다.

⑦ 웅족은 수행을 통해 건강한 여자의 참모습을 얻었다(熊得健者之女容)'와 '호족은 天性을 회복하는데 참여하지 못했다(虎不得與之贊天業)'를 '곰은 여자의 몸을 얻고(熊得女身), 호랑이는 사람의 몸을 얻지 못했다(虎不得人身)'라고 완전하게 신화로 왜곡시켰다.

⑧ 웅족을 임시로 환족으로 받아들여 또는 웅족이 변화하여 광명한 인간이 된 것을 아름답게 여겨(假化爲桓)에서 爲桓을 제거시키고 假化라고만 하여 정확한 내용을 알 수 없게 만들었다.

⑨ 배달국이 끝나고 단군조선이 시작되는 것을 환웅이 熊氏女와 결혼하여 단군을 낳았다고 하여 환국, 배달, 단군조선의 장구한 역사를 환인, 환웅, 단군의 가족사로 왜곡시키고 신화로 해석하였다.

일연의 좁은 식견은 이에서 그치지 않고 단군이 처음 도읍한 하얼빈아사달을 평양이라 하고, 백악산아사달을 황해도 배천 또는 개성동쪽이라 하고, 단군이 처음 건국한 해를 庚寅年이라 하고, 하북성 盧龍縣에 있었던 孤竹國을 海州라고 하는 등 많은 실수를 범하고 있다.

전체 내용의 요점은 『조대기』에서는 웅족과 호족이 이주해온 환웅의 가르침을 받아 수행을 통해 마음 속의 광명을 열어 새로운 인간으로 거듭나고자 하는 내용을 일연은 한 마리의 곰과 한 마리의 호랑이가 사람이 되고자 한다는 신화로 왜곡시킨 것이다.

그렇지만 긍정적인 면도 있으니 王沈이 쓴 『魏書』를 인용하여 요임금과 같은 시기에 단군왕검이 아사달에 도읍을 정하고 조선을 건국하였다고 하였고 고조선의 백악산아사달, 장당경아사달 시대를 언급하였고 단군의 수명이 1,908세라 하여 고조선의 제1왕조 제2왕조의 역년을 회복할 수 있는 단서를 제공해주고 있다.

위에서 본 바와 같이 『환단고기』는 『삼국유사』의 「고조선」기를 전체적으로 그리고 정확하게 해석할 수 있는 자료를 제공하고 있기 때문에 『환단고기』의 사료적 가치는 위대하다고 거듭 말할 수 있다.

/ 참고문헌 /

• 두우, 통전, 북경: 중화서국, 1992.

• 반고, 한서, 북경: 중화서국, 1992.

• 방현령 등찬, 진서, 북경: 중화서국, 1991.

• 범엽, 후한서, 북경: 중화서국, 1991.

• 문정창, 고조선사연구, 서울: 한뿌리, 1993.

• 북애 지음, 고동영 옮김, 규원사화, 고양 한뿌리·북캠프, 2005.

• 사마천, 사기, 북경: 중화서국, 1982.

• 신채호 원저, 박기봉 옮김, 조선상고사, 서울: 비봉출판사, 2006

• 신채호 원저, 박기봉 옮김, 조선상고문화사, 서울: 비봉출판사, 2007

• 안경전, 개벽 실제상황, 서울: 대원출판, 2005

• 劉昫등 찬, 구당서, 북경: 중화서국, 1991.

• 안경전 역주, 환단고기, 대전: 상생출판, 2012.

• 이병도 역주, 삼국유사, 서울: 광조출판사, 1984

• 이승휴, 제왕운기·동안거사 문집, 서울: 아세아문화사, 1973

• 이유립, 대배달민족사, 서울: 고려가, 1987

• 一然著, 崔南善편, 三國遺事, 서울: 瑞文文化社, 2003

• 일연 지음 김원중 옮김, 삼국유사, 서울: 을유문화사, 2002

• 정소문, 단군은 있는가 어디있는가, 고양시: 서문당, 2012

• 정인보 지음, 문성재역주, 조선사연구, 서울: 우리역사연구재단, 2012

제5편

桓檀古記를 통해서 본 卒本의 위치

1. 들어가는 말

卒本은 고주몽성제가 처음으로 임금이 된 곳이다. 그리하여 고구려의 최초의 王都로써 중요한 의미를 가지고 있다. 광개토태왕비문에서는 "沸流谷 忽本의 西城山 위에 도읍을 세웠다"고 하여 卒本을 忽本이라고 기술하였다.

『魏書』에서는 "朱蒙이 紇升骨城에 이르러 머물렀다"고 하였고, 『通典』과 『北史』에서도 동일하게 기술하고 있으며, 『周書』에서는 주몽이 紇斗骨城에 건국을 하였다고 하였다. 『宣和奉使高麗圖經』에서는 『위서』 등과 동일하게 紇升骨城에 이르러 머물렀다고 하였다.

『三國史記』東明聖王條에서는 "주몽이 卒本川에 이르러 도읍을 정하려고 하였으나, 궁실을 지을 겨를이 없어 단지 沸流水 가에 초가집을 짓고 머물렀다고 하였다.

『三國遺事』에서는 "卒本州에 이르러 드디어 도읍을 하였다."고 하였다. 이상의 내용을 보면 고구려가 처음 王都로 삼은 곳은 한국 史書의 卒本과 중국 史書의 紇升骨城으로 귀납되는데『삼국사기』의 雜志 第6에서는 "紇升骨城과 卒本은 한 곳인 것 같다."라고 하였다.

日人 白鳥庫吉이 卒本의 위치를 처음 桓仁지역으로 比定한 이래 중국의

대부분의 학자들이 1980년대 1990년대에 걸쳐 桓仁縣에 있는 五女山城을 흘승골성으로 주장하는 논문이 발표되었고 한국에서도 이병도가 卒本을 桓仁이라 한 이후 이를 기정사실화하여 받아들이고 있는 실정이다. 이중에서도 五女山城이 고구려의 초기 수도라 하여 한국에서도 박사학위 논문까지 나오고 최근에 이곳을 다녀온 수많은 관광객들은 유튜브를 통해 아무런 의심도 없이 五女山城이 곧 卒本이라고 대중들에게 전달을 하고 있다. 그러나 일찍이 정인보는 안정복의 『동사강목』 한치윤의 『해동역사』의 의견을 계승하여 卒本이 흑룡강성 牡丹江市 綏芬河 유역이라 하였고, 이유립도 이 설을 지지하고 있다. 『환단고기』 속에서도 여러 곳에 걸쳐 卒本이 언급되고 있는데 내용을 분석해 보면 결코 卒本은 桓仁 지역이 될 수 없다. 이에 여러 학자들의 주장을 종합하여 살펴보고 『환단고기』의 내용을 기준으로 卒本의 정확한 위치를 비정하여 보고자 한다.

2. 卒本의 位相과 史書에서의 위치비정

중국의 史書는 『魏書』를 비롯하여 여러 史書에서 고주몽이 처음 도읍을 정한 흘승골성에 대해 기술을 하고 있지만, 중원지역이 아니기 때문에 정확한 위치를 언급하고 있지 않다. 가장 후대에 나온 『滿州源流考』에서 조차도 "흘승골성(後周書에는 紇斗骨城)에 이르러 자리를 잡고 나라의 이름을 고구려라 하였다."고만 하였고 구체적 장소를 말하지 아니하였다.

『삼국사기』에는 卒本에 대하여 여러 차례 언급하고 있다. 졸본에 대한 위치 비정에 앞서 고구려에서 졸본의 위상에 대하여 먼저 언급해 보고자 한다. 『삼국사기』 東明聖王 14년에 다음과 같이 기록되어 있다.

8월에 王母 柳花가 東夫餘에서 돌아가매 그 왕 金蛙가 태후의 예로 장
사하고 드디어 神廟를 세웠다.

同書 雜志第一 祭祀조에도 역시 같은 내용이 기술되어 있는데 여기서는
古記를 인용하여 말하고 있다. 『삼국사기』에서는 고주몽의 고구려 건국을
기원전 37년으로 잡고 있으니, 고주몽 14년은 기원전 24이 된다. 『환단고
기』 「북부여기」 迦葉原夫餘紀에서는 다음과 같이 기술하고 있다.

丁酉二十四年이라 柳花夫人이 薨하니
高句麗가 以衛兵數萬으로 返葬于卒本하시고
命以皇太后禮로 遷就山陵하시며 建廟祠于其側하시니라.
재위 24년 정유(단기 2310, BCE 24)년에 유화 부인이 세상을 떠났다. <u>고
구려에서는 위병衛兵 수만 명으로 호위하게 하여 영구靈柩를 졸본으로
모셔 와서 장사를 지냈다.</u> 주몽 성제께서 황태후의 예로써 모후母后의
영구를 모셔와 능陵을 조성하고 그 곁에 묘사廟祠를 지으라 명하셨다.

금와왕은 BCE 48년에 등극했으니 24년은 BCE 24년이 되고, 丁酉年이
되니 『삼국사기』의 기록과 동일하다. 그리고 당시 동부여의 수도는 흑룡강
성 하얼빈의 동쪽 通河縣이다. 그런데 당시 고구려의 수도였던 長春의 朱家
城子(고구려는 BCE 26년 乙未에 卒本에서 訥見, 즉 지금의 장춘의 朱城子로 천도하였다.)
로 모셔 능을 조성하지 않고 처음 수도였던 卒本에다가 능묘를 조성하고
그 옆에 사당을 세웠던 것이다. 『삼국사기』에 고주몽이 BCE 19년 돌아가
시자 그를 龍山에 장사지냈다고 하였는데 이 龍山도 卒本일 가능성이 아주
크다. 왜냐하면 고구려의 역대 왕들이 卒本의 시조 사당에 가서 제사를 지

냈다는 기록이 『삼국사기』에 다수 나타나기 때문이다. 이를 도표로 그리면 다음과 같다.

순서	왕호	연대	졸본의 시조(태후) 사당 제사 기록	출처
1	태조왕	69년	10월에 扶餘에 거동하여 태후의 사당에 제사하였다.	雜志
2	신대왕	3년	9월에 왕이 졸본에 가서 시조 사당에 제사를 지냈다. 겨울 10월에 왕이 졸본에서 돌아왔다.	본기 雜志에는 4년 9월
3	고국천왕	2년	9월에 왕이 졸본에 가서 시조 사당에 제사하였다.	본기 雜志에는 元年으로 되어 있다.
4	동천왕	2년	3월에 왕이 졸본에 가서 시조 사당에 제사하고 죄수를 크게 사면하였다.	본기 雜志에는 2월로 되어 있다.
5	중천왕	13년	9월 시조사당 제사	雜志
6	고국원왕	2년	2월에 왕이 졸본에 가서 시조 사당에 제사를 지내고, 백성들을 두루 방문하여 늙고 병든 자들을 구제해주었다. 3월에 졸본에서 돌아왔다.	본기
7	안장왕	3년	4월에 왕이 졸본으로 행차하여 시조 사당에 제사지냈다. 5월에 왕이 졸본에서 돌아오다가 지나는 주읍(州邑)의 가난한 자들에게 곡식을 한 사람에 3곡(斛)씩 주었다.	본기
8	평원왕	2년	2월에 왕은 졸본으로 행차하여 시조 사당에 제사지냈다. 3월에 왕이 졸본에서 돌아오면서 지나는 주와 군의 감옥에 갇힌 죄수 중에서 두 가지 죄를 제외하고 모두 풀어주었다.	본기
9	영류왕	2년	4월에 왕은 졸본에 행차하여 시조 사당에 제사지냈다. 5월에 왕이 졸본에서 돌아왔다.	본기

위의 내용을 보면 유화부인과 고주몽성제의 사당이 모두 졸본에 있었음을 추정할 수 있으며 새로 왕위에 등극을 하면 태후사당과 시조사당에 제사를 지내는 것이 관례였다는 것도 추측할 수 있다.

『北史』를 보면 "神廟가 두 곳이 있는데 하나는 夫餘神이라 하여 나무를 새겨 婦人의 像을 만들었고 또 하나는 高登神이라 하여 이를 始祖라 하고 夫餘神의 아들이라 한다."라고 하였는데 夫餘神은 유화부인이고 高登神은 시조 주몽임을 알 수 있으며 두 사람이 모두 卒本에 있었다는 것을 알 수 있다. 卒本의 위치에 관하여 『삼국사기』에서는 "흘승골성과 졸본이란 지방은 아마도 漢 현토군의 경계이고 大遼國 東京(지금의 遼陽)의 서쪽이니 『한서』 「지리지」에서 말한 현토군의 屬縣인 고구려가 (혹시) 이것인가"라고 하여 요령성 요하의 서쪽 醫巫閭山 境內에 있다고 서술하였다.

『삼국유사』에서도 『삼국사기』의 주장을 계승하여 북부여조에서는 訖升骨城이 大遼 醫州界에 있다 하였고, 고구려조에서는 卒本州가 遼東界에 있다 하였으며 또 玄菟郡의 지경에 있다고 하여 요령성 요하의 서쪽 醫巫閭山 境內에 卒本이 있다고 보았다.

3. 卒本에 대한 한국 학자들의 주장

이병도는 卒本에 대해 다음과 같이 주장하였다.

> 訖升骨城의 訖升骨은 升訖骨의 顚倒인 듯하다. 卒本은 바로 卒忽(솔골) 升訖骨(솔골)의 異稱으로 볼 것이며 지금 桓仁에 比定한다. 그러면 卒本川은 桓仁을 흐르는 渾江을 별칭한 것이라 본다.

李弘稙의『국사대사전』에서는 卒本의 위치에 대해 "지금 渾江 유역의 桓仁 지방이 이곳에 比定되어 온다." 하였고, 중고등학교의 대부분의 역사 교과서에서 卒本을 국내성 서쪽에 있는 환인지역으로 표시하고 있다.

서길수는『고구려 역사유적 답사』라는 책에서 다음과 같이 말하고 있다.

개국 당시 나타난 지명을 보면 비류수(沸流水), 비류곡(沸流谷), 홀본(忽本), 흘승골성(紇升骨城) 등 다양하게 나타나지만 이들은 모두 한곳을 말한다. 다만 가리키는 대상이 다를 뿐인데 비류수는 강을 가리키는 것이고, 비류곡은 강가에 있는 계곡을 말하는 것이며, 홀본·졸본·졸본천은 모두 비류수와 비류곡이 있는 곳의 지명을 일컫는 것이다. 그리고 고구려의 수도는 바로 그 홀본(졸본) 서쪽의 높은 산 위에 건립했다

● **철기 시대의 여러 나라**
고등학교 한국사. 비상교육. p.24.

는 것을 알 수 있다. 『삼국사기』에 나타나는 흘승골성은 홀본의 다른 이름으로 나타나 있는데, 산 위에 쌓은 성을 일컬은 말이 아닐까 하는 생각이 든다. 앞으로 이 책에서는 고구려의 첫 수도를 졸본으로 쓰지 않고 '홀본'으로 쓰기로 한다. 이는 『삼국사기』보다 700여 년 앞서 고구려인 스스로 사용한 이름이 훨씬 더 믿을만하기 때문이다.

그렇다면 비류수와 홀본은 지금의 어디인가?

이 문제를 규명하기 위해 많은 고고학자와 역사학자들이 연구한 결과 일반적으로 다음과 같이 본다.

비류수(沸流水) = 혼강(渾江)

홀본(졸본) = 환인(桓仁)

수도 또는 흘승골성(紇升骨城) = 환인의 오녀산성(五女山城)

비류수가 혼강이라면 비류수 가에 세운 고구려 수도는 당연히 혼강 부근이어야 하며, 그런 면에서 '지금의 환인 오녀산성이 홀본(졸본천)의 흘승골성'이라는 주장이 가장 설득력 있는 정설이 될 수밖에 없다.

또 오순제도 『고구려의 도성과 산성』이라는 글에서 다음과 같이 말하고 있다.

고구려가 도읍을 정했다고 하는 산은 현재 환인현의 오녀산성으로 이곳은 최근 발굴을 통해서 궁궐터가 나왔으며 고구려 초기의 유물이 발견되었다. 비류수는 혼강으로 이 강가에는 평지성인 하고성자성과 상고성자고분군 등이 남아있다. 그 당시 고구려의 왕은 평상시에는 평지성인 하고성자성에 있다가 유사시에는 오녀산성에 들어가 농성을 하였을 것으로 본다.

이처럼 卒本이 桓仁이고 비류수가 渾江이고 흘승골성이 환인의 五女山城이라는 說이 보편화 되자 奇庚良은 이를 기정사실화 하여 「고구려 왕도 연구」라는 논문으로 서울대에서 박사학위를 받았고 이를 수정 보완하여 「고구려 초기 왕도 졸본의 위치와 성격」이란 논문을 발표했는데 핵심 내용을 요약하면 다음과 같다.

흘승골성은 환인 지역에 있는 오녀산성으로 보는 견해가 지배적이다. 白鳥庫吉이 처음 의견을 제시한 이래 대다수의 학자들이 이러한 견해를 따르고 있다. 다만 오녀산성이 지나치게 험지라는 점에서 여러 가지 지형적 불리함을 가지고 있고, 『위서』의 기록에서도 흘승골성이 산성이라는 기술은 없다는 점을 들어 평지에 있는 하고성자성을 흘승골성으로 비정하는 견해도 있다.

오녀산은 환인 일대에서 가장 강렬한 시각적 이미지를 가지고 있는 장소이므로, 지배자의 위상을 나타내는 상징 공간으로 부족함이 없는 곳이다. 산 위에서는 환인 일대를 한눈에 조망할 수 있다. 동쪽과 동남쪽 산허리에는 자연 지세를 이용하여 쌓은 고구려 때의 성벽이 남아 있고, 상 정상부에서는 여러 개의 건물 유지와 저수 시설 등이 확인되는데, 이 역시 고구려 때의 것으로 확인 되었다.

과거에는 오녀산성을 고구려 초기의 것으로 볼 수 있는지에 대해 회의적인 시각도 있었다. 하지만 이러한 시각은 몇 차례에 걸친 고고학 조사를 통해 해소되었다. 우선 1986년 송신탑 건설과 관련해 발굴 조사를 하는 과정에서 前漢 시대의 半兩錢과 五銖錢 및 王莽이 발행하였던 大泉五十錢이 발견되었다. 1996~1999년과 2003년에도 상세한 조사가 이루어졌는데, 이 때 오녀산성에는 총 5期의 문화층이 확인되었다.

제1기는 신석기 시대 말~청동기 시대 초, 제2기는 철기 시대 이전, 제3기는 기원전 1세기~기원후 1세기 전반, 제4기는 4세기 말~5세기 초, 제5기는 金代에 해당한다. 이 중 제3기에 해당하는 1호 대형건물지에서 다시 오수전과 대천오십전이 출토되어 고구려 초기에 해당하는 유적임이 확인된 것이다.

『삼국사기』에는 동명왕대에 "황룡이 鶻嶺에 나타났다."는 기록과 "鶻嶺 남쪽에 경사스러운 구름이 나타났는데, 그 색이 푸른색과 붉은색이었다."는 기록이 확인된다. '骨'과 '鶻'은 상통하는 글자이므로 이들 기록에 등장하는 '골령'은 자연히 '흘승골성'과 연결시켜 이해할 수 있다. 앞서 서술한 내용들을 감안하면 오녀산은 '골령', 오녀산성은 '흘승골성'이라 보는 것이 타당하다.

이러한 과정을 거쳐 卒本은 桓仁이고 홀슬골성은 오녀산성이라는 說이 더욱 굳어지게 되었다고 사료된다. 물론 소수설이긴 하지만 임찬경 등은 『삼국사기』와 『삼국유사』에서 언급한 것에 근거하여 卒本이 요하서쪽 의무려산 일대에 있었다고 주장하고 있다.

4. 五女山城에 대한 중국의 견해

다음의 내용은 중국 인터넷 바이두(百度)百科에 있는 五女山城에 대한 설명이다.

오녀산성은 국가급 중점 문물 보호 단위이다. 고구려 시조 주몽이 세웠다. 이 성은 3개의 문이 있고, 성벽의 아래는 넓고 위는 좁은데 바깥쪽의 높이는 6~8미터이고, 안쪽의 높이는 1~2미터이다. 청흑색의 평평한 돌을 쌓아서 만들었다. 성안에는 궁전, 식량창고, 군인들이 머무는 장소 및 水源이 있는데 전문가들의 고증에 따르면 전형적인 동방의 첫 번째 방어성이다. 고구려는 중국 동북지역과 조선반도의 북쪽에 있었고 705년간 지속된 중국 소수민족 지방정권으로 그 발단은 遼東山區의 桓仁縣에서 시작되었다. 2004년 7월 1일 고구려 王城으로써 환인현의 오녀산성과 길림성 집안시의 고구려 유적이 함께 세계문화유산에 등재되었다. 오녀산성은 桓仁滿族自治縣 桓仁鎭 북쪽 8km에 위치하며 창건한 사람은 고구려 시조 주몽이다.

史料의 기록에 의하면 기원전 37년 중국 동북쪽의 夫餘國 왕자 주몽이 형제들의 박해를 피해 부여국을 떠나 남쪽으로 도망가서 흘승골성을 중심으로 왕국을 건립했다. 전문가의 고증에 의하면 흘승골성은 응당 지금의 요령성 환인현城 부근의 下古城 유지가 되어야 하고 五女山 山城은 山城이 되어야 한다. 여기서부터 시작 하여 고구려는 점차 활동 영역을 확대했고, 고구려 문화를 창조하여 중국문화사를 위하여 빛나는 一筆을 더했다.

桓仁縣城으로부터 멀리를 바라보면 8.5km 밖에 산꼭대기가 평평하며 모양이 마치 탱크와 같은 五女山을 볼 수 있다. 구불구불 도는 도로를 따라 차를 타고 산 아래에 이르면 2천년전 고구려 시대의 산성유지에 도착한다. 산성을 주로 산꼭대기의 평지와 동쪽의 산비탈로 이루어져 있는데 산성의 主峯은 해발 821m이고 서쪽, 북쪽, 남쪽의 3면은 100~200m의 깎아지른 듯한 절벽이다. 돌로 쌓은 성벽은 동쪽과 동남쪽의 비교적 평평하고 완만한 산중턱에 修築되어 있다.

18盤은 고구려시기에 산성을 출입하는 주요 도로로 산골짜기를 따

라 구불구불 빙 둘러져 있다. 도로의 넓이는 1~1.5m이고 전체 길이는 938m이다. 오녀산 산성에는 모두 3개의 문이 있는데 동쪽 성벽, 남쪽 성벽과 산꼭대기의 서쪽에 있다. 18盤에서 직접 연결되는 서문은 넓이가 약 3m이고 양쪽에 돌로 벽을 쌓았고 문이 안쪽으로 오목하여 甕城의 문의 모습을 하고 있다. 문의 계단, 문의 지도리 礎石, 문의 수위실 등은 현존하는 유적이다.

대문을 통해 산성으로 올라가면 얼핏 보아도 산성은 험준한 산세를 이용하여 비교적 완비된 방어체계를 형성하여 王城의 힘찬 기상을 충분히 드러내고 있다. 산성의 평지는 대략 신발의 형태를 나타내고 있는데 남북의 길이는 약 1,500m이고, 동서의 넓이는 약 300~500m로 규모가 크고 체계가 완비되어 있다. 山上과 山下의 두 부분으로 나눌 수 있는데, 성벽, 성문, 말이 가는 길, 대형의 건축부지, 居住建築群 부지, 蓄水池, 瞭望臺, 초소 등이 현존하고 있다.

최근 몇 년 사이에 고고학자들이 이 산성 안에서 여러 곳의 고구려 유적을 발굴했다. 그 중 1호 대형 건축부지는 길이가 13.5m, 넓이가 5m였는데 원래 7개의 주춧돌이 있었는데 6개의 주춧돌과 1개의 기둥 구덩이가 보존되어 있어 6間의 건축물이었음이 밝혀졌고, 고구려 초기의 竪耳陶罐 등의 전형적인 器物이 출토되었다. 건축규모와 등급으로 보건데 王宮의 유지로 추측된다. 거주건축군 부지는 20여개의 방이 있는 구조로 조성되었는데 밀집되어 있고, 모두 半地穴 건축이고 평면은 方形 혹은 長方形이고 안에는 접자 모양의 온돌이 설치되어 있었다. 출토된 유물에 철제 화살촉, 갑옷 조각이 많아 兵營遺址로 추측된다. 더욱 진귀한 것은 산성 안에서 鐵制 족쇄가 출토되었는데 이것은 중국에서 발견된 고구려 문물 중 유일한 刑具로 중요한 연구 가치가 있다. 瞭望臺는 우뚝 솟아 천 길의 절벽 위에 서 있는데 오녀산 산성의 瞰制高地(적의 활동을 살피기에 적합한 주변이 두루 내려다보이는 고지)로 높은 곳에 위치하여 시야가 확 뚫려 속칭 點將臺라고 한다. 여기서 산 아래의 요령성 최대의 桓仁댐을 내려다 볼 수 있어 경치가 대단히 뛰어나고 아름답다.

산성에서 생활을 유지하기 위해서는 물을 것도 없이 水源이 대단히 중요하다. 오녀산 산꼭대기의 水源은 두 곳이 있다. 한 곳은 산성 중앙에서 약간 서쪽에 있는 長方形水池로 天池라고 부르는데 길이가 12m, 넓이 5m, 가장 깊은 곳은 언제나 물이 고여 있어 산성에서 가장 중요한 水源이 된다. 天池 옆에 작은 우물이 있는데 못물이 지나가면서 우물 속으로 스며들어간 곳으로 모든 사람이 사용하는 곳이다. 다른 한 곳은 飮馬灣이라 부르는데 자연적으로 생긴 샘으로 산성의 동쪽에 있고 마르는 때가 없으나 水量은 적다.

저명한 고구려 전문가 通化師範學院 耿鐵華 교수는 다음과 같이 분석하였다. 오녀산 산성은 지리적인 위치가 험준하고 교통이 불편하며 생활환경이 열악하여 평소에 고구려의 왕공 귀족들이 여기서 거주하기는 어렵고, 단지 전쟁 시에 피난처가 될 뿐이다. 산꼭대기의 공간 생활조건과 건축유지 등으로부터 분석해보건대 평시에 山上에는 수십 명이 머물면서 수비를 하여 가까스로 유지를 하고 많아도 단지 100여명이 생활을 할 수 있을 뿐이다.

관련된 전문가가 동시에 지적하기를 "오녀산 산성은 중국 북방의 先民들이 쌓은 산성의 전통을 계승하였는데 성터의 선택구역의 배치, 성벽을 쌓은 방법 및 돌의 가공 등의 방면은 아주 큰 創新이 있어 대단히 독특한 산성건축 형식을 형성하여 중국 고대 건축사에 있어서 빛나는 한 페이지를 남겼다."라고 하였다.

이상의 내용에 대해서 논자의 설명을 첨부하면 다음과 같다.

첫째, 고구려를 중국의 소수민족 지방정권이라 하고 고구려 문화가 중국 문화사를 위하여 공헌했다고 한 것이 우리에게는 크게 거슬린다.

둘째, 중국인들은 이러한 바탕 위에서 고구려 유적을 자신들의 문화유산이라 하여 세계문화유산으로 등재하였다.

셋째, 오녀산성을 고구려 시조 주몽이 세웠다고 하고 이곳이 흘승골성이라고 단정적으로 말하고 있다.

넷째, 산성 안에서 발굴된 유적을 王宮유지라고 하여 더욱 주몽이 세운 흘승골성이라고 합리화하고 있다.

필자의 입장에서는 오녀산성은 적을 방어하는 山城은 될 수 있어도 한 나라의 王城이 되기에는 규모가 협소하고 首都로서의 위상도 떨어진다고 사료된다. 그리고 출토된 유물과 사료에 근거해 보아도 주몽이 처음 도읍했던 卒本은 될 수 없다고 본다. 뒤에서 살펴보겠지만 주몽은 북부여의 7대 임금으로 기존의 왕국을 계승하여 임금이 되었기 때문에 굳이 산꼭대기에 왕성을 만들 이유가 없다. 오녀산성을 흘승골성으로 단정하기 때문에 이어지는 글에서 渾江이 奄利大水이고 주몽이 五女山 아래에서 再思 武骨 默居를 만났다고 설명하고 있는데 모두 사실과는 거리가 있는 이야기이다.

5. 韓鎭書의 압록강 상류 중류지역설

이 說은 한치윤(1765~1814)의 『海東繹史』에 나와 있는 주장이다. 『해동역사』는 한치윤이 집필을 시작하여 原篇 70권을 짓고 마무리를 짓지 못하고

卒하자 조카인 한진서가 뒤를 이어 續篇인 地理考 15권을 지어 도합 85권
으로 이루어진 책이다. 흘승골성과 졸본에 대한 내용은 속편인 지리고에
실려있다. 먼저 흘승골성조를 살펴보면 다음과 같다.

진서가 삼가 살펴보건대, 흘승골성은 바로 졸본천(卒本川)으로, 지금의
폐여연군(廢閭延郡)의 강 건너편 지역이다. 졸본천이나 비류수는 모두
한곳에 있는데, 비류수는 환도(丸都)의 서쪽에 있고, 환도는 초산부(楚
山府)의 강 바깥쪽에 있다. 이런 사실을 가지고 참고해 보면 졸본이 여
연의 강 북 쪽임을 더욱더 알 수가 있다. 우리나라 사람들이 성천부(成
川府)를 졸본이라고 하는 것은 전혀 근거가 없는 설로,《문헌비고》에서
변증한 것이 맞다. 내 생각으로는, 졸본은 바로 발해(渤海) 솔빈부(率賓
府)의 음이 변한 것이며, 솔빈은 바로 금(金)나라의 휼품로(恤品路)인데,
휼품은 지금의 압록강 상류의 내외(內外) 지역이다.

한진서는 흘승골성과 졸본이 폐여연군(廢閭延郡)의 강 건너편 북쪽 지역이
라고 하였다. 閭延府는 평안북도 慈城郡에 있던 지명임으로 그는 자성군에
서 압록강을 건너 길림성의 臨江市와 集安市 사이의 지역으로 비정한 듯하
다. 그러나 뒤에서 졸본천이나 비류수가 丸都의 서쪽에 있고 환도는 초산
부의 강 바깥쪽에 있다고 하였다. 한진서는 환도를 초산에서 압록강을 건
넌 쪽에 있다고 하였는데 지금 학자들이 집안에 있는 국내성의 배후 산성
인 산성자 산성으로 보는 것과는 차이가 있다. 이것은 국내성의 위치가 19
세기 후반 광개토태왕릉비가 발견된 이후 확정되었기 때문에 오류가 있었
을 수 있다고 사료된다. 그런데 흘승골성이 바로 졸본천이라 하고는 흘승
골성을 자성군의 북쪽에 있고 졸본천을 초산의 북쪽에 있다고 하여 거리가

비교적 많이 떨어져 있는데 압록강의 중상류 북쪽인 것은 일치한다. 그는 또 率賓府에 대해 다음과 같이 기술하고 있다.

진서가 삼가 살펴보건대, 솔빈부는 고구려 때에는 졸본(卒本)이라 하고, 금나라 때에는 휼품이라 하였는데, 휼품은 지금의 삼수부 서북쪽, 압록강 안팎의 지역이고, 졸본은 지금의 폐여연군(廢閭延郡)의 강북쪽 지역이다. 지금 삼수 등지의 서쪽에서부터 여연(閭延)의 강 북쪽에 이르기까지가 바로 발해의 솔빈부이다.

위의 내용을 보면 率賓이 卒本이고 발해의 솔빈부는 함경도 三水府의 서북쪽 압록강 안팎의 지역이 된다. 그는 또 恤品路에 대해서 『대청일통지』를 인용하여 다음과 같이 기술하고 있다.

폐휼품로(廢恤品路)는 영고탑성의 동남쪽에 있다. 《금사(金史)》 지리지에 이르기를, "휼품로는 요나라 때의 솔빈부로, 본디 솔빈국의 옛 지역이다. 천회(天會) 2년(1124)에 야라로(耶懶路) 도발근(都孛菫)이 사는 지역이 척박하다고 하여 마침내 이곳으로 옮기고서는 인하여 속빈(速頻)이라고 이름하였다." 하였다.
진서가 삼가 살펴보건대, 휼품은 바로 발해의 솔빈부와 고구려의 졸본(卒本)으로, 모두 음이 바뀐 것이다. 《금사》 지리지를 보면, "천회 2년(1124)에 야라로의 도발근이 거주하는 곳의 땅이 척박하다는 이유로 휼품로로 옮겼다." 하였으며, 본기(本紀)를 보면 "천회 2년에 이라로(移懶路)의 도발근 완안충(完顔忠)을 소빈수(蘇濱水)로 옮겼다. 9년에 도문수 서쪽, 삼수(三水) 북쪽의 한전을 갈라로의 여러 모극에게 주었다." 하였는데, 이라로는 야라로이고, 소빈(蘇濱)은 흉품이고, 도문수는 지금의 두만강이다. 삼수는 지금의 삼수부(三水府)이다. 이상의 여러 사실들을 참고해 볼 때 지금의 갑산부, 삼수부 등의 지역에서부터 서쪽으로 폐여연군의 압록강 지역에 이르기까지는 모두 옛날의 졸본, 솔빈, 흉품의 지역이었다.

이상의 내용을 종합하면 고구려의 卒本, 발해 요나라의 率賓府, 금나라의 恤品路, 速頻, 蘇濱은 모두 音이 바뀐 것이고 갑산, 삼수에서부터 후창, 자성, 만포, 초산에 이르는 압록강의 상류, 중류, 內外 지역에 해당된다는 것이다. 卒本, 率賓, 恤品, 速頻, 蘇濱 등이 音이 바뀐 것이라고 보는 견해는 대단한 탁견이라고 사료된다.

그러나 여기서 문제점이 제기된다. 『대청일통지』에서 廢恤品路는 영고탑성의 동남쪽에 있다고 분명하게 말하였다. 영고탑성은 지금의 흑룡강성 모단강시의 海林市(이유립은 『단군세기』 16세단군조 주석에서 영고탑이 寧安縣 東京城이라고 했다. 큰 차이가 없다.)에 있었다. 압록강의 중상류는 영고탑에서 서남쪽에 위치한다. 또 『신당서』 「발해전」에서 "率賓의 옛 지역을 솔빈부로 삼았는데 華州, 益州, 建州를 관할하였다."고 하였고, 『성경통지』에서 "흉품로는 금나

한진서는 갑산 삼수 후창 자성 만포 초산에 이르는 압록강 내외 지역이 졸본이라고 하였다.

라에서 설치되었으며 절도사가 있었다. 본디 요나라 때의 솔빈부 지역이었다. 元나라 때는 폐지하였고 지금은 興京의 동남쪽 변경 밖에 있다." 하였다.

『中國歷史地名大辞典』을 보면 "華州는 발해 때 설치했고 솔빈부에서 다스렸다. 治所는 지금의 러시아의 우스리스크(雙城子)에 있었다. 대략 지금의 러시아 綏芬河 하류 일대를 관할했다. 요나라 때 폐지되었다."라고 하였고, "益州는 발해 때 설치했고 솔빈부에 속했다. 치소는 지금의 블라디보스톡(海參崴) 부근의 발해 古城에 있었다. 대략 지금의 러시아 블라디보스톡(海參崴) 일대를 관할했다. 요나라 때 폐지되었다." 하였으며 "建州는 발해 때 설치했고 솔빈부에 속했다. 故址가 지금의 흑룡강성 東寧縣 동남쪽 大城子古城에 있었다. 대략 지금의 綏芬河 중류 일대를 관할했다. 발해가 망한 후 폐지되었다."라고 하였다.

위의 내용을 보면 卒本은 綏芬河(수분하) 중류 하류 지역으로 압축이 된다. 그리고 興京은 지금의 요령성 新賓縣 赫圖阿拉老城 지역이고 흉품로가 변경 밖에 있다고 하였으니 압록강 상류 중류지역이 되기에는 많은 문제점을 가지고 있다.

6. 鄭寅普의 綏芬河說

정인보는 率賓, 恤品, 速頻, 蘇濱 등이 卒本의 訛音이라는 설을 계승하여 『조선사연구』에서 卒本의 위치를 다음과 같이 比定하고 있다.

졸본은 바로 솔빈(率賓)이다. 안정복이 "졸본은 바로 대씨 발해의 솔빈부이다"라고 한 것이나 김정호가 "졸본은 '솔빈'의 발음이 바뀐 것이다."라고 한 것은 대단한 탁견이다. 그러면 솔빈은 지금의 어느 땅인가? 앞서 언급한 것처럼 솔빈은 수분하 서남쪽 땅이다. 소수분하와 대수분하 사이에서 그 위치를 정확하게 찾아내기는 어렵겠지만 발해의 솔빈부와 금나라의 휼품로(恤品路)가 다 그 땅이라고 할 수 있다. 그 근거는 《금사》〈지리지〉의 다음 기록에서 찾을 수 있다.

휼품로 절도사는 요나라 때에는 솔빈부로 자사를 두었는데 본래 솔빈의 옛 땅이다. 태종 천회 2년, 야라로는 도발근【도패록】이 살던 곳으로 땅이 척박했기 때문에 드디어 이곳으로 옮겨왔다. 해릉왕【금나라 군주 량】 때의 전례에 따라 만호호를 폐지하고 절도사를 두면서 이에 따라 '속빈로 절도사'로 명명하였다.

이와 함께 《대명일통지(大明一統志)》 권89에서는 이렇게 소개하고 있다.

휼품하의 강줄기는 건주 동남쪽으로 1,500리를 거쳐 바다로 유입되는데 금대에 휼품로를 두었기 때문에 그것을 이름으로 삼았다.

여기서 휼품하(恤品河)는 바로 수분하(綏芬河)를 말한다. 지금의 수분 서북쪽에는 아륵초객(阿勒楚喀), 동북쪽에는 삼성(三姓), 서남쪽에는 해란(海蘭)이 각각 자리잡고 있는데 방위와 거리가 모두 일치한다. 솔빈(率賓)은 소빈(蘇濱), 속평(速平) 또는 속빈(速頻), 휼품(恤品) 등으로 적기도 하는데, 한자는 다르지만 그 발음은 지금의 수분과 대체로 부합된다. 또한 《금사》에서 솔빈에서 1,000리를 떨어져 있다고 한 야라(耶懶)는 '아라(阿懶)'로 쓰기도 하고 '찰란(札蘭)'으로 쓰기도 하였다. 수분하 동쪽으로 대략 1,000리 지점에 바다로 진입하는 아란하(阿蘭河)라는 강이 있으니 이 역시 《금사》의 기록이 틀리지 않음을 입증해 준다. 따라서 졸본이 솔빈이고 솔빈이 휼품이며 휼품이 바로 수분인 것이다.

위의 내용을 요약하면 다음과 같다.

첫째 위의 주장은 안정복, 한진서, 김정호 등의 견해를 계승하여 종합한 것이다.

둘째 고구려의 卒本, 발해 요나라의 率賓, 금나라의 恤品, 速頻, 그리고 蘇濱, 速平 지금의 綏芬 등은 모두 발음이 변한 것이다.

셋째 따라서 고구려의 卒本은 綏芬河의 서남쪽 땅이나 소수분하와 대수분하 사이에서 그 위치를 정확히 확정할 수는 없다.

정인보의 이러한 주장에 대해『조선사 연구』에 대해 譯注를 한 문성재는 다음과 같이 보충설명을 하고 있다.

> 언어, 지리, 고고학적 분석에 근거할 때 '수분(하)가 곧 졸본'이라는 위당의 주장이 역사적 진실에 가장 가깝다는 결론을 내리게 된다. 물론 그의 이러한 결론은 한치윤(韓致奫), 안정복(安鼎福), 김정호(金正浩), 성해응(成海應) 등 정조 시기 이래의 실학자들이 오랫동안 연구·분석한 결과를 계승·보완하고 거기에 본인이 중국 연해주 여러 지역을 직접 뛰어다니면서 조사와 검증을 통하여 얻어진 것이어서 문헌적으로는 말할 것도 없고 역사언어학, 역사지리학적으로도 큰 문제는 없어 보인다.

7. 이유립의 小綏芬河 유역 綏陽鎭說

이유립은 정인보의 수분하설을 계승하여 태왕비의 忽本 주석에서 다음과 같이 설명하고 있다.

> 忽本(홀본)은 즉 卒本(졸본)이니 골밑(谷下)이라는 뜻이요 또 紇升骨城(흘

승골성)이라고 하니 紇升(흘승)은 결쓴(居世=거쓰) 즉 大全權(대전권)의 뜻이요 骨(골)은 골(忽) 벌(伐:野)의 뜻이니 즉 말하자면 紇升骨은 大全權處(대전권처)라 볼 수 있습니다. 졸본천 이동과 이북수만리가 이 읍루족의 땅(地連靺鞨—三國史記·挹婁 在夫餘 東北千餘里 未知其北所極—三國志)이며 그 남쪽은 지금 東寧縣(동령현 三岔口)이니 철길이 그 동북을 관통하여 海蔘威(해삼위 浦鹽斯德)로 왕래하는데 매우 편리합니다. 졸본은 물론 역사적으로 말할 때 발해국의 솔빈부가 되는데(卒本 卽 渤海 大氏 率賓府-東史綱目) 솔빈(率賓, 忽本, 卒本, 蘇濱, 速平, 速頻, 恤品)은 지금 연해주(沿海州) 綏芬河(유분하 恤品河) 서남지방인 대유분, 소유분(大小綏芬) 일대가 될 것입니다.

이유립도 정인보와 동일하게 수분하의 대·소수분하가 만나는 주위의 땅이라고 보았다.

이유립은 忽本 또는 卒本을 골짜기 아래의 뜻이라 했고 紇升을 居世(거쓰)로 대전권의 뜻이라 했는데 신라의 임금을 居西干이라 한 것과 연관시킨 듯하다. 그리고 骨을 벌, 들판의 뜻으로 흘승골을 대진권을 사용하는 장소의 뜻이라 했는데 卒本과 紇升骨의 정확한 의미는 앞으로 더 많은 연구가 필요하다고 사료된다.

이유립은 『환단고기정해』 『북부여기』 조에서 "졸본은 수분하시의 서쪽에 있는 綏陽鎭이라"고 구체적인 위치까지를 언급하고 있다. 綏陽鎭은 지금의 행정구역은 흑룡강성 牡丹江市(地級市) 東寧市(縣級市)에 예속되어 있는데 동녕시의 북쪽이고 소수분하 兩岸에 있으며 동쪽에 수분하시가 있다. 1946년에 수양현으로 하였다가 1984년에 동녕시 수양진이 되었다. 수양진의 중심지 사진을 올리면 다음과 같다.

수양진 전경

광개토태왕의 비문에 沸流谷 忽本의 西城山 위에 도읍을 세웠다고 했는데 만약 이곳이 정확하다면 소수분하가 비류수이고 東城山(위 사진의 오른쪽 산)과 西城山(위 사진의 왼쪽 산)의 사이가 비류곡이 될 것이며 이곳이 忽本(卒本)이 될 것이다. 이 졸본은 동명왕 고두막한이 槀離로부터 이주해 처음 도읍을 한 곳이므로 고두막한이 세운 부여를 동명부여, 졸본부여라고도 부른다.

중국의 바이두를 검색해보면 綏芬河는 발해 때는 率賓水라 했고, 금나라 때는 蘇濱水, 恤品水라 했고, 명나라 때는 速頻江, 恤品河라 했고 청나라 때 비로소 綏芬河라 불렀다고 한다. 강의 근원은 중국 길림성 연변조선족자치주 琿春市, 汪淸縣의 交界에서 시작된다. 왕청현의 동쪽으로부터 흑룡강성 牡丹江市의 綏芬河市, 東寧縣의 지역을 지나 러시아의 영토 안으로 흘러가고 블라디보스톡에서 모여 동해 바다로 흘러 들어간다. 수분하의 전체 길이는 443km이고 이중 중국 국경 안이 258km이고 러시아 영토에서의 길이는 185km이다. 率賓, 恤品, 綏芬은 모두 만주어의 송곳의 뜻이다. 이것은 대수분하이고 북쪽에서 소수분하가 흘러 내려와 東寧縣 道河鎭에서 만나 함께 동쪽으로 흘러가다 남하하여 동해로 들어간다.

8.『환단고기』를 통한 위치 比定

주몽이 처음 수도를 정한 卒本의 위치를 찾아보기에 앞서 卒本夫餘에 대하여 살펴보고자 한다.『삼국사기』와『삼국유사』에는 졸본부여라는 말이 많이 등장한다. 고구려본기 제1 시조 동명왕조에 "주몽이 졸본부여에 이르렀다."고 하였고 백제본기 제1 시조 온조왕조에서도 주몽이 "북부여로 부터 도망하여 졸본부여에 이르렀다."고 하였으며 雜志 제6 백제조에서도 이 말이 나오며『삼국유사』고구려조에서는 "고구려는 바로 졸본부여이다."라고 하였다.

그런데 지금의 사람들은 졸본부여의 실체에 대하여 제대로 아는 사람이 많지 않다.『환단고기』에서는 이에 대하여 상세히 밝혀주고 있다. 한무제가 위만이 세운 왕조를 멸하고 계속 동쪽으로 쇠약해진 북부여를 압박하자, 기원전 108년 高豆莫汗은 卒本에서 즉위를 하고 스스로 호를 東明이라고 하고 한나라의 침입을 격퇴하였다. 이 나라가 바로 東明夫餘이고 卒本夫餘이다. 지금의 대부분의 사람들이『삼국사기』의 기술에 따라 주몽을 東明王이라 하나, 東明은 卒本夫餘를 건국한 고두막한이다. 이 두 사람이 다르다는 것은 연산군 때의 문신인 金天齡이 지은 高句麗賦에서 "東明이 啓其赫業하시고 朱蒙이 承其餘波라(동명왕이 대업을 개창하시고 주몽이 그 뒤를 계승하였다.)" 한 것과 1922년에 발견된 淵南産(639~701)의 묘지명에서 "昔者에 東明感氣하사 蹌㵢川而啓國하시고 朱蒙孕日하사 臨浿水而開都라(옛적에 동명왕이 기운을 받아 사천을 넘어 나라를 열고 주몽이 태양에 의해 임신되어 패수가에 도읍을 열었다.)"고 한데서도 알 수 있다. 그 뒤 세력이 커진 고두막한은 기원전 86년 해

부루를 제후로 강등시켜 지금의 흑룡강성 通河縣 지역인 가섭원으로 옮겨 가게 하는데 이 나라가 동부여이고 또 가섭원부여라고 부른다. 동명왕 고두막한은 북부여의 5대 임금이 되는데 이를 또한 후기북부여라고 부른다. 기원전 60년 동명왕 고두막한이 돌아가시자 卒本川에 장례지내고 6세 단군 고무서가 卒本川에서 등극한다. 기원전 59년 고주몽이 卒本에 도착하여 고무서의 딸인 소서노와 결혼하여 고무서 단군의 사위가 되고 다음해인 기원전 58년 북부여의 7대 단군으로 등극한다.

이어서 『환단고기』의 내용을 통해 卒本의 위치에 대해서 탐구해 보고자 한다.

첫째, 『북부여기』下를 보면 고무서 단군은 기원전 58년 순행하시다가 영고탑에 이르러 흰 노루를 얻는다. 졸본을 수분하 지역으로 비정할 때 영고탑에 해당하는 海林市는 졸본에서 아주 가까우나 요령성 桓仁 지역은 길림성을 횡단하여 요령성 경내까지 가야함으로 거리가 너무 멀다.

둘째, 『삼국사기』를 보면 주몽이 동부여에서 탈출할 때 淹狐水(一名 蓋斯水)를 건너 毛屯谷을 지나 卒本에 이르렀다고 하였다. 『환단고기』의 迦葉原夫餘紀를 보면 고주몽이 동남쪽으로 달아나 淹利大水를 건너 卒本川에 이르렀다고 하였다. 고주몽이 동남쪽으로 달아났다는 기록은 『魏書』의 고구려조, 『北史』의 고구려조, 그리고 『通典』의 고구려조에도 동일하게 기술되어 있다. 주몽이 머물던 동부여의 通河지역에서 남쪽으로 가려면 반드시 松花江을 건너야 하니 淹狐水, 淹利大水(『삼국유사』의 淹水, 『통전』의 普述水)는 송화강을 말한다. 이를 건너 모둔곡에 이르렀다고 했는데 정인보는 이에 대해 다음과 같이 기술하고 있다.

졸본에 도달하기 전에 모둔곡(毛屯谷)을 지났다고 했는데 여기서의 '모둔'은 '모단(牡丹)'이라는 발음이 변형된 것이다. 여기에 덧붙여 모둔곡의 '곡'은

고주몽 이동로

비류수(沸流水)를 '비류곡(沸流谷)'이라고 쓴 것처럼 하천을 뜻하는 말이다. 말하자면 모둔곡은 바로 모단강(牡丹江)을 가리키는 셈이다.

주몽이 通河에서 출발하여 남쪽의 송화강을 건너고 동남쪽으로 이동하여 모단강을 건넌 다음 다시 동남쪽으로 더 내려가면 수분하에 이르게 된다. 이로 보더라도 通河에서 西南 방향에 있는 桓仁은 卒本이 될 수가 없다.

셋째, 기원전 24년 유화부인이 세상을 떠나자 靈柩를 졸본으로 모셔 와서 장사를 지냈다. 당시 고구려는 기원전 26년 졸본에서 訥見(장춘의 朱城子)으로 도읍을 옮긴 뒤였다. 동부여의 通河에서 고구려의 수도를 지나 더 멀리 있는 서남쪽의 桓仁까지 가서 장례를 치른다는 것은 현실성이 떨어진다. 역시 동남쪽의 가까운 수분하 지역으로 보는 것이 더 타당하다.

넷째, 『고구려국본기』에 연타발은 졸본사람으로 남북갈사를 왕래하며 큰 재산을 모았다고 하였다. 북갈사는 지금의 우수리강 지역이고 남갈사는 훈춘 지역에 해당함으로 그 사이에 있는 수분하 지역이 졸본일 가능성이 크다. 고향의 남서쪽과 북동쪽을 왕래하며 장사를 한 것이다. 환인이 졸본이라면 그가 고향을 떠나 멀리 떨어진 남갈사 북갈사를 왕래하며 장사를 했다는 것인데 개연성이 떨어진다.

다섯째, 「가섭원부여기」를 보면 기원전 6년 동부여의 왕 帶素는 겨울 10월에 5만의 병력으로 卒本城을 공격하였다고 하였다. 당시 고구려의 수도는 장춘의 朱城子였다. 동부여의 通河에서 桓仁을 공격하려면 고구려의 수도를 거치거나 먼길을 우회해야 한다. 그러나 수분하 지역은 동남쪽에 있으므로 얼마든지 공격할 수 있다.

위의 내용으로 보거나 卒本이 率賓, 恤品, 蘇濱, 綏芬 등의 音과 유사하다는 것에 근거하여 卒本은 桓仁 지역이 아닌 綏芬河 지역일 가능성이 아주 크다.

그런데 綏芬河 지역이라고 하더라도 땅이 너무도 넓다. 필자도 그곳을 답사하지 못한 입장에서 史料를 통해 더욱 장소를 압축해보고자 한다. 고구려시대의 지명자료가 없으므로 가장 오래된 발해의 자료를 보면, 발해 때이 지역에 卒賓府를 설치했다고 하였다. 그렇다면 일단 그 治所가 卒本일 가능성이 크다. 이에 대해 『중국역사지명대사전』에서는 다음과 같이 설명하고 있다.

솔빈부는 발해 때 설치했고 治所는 華州(지금의 러시아 濱海邊疆區 우스리스크, 즉 雙城子)의 남쪽에 있었다. 이 지경 안에 率賓水(지금의 수분하)가 있어 그렇게 명명했다. 요나라 때의 治所는 지금의 러시아 우스리스크(雙城子)에 있었다. 일설에는 흑룡강성 東寧縣 大城子古城이다.

그리고 大城子에 대해서 "지금의 흑룡강성 東寧縣 동남 8리에 있는데 발해의 率賓府 유지이다."라고 하였다.

바이두에는 大城子古城에 대해 다음과 같이 설명하고 있다.

발해 때 率賓府에서 華州, 益州, 建州를 관할했고, 이중에서 華州가
首州로 府治와 같은 곳에 있었으며 지금의 러시아 우스리스크이다.
2km의 거리에 2개의 성(여진족과 滿族은 동쪽 성을 富爾丹, 서쪽 성을 朱爾根
이라고 불렀다.)이 있었기 때문에 수백년에 걸쳐 중국 사람들은 계속해
서 雙城子라고 불렀으며 명나라 때는 이곳에 雙城衛를 설립했다. 大城
子古城은 建州의 중심지였다. 명나라 때의 建州女眞은 모란강 유역의
여진족을 가리키는데 발해 때의 建州를 근거지로 했기 때문에 이와 같
은 명칭으로 불렸으며 동북지구 三大女眞의 하나가 되었다.

이를 통해 보면 卒本은 수분하 중류 지역이고 이중에서도 率賓府의 首州
였던 華州 지역인 러시아의 우스리스크 즉 雙城子 지역이거나 建州 지역의
중심지였으며 일설에 率賓府의 治所로 알려진 동녕현의 동남쪽 8리에 있는
大城子 古城지역으로 추정된다. 이것은 史料를 통해서 고증을 해본 것이고
더욱 정확한 위치는 더 많은 연구가 필요하다고 사료된다.

졸본의 위치 비정

9. 나오는 말

졸본은 고주몽이 처음 도읍한 장소이고 또한 유화부인과 고주몽의 릉과 사당이 있어 고구려의 역대 왕들은 등극하면 이곳의 太后廟와 始祖廟를 찾아 제사를 지냈던 고구려의 유서 깊은 성지였다.

『삼국사기』에서는 漢나라 玄菟郡의 경계이고 요나라 東京인 遼陽의 서쪽이며 遼河의 서쪽 醫巫閭山의 경내에 있다고 하였고 『삼국유사』에서도 현토군의 경계라 하여 『삼국사기』의 내용을 답습하고 있다.

이병도가 日人 학자인 白鳥庫吉 견해를 따라 졸본이 요령성 桓仁縣이라 주장한 이후 한국의 대부분의 학자들이 이 설을 추종하고 있으며 중고등학교 역사교과서에도 桓仁을 졸본이라 하고 있으며 환인의 五女山城이 흘승골성이라는 박사학위 논문까지 나와 이 說을 기정사실화 하고 있다.

중국의 대부분의 학자들도 桓仁의 오녀산성이 고주몽이 도읍한 흘승골성이라 주장하고 더 나아가 오녀산성에서 왕궁터까지 발굴했다고 하여 이 說을 더욱 공고히 하고 있다.

『해동역사』의 「지리고」를 지은 한진서는 고구려의 卒本, 발해 요나라의 率賓府, 금나라의 恤品路, 速頻, 蘇濱 등은 모두 音이 변한 것이라는 탁견을 제시했으나 위치는 갑산 삼수에서부터 후창 자성 만포 초산에 이르는 압록강의 상류, 중류, 內外 지역이라 하였다. 그러나 『신당서』 「발해전」에서 발해 때 率賓府를 설치했고, 率賓府에서 華州(러시아 우스리스크, 雙城子), 益州(블라디보스톡), 建州(흑룡강성 東寧縣)를 관할했다는 내용과 불일치하고 있다.

정인보는 안정복, 한진서, 김정호 등의 주장을 계승하여 고구려의 卒本, 발해 요나라의 率賓, 금나라의 恤品, 速頻 그리고 蘇濱, 速平은 발음이 변한 동일한 지역이고 지금은 이 音이 綏芬으로 변한 것이기 때문에 大·小 綏芬

河가 만나는 주위의 땅이 卒本이 되나 그 정확한 위치는 확정할 수 없다고 하였다.

이유립도 정인보의 수분하설을 계승하고 있으며 卒과 忽은 골짜기이고 本은 아래라는 뜻으로 卒本과 忽本은 골짜기 아래라는 뜻이고 紇升은 大全權, 骨은 벌, 들의 뜻으로 흘승골은 大全權을 사용하는 장소라고 하였다. 그리고 卒本의 정확한 위치는 東寧市 綏陽鎭이라고 하였다.

『환단고기』에 나오는 卒本을 가지고 위치를 비정해 보더라도 결코 桓仁은 졸본이 될 수 없고, 수분하지역으로 귀결된다. 고주몽이 동부여의 通河를 출발하여 동남쪽으로 이동했다고 했으니 桓仁보다는 수분하지역이 타당하고 또 도중에 모둔곡(지금의 모단강)을 지났다고 했으니 더욱 이치에 부합한다. 또 연타발이 卒本人으로 남갈사(지금의 훈춘 지역)와 북갈사(지금의 우수리강 지역)를 왕래하며 장사를 했다 했으니 수분하 지역일 가능성이 크다. 그리고 기원전 6년 동부여왕 帶素가 卒本城을 공격했다 했는데 桓仁이 졸본이라면 당시의 수도 장춘의 朱城子를 통과해서 공격해야 하고 거리가 너무 멀기 때문에 이치에 맞지 않는다.

이상의 내용을 종합해보면 가장 오래된 기록인 발해의 率賓府에서 다스리던 華州, 益州, 建州의 三州 중에서 首州인 華州(러시아 우스리스크, 雙城子) 이거나 일설에 率賓府의 治所로 알려진 建州의 大城子古城(흑룡강성 東寧縣) 등으로 비정해 볼 수 있으나 저자는 이유립의 설을 따라 牡丹江市 東寧市 綏陽鎭이 卒本일 가능성이 가장 높다고 본다.

/ 참고문헌 /

- 魏收. 魏書(6). 北京: 中華書局. 1992.
- 杜佑. 通典(5). 北京: 中華書局. 1992.
- 李延壽. 北史(10). 北京: 中華書局. 1991.
- 令弧德棻 등 周書(3). 北京: 中華書局. 1992.
- 서긍 원작. 정용석 김종윤공역. 선화봉사고려도경. 서울: 움직이는 책. 1998.
- 이병도 역주. 삼국사기(上) 서울: 을유문화사. 1987.
- 이병도 역주. 삼국사기(下) 서울: 을유문화사. 1987.
- 이병도 역주. 삼국유사. 서울: 광조출판사. 1984.
- 장진근 역주. 만주원류고. 서울: 파워북. 2011.
- 안경전 역주. 환단고기. 대전: 상생출판. 2012.
- 이홍직 편. 국사대사전. 서울: 학원출판사. 1987.
- 서길수. 고구려 역사유적 답사. 파주: 사계절출판사. 2005.
- 이인철 외 9인. 대고구려 역사 중국에는 없다. 서울: 예문당. 2004.
- 기경량. 고구려 초기 왕도 졸본의 위치와 성격. 인문학 연구. 제34호.
- 임찬경. 고려도경 삼국사기의 고구려 건국 연대와 첫 도읍 졸본. 국학연구. 제19집.
- 五女山城. 百度百科. [검색일자 2020.04.10.] Available from: URL: http://me2.do/ x845D9nm
- 한치윤 저. 정선용 역. 국역해동역사(8). 서울: 민족문화추진회. 2003.
- 史爲樂 主編. 中國歷史地名大辞典(上). 북경: 新華書店. 2005.
- 史爲樂 主編. 中國歷史地名大辞典(下). 북경: 新華書店. 2005.
- 정인보 지음, 문성재 역주. 조선사 연구(上). 서울: 우리역사연구재단. 2012.
- 이유립. 대배달민족사(5). 서울: 고려가. 1987.
- 绥芬河. 百度百科. [검색일자 2020.04.14.] Available from: URL: http://me2.do/ FrLs3GbF

- 이유립. 대배달민족사(4). 서울: 고려가. 1987.
- 大城子古城. 百度百科. [검색일자 2020.04.14.] Available from: URL: http://me2.do/ FrLs3GbF

|제6편|

광개토태왕비문과 『환단고기』의 整合性

1. 들어가는 말

광개토태왕비문은 고구려 제 19대 왕인 광개토열제의 공적을 그의 아들 장수열제가 태왕사후 2년 뒤인 414년에 지금의 만주 集安에 세운 碑石이다. 광개토열제는 18세 때인 391년 帝位에 올라 39세인 412년 승하하실 때까지 22년간 帝位에 있으면서 남으로는 백제와 신라와 駕洛의 諸國을 服屬하고 동으로는 동부여, 西로는 慕容氏의 燕, 契丹, 平凉을 정복하였을 뿐만 아니라 대마도를 거쳐 일본열도에 상륙하여 任那와 伊·倭를 정복한 위대한 정복군주였을 뿐만 아니라 經世君主였다. 태왕비는 동양 최대, 최고의 石碑로써 고구려의 영광과 웅혼한 기상을 만천하에 드러낸 한민족의 자존심이며 걸작품이다. 그러나 일본참모본부의 마수에 의해 글자가 위조, 변조되고 수많은 글자가 마멸되었으며 내용도 古代日本의 南韓支配說로 왜곡·인용되어 그 참된 모습이 제대로 드러나지를 못하였다.

그러나 다행스럽게도 1898년 운초 계연수 선생이 탁본한 戊戌謄本을 바탕으로 138자가 복원되어 비로소 진면목이 드러나게 되었다. 본 논문은 크게 두 부분으로 나누어지는데 첫째는 戊戌謄本과 柳承國本, 시중의 통행본 등을 비교하여 가장 적합하다고 생각되는 내용으로 교감하여 精本

광개토태왕비문을 구성하였고, 이를 주제에 따라 제목을 붙이고 번역을 하였다. 둘째는 광개토태왕비문과 『환단고기』의 관련된 내용을 비교하여 두 자료의 整合性을 증명한 것이다. 지금의 강단 사학자들은 『환단고기』를 위서라고 폄하하면서 『환단고기』의 가치를 부정하고 있다. 이러한 태도는 학자로서 취할 입장이 결코 아니다. 책 전체를 위서라고 비판하고 부정할 것이 아니라 구체적인 내용을 바탕으로 어떠한 내용이 잘못되었다고 적시하는 것이 학문을 하는 방법이며 학자적인 양심인 것이다. 이러한 상황을 극복하기 위해서는 현재 강단사학계에서 풀지 못하고 있는 難題들을 『환단고기』를 통해 실증하여 『환단고기』의 가치와 진실성을 스스로 드러내는 것이 무엇보다도 중요하다고 사료된다. 금석문의 내용은 그 당시의 사실을 기록한 것이므로 어떠한 사료보다도 우선시되는 일차사료라고 할 수 있다.

놀라울 정도로 광개토태왕비문의 내용과 『환단고기』의 기록은 정확하게 일치하고 있다. 이에 論者는 10가지 측면에서 태왕비문과 『환단고기』의 整合性을 비교 고찰하여 『환단고기』의 진실성을 증명하여 그 위대한 가치를 드러내고자 하였다. 뿐만 아니라 지금의 학자들이 잘못 해석하고 있는 내용도 정확하게 바로잡아 해석하였다. 이 중에는 아직 세상에 잘 알려져 있지 않은 광개토열제의 일본 상륙과 정복과정에 대한 내용도 포함되어 있다. 본 논문이 광개토태왕비문의 진면목을 세상에 알리고 『환단고기』의 위서론을 잠재우는 데 도움이 되기를 희망한다.

2. 광개토태왕 비문 精本作業 및 번역

1) 廣開土太王碑文 精本 作業에 참고한 底本

精本 廣開土太王碑文 作業을 위하여 다음의 논문과 책들을 참고하였다.

(1) 이유립本

이 내용은 大倍達民族史 卷(五) 倍達民族史學論叢(仁)의 '國岡上廣開土境平安好太聖帝聖陵碑文譯註'에 실려 있다.

이 '本'의 특징은 운초 계연수 선생이 1898년에 탁본한 내용(이를 戊戌謄本이라 칭하고자 한다)을 바탕으로 138글자를 복원한 것이다. 계연수 선생이 쓴 '廣開土聖陵碑文缺字徵實'과 복원한 138글자에 대하여 살펴보면 다음과 같다.

廣開土聖陵碑文缺字徵實

歲戊戌五月에 欲觀高句麗古都하야 將發에 吳君東振이 聞之하야 饋贐以五十金하고 李參奉鴻麟이 亦出布以助之라 於是에 束裝北行할세 路由江界滿浦鎭하야 舟渡鴨綠水하야 而直底輯安縣하니 李君德洙와 金君孝雲과 白君善健이 先在碑石家焉이라 留與之議謄碑事하고 雇壯丁數人하야 至聖陵하니 林深山險하야 通路多未便이러라 一行이 先祭以酒果하고 又灌油酒掃後에 寫出碑全文하니 字總一千八百二字라 雖字劃精整하야 猶可判讀이나 竟未得以取謄者 惟一百一十七字而己러니 越十五年壬子五月에 又復來祭觀碑則字劃이 尤至滅滅하야 多非如故也라 乃嘆曰此碑不傳則何能以知我高句麗聖人之治化於天下萬世者乎아 是乃冒淺劣하고 敢

以前所膽으로 作此徵實하야 以備存古하니 讀者諒焉이어다.

광개토성릉비문의 빠진 글자의 사실을 밝힘

무술년(1898년) 5월에 고구려의 옛 수도를 보고자 하여 출발하려고 할 때에 오동진이 듣고 50金의 여비를 주고 이참봉 홍린이 또한 '베'를 내어서 보조해 주었다. 이에 장비를 꾸려 북쪽으로 갈 때 강계의 만포 진을 거쳐 배로 압록강을 건너 곧장 집안현에 이르니 이덕수와 김효운 과 백선건이 먼저 비석가에 와 있었다. 함께 머무르면서 비석의 등본 뜰 일을 상의하고 장정 서너명을 고용하여 성릉에 이르니 숲이 깊고 산이 험하여 가는 길이 많이 불편하였다. 일행이 먼저 술과 과일로 제 사를 지내고 또 기름과 술을 부어 청소를 한 뒤에 비의 全文을 본떠서 내니 글자가 모두 1,802글자였다. 비록 글자 획이 정확하고 정돈되어 그런대로 판단하여 읽을 수 있었지만 끝내 등본을 뜨지 못한 글자는 오직 117자 뿐이었다. 15년이 지나 임자년(1912년) 5월에 또 다시 가서 제사를 지내고 비를 관찰해 보니 글자의 획이 더욱 감소되고 마멸되어 많은 곳이 옛날과 같지 않았다. 이에 탄식하여 이르기를 "이 비석이 전 해지지 않으면 어떻게 우리 고구려 성인께서 천하만세를 다스리고 교 화한 것을 알 수 있겠는가"라고 하였다. 이에 천박하고 용렬함을 무릅 쓰고 감히 앞서 떠온 등본을 가지고 이 사실을 증명하는 글을 지어 옛 것을 보존하는 것을 갖추었으니 독자들은 잘 헤아려 주기를 바란다.

徵實字(사실을 밝힌 글자)는 '‥'으로 위에 표시한다.

一, 掃除仇耻

二, 以硨麗 屢犯邊境

三, 百殘 聯侵新羅

四, 又分遣 急圍其國城

五, 横截直突 掠使國城(이유립의 譯註本에는 使가 便으로 되어 있다)

六, 官兵 躡跡而越 夾攻來背 急追至任那加羅

七, 倭滿倭潰 城 六被我攻 盪滅無遺 倭逐擧國 降 死者十之八九 盡臣率來

八, 滿假□□ 倭欲敢戰 與㖨己呑 卓淳諸賊 謀□□官兵 制先直取卓淳
而左軍 由淡路島 到但馬 右軍 經難波 至武藏 王直到竺斯 諸賊悉自潰
遂分爲郡 安羅人 戌兵

九, □倭不軌, 侵入帶方界 焚掠邊民 自石城島 連船 蔽海大至 王 聞之怒
發平穰軍 直欲戰 相遇

十, 丁未 敎遣步騎五萬 往討契丹城以太牢薦師祭□合戰

十一, 破沙溝城 婁城 爲郡縣 降凢□ 又襲取涼州城

十二, 臼模盧城四家

　위의 내용은 계연수가 1898년 무술등본을 뜰 때의 상황과 무술등본을
바탕으로 현재 해독이 불가능한 138글자를 복원한 것을 설명한 것이다.
무술등본 당시 총 1,802글자 중에서 판독이 불가능한 글자가 117자뿐이
었는데 14년이 지나 1912년 壬子年 5월에 다시 가 보았을 때 그 전에 판독
할 수 있었던 글자에서도 대략 138字가 완전히 마멸되어 다시 알 길이 없
어졌다 하였으니 戊戌謄本의 역사적 가치는 대단하다고 평가해야 할 것이
다. 특히 광개토태왕의 일본열도 상륙에 대한 55字의 내용이 집중적으로
마멸된 것을 보면 일본인들에 의해서 太王碑가 크게 훼손되었다는 것은 짐
작하고도 남을 일이다.
　1931년 三育社의 回覽雜誌에 계연수의 '聖陵碑缺字徵實'을 게재했다가
압수당한 일이 있었는데 당시의 편집자 全鳳天은 도주하였고 三育社는 해

산되었으며 관련자들은 구속되었다.

이유립본은 徵實한 138글자를 모두 복원해 놓았으므로 그 의의가 至大하다고 할 것이다.

위에서 徵實한 글자는 위에 점을 찍어 놓았는데 모두 138자이다. 이유립은 譯註本에서 徵實된 글자를 □ 속에 써넣었는데 징실된 글자와 역주본의 □ 속의 글자는 완전히 일치하지 않는다. 이를 살펴보면 다음과 같다.

三, 百殘 聯侵 新羅(三은 징실한 것이 4글자이다. 新羅 두 글자는 徵實字인데 □를 치지 않았다. 그 이유는 新羅 두 글자는 징실을 통하지 않더라도 일반적으로 알려진 글자이었기 때문이라고 사료된다. 아래도 같은 이유라고 생각된다.)

七, 倭滿倭潰 城 六被我攻 盪滅無遺 倭遂擧國降 死者十之八九 盡臣率 來(七은 징실한 것이 20글자이다. 六과 九 두 글자는 징실자인데 역시 □를 치지 않았다.)

八, 滿假□□ 倭欲敢戰 與喙己呑, 卓淳, 諸賊 謀□□ 官兵 制先 直取 卓淳 而左軍 由淡路島 到但馬 右軍 經難波 至武藏 王 直到竺斯 諸賊 悉自潰 遂分爲郡 安羅人 戌兵(八은 징실한 것이 55자이다. 喙(이유립본의 啄), 淳, 謀, 潰의 네 글자는 징실자인데 □를 치지 않았다.)

十, 丁未 教遣步騎五萬 往討契丹城 以太牢 薦師祭 □合戰(十은 징실한 것이 11글자이다. 師는 징실자인데 □를 치지 않았다.)

十一, 還破沙溝城 婁城 爲郡縣 降凡□ 又襲取涼州城(十一은 징실한 글자가 모두 5글자이다. 降凡 두 글자는 징실자인데 □ 속에 넣지 않았고 又襲取涼州는 징실자가 아닌데 □ 속에 넣었다.)

十二, 臼模盧城四家(臼는 징실자인데 □ 속에 넣지 않았다.)

위의 내용을 보면 이유립은 138징실자 중에서 譯註本에서 一의 新羅, 七의

六과 九, 八의 喙, 淳, 謀, 潰, 十의 師, 十一의 降几, 十二의 臼의 12글자를 □ 속에 넣지 않았고 又襲取涼州 5글자는 징실자가 아닌데 □ 속에 넣었다.

(2) 유승국본

유승국본은 「廣開土大王碑文을 通해서 본 韓國古代思想의 原型深究」을 참고하였다.

유승국은 광개토태왕비의 원형을 탐구하기 위하여 노력한 내용을 다음 과 같이 기술하고 있다.

> 필자는 1994년 北京大學의 客座敎授로 있을 때 그 大學 所藏인 好太
> 王碑原石 初期拓本을 열람하게 되었고, 이를 조사 검토할 기회를 가졌
> 다. 북경대학 도서관에 수장된 好太王碑 拓本은 8種이나 있었는데, 그
> 중 塗灰 以前이 5種, 塗灰 後本이 2種, 摹刻本이 1種이었다. 그 중에서
> 最良의 精拓本으로 「晋高麗好太王碑 李龍精拓精紙本 五分第三」이라는
> 潘祖蔭의 친필 題簽이 붙어있는 未公開 拓本을 열람하게 되었다. 그리
> 고 이 拓本의 撮影도 허락받았다.

이를 대본으로 하여 기타 張明善, 周雲台의 精拓本 등을 참조하여 원문 판독을 시도하였다.

이상의 내용을 볼 때 유승국본도 중요한 참고가치가 있다고 사료된다.

(3) 이도학 책

이도학이 지은 『고구려 광개토왕릉 비문 연구』라는 책을 참고하였다. 이 책의 앞에는 周雲台 탁본의 제1면 11行, 제2면 10行, 제3면 14行, 제4면 9

행의 탁본이 실려 있어 이도 역시 참고하였다. 그리고 碑文의 글자는 논문에서 인용한 것을 참고하였음으로 이도학본이라 할 수 없어 이도학 책이라고 하였다. 이 책의 내용은 일반 연구자들이 보편적으로 인용하는 통행본의 성격이 짙다고 말할 수 있다. 또한 문정창이 지은 『廣開土大王勳績碑文論』(柏文堂, 1977)도 부분 참조하였으며 『일본서기』도 참고하였다.

2) 廣開土太王碑文의 精本作業 및 번역

精本作業은 위의 책과 논문을 참조하였고 현토와 번역은 이유립본을 참고하였다.

(1) 추모왕의 고구려 건국 및 광개토태왕의 등극과 승하

① 추모왕의 고구려 건국과 승하 및 왕통 계승

惟昔始祖鄒牟王之創基也에 出自北夫餘하시니

天帝之子시오 母는 河伯女郎이시니 剖卵降世[1]하시고 生而有聖□[2]하시니라 □□□□□ 命駕巡車[3]南下하실새 路由夫餘奄利大水하시니 王이臨津言曰「我是皇天之子오 母는 河伯女郎이신 鄒牟王이시니爲我하야 連葭浮龜[4]하라 하신대」應聲하야 即爲連葭浮龜하니然後에 造渡하시고 於沸流谷 忽本 西城山上而建都焉하시니라.

不樂世位에 天遣黃龍[5]하야 來下迎王하시니 王이 於忽本東罡[6]에 黃龍이 負昇天[7]하실새 顧命世子[8]儒留王하야

以道興治[9]하라하시고 大朱留王이 紹承基業하시니라.

【精本作業】

1 世: 이유립本에는 '出'로 되어 있으나 유승국본·이도학 책에 '世'로

되어 있고 탁본도 '世'에 가까워 世로 하였다.

2 生而有聖□: 이유립본에는 '生而有聖□', 이도학 책도 '生而有聖□'로 되어 있으나 유승국본은 生而有聖德이라 하였다. 德의 글자가 확실치 않아 이 부분을 □로 처리하였다.

3 車: 이도학 책에는 '幸'으로 되어 있으나 이유립본, 유승국본에 의거 '車'로 하였다.

4 連葭浮龜: 이유립본은 連浮龜라 했으나 탁본이 4글자로 되어 있어 유승국본, 이도학 책에 의거 '連葭'라 하였다.

5 天遣黃龍: '天'이 탁본에서 '因'처럼 보이고 이도학 책에 '因'이라 하였으나 한문의 용례와 이유립본과 유승국본에 의거 '天'으로 하였다.

6 罡: 유승국본에는 岡으로 되어 있으나 탁본에 의거 罡으로 하였다.

7 黃龍負昇天: 이도학 책에는 '履龍'으로 되어 있으나 이유립본, 유승국본에 의거 '黃龍'이라 하였다.

8 顧命世子: 이유립본은 '太子'로 되어 있으나 탁본과 유승국본에 의거 '世子'로 하였다.

9 以道興治: 많은 판본에서 '興'을 '輿'라 하였으나 한문의 용례와 이유립본에 의거 興으로 하였다.

【번역】

생각하옵건대 옛적에 시조이신 추모왕께서 나라를 창건하실 때에 북부여로부터 나오셨으니 天帝의 아들이시며 어머니는 하백(송하강 주위의 땅을 다스렸던 지방장관)의 따님이셨다. 알을 깨고 세상에 나오시고 날 때부터 성스러운 [德]이 있으셨다. □□□□□(말)에 멍에를 씌우고 수레를 몰아 남쪽으로 내려오실 때 도중에 부여의 엄리대수를 지나시니 왕께서 나룻터에서 다음과 같이 말하였다. "나는 皇天의 아들이오 어머니는 하백의 따님이신 추모왕이니 나를 위하여 갈대를 연결하고 거북이들을 떠오르게 하라" 소리에 응답하여 즉시 갈대가 연결되고 거북이들이 떠오르니 이렇게 된 뒤에 나아가 건너시고 비류곡 홀본(卒本)의 西城山 위에 도읍을 세우시니라. 세상의 자리를 즐기지 아니하심에 하늘에서 황룡을 보내 내려와서 왕을 맞이하시니 왕께서 홀본 동쪽 언덕에서 황룡에 업혀 하늘로 올라가실 때 세자인 유류왕을 돌아보시며 명을 내리시기를 "도로써 훌륭한 정치를 일으켜 세우라" 하시고 대주류왕이 기업을 이어서 계승하시니라.

(2) 광개토태왕의 등극과 승하

傳至[10]十七世孫 國罡上 廣開土境 平安好太王하시니

二九登祚[11]하사 號爲永樂太王이오

恩澤이 洽于皇天하시며 威武가 拂被四海[12]하시고 掃除仇恥[13]하야

庶寧其業[14]하시니 國富民殷하며 五穀豊熟이샸다.

昊天이 不弔하사 卅有九에 晏駕棄國하시니

以甲寅年 九月 卅九日 乙酉에 遷就山陵하시고

於是 立碑하야 銘記勳績하야 以示後世焉하노라.

【精本作業】

10 傳至: 유승국본을 위시하여 대부분의 책이 '還'이라 하였으나 이유립본에 의해 '傳'이라 하였다.

11 二九登祚: 이유립본은 '十八登祚'라 했으나 탁본 및 대부분 판본에 二九로 되어 있어 이를 따랐다.

12 拂被四海: 유승국본에는 '拂'이 '柳'로, 문정창본에는 '極'로 되어 있으나 이유립본에 의거 '拂'로 하였다.

13 掃除仇恥: 모든 판본에 '掃除□□'로 되어 있으나 이유립본에 '仇恥'로 되어 있다. 이는 戊戌謄本에 의한 것으로 사료되며 이후 戊戌謄本이라고 추정되는 경우 이유립본이라 밝히고 □□ 안에 해당글자를 써 넣었다.

14 庶寧其業: 유승국본에 '其'를 '基'라 하였으나 이유립본과 탁본에 의거 '其'로 하였다.

【번역】

대대로 왕위를 계승하여 17세손인 국강상광개토경평안호태왕에 이르시니 18살(391년)에 왕위에 올라 호를 영락태왕이라 하였다. 은택이 황천에 흡족하시며 위무가 사해에까지 떨치고 뒤덮으며 원수와 부끄러움을 쓸어 제거하여 뭇 백성들의 생업을 편안하게 하시니 나라는 부강하고 백성들은 殷盛하며 오곡은 풍년이 들었다. 하늘이 불쌍히 여기지 않아 39세에(412년) 나라를 떠나시니 갑인년(414년) 9월 29일 을유일에 山陵에 묻으시고 이에 비석을 세워 공적을 새겨 기록하여 후세에 보여주노라.

(3) 광개토태왕의 훈적

① 영락 5년의 훈적, 稗麗정벌과 巡狩

其詞에 曰

永樂五年 歲在乙未에 王이 以稗麗[15]厭犯邊境[16]으로 躬率하야 往討 巨富山[17], 負山[18]하시고 至鹽水上하야 破其三部洛[19]六七百營[20]하시니 牛馬群羊은 不可稱數러라.

於是에 旋駕가 因過㱕平道[21]하야 東來□□力城[22], 北豊.

五備猶[23]하사 遊觀土境하시고 田獵而還하시니라.

15 稗麗: 이유립본에는 稗가 '碑'로 되어 있으나 유승국본 및 통행본에 의거 '稗'로 하였다.

16 屢犯邊境: 이유립본은 屢犯邊境으로 되어 있으나 현재 탁본의 글자와는 거리가 있다. 유승국본은 □□□人, 이도학 책은 不□□人이라 하였는데 일단 이유립본을 따른다.

17 巨富山: 유승국본을 위시하여 대부분의 책에 '巨'가 過로 되어 있으나 탁본의 모습과 이유립본에 의거 '巨'로 하였다.

18 負山: 유승국본은 '貧山'이라 했으나 이유립본과 이도학 책에 의해 負山이라 했다.

19 三部洛: 유승국본은 '丘部洛', 이도학 책은 '三部洛', 이유립본은 '三部落'이라 되어 있다. 탁본을 참고하여 '三部洛'이라 하였다.

20 六七百營: 이유립본에는 '營'이 '黨'으로 되어 있다. 유승국본, 이도학 책에 의거 '營'으로 하였다.

21 弩平道: 유승국본은 '□平道', 이도학 책은 '襄平道'라 하였다. 이유립본에 의거 '弩平道'라 하였다.

22 □□力城: 이유립본을 따랐다.

23 五備猶: 유승국본은 '五備狩', 이도학 책에는 '五備□'로 되어 있다. 이유립본에 의거 '五備猶'라 하였다.

【번역】

그 말은 다음과 같다. 영락 5년(395년) 을미년에 왕이 稗麗가 자주 변경을 침범하였기 때문에 몸소 군사를 거느리고 가서 거부산 부산을 치고 염수가에 이르러 3부락 육칠백개의 軍營을 깨뜨리시니, 소와 말과 양들은 이루 다 헤아릴 수가 없었다. 이에 돌아오는 수레가 가평도를 경우하여 동쪽으로 □□力城, 북풍, 오비유를 거쳐 국경을 순수하시고 사냥을 하고 돌아오셨다.

② 영락 6년의 훈적, 百殘(백제)정벌

百殘 新羅는 舊是屬民이니 由來朝貢이오.

而倭가 以辛卯年에 來渡하니 每破[24]하고 百殘이 聯侵新羅[25]어늘 以爲臣民이라하사 以六年丙申에 王이 躬率水軍하시고 討伐殘國[26]하실새 軍至窠臼[27]하야 攻取壹八城, 臼模盧城, 岩模盧城[28], 幹弓利城[29], □□城, 關彌城[30], 牟盧城, 彌沙城, □舍蔿城[31], 阿旦城, 古利城, □利城, 雜珍城, 奧利城, 勾牟城, 古模耶羅城, 頁□城[32], □□城, □而耶羅城[33], 瑑城, □□城, □□城, 豆奴城, 沸□□利城, 彌鄒城, 也利城, 大山韓城, 掃加城, 敦拔城, □□□城, 婁賣城, 散那城, 那旦城, 細城, 牟婁城, 于婁城, 蘇灰城, 燕婁城, 析支利城, 巖門□城[34], 林城, □城, □□□□□□城, 就鄒城, □拔城, 古牟婁城, 閏奴城, 貫奴城, 彡穰城, □□城, □□盧城[35], 仇天城하시니라 又分遣하야 急圍[36]其國城이로대 賊不服氣[37]하고 敢出百戰이어늘 王威赫怒하사 渡阿利水하야 遣刺迫城[38]하실새 橫截直突[39]하야 攄便國城[40]하니 百殘王[41]이 困逼하야 獻出男女生口一千人과 細布千匹하고 歸王[42] 自誓호대 從今以後는 永爲奴客이라하야늘 太王이 恩赦前迷之愆[43]하시고 錄其後順之誠하시니 於是에 取五十八城[44]과 村七百하고 將殘王弟[45]와 幷大臣十人하야 旋師還都하시니라.

【精本作業】

[24] 渡每破: 탁본에는 '渡海破'라고 되어 있다. 그러나 '渡'는 오른쪽으로 치우쳐 있고 海의 '삼수변'은 세로줄 밖으로 나가 있어 두 글자 모두 변조가 의심된다. 일단 '渡'는 그대로 두고 '海'는 '每'로 하였다.

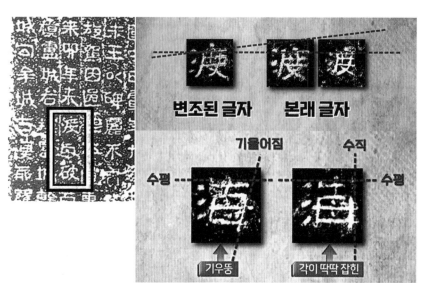

변조된 글자　　　본래 글자

기울어짐　　　　수직

수평 ------- 　　　　------- 수평

기우뚱　　　　각이 딱딱 잡힌

김교수가 주장하는
신묘년 기사 변조 과정

이 주장은 耿鐵華가 처음 주장하였고 이도학도 이 說을 따르고 있다.
유승국본도 海字의 左측 'ⅰ'이 碑文·縱線 안에 있지 않고 線 밖으로 삐
져나와 있다 하여 '每'라고 하였다. 전북대학교 김병기 교수는 2018년
1월 JTBC에 출연하여 "'渡每破' 세 글자 서체만 약간 기울어졌는데 이
것은 광개토대왕릉 비문의 다른 글자들이 가로세로 수직에 네모 반듯
한 모양인 것과는 확연히 달라 변조가 의심된다"고 하였다. 김병기 교
수는 '渡每破'를 '入貢于'로 보고 있다.

25 隣侵新羅: '隣侵'은 모든 판본에 □□로 되어 있으나 이유립본에 의거하여 보충하였다.

26 討伐殘國: '伐'이 이유립본에는 '利'로, 유승국본은 '倭'로 되어 있으나 탁본과 이도학 책에 의거 '伐'로 하였다.

27 軍至窠臼: 유승국본은 '軍至窠臼'로, 이유립본은 '軍□□首'로, 이도학 책도 '軍□□首'로 되어 있다. 유승국본을 따랐다.

28 岩模盧城: 유승국본, 이도학 책은 '岩'이 '各'으로 되어 있으나 이유립본과 탁본을 참고하여 '岩'으로 하였다. 이하의 城에서 언급하지 아니한 것은 유승국본을 따랐다.

29 幹弓利城: 유승국본, 이도학 책은 '弓'이 '氐'로 되어 있으나 이유립본과 탁본을 참고하여 '弓'으로 하였다.

30 關彌城: 유승국본, 이도학 책은 '關'이 '閣'으로 되어 있으나 이유립본에 의거 '關'이라 하였다.

31 □舍蔦城: 유승국본은 '□'가 '古'로 되어 있으나 이유립본과 이도학 책에 의거 '□'로 하였다.

32 頁□城: 유승국본은 '頁'이 '須'로 되어 있으나 이유립본, 이도학 책에 의거 '頁'로 하였다.

33 □而耶羅城: 유승국본은 '□'가 '介'로 되어 있으나 이유립본, 이도학 책에 의거 '□'로 하였다.

34 巖門□城: 유승국본은 '□'이 '民'으로 되어 있다. 탁본은 '三'으로 보인다. 이유립본과 이도학 책에 의거 '□'로 처리하였다.

35 □□盧城: 이유립본은 '□□羅城'으로, 유승국본은 '□古盧城'으로 되어 있으나 이도학 책에 의거 '□□盧城'이라 하였다.

36 又分遣急圍: 이유립본에 의거 보충하였다.

37 賊不服氣: 유승국본과 이도학 책은 '賊不服義'로 되어 있고 이유립본은 '賊不□氣'로 되어 있다. 탁본의 글자를 참고하여 '賊不服氣'로 하였다.

38 遣刺迫城: 유승국본과 이도학 책은 '刺'가 '刺'로 되어 있다. 이유립본을 따랐다.

39 橫截直突: 유승국본은 '殘兵歸穴'로, 이도학 책은 '□□[歸穴]'로 되어 있다. 이유립본을 따랐다.

40 掃便國城: 이도학 책은 '□便圍城'으로, 유승국본은 '就便圍城'으로 되어 있다. 이유립본을 따랐다.

41 百殘王: 유승국본과 이도학 책은 모두 '而殘主'로 되어 있다. 이유립본을 따랐다.

42 歸王: 유승국본과 이도학 책은 모두 '跪王'이라 했다. 이유립본을 따랐다.

43 前迷之愆: 유승국본과 이도학 책은 모두 '先'으로 되어 있다. 이유립본을 따랐다.

44 取五十八城: 유승국본과 이도학 책은 모두 '得'으로 되어 있다. 이유립본을 따랐다.

45 殘王弟: 유승국본과 이도학 책은 모두 '殘主弟'로 되어 있다. 이유립본을 따랐다.

【번역】

백잔(백제)과 신라는 옛날부터 우리의 속민이니 이전부터 조공을 바쳤고 倭가 신묘년(391년)에 바다를 건너오니 매번 격파하였고 백잔이 (왜와) 연합하여 신라를 침범함으로 (신라가) 우리의 신하 백성이라고 여기시어 6년 병신(396년)에 왕이 몸소 수군을 거느리시고 백잔국을 토벌하실 때 官軍이 적의 소굴에 이르러 공격하여 일팔성, 구모로성, 암모로성, 간궁리성, □□성, 관미성, 모로성, 미사성, □사조성, 아단성, 고리성, □리성, 잡진성, 오리성, 구모성, 고모야라성, 혈□성, □□성, □이야라성, 전성, □□성, □□성, 두노성, 비□□리성, 미추성, 야리성, 대산한성, 소가성, 돈발성, □□□성, 누매성, 산나성, 나단성, 세성, 모루성, 우루성, 소회성, 연루성, 석지리성, 암문□성, 임성, □성, □□□□□□성, 취추성, □발성, 고모루성, 윤노성, 관노성, 삼양성, □□성, □□로성, 구천성을 함락하여 취하시었다.

또 군사를 나누어 보내 급히 그 도성을 포위하였으되 적이 기세를 꺾지 않고 감히 나와서 백방으로 싸우려하거늘 왕께서 크게 진노하시어 아리수(한강)를 건너 (날랜 군사를) 추려 보내 성을 공격할 때 가로질러 끊고 곧장 돌격하여 편리함을 쫓아 도성을 노략하니 백잔왕이 곤핍하여 남녀 포로 일천명과 세포 천필을 받치고 왕에게 귀순하여 스스로 맹서하기를 "지금부터 이후로는 영원히 노객(臣民)이 되겠습니다"라고 하였다. 태왕께서 은혜를 베풀어 앞서의 미혹했던 허물을 용서해주시고 뒤에 순종하는 정성을 기록으로 남기시니 이에 58성과 700개의 마을을 취하고 백잔왕의 동생과 대신 10명을 데리고 군사를 돌려 도성으로 돌아오시니라.

③ 영락 8년의 훈적, 息愼 土谷정벌

八年戊戌에 教遣偏師하야 觀息愼土谷이라가

因便抄得莫新羅城[46]과 加太羅谷의 男女三百餘人하니

自此以來로 朝貢論事[47]하니라.

【精本作業】

46 莫新羅城: 유승국본과 이도학 책은 모두 '莫□羅城'으로 되어 있다.

이유립본을 따랐다.

47 朝貢論事: 유승국본은 '聆事'로 되어 있으나 이유립본과 이도학 책에 의해 '論事'로 하였다.

【번역】

8년 무술년(398년)에 전교를 내려 偏師(50명으로 조직된 적은 군사)를 파견하여 식신과 토곡의 상황을 정탐하게 하시고 편리함을 이용하여 막신라성과 가태라곡의 남녀 300여인을 잡아오니 이로부터 조공바칠 일을 논하니라.

④ 영락 9년 신라의 구원요청

九年己亥에 百殘이 違誓하야
與倭和通하고 王이 巡下平穰이러시니 而新羅가 遣使白王云호대
倭人이 滿其國境하야 潰破城池하니 以奴客爲民이니
歸王請命하노이다한대 太王恩慈하사 稱其忠誠[48]하시고 □遣使還[49]하시며 告以密計[50] 하시니라.

【精本作業】

48 稱其忠誠: 이유립본은 '稱其忠能'으로, 이도학 책은 '矜其忠誠'으로 되어 있다. 유승국본을 따랐다.

49 □遣使還: '□'이 유승국본에는 '特'으로 되어 있다. 이유립본과 이도학 책에 의해 '□'으로 하였다.

50 告以密計: 이도학 책은 '告以□計'라 되어 있다. 이유립본은 '告以□□'라 하고 '□□'를 '병원'이라 하였다. 유승국본을 따랐다.

【번역】

9년 기해(399년)에 백잔이 맹서를 어겨 왜와 화통하고 왕께서 평양에

순행하여 내려가셨더니 신라가 사신을 보내 왕께 아뢰어 이르기를 "왜인이 국경에 가득하여 성과 못을 무너뜨리고 깨트리니 노객인 신라는 (왕의) 백성이니 왕께 귀순하여 명을 청하옵니다"한대 태왕께서 은혜와 자비를 베푸시어 그 충성됨을 칭찬하시고 사신을 돌려보내셨으며 비밀스런 계책을 고해주시니라.

⑤ 영락 10년의 훈적, 倭의 九州, 本州정벌

十年庚子에 教遣步騎五萬하야 往救新羅할새 從男居城으로 至新羅城하니 倭滿其中이라가 官兵⁵¹이 方至에 倭賊退하니라

官兵이 躡跡而越하야 夾攻來背하야 急⁵²追至任那加羅 從拔城하니 城卽歸服하니 安羅人으로 戍兵하니라.

拔始羅城⁵³ 都城⁵⁴할새 倭滿倭潰⁵⁵하니 城이 六被我攻하고 盪滅無遺라 倭遂擧國降하니 死者十之八九오 盡臣率來하니 安羅人으로 戍兵하니라 滿假□□에 倭欲敢戰하야 與喙已呑, 卓淳, 諸賊으로 謀□□라가 官兵이 制先하야 直取卓淳하고 而左軍은 由淡路島하야 到但馬하고 右軍은 經難波하야 至武藏하고 王은 直到竺斯하시니 諸賊이 悉自潰라 遂分爲郡하고 安羅人으로 戍兵하니라.⁵⁶

昔에 新羅 寐錦이 未有身來朝貢⁵⁷이러니 □□□□廣開土境好太王이 □□□□寐錦이 □□僕勾⁵⁸□□□□朝貢하니라.

【精本作業】

51 官兵: 유승국본과 이도학 책은 '官軍'이라 되어 있다. 이유립본을 따랐다.

52 官兵 躡跡而越 夾攻來背急: 이도학 책은 '□□背急'으로 되어 있고, 유승국본은 '自倭背急'으로 되어 있다. 탁본을 보면 背急 앞에 9글자

가 더 있어야 한다. 이유립본을 따랐다.

53 始羅城: 유승국본은 ‘始’가 ‘新’으로 되어 있으나 이유립본에 따라 ‘始’로 하였다.

54 都城: 유승국본은 ‘晨城’으로, 이도학 책은 ‘□城’으로 되어 있다. 이유립본을 따랐다.

55 倭滿倭潰: 유승국본과 이도학 책은 ‘倭寇大潰’로 되어 있다. 이유립본을 따랐다.

56 城六被我攻부터 囡羅人戍兵까지 93글자는 모두 이유립본을 따랐다. 단 啄만 喙으로 하였다. 『일본서기』繼體21년조와 欽明2년 秋9월조에 ‘喙己呑’이란 지명이 나와 이를 따랐다.

57 朝圓: 유승국본은 ‘聆事’로, 이도학 책은 ‘論事’로 되어 있다. 이유립본을 따랐다.

58 □□□□痲錦□□僕勾: 이유립본은 ‘□□□□□□□僕勾’로 되어 있다. 유승국본은 ‘□□□□痲錦□家僕句’로 되어 있다. 이도학 책을 따랐다.

【번역】

10년 경자(400년)에 전교를 내려 보군과 기병 5만을 보내가서 신라를 구원할 때 남거성으로부터 신라성에 이르니 왜적이 그 가운데 가득차 있다가 관병이 바야흐로 이름에 왜적이 물러가니라. 관병이 (도망간) 자취를 밟아 바다를 건너가 협공을 하면서 등 뒤로 가서 급히 추격하여 임나가라(대마도)의 從拔城(鰐浦)에 이르니 성이 즉시 귀순하고 복종하니 안라인으로 지키게 하니라. 시라성(九州 大隅國의 始羅城, 지금의 鹿兒島縣의 始良郡(압량군)이 옛 始羅郡이다. 또 고대의 始羅郡은 현재의 鹿屋市 부근을 가리킨다)과 都城(宮崎縣 남쪽의 都城)을 함락시킬 때 왜적이 성에 가득했으나 왜적이 무너지니 성이 여섯 번이나 우리의 공격을 받고 탕멸하여 남은 것이 없게 되었다. 왜적이 드디어 나라를 들어 항복하니 죽은 자가 10명 중 8, 9명이고 모두 신하가 되어 이끌고 오니 안라인으로 지키게 하였다. 滿假□□ 왜적이 감히 싸우려고 하여 喙己吞, 卓淳(지금의 博多)의 여러 적들과 함께 □□을 도모하다가 관병이 기선을 제압하여 곧장 탁순을 취하고 좌군은 淡路島를 거쳐 但馬(兵庫縣의 북부, 현재의 豊岡市, 養父市, 朝來市, 香美町, 新溫泉町 구역)에 이르고 우군은 難波(지금의 大阪)를 지나 武藏(近畿 동쪽, 지금의 東京都, 埼玉縣, 神奈川縣의 일부)에 이르고 왕께서는 곧장 筑斯(築紫, 북구주)에 이르시니 모든 적들이 다 스스로 무너졌다. 드디어 나누어 郡을 만들고 안라인으로 지키게 하였다. 옛적에 신라의 임금이 몸소 와서 조공을 받치지 않더니 □□□□광개토경 호태왕이 □□□□신라 임금이 □□종처럼 구부리고 □□□□ 조공을 받치니라.

⑥ 영락14년의 훈적, 帶方界에 침입한 왜군격멸

十四年 甲辰에 而倭不軌하야 侵入帶方界하야

焚掠邊民[59]하고 自石城㠀[60]로 連船하야 蔽海大至[61]하니

王이 聞之怒하야 發平穰軍하야 直欲戰[62]相遇에

王幢이 要截盪刺[63]하니 倭寇潰敗하야 斬煞無數하니라.

【精本作業】

59 焚掠邊民: 이도학 책은 '□□□□'로 되어 있고 유승국본은 '和通殘兵'으로 되어 있다. 이유립본을 따랐다.

60 自石城㠀: 유승국본과 이도학 책은 모두 '□石城□'로 되어 있다. 이유립본을 따랐다.

61 蔽海大至: 유승국본과 이도학 책은 모두 '□□□'로 되어 있다. 이

유립본을 따랐다.

62 王 聞之怒 發平穰軍 直欲戰: 이 부분은 이유립본을 따랐다.

63 盪刺: 유승국본과 이도학 책은 모두 '刾'가 '刺'로 되어 있다. 이유
립본을 따랐다.

【번역】

14년 갑진(404년)에 왜가 법도를 어기고 대방계에 침입하여 불지르고
변방의 백성들을 노략질을 하며 석성도로부터 배를 잇대어 바다를 덮
고 크게 이르니 태왕께서 들으시고 진노하시어 평양의 군사를 출동시
켜 곧장 만나 싸우려고 할 때 왕의 깃발을 든 군대가 허리를 끊어 (적
을) 쳐 없애고 도륙을 하니 왜구가 무너지고 패퇴하여 셀 수 없을 정도
로 베고 죽이니라.

⑦ 영락 17년의 훈적, 거란정벌

十七年丁未에 教遣步騎五萬하야

往討契丹城할새 以太牢로 薦師祭[64]하고 □合戰하야 斬煞蕩盡하니
所獲은 鎧鉀이 一萬餘領이오 軍資器械는 不可稱數라. 還破沙溝城 婁城
하야 爲郡縣하고 降几□하고 又襲取凉州[65]城하니라.

【精本作業】

64 往討契丹城以太牢薦師祭: 이 부분은 이유립본을 따랐다.

65 爲郡縣 降几□ 又襲取凉州: 이 부분은 이유립본을 따랐다.

【번역】

17년 정미(407년)에 전교를 내리시어 보병과 기병 5만명을 파견하여 가
서 거란성을 치게할 때 태뢰로 군제를 올리고 전쟁을 하여 베어죽이고
모두 다 소탕을 하니 전리품은 투구와 갑옷이 1만여 벌이고 군수물자

와 장비는 이루다 셀 수가 없었다. 돌아오면서 사구성, 누성을 격파하여 郡縣으로 삼고 범□를 항복받고 또 양주성을 습격하여 취하니라.

⑧ 영락 20년의 훈적, 동부여 정벌

卅年庚戌에 東夫餘는 舊是鄒牟王屬民이나 中叛不貢이어늘

王이 躬率往討할새 軍到餘城하니 而餘城⁶⁶國이 駭服⁶⁷하니

□⁶⁸□□□□□□, 王恩普覆⁶⁹하시니라 於是에 旋還하실새

又其慕化隨官來者는 昧⁷⁰仇婁鴨盧와 卑斯麻鴨盧와

椯社婁鴨盧⁷¹와 肅斯舍鴨盧와 □□□鴨盧니

凡所攻破는 城이 六十四오 村이 一千四百이러라.

【精本作業】

66 而餘城: 유승국본은 '而餘擧'로, 이도학 책은 '而餘□'로 되어 있다. 이유립본을 따랐다.

67 國駭服: 이유립본은 '國駢□'로, 이도학 책은 '國駭□'로 되어 있다. 유승국본을 따랐다.

68 □: 유승국본은 '獻'으로 되어 있다. 이유립본, 이도학 책에 의해 □로 하였다.

69 普覆: '覆'가 이유립본은 '處'로 되어 있다. 유승국본과 이도학 책을 따랐다.

70 昧: 유승국본과 이도학 책은 '味'로 되어 있다. 이유립본을 따랐다.

71 椯社婁鴨盧: 이유립본은 椯社婁가 '□立婁'로 되어 있다. 유승국본과 이도학 책을 따랐다.

【번역】

20년 경술(410년)에 동부여는 과거에 추모왕의 속민이었으나 중간에

배반하여 조공을 받치지 않거늘 왕께서 몸소 군사를 거느리고 가서
칠 때 군대가 여성에 이르니 여성의 나라가 놀라 항복하니 □□□□□
□□□ 왕께서 은혜를 베풀어 두루 덮어주시니라. 이에 돌아오실 때
또 왕의 덕화를 사모하여 官을 따라 온 자는 매구루 압로(압로는 부여의
귀족)와 비사마압로와 천사루압로와 숙사사압로와 □□□압로니 공격
하여 깨트린 것은 성이 64개이고 마을이 1,400이었다.

(4) 수묘인호구

① 수묘인 호구의 내용

守墓人烟戶는 賣句餘民이 國烟二, 看烟三이오 東海買[72]는 國烟三, 看烟
五오

敦城民[73]四家는 盡爲看烟이오 于城一家는 爲看烟이오

碑利城二家는 爲國烟이오 平穰城民은 國烟一, 看烟十이오

訾連[74]二家는 爲看烟이오 俳婁人[75]은 國烟一, 看烟卌三[76]이오

梁谷二家는 爲看烟이오 梁城二家는 爲看烟이오

安夫連卄二家는 爲看烟이오 改谷[77]三家는 爲看烟이오

新城三家는 爲看烟이오 南蘇城一家는 爲國烟이오

新來韓穢沙水城은 國烟一, 看烟一이오 牟婁城二家는 爲看烟이오

豆比鴨岑韓五家는 爲看烟이오 勾牟客頭二家는 爲看烟이오

求底韓一家는 爲看烟이오 舍蔦城韓穢는 國烟三, 看烟卄一이오

古模耶羅城[78]一家는 爲看烟이오 炅古城[79]은 國烟一, 看烟三이오

客賢韓一家는 爲看烟이오 阿旦城, 雜珍城 合十家는 爲看烟이오

巴奴城韓九家는 爲看烟이오 臼模盧城四家는 爲看烟이오

各模盧城[80]二家는 爲看烟이오 牟水城三家는 爲看烟이오

幹弓利城[81]은 國烟二, 看烟三이오 彌鄒城[82]은 國烟一, 看烟七[83]이오

□□□□□□城[84]三家는 爲看烟이오 豆奴城은 國烟一, 看烟二오

奧利城은 國烟二, 看烟八이오 須鄒城은 國烟二, 看烟五오

百殘南居韓은 國烟一, 看烟五오 大山韓城六家는 爲看烟이오

農賣城은 國烟一, 看烟七[85]이오 閏奴城은 國烟一[86], 看烟[87]卄二오

古牟婁城은 國烟二, 看烟八이오 瑑城[88]은 國烟一, 看烟八이오

味城六家는 爲看烟이오 就咨城五家는 爲看烟이오

彡穰城卄四家는 爲看烟이오 散那城一家는 爲國烟이오

那旦城一家는 爲看烟이오 勾牟城一家는 爲看烟이오

於利城八家는 爲看烟이오 比利城三家는 爲看烟이오

細城三家는 爲看烟이라.

【精本作業】

72 東海買: 이유립본을 따랐다. 이도학 책은 '買'가 '賈'로 되어 있다.

73 敦城民: 이유립본은 '民'이 '□'로 되어 있다. 유승국본과 이도학 책을 따랐다.

74 訾連(자련): 이유립본은 '訾'가 '□'로 되어 있다. 유승국본과 이도학 책을 따랐다.

75 俳婁人: 이유립본은 '俳'가 '住'로 되어 있다. 유승국본과 이도학 책을 따랐다.

76 卌三: 유승국본과 이도학 책을 따랐다.

77 改谷: 이유립본은 '改'가 '□'로 되어 있다. 유승국본과 이도학 책을 따랐다.

78 古模耶羅城: 이유립본은 '模'가 '家'로 되어 있다. 유승국본과 이도학 책을 따랐다.

79 炅古城: 이유립본은 '炅'이 '□'로 되어 있다. 유승국본과 이도학 책을 따랐다.

80 岩模盧城: 유승국본과 이도학 책은 '岩'이 '各'으로 되어 있다. 이유립본을 따랐다. 탁본도 '岩'에 가깝다.

81 幹弓利城: 유승국본과 이도학 책은 '弓'이 '氐'로 되어 있다. 이유립본을 따랐다. 탁본도 '弓'에 가깝다.

82 彌鄒城: 이유립본은 '鄒'가 '舊'로 되어 있다. 이유립도 앞에서 '鄒'로 하였으므로 '鄒'가 옳은 듯하다. 유승국본과 이도학 책은 '鄒'로 되어 있어 이를 따랐다.

83 國烟一, 看烟七: 유승국본과 이도학 책을 따랐다.

84 □□□□□城: 유승국본과 이도학 책은 '也利城'으로 되어 있다. 이유립본은 '□□□□□□'으로 되어 있다. 탁본을 보면 '□□□也利□城'으로 읽을 수 있다고도 생각되나 정확하지 않아 위와 같이 표현했다.

85 看烟七: 이유립본은 '七'이 '一'로 되어 있다. 유승국본과 이도학 책을 따랐다.

86 國烟一: 이유립본은 '一'이 '二'로 되어 있다. 유승국본과 이도학 책을 따랐다.

87 看烟: 이유립본은 '看烟'이 '都烟'으로 되어 있다. 유승국본과 이도학 책을 따랐다.

88 瑑城: 이유립본은 '瑑'이 '琢'으로 되어 있다. 유승국본과 이도학 책을 따랐다.

【번역】

모든 지키는 사람의 호구(세대)는 매구여 백성이 국연 2家, 간연 3家이

고, 동해매는 국연 3家, 간연 5家이고,

돈성의 백성 4家는 모두 간연이고 우성 1가는 간연이고

비리성 2가는 국연이고 평양성 백성은 국연1가 간연 10가이고

자련 2가는 간연이고 배루사람은 국연 1가 간연 43가이고

양곡 2가는 간연이고 양성 2가는 간연이고

안부련 22가는 간연이고 개곡 3가는 간연이고

신성 3가는 간연이고 남소성 1가는 국연이고

새로 들어온 한예로 사수성 사람은 국연 1가 간연 1가이고 모루성 사람 2가는 간연이고

두비압잠한 5가는 간연이고 구모객두 2가는 간연이고

구저한 1가는 간연이고 사조성 한예는 국연 3가 간연 21가이고

고모야라성 1가는 간연이고 경고성은 국연 1가 간연 3가이고

객현한 1가는 간연이고 아단성, 잡진성 합하여 10가는 간연이고

파노성한 9가는 간연이고 구모로성 4가는 간연이고

암모로성 2가는 간연이고 모수성 3가는 간연이고

간궁리성은 국연 2가 간연 3가이고 미추성은 국연 1가 간연 7가이고

□□□□□성 3가는 간연이고 두노성은 국연 1가 간연 2가이고

오리성은 국연 2가 간연 8가이고 수추성은 국연 2가 간연 5가이고

백잔 남거한은 국연 1가 간연 5가이고 대산한성 6가는 간연이고

농매성은 국연 1가 간연 7가이고 윤노성은 국연 1가 간연 22가이고

고모루성은 국연 2가 간연 8가이고 전성은 국연 1가 간연 8가이고

미성 6가는 간연이고 취자성 5가는 간연이고

삼양성 24가는 간연이고 산나성 1가는 국연이고

나단성 1가는 간연이고 구모성 1가는 간연이고

어리성 8가는 간연이고 비리성 3가는 간연이고 세성 3가는 간연이다.

② 수묘인에 대한 교시와 구성

國罡上 廣開土境 好太王[89]이 存時敎言하사대

「祖王, 先王은 但敎取遠近舊民하야 守墓洒掃나

吾慮舊民이 轉當羸劣하노니 若吾萬年之後토록 安守墓者는

但取吾躬巡[90]所略來韓穢하야 令備洒掃라」하야

言敎如此하시니라. 是以如敎令하야 取韓穢二百卄家로대

慮其不知法하야 則復取舊民一百十家하야

合新舊守墓戶가 國烟卅과 看烟三百이니

都合三百卅家니라.

(守墓人의 數는 舊民이 110가구, 新民이 220가구이며, 國烟이 30가구, 看烟이 300가구로써 모두 330가구이다. 國烟은 國都之烟, 특히 王陵의 주위에 거주하며 제사와 묘소의 관리를 항상 담당하는 烟戶이고, 看烟은 看家(집을 지키다의 뜻)之烟, 즉 지방의 자신의 집에 거주하며 비용과 祭需의 공급 등을 담당하는 烟戶로 추정되며 각 城의 國烟이 그 城의 看烟에 대한 감독권을 가지고 있었던 듯하다)

【精本作業】

89 好太王: 이유립본은 '平安好太王'이라 했는데 탁본에 '平安' 두 글자가 없다. 유승국본과 이도학 책을 따랐다.

90 躬巡: 이유립본은 '巡'이 '率'로 되어 있다. 유승국본과 이도학 책을 따랐다. 탁본도 '巡'으로 되어 있다.

【번역】

국강상 광개토경 호태왕께서 생존시에 가르침을 말씀하시기를 "祖王과 先王께서는 단지 원근의 구민(고구려 토착민)만을 취하여 묘를 지키면서 물뿌리고 소제하게 하였지만 나는 구민들이 시간이 흘러가면서 힘들고 쇠퇴할까 염려되나니 만약 내가 죽은 지 만년의 뒤까지 안정되게 묘를 지킬 자는 단지 내가 몸소 순행하면서 데리고 온 韓人과 穢人을 취하여 그들로 하여금 관리토록 하라"하시어 말씀의 가르침이 이와 같으시니라. 그리하여 가르침과 같이 韓人과 穢人 220家를 취하되 그들이 법도를 알지 못할까 염려되어 다시 구민 110가를 취하여 新民과 舊民을 합하여 묘소를 지키는 호구가 국연 30가와 간연 300가니 모두 330가이다.

③ 수묘인에 대한 매매불가 규정

自上祖先王以來로 墓上에 不安石碑하야 致使守墓人烟戶差錯일세

唯國罡上 廣開土境 好太王[91]이

盡爲祖先王하야 墓上立碑하야 銘其烟戶하야

不令差錯하시니라.

又制守墓人은 自今以後로 不得更相轉賣니

雖有富足之者라도 亦不得擅買니 其有違令이면

賣者는 刑之하고 買人은 制令守墓之니라.

【精本作業】

91 好太王: 이유립본은 '平安好太王'이라 했는데 탁본에 '平安' 두 글자가 없다. 유승국본과 이도학 책을 따랐다.

【번역】

선대의 조왕 선왕으로부터 능묘 옆에 石碑를 안치하지 못하여 능묘를 지키는 사람들의 호구가 잘못되는 경우가 생겼기 때문에 오직 국강상 광개토경 호태왕께서 모두 조왕과 선왕을 위하여 능묘 옆에 비석을

세우고 호구를 새겨 잘못됨이 없게 하시니라.

또 법도를 제정하노니 능묘를 지키는 사람은 지금부터 이후로는 서로
팔아 넘길 수 없으니 비록 부유한 사람이 있을지라도 또한 함부로 살
수가 없으니 만약 법도를 어기면 판 사람은 형벌에 처하고 산 사람은
그로 하여금 능묘를 지키게 할 것을 법으로 정한다.

3. 광개토태왕비문과 『환단고기』의 整合性

1) 出自北夫餘

광개토태왕비문의 첫머리는 다음과 같이 시작하고 있다. 생각하옵건대
옛적 시조이신 <u>추모왕께서 나라를 창건하실 때에 북부여로부터 나오셨다</u>
(惟昔始祖鄒牟王之創基也에 出自北夫餘라). 이 북부여에 대해 권오엽과 이도학 및
북한 학자들의 견해를 살펴보면 다음과 같이 설명하고 있다.

이처럼 북부여가 천지간의 교류가 이루어지는 접점지이며 고구려의
건국이 시작된 곳이기 때문에 그곳은 고구려에게 특별한 의미를 부여
하는 곳, 고구려의 건국을 성스럽게 하는 서상지(瑞祥地)로서의 의미를
갖는 곳이어야 한다. 따라서 북부여는 실존한 부여와 동일시할 것이
아니라 고구려를 천하의 중심에 위치시키는 고구려의 신성성을 보장
해 주는 지명으로 보아야 할 것이다. (권오엽, 『광개토왕비문의 세계』)

부여라는 국호 앞에 方位名을 붙인 경우는 북부여 외에도 동부여와
남부여가 있었다.(남부여는 백제가 538년에 충청남도 부여로 천도하면서 改號한

國名이다.) 이러한 방위명 부여는 당초부터 이러한 이름을 가졌을 리는 없었을 것이다. '부여'를 기준으로 하여 북부여·동부여·남부여로 분파해 나간 것으로 보인다. 3세기 후반에 편찬된 『삼국지』에서는 이러한 방위명 부여가 존재하지 않았던 만큼, 북부여의 등장은 그 이후 어느 시점으로 판단된다. (이도학, 『고구려 광개토왕릉비문 연구』)

북부여는 고구려 사람들이 '북쪽의 나라인 부여'라는 뜻에서 쓴 것이다. (북한 사회과학원 역사연구소, 조선전사 3, 고구려사)

권오엽은 광개토태왕 비문의 서두뿐만 아니라 비문전체를 건국신화로 보기 때문에 그의 북부여에 대한 해석은 언급할 가치가 없다. 이도학은 3세기 후반 중국의 陳壽가 지은 『삼국지』에 「夫餘傳」이 있되 북부여 동부여 등의 방위명 부여가 없었다고 하여 북부여 명칭의 시작을 3세기 후반 이후에 고구려 사람들이 불렀던 他稱의 명사로 보았고 북한의 학자들도 북부여라는 명칭을 고구려 사람들이 후세에 붙인 명칭으로 인식하고 있다. 그러나 5세기 전반기의 것으로 추정되는 牟頭婁墓誌銘에서도 "하백의 자손이며 일월의 아들인 추모성왕께서 원래 북부여에서 나오셨다(河伯之孫이며 日月之子인 鄒牟聖王이 元出北夫餘라)" 하였고 『삼국유사』에서는 "古記에 이르기를 前漢書에 宣帝 神爵 3년 임술 4월 8일에 天帝가 訖升骨城(大遼 醫州 지경에 있다)에 내려왔는데 五龍車를 탔다. 도읍을 세워 왕이라 일컫고, 국호를 북부여라 하였다" 등의 기록을 보면 고주몽성제가 나온 북부여는 국호가 확실하다.

『환단고기』에는 『북부여기』가 있고 해모수 단군이 BCE 239년 임술년 4월 8일 북부여를 건국하였다고 하였다. 따라서 『삼국유사』의 선제 神爵 3년 壬戌에 해당하는 BCE 59년은 180년을 더 위로 올려 잡아야만 한다. 『북부여기』를 보면 고주몽은 BCE 58년 북부여의 7번째 단군으로 王位를 계승하고 있고 혈통적으로는 시조 해모수의 현손이 된다. 구체적인 내용은 17세손조를 참고하기 바란다.

단군조선의 44대 단군 丘勿이 BCE 425년 藏唐京(지금의 요령성 開原市)에서 등극을 하여 국호를 大夫餘라고 고쳤고 북부여의 건국자인 해모수는 이곳의 북쪽에 해당하는 길림성 舒蘭의 熊心山에서 나라를 열고 후에 백악산 아사달(지금의 길림성 長春)에 도읍을 정했기 때문에 북부여라고 부른 것이다. BCE 232년 대부여를 병합하고도 여전히 북부여라는 명칭을 사용하였다. 따라서 북부여는 단군조선을 계승한 나라의 명칭이지 결코 고구려시대 때 만들어진 方位名이 아니다. 이것이 태왕비의 出自北夫餘의 실상으로 오직 『환단고기』만이 이를 명쾌하게 설명해 주고 있다.

2) 天帝之子와 母河伯女郎

태왕비를 보면 고추모를 "천제의 아들이며 어머니는 하백의 따님(天帝之子시오 母는 河伯女郎)"이라 하였고 또 "나는 황천의 아들이오 어머니는 하백의 따님(我是皇天之子오 母는 河伯女郎)"이라고 하였다.

『북부여기』 6세 단군 高無胥조를 보면 고주몽이 동부여를 떠나 岔陵水에 이르러 강을 건너려 할 때 다리가 없자 강물에 대해 다음과 같이 告하고 있다.

나는 천제(천상상제님)의 아들이요 하백의 외손이다.(我是天帝子오 河伯外孫이라)

天帝之子라는 말은 『환단고기』의 「삼성기 上」에서도 역시 언급하고 있다. 태왕비에서 말한 天帝之子를 『환단고기』에서도 언급하고 있으며 河伯女郎을 『환단고기』에서는 河伯外孫이라 하여 柳花夫人의 아버지가 河伯(송화강 주위의 땅을 다스렸던 지방장관)의 벼슬을 하였다는 것도 더욱 정확하게 파악할 수가 있다.

『삼국사기』도 "我是天帝子오 河伯外孫이라" 하였고 『삼국유사』는 "我是天帝子오 河伯孫이라" 하였다. 이를 보면 『환단고기』, 『삼국사기』, 『삼국유사』 등이 동일하게 옛 기록을 바탕으로 쓰여졌음을 확인할 수 있다.

3) 剖卵降世

태왕비에는 고주몽이 알을 깨고 세상에 나오셨다(剖卵降世)고 하였다. 이 卵生說話는 『魏書』卷100의 高句麗傳, 『東國李相國集』卷3 「東明王篇」, 『三國史記』卷13 동명성왕 즉위년조에도 같은 내용이 나온다.

『환단고기』의 『북부여기』에도 다음과 같은 내용이 실려 있다.

> 이해(BCE 79년) 5월 5일 유화부인이 알 하나를 낳았는데 한 사내아이가 껍질을 깨고 나왔다. 이 아이가 바로 고주몽이니 골격이 뚜렷하고 늠름하며 위엄이 있었다.(是歲五月五日에 柳花夫人이 生一卵하야 有一男子가 破殼而出하시니 是謂高朱蒙이시오 骨表英偉라)

정말 고주몽이 알에서 태어났느냐의 진위를 떠나 태왕비와 『환단고기』의 내용은 정확히 일치하고 있다.

4) 路由夫餘奄利大水

역시 태왕비의 서두에 고주몽이 어머니 유화부인의 명을 받들어 동부여를 떠나 남쪽으로 내려갈 때 "도중에 부여의 엄리대수를 건넜다(路由夫餘奄利大水)"고 하였다.

『삼국사기』에서는 엄사수(淹㴲水)(一名 蓋斯水)라 하였고 『삼국유사』에서는 淹水, 『論衡』과 『후한서』에서는 엄사수(淹㴲水)라고 하였다.

『환단고기』에는 이에 대한 내용이 두 곳에 나온다.

> 차릉수(岔陵水)에 이르러 강을 건너려 하였으나 다리가 없었다……주몽이 물을 건너자 물고기와 자라가 곧 흩어졌다.(行至岔陵水하사 欲渡無梁이라……始得渡하시고 魚鼈이 乃解하니라)
>
> 이에 고주몽이 어머니 유화부인의 명을 받들어 동남쪽으로 달아나 엄리대수를 건너 졸본천에 도착했다.(高朱蒙이 奉母柳花夫人命하사 東南走하사 渡淹利大水하시고 到卒本川이라)

『환단고기』에는 차릉수와 엄리대수의 두 가지 명칭이 나오나 같은 강이라 생각된다. 차릉은 지명으로 『북부여기』를 보면 BCE 108년 한무제의 침략에 대항하여 의병을 일으켜 한나라의 침략을 물리친 東明王 高豆莫汗이 세력을 확장하여 북부여를 압박하자 북부여의 왕 解夫婁는 나라를 넘기고 제후로 降等이 되어 岔陵으로 옮겨 갔다고 하였다. 이것을 동부여 또는 迦葉原夫餘라고 부르며 지금의 흑룡강성 通河縣이다. 고주몽이 동부여 즉 차릉을 떠나 동남쪽으로 내려가려면 반드시 송화강을 건너야 했으니 이 송화강이 차릉수이며 엄리대수이다. 『삼국사기』의 엄사수, 『삼국유사』의 엄수

보다 더욱 정확하게 『환단고기』는 엄리대수라 하였으니 『환단고기』의 정확성을 여기서도 확인할 수 있다.

5) 傳至十七世孫

태왕비에서 "대대로 왕위를 계승하여 17세손인 국강상 광개토경 평안호태왕에 이르셨다(傳至十七世孫 國罡上 廣開土境 平安好太王이라)"고 하였다. 이에 대한 자세한 내용은 『환단고기진서고(Ⅰ)』(세계환단학회지 창간호, 2014.12.)를 참고하기를 바라며 간략하게 내용을 소개하고자 한다.

광개토태왕은 고구려의 19대 왕이며 고주몽으로부터 13세손에 해당한다. 그런데 왜 17세손이라 하였을까? 이를 이해하기 위해서는 북부여와 고주몽의 관계를 알아야만 한다. 태왕비에서도 고주몽이 "북부여로부터 나왔다"고 하였다. 여기에는 2가지의 의미가 있는데 첫째는 왕통이며 둘째는 혈통이다. 앞에서도 이야기한 것처럼 고주몽은 북부여의 6세 고무서단군의 사위로 들어가 북부여의 7대 단군이 됨으로써 북부여의 왕통을 계승하게 된다. 따라서 고구려는 바로 북부여를 계승한 나라임으로 이유립은 북부여를 원시 고구려라고 하였다. 이를 「삼성기 上」에서는 다음과 같이 기술하고 있다.

계해(단기 2276, BCE58)년 봄 정월에 이르러 고추모(고주몽)가 역시 천제의 아들로서 북부여를 계승하여 일어났다. 단군의 옛 법을 회복하고, 해모수를 태조로 받들어 제사지내며 연호를 정하여 다물이라 하시니, 이분이 곧 고구려의 시조이시다.(至癸亥春正月하야 高鄒牟가 亦以天帝之子로 繼北夫餘而興하사 復檀君舊章하시고 祠解慕

漱하사 爲太祖하시고 始建元하사 爲多勿하시니 是爲高句麗始祖也시니라)

위의 내용을 보면 고구려는 단순히 북부여를 계승한 나라가 아니라 해모수를 太祖 즉 나라의 건국자로 받들고 있음을 알 수 있다.

다음으로 혈통에 대해 「고구려국본기」의 내용을 살펴보면 다음과 같다.

> 고리군의 왕 고진은 해모수의 둘째 아들이고, 옥저후 불리지는 고진의 손자이다. 모두 도적 위만을 토벌한 공으로 봉토를 받았다. 불리지가 일찍이 서압록을 지나다가 하백의 딸 유화를 만나 기뻐하며 장가들어 고주몽을 낳았다.(槀離郡王高辰은 解慕漱之二子也오 沃沮侯弗離支는 高辰之孫也니 皆以討賊滿功으로 得封也라 弗離支가 嘗過西鴨綠이라가 遇河伯女柳花하야 悅而娶之하고 生高朱蒙하다)

위의 내용은 『북부여기』의 「가섭원부여기」에도 동일한 내용이 실려 있다. 위의 내용을 보면 고주몽은 해모수→고진→○→불리지→고주몽으로 혈통이 연결되어 북부여의 건국자인 해모수단군의 4세 후손이 된다. 따라서 해모수로부터 광개토열제까지는 4세+13세=17세손이 된다.

고주몽은 BCE 58년 帝位에 올라 연호를 多勿이라 쓰고 여전히 국호를 북부여라고 하다가 BCE 37년 시조 해모수의 고향이 고구려이므로 국호를 고구려로 바꾸고 연호를 平樂으로 고치게 된다. 이 때문에 『삼국사기』에 고구려의 건국이 BCE 37년으로 기록되었던 것이다.

그렇지만 광개토태왕 비문에서 17세손이라 한 것으로 미루어 보면 광개토태왕 당시에도 북부여의 시조 해모수를 고구려의 건국자로 보고 있었던 것이다.

이와 관련된 내용이 『新唐書』「東夷列傳」高(句)麗에 실려 있다. 전쟁 당시 요동을 시찰한 侍御史 賈言忠은 돌아와서 당나라 고종에게 다음과 같은 보고를 올리고 있다.

또한 고려비기에 이르기를 "(고구려는) 구백 년에 미치지 못하여 팔십 먹은 대장이 있어 멸망을 시킨다"고 하였는데 고구려는 한나라 때부터 나라가 있어 지금 구백년이 되었고, 이적(584~669)의 나이가 80살입니다.(且高麗祕記曰 不及九百年하야 當有八十大將滅之라 한데 高氏自漢有國하야 今九百年이오 勣年이 八十矣니이다)

위와 동일한 내용이 『삼국사기』「보장왕下」 27년(668년)조에도 실려 있다. 위의 내용을 보면 고구려는 900년을 이어온 나라라 하였다. 해모수가 건국한 BCE 239년부터 계산하면 239+668=907년이 되고 대부여의 五加가 共和政을 폐하고 북부여에 병합된 해로부터 계산하면 232+668=900년이 되어 위의 900년과 정확하게 합치된다. 이를 통해서도 고구려의 뿌리는 북부여라는 것을 확인할 수 있다.

6) 二九登祚, 卅有九 晏駕棄國

태왕비문에 광개토열제는 18세에 등극(二九登祚)을 하여 39세에 돌아가셨다(卅有九 晏駕棄國)고 하였다.

비문에 永樂五年을 歲在乙未라 하였다. 이는 을미년인 395년이 광개토태왕이 등극한 지 5년이 되는 해라는 뜻이다. 고구려는 즉위년 칭원법을 썼으므로 태왕은 391년에 등극을 하였고 이때가 18세였다는 것이다.

광개토태왕이 18살에 등극하였다는 기록은 『삼국사기』 등에는 나와 있지 않고 오직 『환단고기』에만 그 기록이 보인다.

> 18세에 광명전에서 등극하실 때 예로써 천악을 연주했다.(年十八에 登極
> 于光明殿하시니 禮陳天樂이라)

이 한 가지 내용만 보더라도 『환단고기』의 사료적 가치는 대단히 정확하다는 것이 증명이 된다. 이를 가지고 추산하면 그의 출생은 374년 甲戌年이 되고 그의 죽음은 412년이 된다. 『삼국사기』에서도 재위년을 22년이라 했는데 391년에서 412년까지 22년이 되어 정확히 들어맞는다.

7) 永樂年號

비문에서 "영락태왕이라고 불렀다(號爲永樂太王)"고 하였다. 영락은 광개토열제의 년호이다. 『삼국사기』에는 고구려 열제들의 연호가 한 번도 나오지 않는다.

그러나 『환단고기』에는 고주몽성제(多勿, 平樂), 태조무열제(隆武), 광개토열제(永樂), 장수열제(建興), 문자열제(明治), 평원제(大德), 영양제(弘武), 보장제(開化) 등 9개의 연호가 보인다. 영락 연호는 "영락 10년(AD 400년) 삼가라가 모두 고구려에 귀속되었다(永樂十年에 三加羅가 盡歸我라)"라고 하여 광개토열제의 연호가 永樂임을 밝혀주고 있는데 오직 『환단고기』만이 이를 밝혀주고 있는 유일한 사서이다. 1915년 충북 중원군 노은면에서 발견된 금동석가불의 光背에 "建興五年 歲在丙辰"이라 銘文이 기록되어 있다. 건흥은 위에서 밝힌 바와 같이 장수열제의 연호이다. 412년 광개토열제가 승하하자 아들인 장수열제가 계위하여 건흥이란 연호를 썼고 즉위년 칭원에 의해 416년은 건흥 5년이 되고 이 해의 간지가 丙辰임으로 광개토열제가 39세가 되는 412년에 돌아가셨음이 정확하게 증명이 된다. 또한 노은면에서 발견된 금동석가불이 만들어진 시기와 나라는 지금 한국과 일본의 학자들이 "536년 또 596년에 신라에서 만들어졌다"는 주장과 달리 416년 고구려에서 만들어진 것이다. 고구려 역대 열제들의 연호를 기록하고 있는 『환단고기』의 사료적 가치는 여기에서도 확연히 드러난다.

8) 急追至任那加羅

태왕비를 보면 AD 399년 己亥年 백제가 倭와 和通하여 신라를 공격하게 하자 신라는 고구려에 구원을 요청하였다. AD 400년 庚子年 광개토태왕은 전교를 내려 보병과 기병 5만 명을 파견하여 신라를 구원하게 하였다. 男居城으로부터 新羅城에 이르니 倭賊이 가득히 모여 있다가 고구려의 군사가 이르자 후퇴를 하였다. 고구려군이 "도망간 자취를 밟아 바다를 건너 등 뒤로부터 협공을 하면서 급히 추격하여 任那加羅의 從拔城(鰐浦)에 이르렀다(蹈跡而越하야 夾攻來背하야 急追至任那加羅 從拔城이라)"라고 하였다.

위의 내용을 보면 고구려는 후퇴하는 倭의 후미를 공격하면서 바다를 건너 대마도에 상륙하여 성을 함락시켰다는 것이다. 지금의 강단사학자들 대부분은 여기의 任那加羅를 김해 가락국의 國城으로 보고 있다. "왜군이 경주로부터 멀리 떨어진 김해방면까지 도망해왔다는 것은 왜군이 원래부터 임나가라의 지원에 의존하는 세력이었기 때문일 것이다"라고 하여 아직도

任那와 가야를 동일시하는 식민사학의 틀을 벗어나지 못하고 있다. 또 김태식은 "임나가라의 명칭은 김해 가락국을 중심한 전기가야 연맹의 4세기 후반 당시의 이름이었고 그 기원은 창원 任那國과 김해 駕洛國의 합칭에 있었다"라고 하여 역시 한반도에서 그 명칭을 찾아 비정하고 있다.

『환단고기』에는 임나와 가라 및 AD 400년 광개토열제의 대마도정복에 대한 정확한 내용이 기술되어 있다.

임나는 본래 대마도의 서북 경계에 위치하여 북은 바다로 막혀 있다. 다스리는 곳을 국미성이라 했다. 동쪽과 서쪽 각 언덕에 마을이 있어 혹은 조공하고 혹은 배반하였다. 뒤에 대마도의 두 섬이 마침내 임나의 통제를 받게 되어 이때부터 임나는 대마도 전체를 가리키는 이름이 되었다. 옛날부터 큐슈와 대마도는 삼한이 나누어 다스린 땅으로, 본래 왜인들이 대대로 산 곳이 아니다. 임나가 또 나뉘어 삼가라가 되었는데, 이른바 가라라는 것은 중심이 되는 읍(首邑)을 부르는 이름이다. 이때부터 삼한(삼가라의 왕)이 서로 다투어 오랜 세월이 지나도록 화해하지 못하였다. 좌호가라가 신라에 속하고, 인위가라가 고구려에 속하고, 계지가라가 백제에 속한 것은 이 때문이다. 영락(광개토열제) 10년(단기 2733, 400)에 삼가라가 모두 고구려에게 귀속되었다. 이때부터 바다와 육지의 여러 왜를 모두 임나에서 통제하여 열 나라로 나누어 다스리면서 연정이라 했다. 그러나 고구려에서 직접 관할하였으므로 열제의 명령 없이 마음대로 하지는 못하였다.(任那者는 本在對馬島西北界하니 北阻海하고 有治曰國尾城이오 東西에 各有墟落하야 或貢或叛이러니 後에 對馬二島가 遂爲任那所制故로 自是로 任那는 乃對馬全稱也라 自古로 仇州對馬는 乃三韓分治之地也오 本非倭人世居地라 任那가 又分爲三加羅하니 所謂加羅者는 首邑之稱也라 自是

로 三汗이 相爭하야 歲久不解하니 佐護加羅는 屬新羅하고 仁位加羅는 屬高句麗하고

鷄知加羅는 屬百濟가 是也라 永樂十年에 三加羅가 盡歸我하니 自是로 海陸諸倭가 悉

統於任那하야 分治十國하니 號爲聯政이라 然이나 直轄於高句麗하야 非烈帝所命이면

不得自專也니라)

위의 내용을 요약해보면 다음과 같다.

첫째, 任那는 본래 대마도의 서북쪽에 있던 집단의 명칭으로 북으로는 바다로 막혀있고 중심지에 있던 治所의 명칭이 國尾城이었다. 그리고 뒤에 대마도의 전체 명칭이 되었다.

『일본서기』의 10대 崇神天皇 65년조에도 "임나국이 蘇那曷叱知를 보내 조공하였다. 임나는 築紫國에서 2000여리 떨어진 거리에 있다. 북은 바다로 隔하고 雞林의 西南에 있다(任那國이 遣蘇那曷叱知하야 令朝貢也라 任那者는 去筑紫國 二千餘里니 北阻海하고 以在鷄林之西南이라)"고 하였다.

『일본서기』의 위의 구절은 ①築紫 즉 福岡으로부터 2000리 떨어진 곳 ②북쪽이 바다로 막혀 있는 곳 ③계림 즉 경주의 서남쪽에 있다는 것의 3가지 관점에서 任那가 대마도임을 분명하게 밝혀주고 있다.『三國志』「魏書·倭人傳」에서 "대마도에서 남쪽으로 천여리의 바다를 건너면 一岐國에 이르고 여기서 또 남쪽으로 천여리의 바다를 건너면 末盧國(松浦)에 이른다고 했으니 北九州에서 이천여 리가 떨어진 곳은 대마도가 확실하다. 文定昌도『日本上古史』와『일본서기』주석에서, 그리고 李炳銑은『任那國과 대마도』에서, 최재석은『고대한국과 일본열도』에서 任那가 대마도임을 강력하게 주장하였다. 그러나 아직도 한국의 많은 강단사학자들은 임나와 가야를 동일시하고 있으며 일본학자들의 연구를 추종하여 임나의 위치를 경상도, 전라도에서 찾고 있는 실정이다.

둘째, 임나는 뒤에 三加羅로 나뉘게 되는데 대마도의 북쪽에 있는 佐護加羅는 신라에 소속되고 중앙에 있는 仁位加羅는 고구려에 소속되고 남쪽에 있는 雞知加羅는 백제에 소속하게 되었다는 것이다. 따라서 임나와 가라는 모두 대마도에 대한 이칭인 것이다.

셋째, 영락 10년 즉 AD 400년 삼가라가 모두 고구려에 소속되었는데 이 것이 태왕비에 있는 영락 10년 광개토태왕의 대마도정벌과 일치한다.

넷째, 뒤에 任那는 10국이 聯邦을 이루어 聯政을 펼쳤다는 것이다.

임나 10국에 대해서 『환단고기』는 "(다파라국은) 뒤에 임나에 병합되어 연합정권을 세워 다스렸다. 이때 세 나라는 바다에 있고 일곱 나라는 육지에 있었다(後에 併于任那하야 聯政以治하니 三國은 在海하고 七國은 在陸이라)"이라고 하였다.

임나 10국의 구체적인 명칭은 『일본서기』欽明天皇 23년(562년)조에 다음과 같이 기술되어 있다.

23년 春正月 신라는 임나의 관가를 쳐 없앴다.(新羅打滅任那官家)(一書에 21년에 임나가 망했다고 하였다. 통틀어 임나라 하고 세분해서는 加羅國, 安羅國, 斯二岐國, 多羅國, 卒麻國, 古嗟國, 子他國, 散半下國, 乞飡國, 稔禮國 합하여 10국이다)

이유립은 임나 10국의 위치에 대해 바다에 섬으로 있는 삼국은 加羅國(대마도), 斯二岐國(일기도), 子他國(五島列島)이라 하고 육지에 있는 칠국은 安羅國(阿蘇山 남쪽), 多羅國(『환단고기』에 "다라국이 안라국과 이웃하고 同姓이며 과거에 熊襲城이 있었는데 지금은 九州 熊本城이 이곳이다"라고 하여 논자는 熊本으로 보고자 한다), 卒麻國(延岡), 古嗟國(坊澤), 散半下國(別府), 乞飡國(久留米), 稔禮國(임례국 宮崎)이라고 하였다. 이를 지도에 표시하면 다음과 같다.

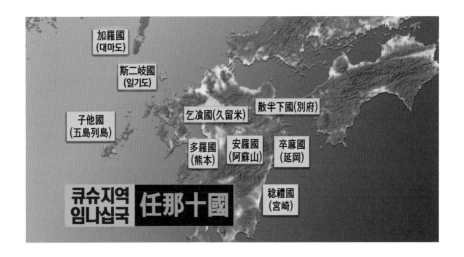

9) 광개토열제의 일본열도 정벌

이 부분은 현재의 탁본에서 대부분이 마멸되어 있는데 일본 육군 참모본부에서 의도적으로 훼손시킨 것으로 사료된다. 다행히 戊戌謄本을 통해서 대부분이 복원되었으므로 이에 대한 내용을 살펴보면 다음과 같다.

> 시라성(九州 大隅國의 始羅城)과 都城을 함락시킬 때 왜적이 성에 가득했으나 왜적이 무너지니 성이 여섯 번이나 우리의 공격을 받고 탕멸하여 남은 것이 없게 되었다. 왜적이 드디어 나라를 들어 항복하니 죽은 자가 10명 중 8, 9명이고 모두 신하가 되어 이끌고 오니 안라인으로 지키게 하였다.(拔始羅城 都城할새 倭滿倭潰하니 城이 六被我攻하고 盪滅無遺라 倭遂擧國降하니 死者十之八九오 盡臣率來하니 安羅人으로 戍兵 하니라)

광개토열제가 일본의 열도에 상륙하여 일본을 정벌했다는 것을 기록한 사서는 『환단고기』가 유일하다. 『환단고기』는 이에 대해서 다음과 같이 기록하고 있다.

> 한번은 바다를 건너 이르는 곳마다 왜인을 격파하셨는데 당시 왜인은
> 백제를 돕고 있었다. 백제는 앞서 왜와 은밀히 내통하여 왜로 하여금
> 잇달아 신라 경계를 침범하게 하였다. 이에 열제께서 몸소 수군을 거
> 느리고……이때 백제·신라·가락(가야) 모든 나라가 조공을 끊이지 않고
> 바쳤다. 거란과 평량이 다 평정되어 굴복하였고 임나, 이국(伊國), 왜의
> 무리가 신하라 칭하지 않는 자가 없었으니 해동의 융성이 이때에 절정
> 을 이루었다.(一自渡海로 所至에 擊破倭人하시니 倭人은 百濟之介也라 百濟가 先與
> 倭로 密通하야 使之聯侵新羅之境하니 帝 躬率水軍하사……時則百濟·新羅·駕洛諸國이
> 皆入貢不絕하고 契丹·平凉이 皆平服하고 任那·伊·倭之屬이 莫不稱臣하니 海東之盛이
> 於斯爲最矣라)

위에서 "백제가 倭와 내통하여 倭로 하여금 신라 경계를 침범하게 하였다"
고 하였는데 태왕비에서도 "9년 기해(399년)에 백잔이 맹서를 어겨 왜와 화
통하고 왕께서 평양에 순행하여 내려가셨더니 신라가 사신을 보내 왕께 아
뢰어 이르기를 왜인이 국경에 가득하여 성과 못을 무너뜨리고 깨트리니 노
객인 신라는 (왕의) 백성이니 왕께 귀순하여 명을 청하옵니다(九年己亥에 百殘이
違誓하야 與倭和通하고 王이 巡下平穰이러시니 而新羅가 遣使白王云호대 倭人이 滿其國境하
야 潰破城池하니 以奴客爲民이니 歸王請命하노이다)"의 내용과 정확히 일치한다.

광개토태왕은 396년 백제를 쳐서 백제의 58개 성과 도성을 함락하고 阿
莘王의 항복을 받았다. 그러나 백제는 399년 고구려를 배신하고 分國인 倭
에 요청하여 신라를 공격하게 하였다. 신라가 고구려에 구원을 요청하자
광개토태왕은 신라를 구원하고 더 나아가 대마도를 점령하였으며 倭의 본

거지인 구주에 상륙하여 始羅城과 都城을 함락시켰다. 그러나 倭가 喙己呑,
卓淳의 적들과 함께 반격을 도모하자 바로 卓淳을 점령하였다. 始羅城은 지
금의 鹿兒島縣의 始良郡(압량군)의 옛 명칭이 始羅郡이었으므로 이곳으로 추
정되고 都城은 宮崎縣의 남쪽에 있어 모두 九州에 있는 지명이기 때문에 喙
己呑과 博多도 九州에 있는 지명이 분명하다. 지금까지도 한국의 많은 학자
들이 喙己呑을 경북 경산, 밀양 영산, 창녕, 대구광역시, 옥전고분군이 있는
경남 합천 쌍책면 성산리, 다라리 등으로 비정하고 卓淳을 창원, 漆原, 大
邱, 昌寧, 宜寧 등에 비정하여 소설 쓰듯이 배합한 것들은 모두 잘못된 연구
들이다. 이후 고구려의 左軍은 淡路島를 거쳐 但馬(兵庫縣의 豊岡市 주위)로 진
격하고 右軍을 難波를 거쳐 武藏(近畿 동쪽의 東京都, 埼玉縣)에 도달하였다. 이
를 도표로 그리면 다음과 같다.

10) 安羅人으로 戍兵

광개토태왕비에는 安羅人으로 戍兵(군사를 주둔시켜 지키게 했다)이라는 말이
세 번 나온다. 첫째는 대마도의 從拔城이 항복하자 安羅人으로 戍兵케 했다

고 하였고 둘째, 始羅城과 都城을 攻取하고 安羅人으로 戍兵케 했다고 했으며 셋째 卓淳, 但馬, 武藏 등을 取하고 安羅人으로 戍兵케 했다고 하였다. 安羅人은 누구인가? 이를 살펴보기에 앞서 기존의 연구내용을 소개해 보고자 한다.

㉠ 安羅를 咸安으로 간주하여 과거에 일부 논자들은 任那日本部의 傭兵으로 해석하여 왔다. 즉 왜가 장기간에 걸쳐 가야를 점령했다는 근거로서 이용하고자 했다.

㉡ 羅人을 신라인으로 보아 신라인을 안치하여 把守兵으로 삼았다.

㉢ 羅人은 任那加羅人으로 임나가라 사람을 안치하여 파수병으로 삼았다.

㉣ 고구려가 邏人 즉 巡邏兵을 두어 지키게 하였다.

安羅에 대해서 『환단고기』에서는 다음과 같이 명쾌한 해답을 내려주고 있다.

> **다라국은 안라국으로 서로 이웃하고 성씨도 같았다. 옛날에 이곳에 웅습성이 있었는데 지금의 큐슈, 쿠마모토성이 바로 그곳이다.**(多羅國은 與安羅國으로 同隣而同姓이오 舊有熊襲城하니 今九州熊本城이 是也라)
> 이도국은 츠쿠시(築紫, 福岡縣 絲島半島, 前原市, 福岡市 西區, 옛날의 怡土郡)에 있었는데, 바로 일향국이다. 여기서부터 동쪽은 왜(응신조 왜를 말함)에 속하고, 그 남동쪽은 안라에 속하였다. **안라는 본래 홀본 사람이다. 북쪽에 아소산이 있다. 안라는 뒤에 임나에 들어가서 일찍이 고구려와 친교를 맺었다.**(伊都國은 在筑紫하니 亦卽日向國也라 自是以東은 屬於倭하고 其南東은 屬於安羅하니 安羅는 本忽本人也라 北有阿蘇山하고 安羅는 後에 入任那하니 與高句麗로 早已定親이라)

위의 내용을 보면 安羅는 일본 九州의 아소산 남쪽에 있었던 나라 이름이다. 그 서쪽에는 역시 고구려에서 이주한 多羅國이 있었으며 同姓이었다. 安羅人들은 고구려가 처음 도읍을 열었던 卒本(忽本)에서 이주했고 고구려 사람들과 일찍부터 친교를 맺고 있었다. 따라서 廣開土太王이 대마도와 일본열도를 정벌하고 그들로 하여금 함락한 지역의 치안을 담당하게 했던 것이다. 이 내용은 오직 『환단고기』를 통해서만 해석할 수 있는 내용이다. 安羅가 나라이름이라는 것은 『일본서기』의 欽明天皇 2년 4月조에도 백제성왕 회고담에 "옛날 나의 선조인 速古王, 貴首王 때에 安羅, 加羅, 卓淳의 旱岐들이 처음으로 사신을 보내 서로 통하여 친교를 두터이 맺어 자제로 삼아 항상 융성하기를 바랐다"고 하여 國名으로 등장하고 있으며 任那 10국에도 있는 나라의 명칭이다.

이상의 내용을 보면 앞에서 소개한 4개의 설은 모두 틀린 내용이 된다. 安羅人들이 고구려의 수도였던 卒本에서 이주해 아소산 남쪽에 나라가 있었고 고구려와 일찍부터 친교를 맺어 왔기 때문에 대마도로부터 일본의 구주, 본주의 성들을 함락시키고 믿을 수 있었던 안라인들로 하여금 지키게 하였던 것이다. 이러한 내용들은 오직 『환단고기』를 통해서만 알 수 있는 내용들이다.

4. 나오는 말

광개토태왕비는 광개토열제 사후 2년 뒤인 AD 414년에 그의 아들 장수열제가 父王의 정복업적을 기록하여 세운 勳績碑이다.

이 비석은 19세기 후반 발견되었으나 일본 육군 참모본부의 글자의 위조, 변조와 글자를 마멸시켜 그 참된 모습이 지금까지도 잘 알려져 있지 않다. 그러나 다행스럽게도 1898년 戊戌年 운초 계연수 선생이 탁본을 뜬 것을 바탕으로 그 본래의 모습을 제대로 살펴볼 수 있다. 태왕비문은 모두 1802자로 이루어져 있고 戊戌謄本 당시 117자만을 파악하지 못하였다. 1912년 다시 탁본을 떴을 때 다시 138자가 완전히 마멸되어 있었다. 이에 계연수는 '廣開土聖陵碑文缺字徵實'이라는 글을 써서 138자를 복원하였다. 이를 근거로 하여 이유립은 '國岡上廣開土境平安好太聖帝聖陵碑文譯註'를 지어 후세에 전하였다. 우리는 이를 통해서 비로소 위조 변조되지 않은 본래의 태왕비의 내용을 파악할 수 있게 되었다.

『환단고기』는 이 책이 세상에 공개되어 대중화된 지 40여년에 이르고 있지만 아직도 강단사학자들의 위서론에 휘말려 그 가치를 제대로 인정받지 못하고 있다. 이를 극복하기 위해서는 기존의 강단사학자들이 풀지 못하고 있는 難題들을 『환단고기』의 내용을 통해 해결하여 그 가치를 스스로 증명하는 것이 무엇보다도 중요한 일이라고 사료된다.

광개토태왕비와 같은 금석문은 당시의 사실을 기록하고 있으므로 어떤 사료보다도 우선시 되는 일차사료이다. 著者는 광개토태왕 비문과 『환단고기』의 내용이 10가지 측면에서 정확하게 일치하고 있는 것을 확인할 수 있었다.

첫째, 태왕비에서 고주몽이 북부여에서 나왔다고 하였는데 『환단고기』는 북부여가 BCE 239~BCE 58년까지 존재했던 나라이름이고 고주몽이 북부여 7대 임금으로 북부여를 계승하였음을 밝혀주고 있다.

둘째, 태왕비에서 고주몽이 天帝之子요 어머니는 河伯女郎이라고 하였는데 『환단고기』에서도 고주몽이 天帝子요 河伯外孫이라 하여 동일한 내용을 기록하고 있다.

셋째, 태왕비에서 고주몽이 알을 깨고 나왔다고 하였고 『환단고기』에서도 역시 알을 깨고 나왔다고 기록하고 있다.

넷째, 태왕비에서 고주몽이 동부여를 탈출할 때 부여의 奄利大水를 건넜다고 하였고『환단고기』에서도 淹利大水를 건넜다고 하였다. 이는『삼국사기』의 淹㴲水,『삼국유사』의 淹水보다 더욱 정확한 표현으로『환단고기』의 정확성이 더욱 드러나는 내용이다.

다섯째, 태왕비에서 "대대로 왕위를 계승하여 17세손인 광개토태왕이 이르렀다"고 하였다. 광개토태왕은 고구려의 19대왕이고 고주몽으로부터 13세손이다.『환단고기』에 고구려의 國統은 북부여를 계승했고 고주몽의 血統은 북부여의 건국자인 해모수의 4세손이라 하여 4세+13세=17세가 되어 해모수로부터 계산한 것이다.「삼성기上」에서 고주몽이 해모수를 太祖로 삼았다는 기록과 상통하는 것으로 오직『환단고기』만이 이에 대한 해답을 내려준다.

여섯째, 태왕비에 광개토태왕이 18세에 등극하였다 하였고『환단고기』에도 18세에 등극하였다 하여 두 기록이 일치하고 있다.

일곱째, 태왕비에 광개토태왕이 永樂이란 연호를 사용하였다고 하였는데 永樂이 광개토태왕의 연호였다는 것이 오직『환단고기』에만 나온다.

여덟째, 태왕비에 광개토태왕이 倭를 추격하여 바다를 건너 임나가라에 이르렀다고 하였다.『환단고기』는 임나가 대마도를 지칭한 것이며 후에 三加羅로 나뉘었다고 하여 임나가라가 대마도를 지칭한다는 것을 밝혀주고 있는 유일한 사서이다.

아홉째, 무술등본을 통해 고구려군이 대마도를 거쳐 구주에 상륙하여 九州의 始羅城 都城을 함락하고 瀨戶內海를 거쳐 淡路島에 이르고 左軍은 담로도에서 但馬로 진격하고 右軍은 難波를 거쳐 武藏에 이르렀다는 놀라운 이야기를 전해주고 있다.『환단고기』도 태왕이 바다를 건너 倭人을 격파하여 任那·伊·倭를 모두 신하로 삼았다고 하여 두 기록이 일치하고 있다.

열째, 태왕비에 고구려는 일본에서 성을 함락하고 安羅人으로 戍兵케 하였다고 하였다. 현재 국내외의 모든 학자들이 安羅에 대한 수수께끼를 풀지 못하고 있는데 『환단고기』에서는 안라인은 고구려 卒本에서 일본에 이주하여 구주의 아소산 남쪽에 나라를 세우고 일찍부터 친교를 맺어 왔다고 하였다. 이러한 이유로 고구려는 함락한 지역의 치안을 안라인에게 맡겼는데 이러한 내용은 『환단고기』가 아니면 결코 알 수 없는 내용들이다.

이를 통해서 보면 『환단고기』는 어떤 사서보다도 역사를 정확하게 기록하고 있는 眞書 중의 眞書라는 것을 확인할 수 있다.

/ 참고문헌 /

- 歐陽修, 宋祁撰. 新唐書(20). 북경: 중화서국. 1991.
- 권오엽. 광개토왕비문의 세계. 서울: 제이앤씨. 2007.
- 김태식. 광개토왕릉비문의 임나가라와 안라인수병. (한국고대사논총6). 1994.
- 文定昌. 廣開土大王勳績碑文論. 서울: 柏文堂. 1977.
- 북한 사회과학원 역사연구소. 朝鮮全史3. 고구려사. 과학백과사전종합출판사. 1991.
- 사단법인 고구려연구회편. 광개토태왕과 고구려남진정책. 서울: 학연문화사. 2002.
- 朝鮮古代社會研究所. 역주한국고대금석문Ⅰ. 1992.
- 안경전 역주. 환단고기. 대전: 상생출판. 2012.
- 王健群. 好太王碑研究. 長春: 吉林人民出版社. 1984.
- 유승국, 廣開土大王碑文을 通해서 본 韓國古代思想의 原型深究. 大韓民國學術院. 學術院論文集(人文·社會科學篇)第43輯. 2004.
- 이도학, 고구려 광개토왕릉 비문 연구. 서울: 서경문화사. 2006.
- 李裕岦, 大倍達民族史5. 서울: 高麗家. 1987.
- 田溶新 完譯. 日本書記. 서울: 일지사. 1989.
- 최남선. 삼국유사. 서울: 瑞文文化史. 2003.

제7편

산동지역의 八神祭에 關한 硏究

1. 들어가는 말

인류의 원형문화에 神教가 있다. 神教는 以神施教(『단군세기』) 또는 以神設教(『규원사화』)의 줄인 말이다. 신교는 고조선 이전의 환국, 배달국 시대부터 우리의 조상들이 국교로 받들어 온 우리 민족의 생활문화였을 뿐만 아니라 모든 인류의 뿌리문화이다.

神教는 神으로써 가르침을 베푼다는 뜻이며 신으로써 인간생활의 중심으로 삼는다는 뜻이다. 신과 인간의 소통은 제사를 통해서 이루어진다. 따라서 神教의 중심에는 제사문화가 있다.

인간과 신은 "神依人하고 人亦依神"의 관계에 있다. 神은 인간을 통해 자신의 뜻을 성취하고 인간은 神에 의지하여 역시 자신 목적을 성취한다. 인간과 신은 不可不離의 관계에 있는 것이다.

『桓檀古記』「神市本紀」에 "震城留記에 日齊俗에 有八神之祭하니 八神者는 天主, 地主, 兵主, 陽主, 陰主, 月主, 日主, 四時主也라" 하였다. 이 八神祭의 구체적인 내용은 司馬遷이 지은 『史記』「封禪書」에 좀 더 자세히 실려 있다.

八神의 구성을 보면 天地, 日月, 陰陽이 음양짝으로 이루어져 있다. 天地와 日月은 萬物變化의 主體가 되고 이것은 陰陽의 원리로 이루어진다. 여기에 인간 중의 영웅인 치우천왕이 兵主로 자리 잡고 시간의 질서는 春夏秋冬의 四時로 이루어지니 이를 神으로 받들어 八神이 이루어진다. 八神祭는 神教 祭祀文化의 진수이고 결정체이다. 중국의 학자들은 八神祭가 전국시대의 중기, 후기에 제나라가 신동지역을 통일해가면서 그 지역 小國들의 전통적인 제사나 종교문화를 흡수하여 형성되었고 전국시대 말기에 음양오행설의 유행에 영향을 받아 성립되었다고 이야기하고 있다.

그렇지만 사마천도 「封禪書」에서 "八神將은 自古而有之오 或曰太公以來作之라(팔신을 받드는 것은 상고시대부터 있었던 것이요 혹자는 강태공 이후에 만들어진 것이라 한다)"고 하였다. 강태공 시대만 해도 기원전 12세기에 해당하는데 강태공이 齊나라 임금으로 봉해졌을 때 그의 영토가 臨淄 주위 100리를 벗어나지 못했다는 것은 다 알려진 사실이다.

八神祠의 위치는 산동성 전역에 分布하기 때문에 강태공이 자기의 영토를 벗어나 八神祠를 만들 수도 없는 것이며 小國의 전통제사를 흡수하여 만들었다는 說도 八神의 구성이 종합적이고 체계적이며 질서정연하여 이 說도 받아들이기가 어렵다. 八神祭는 산동지역 전체를 통치했던 왕조에서 국가의 제사체계로 형성되어 후세에까지 전해진 것이다.

이에 저자는 八神의 제사가 산동 지역을 지배했던 배달국이나 단군조선에 의해 시작되었으리라 생각되며 특히 兵主로써 치우천왕을 제사지낸 것을 보면 더더욱 우리 민족에 의해서 형성되었을 개연성이 농후하다. 이에 저자는 八神祭의 起源, 八神의 제사대상, 八神祠의 위치, 八神祠에서 출토된 유물 그리고 후대 八神祭의 盛衰 등을 종합적으로 고찰하였다.

2. 起源에 關한 考察

먼저 『史記·封禪書』에 기술되어 있는 팔신제와 관련된 내용을 소개하고 기원에 관한 내용을 고찰해보고자 한다.

『於是에 始皇이 遂東遊海上하야 行禮祠名山大川及八神하고 求僊人羨門之屬이라 八神將은 自古而有之오 或曰太公以來作之라 齊所以爲齊는 以天齊也오 其祠絶하야 莫知起時라(齊所以爲齊부터 여기까지의 16글자는 居臨菑南郊山下者의 다음으로 옮기는 것이 옳다고 사료된다. 번역은 옮긴 것으로 하였다.) 八神 一曰天主니 祠天齊니 天齊淵水는 居臨菑南郊山下者라 二曰地主니 祠泰山梁父니 蓋天好陰하야 祠之必於高山之下와 小山之上하니 命曰時오 地貴陽하야 祭之必於澤中圓丘云이라 三曰兵主니 祠蚩尤니 蚩尤는 在東平陸監鄕하니 齊之西境也라 四曰陰主니 祠三山이오 五曰陽主니 祠之罘오 六曰月主니 祠之萊山이니 皆在齊北하니 並勃海라 七曰日主니 祠成山이니 成山은 斗入海하고 最居齊東北隅하니 以迎日出云이라 八曰四時主니 祠琅邪니 琅邪는 在齊東方하니 蓋歲之所始라 皆各用一牢具祠오 而巫祝은 所損益하고 珪幣는 雜異焉이라

이에 진시황이 드디어 동쪽으로 가 해변에서 유람을 하였다. 의식을 거행하여 명산대천과 팔신에게 제사를 지내고 羨門子高와 같은 신선을 찾았다. 팔신을 받드는 것은 아주 오래전부터 있었는데 어떤 사람은 강태공 이후에 생겨난 것이라고 말한다.

팔신은 첫 번째가 天主니 天齊에서 제사지내니 天齊淵의 물은 임치성 남쪽 교외 산 아래에 있다. 齊나라를 '齊'라고 부른 이유는 이곳이 하늘의 배꼽(腹臍)에 해당되기 때문이다. 그 제사는 맥이 끊어져서 언제

시작되었는지를 알 수가 없다.

두 번째가 地主니 태산 아래 양보산에서 제사지내니 天神은 陰을 좋아해서 제사를 지낼 때 반드시 높은 산의 아래와 작은 산의 꼭대기에서 지내니 이를 '畤'라고 부른다. 地神은 陽을 좋아해서 제사를 지낼 때 반드시 못 가운데 둥근 언덕 위에서 지낸다고 하였다.

세 번째가 兵主니 치우를 제사지내니 치우를 제사하는 장소는 東平陸의 監鄕에 있으니 제나라의 서쪽 지방이다.

네 번째가 陰主니 三山에서 제사지내고 다섯 번째가 陽主니 之罘(지부)에서 제사지내고 여섯 번째가 月主니 萊山에서 제사지내니 이곳들은 모두 제나라의 북쪽으로 발해에 인접해 있다.

일곱 번째가 日主니 成山에서 제사지내니 成山은 가늘게 쭉 바다 쪽으로 뻗어나가 있고 제나라 동북쪽의 가장 끝에 있으니 떠오르는 해를 맞이한다고 이른다.

여덟 번째가 四時主니 낭야(琅邪)에서 제사지내니 낭야는 제나라의 동쪽에 있으니 대개 새해가 시작되는 곳이다. 이 모든 신들은 각각 한 마리의 가축과 여러 제수를 갖추어 제사지내는데 제사를 지내는 무당은 增減이 있었고 玉珪와 폐백 등은 서로 같지 않았다.』

위에서 언급한 장소를 지도에 표시해 보면 다음과 같다.

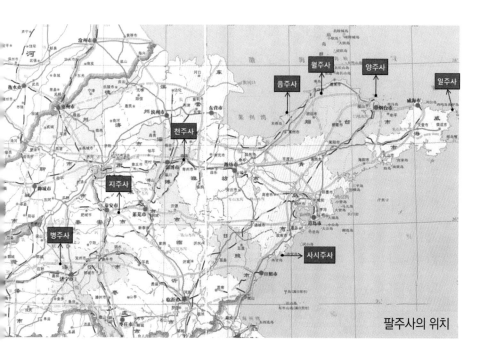

팔주사의 위치

　위의 내용을 보면 사마천은 팔신제가 아주 오랜 옛날부터 있었다고 했고 혹자의 말을 인용하여 강태공 이후에 형성된 것이라고 기술하고 있다.

　그렇지만 지금 대부분의 중국 학자들은 팔신제의 형성시기를 전국시대의 중기, 후기로 낮추어 잡고 있다. 이와 관련하여 田天의 『齊地八神祠略考』에 있는 주장을 살펴보면 다음과 같다.

『齊地의 팔신계통은 구성이 매우 질서 정연하고 天地 日月 陰陽 등 다양한 종교적 요인을 포함하여 하나로 연결된 완전한 국가 제사 체계로 조성되어 있다. 그러나 지리상의 분포에서 대단히 넓게 흩어져 있는데 대체로 두 개의 지역으로 구분할 수 있다. 天主, 地主, 兵主의 三祠는 태산 주의에 있어 서쪽에 치우쳐 있고, 나머지 다섯 곳은 膠東半島의 해안을 따라 흩어져 있어 서로의 거리가 멀리 떨어져 있다. 이에 의거해서 팔신계통은 결코 한 때에 만들어진 것이 아니고 제나라가 부단히 확장되면서 그 지역의 종교와 小國들의 전통적인 제사를 끊임없이 종합한 결과이다. 앞에서 기술한 바와 같이 月主祠의 소재지에 원래 小國이 있었고 成山의 日主祭祠 기원도 비교적 이른데 이들 사당들은 본래부터 있던 小國의 국가 제사 혹은 그 지역의 전통적인 제사가 후에 다시 새롭게 命名되고 종합되어 제나라의 팔신 시스템으로 귀속된 것이다.

사마천은 팔신제는 "혹자는 강태공 이후에 형성된 것이라고 말한다"고 했으나 춘추시대 중기, 후기까지 제나라의 세력은 산동반도의 동쪽에 미치지 못하였고 전체 膠東半島는 모두 東萊에 속했으니 아마 이러한 장애를 뛰어넘어 일관되고 완전한 제사체계를 설치한다는 것은 어려웠을 것이다. 「封禪書」에 진시황이 팔신에게 제사를 지냈다고 기술했으니 이는 진시황이 팔신체계를 전부 계승했다는 것을 설명하는 것임으로 늦어도 전국시대 말에 팔신체계는 이미 완전히 성숙되었다고 볼 수 있다.

팔신제를 지내는 장소가 모두 제나라 영토로 편입된 시기는 전국시대 후기가 됨으로 팔신이 최후로 형성된 시기는 전국시대 후기일 가능성이 있다. 제나라의 국가제사 시스템으로 끊임없이 통합되면서 완전해지는 과정을 거쳤을 것임으로 마지막으로 시스템이 형성된 시기를 확정하기는 어렵지만 상한선은 전국시대 중기를 넘지 않고 하한선은 진나라 통일 이전으로 본다면 대체적으로 틀림이 없을 것이다.』

다음으로 張華松의 견해를 살펴보고자 한다.

『나는 마땅히 전국시대 중후기로 한계를 정하는 것이 마땅하다고 생각하는데 이유는 아래와 같다. 첫째 숫자의 구성으로 본다면 八主체계는 전국시대 중후기의 산물이다. 전국시대 중후기는 음양오행설이 세상에 풍미했다. 음양오행 학파의 "숫자 순서"의 세계관에 의하면 中, 北, 南, 東, 西의 오방에는 각각 고정된 數가 있어 5, 6, 7, 8, 9가 배합된다. 이러한 사상은 『管子·幼宮』『禮記·月令』과 『呂氏春秋·十二紀』등 전국시대 중후기의 典籍 속에 여러 차례 언급되고 있다. 제나라는 땅이 동쪽에 위치하여 숫자는 8을 기본으로 삼는다. 그 신들이 음양오행가의 종합을 거쳐 자연스럽게 八主체계를 갖게 된 것이다. 둘째 사당이 분포된 지역의 관점에서 보더라도 八主체계는 또한 전국시대 중후기에 형성되어야만 한다. 八主체계는 제나라사람들이 제나라 수도 임치를 중심으로 제나라의 신들을 통합하여 완성된 것이다. 각 신들의 순서위치는 주로 그 신들의 사당이 있는 지역이 제나라의 판도에 흡수된 시간의 선후에 의해서 결정된다. 『禮記·祭法』에서 "有天下者는 祭百神하고 諸侯는 在其地則祭之라(천하를 소유한 임금은 모든 신을 제사지내고 제후는 그 땅에 있는 신만 제사지낸다)"고 하였다. 강태공이 처음 건국했을 때 營丘에 도읍했고 영토가 겨우 사방 백리에 불과했다. 그 때 八主중에서 제나라 사람이 제사지내는 것은 아마 임치성 남쪽에 있는 天主뿐이었을 것이다. 桓公이 비로소 제후의 패자가 된 전후에 제나라는 譚國과 遂國을 멸망시키고 서남쪽으로 확장하여 地主가 있는 梁父, 兵主가 있는 東平이 비로소 제나라에 귀속되었을 가능성이 있다. 靈公과 景公 때 제나라는 東萊 등의 나라를 멸망시켜 陰陽月日의 四主가 있는 교동반도 지역이 제나라에 모두 들어 왔고 四時主가 있는 琅邪가 정식으로 제나라에 귀속된 것은 늦은 시기인 전국시대 전기 越나라 사람이

남쪽으로 물러간 이후가 될 것이다. 따라서 八主의 체계가 전국시대 중후기에 형성되었으리라는 것은 의심할 것이 없다.」

중국의 학자들은 산동지역에 체계가 완전한 八神의 제사 제도가 형성되기 위해서는 제나라가 이 지역을 통합한 이후라는 생각과 음양오행설이 유행한 시기가 전국시대라는 생각 하에서 팔신제의 기원을 전국시대 중후기 이후로 설정하고 있는 것이다. 그러나 이러한 주장에는 많은 의문점을 남긴다.

첫째, 사마천이 八神祭는 강태공시대 또는 그 이전시대로 소급한다고 분명하게 언급하였는데 왜 이에 대해서는 분석과 검토를 하지 않는가. 음양오행설이 유행한 전국시대 중후기 이후에 정말 음양오행설의 원리에 입각해서 팔신의 제사제도가 최초로 형성되었다는 구체적인 증거가 있는가.

둘째, 田天의 주장은 제나라가 영토를 넓혀가면서 그 지역의 제사체계를 흡수하여 제나라에서 팔신제의 완전한 제사제도를 완성하였다고 하였는데 제나라가 그런 의자가 있었다는 것도 의문이 들며 각 지역의 고유한 토착적인 제사를 흡수해서 어떻게 이렇게 완벽한 제사체계가 나올 수 있는 것인가 하는 것도 의문이 든다. 八神祭의 제사 체계는 대단히 완벽하다.

먼저 天主는 하늘에 대해서 제사지내는 것으로 하늘은 우주와 만물의 시작을 주관하니 순서상 첫 번째가 마땅하고, 둘째 地主는 하늘과 상대가 되니 자연스럽게 두 번째가 된다. 셋째, 兵主는 치우를 제사지내는데 八神 중 유일하게 인간으로 다녀가신 분이다. 동양철학의 우주관은 天地人의 순서로 분화하니 인간 중의 위대한 인물이 세 번째에 자리잡는 것이 당연하다. 네 번째는 음의 자리이고 다섯 번째는 양의 자리인데 만물 변화의 근본원리인 陰主와 陽主가 자리잡는 것이 당연하다고 사료된다. (『환단고기』에서는

陽主, 陰主로 기술했으나 「封禪書」의 순서처럼 陰主, 陽主가 옳다고 사료된다.) 그리고 여섯 번째 일곱 번째는 月主와 日主인데 달은 6坎水에 해당하니 여섯 번째에 위치하는 것이 합당하고 태양은 7離火에 해당하니 또한 일곱 번째에 오는 것이 당연하다. 그리고 마지막으로 현상계의 질서는 春夏秋冬이 근본이 되니 여덟 번째 四時主가 오는 것이 이치에 합당하다. 이렇게 배치하면 첫째가 하늘, 둘째가 땅, 셋째가 인간, 넷째가 음, 다섯째가 양, 여섯째가 달(陰), 일곱째가 해(陽), 여덟째가 사시가 되어 자연수의 음양과 제사대상의 음양이 일치한다. 이로 보면 八神祭는 각 지역의 제사를 종합하여 귀결한 것이 아니고 처음부터 그 넓은 장소에서 종합된 제사체계를 가지고 거의 동시에 시작되었다고 보아야 한다. 그렇다면 넓은 산동지역을 통일적으로 관할하는 국가체계 아래에서 이 八神祭가 출현하였다고 보아야 하는데 산동지역을 통일 지배한 왕조가 과연 있었는가. 『환단고기』는 이에 대해서 명쾌한 해답을 내려준다.

於是에 冀兗淮岱之地가 盡爲所據오 乃城於涿鹿하시고 宅於淮岱하시니 軒轅之屬이 皆稱臣入貢이라(이에 冀州〈하북성, 산서성〉, 兗州〈산동성 서쪽〉, 淮水〈안휘성, 강소성 북쪽지역〉, 태산 땅을 모두 차지하고 탁록에 성을 쌓으시고 회수와 태산에 거처를 정하시니 헌원의 무리가 모두 신하를 칭하며 조공을 바쳤다.) (『桓檀古記·神市本紀』)

於是에 分遣精銳하사 西守芮涿之地하시고 東取淮岱하사 爲城邑하사 而當軒轅東侵之路라(이에 치우천왕께서 정예병을 나누어 파견하여 서쪽으로 산서성 예성현과 하북성 탁록을 지키게 하고 동쪽으로 회수와 태산을 취하여 성읍을 만들어 헌원이 동쪽으로 침투할 길을 막으셨다.) (『桓檀古記·神市本紀』)

蚩尤天主이 西征涿芮하시고 南平淮岱하사 披山通道하시니 地廣萬里
라. 至檀君王儉하야 與唐堯로 並世하니 堯德이 益衰하야 來與爭地不休
라 天王이 乃命虞舜하사…… 於是에 置監虞於琅邪城하야 以決九黎分政
之議라(치우천왕께서 서쪽으로 하북성 탁록과 산서성 예성현을 정벌하고 남쪽으로
회수와 태산을 평정하여 산을 헤치고 길을 내시니 그 영토가 만 리였다. 단군왕검 때
는 당요와 같은 때인데 요의 덕이 갈수록 쇠하여 영토의 분쟁이 끊이지 않았다. 이에
단군왕검께서 우순에게 명령하여…… 이때 감우소를 낭야성에 설치하여 구려 분정에
서 논의된 일을 결정하였다.) (『桓檀古記·三韓管境本紀』)

　위의 내용을 보면 산동지역이 완전히 우리의 영토가 된 때는 배달국의
14대 자오지환웅 때이고 이것이 단군조선시대 이후로도 지속되었다. 따라
서 八神祭의 제사는 배달국 후기 또는 단군조선대에 국가의 제사체계로서
처음 형성된 것이라고 보아야 한다. 배달국과 단군조선시대에는 神敎를 신
앙하여 天地日月에 대한 제사를 중시하였다. 그리고 四時主를 제사지내는
琅邪에 초대 단군 시절 회수지역과 태산 주위의 제후들을 다스리기 위해 分
朝를 두었다는 것을 생각해 볼 때, 八神祭의 시작은 초대 단군이 확립하였
거나 초대 단군을 전후한 배달국의 후기나 단군조선의 전기가 아니었나 하
는 추측을 해보게 된다.
　『史記·封禪書』의 혹자가 주장한 "강태공 이후 생겨난 듯하다"고 한 말은
강태공이 八神祭를 창시한 것 같다는 뉘앙스를 주나 강태공이 齊나라에 처
음 제후로 봉해졌을 때 그의 영토가 營丘(지금의 산동성 淄博市 臨淄西北 臨淄故
城) 주위 100리에 불과했으므로 전혀 성립할 수가 없는 내용이다. 산동지역
에는 단군조선의 후예들이 자리잡아 八神祭의 전통을 계승하였고 이 전통
이 齊가 산동을 통일한 이후에도 지속되었으며 진시황 당시까지도 끊어지

지 않아 진시황도 八神에 대한 제사를 올렸던 것이다. 그리고 漢나라 武帝 때에도 그 전통이 남아 사마천은 『史記·封禪書』에 이를 기술하였던 것이다. 특히 치우천왕을 兵主로 제사한 것을 보면 八神祭의 시작은 華夏族이 아닌 東夷族에서 기원하였다는 것이 분명해진다. 八神의 배치를 天主를 산동의 중심지역인 臨淄에, 地主를 태산 아래인 梁父山에, 兵主를 치우천왕의 무덤 이 있는 汶上에 배치하고 교동반도의 해안선을 따라 陰主를 서쪽인 三山島 에, 陽主를 동쪽인 之罘島에, 月主를 서쪽인 萊山에, 日主를 가장 동쪽인 成 山에, 그리고 四時主를 琅邪에 배치하여 제사지냈는데 이는 국가 차원에서 가장 적당한 곳에 목적을 가지고 합리적으로 배치했다는 것을 알 수가 있 다.

3. 八神과 八神祠의 位置

다음으로 八神의 제사 대상과 八神祠의 위치에 대해 살펴보고자 한다. 「封禪書」에 기록된 八神祠의 위치는 漢武帝 때의 장소인데 근래에 약간의 고고학적 유물이 출토되어 그 위치를 더욱 정확하게 實證해 주고 있다.

1) 天主

天主는 天帝 또는 上帝니 우리말로 하느님이라 할 수 있다. 『환단고기·神 市本紀』에서는 "天主는 祠三神하니 三神은 爲天地萬物之祖也라(천주는 삼신 상제님께 제사를 지내니 삼신은 천지 만물의 근원이다)"라 하였다. 三神은 上帝인데 造化와 敎化와 治化의 3가지 손길로써 自存하시기 때문에 三神이라 부른 것이다. 「封禪書」에서는 "祠天齊니 天齊淵水는 居臨菑南郊山下者라 齊所以

齊는 以天齊也오 其祀絶하야 莫知起時라(天齊에서 제사지내니 천제연의 물은 임치성 남쪽 교외의 산 아래에 있다. 제나라를 '齊'라 한 이유는 하늘의 배꼽에 해당하기 때문이요 그 제사가 단절되어 시작된 때를 알 수 없다)"고 하였으며 또 "蓋天好陰하야 祠之必於高山之下와 小山之上하니 命曰 畤라(대개 天神은 陰을 좋아해서 제사를 지낼 때 반드시 높은 산의 아래와 작은 산의 꼭대기에서 지내니 이를 '畤'라고 부른다)"고 하였다. 畤는 본래 秦나라 사람들이 하늘에 제사지내던 祭壇을 의미하던 고유명사였는데 秦이 天下를 통일한 이후 秦文化가 동쪽으로 전파되어 齊나라 사람들도 秦의 제도를 모방하여 天主를 제사지내던 장소를 畤라고 부른 것이다. 天主를 제사지내던 畤를 高山之下와 小山之上에 정한 것을 어떻게 보아야 하는가. 여기서의 小山은 임치의 南郊에 있는 牛山을 가리키고 高山은 泰山으로 보는 것이 무난할 듯하다. 따라서 제나라 사람들이 天主를 제사지내는 의식은 牛山 기슭 아래의 天齊淵가에서 시작하여 牛山의 꼭대기에 올라가 태산을 바라보며 진행하였으리라 추측해 볼 수 있다.

　진시황과 한무제는 泰山에서 封祭를 통해 하늘에 제사지냈기 때문에 천제연에서의 天主 제사는 다른 八主에 비해 가장 먼저 쇠퇴하여 사마천도

천주사의 위치

"其祀絶"이라 하였고『漢書·郊祀志』에서 宣帝가 武帝 때의 옛 제사를 회복하는 것에 대한 내용이 상세하지만 天齊淵과 天主에 대해서는 한마디의 언급도 없다.

『환단고기』에서는 이를 약간 보충하여 "天好陰故로 祭之必於高山之下와 小山之上하니 乃祭天太自山之麓之遺法也라"고 하여 天主 제사의 근원이 백두산 기슭에서 天祭를 지내던 유법이라고 하였다.『史記索隱』에서는 "解道彪『齊記』云, 臨菑城南에 有天齊泉하니 五泉並出하야 有異於常하니 言如天之腹齊也라(해도표가 지은『제기』에서 다음과 같이 말하였다. 임치성의 남쪽에 天齊泉이란 샘이 있는데 다섯 개의 샘물이 함께 솟아올라 일반 샘물과 달리 특이하여 하늘의 배꼽과 같다고 말한다.)"고 하였다.

우리는 이상의 내용에서 이곳 天齊淵을 天下의 中心이라고 여겨 강태공이 나라의 이름을 齊라 했고 여기서 天主를 제사지냈다는 것도 알 수 있다. 왜 이곳을 천하의 중심이라고 했는지는 정확히 알 수 없으나 치우천왕이 산동성에 있는 博興縣으로 수도를 옮기고 그곳을 靑丘라 했는데 이곳과 멀지

천제연 근처의 우산

천제연 유지

천제연

않고, 다섯 곳에서 샘물이 솟아 중심인 5皇極을 상징함으로 天下의 중심으로 본 듯하다. 天齊淵은 지금도 존재하고 있다. 산동성 淄博市 臨淄區 辛店 동남 약 3km 지점의 淄河 東岸 牛山의 서북쪽 기슭에 있으며 평지에서 샘물이 솟아오르는데 깊이를 알 수가 없다고 한다.

齊나라의 臨淄故城은 臨淄區의 동북쪽에 있다. 1958년 10월 임치 齊故城을 발굴하다가 "天齊"라는 문자가 있는 半瓦當을 발견하였다. 趙超는 이를 "天齊"라고 해석했는데 '齊에서 天主를 제사지내는 곳의 건축물에 사용되었던 기와일 가능성이 있다'고 여겼다. 그리고 연대는 전국시대에서 西漢初期 사이의 것이라고 확정하였다.

2) 地主

地主는 后土 또는 地祇 地神 즉, 大地의 神을 말한다. 「封禪書」에서 地主는 泰山 梁父에서 제사지낸다고 하였고 또 "地貴陽하야 祭之必於澤中圓丘云"이라 하였다. 『환단고기』에서는 "祭之必於澤中方丘하니 亦卽祭天塹城之壇之餘俗也라"고 하여 圓丘를 方丘로 고쳐서 기술하였다. 땅은 陰이 됨으로 方形의 제단을 쌓아 제사지내는 것이 더 이치에 부합한다고 사료된다. 地主에 대한 제사는 封禪의 禪祭와 장소와 내용이 일치하고 있다. 『史記正義』에서 "泰山上에 築土爲壇以祭天하야 報天之功하니 故曰封이요 泰山下小山上에 祭地하야 報地之功하니 故曰禪이라(태산의 꼭대기에 흙을 쌓아 제단을 만들어 하늘에 제사지내 하늘의 공덕에 보답하니 이를 封이라 하고 태산 아래 작은 산 위에서 땅에 제사지내 땅의 공덕에 보답하니 禪이라 이른다)"고 하였다. 「封禪書」를 보면 역대 왕들이 封祭를 지낸 곳은 泰山으로 일치하지만 禪祭를 지낸 곳은 云云山, 亭亭山, 梁父山 등 여러 곳이 나온다. 梁父山의 위치에 대해서『中國歷史地名

大辭典』에서는 다음과 같이 설명하고 있다.

『梁父山은 梁甫山이라고도 한다. 지금의 산동성 泰安市 동남쪽에 있
는데 서쪽으로 徂徠山과 연결되어 있다. 『史記·秦始皇本紀』의 28년(기
원전219) 시황이 동쪽을 순행하여 "禪梁父" 한 곳과 『後漢書·光武紀』의
中元 元年(서기56년) "禪于梁父" 한 곳이 모두 이곳이다. 후세에 徂徠山
이라고 통칭하지만 별도로 徂徠山의 남쪽 隋나라때 梁父縣 故城 북쪽
에 하나의 작은 산이 梁父山이다.』

지도책에서 확인해 보면 泰安市와 新泰市의 경계 炮樓頂 동남쪽에 梁父山
이 있다.

지주사의 위치

양보산

3) 兵主

兵主는 蚩尤이다. 八神 중에서 인간으로 왔다가 죽은 사람을 제사 대상으로 삼은 경우는 蚩尤가 유일하다. 사마천의 『史記·五帝本紀』에서는 "蚩尤作亂하야 不用帝命이어늘 於是에 黃帝가 乃徵師諸侯하야 與蚩尤로 戰於涿鹿之野하야 遂禽殺蚩尤라(치우가 난을 일으켜 황제의 명령을 듣지 않거늘 이에 황제가 각지 제후의 군사를 징집하여 치우와 탁록의 들에서 싸워 드디어 치우를 사로잡아 죽였다)"고 하여 치우를 제후의 한사람으로 보고 있으며 거의 모든 중국의 학자들은 蚩尤를 전설중의 東夷部落의 首領이라고 말하고 있다. 동이족의 수령으로 황제와의 전쟁에서 사로잡혀 죽은 치우가 어떻게 전쟁의 신[戰神], 軍神으로 받들어질 수 있는가. 여기에는 심각한 역사왜곡이 있다.

『환단고기』를 보면 蚩尤天王은 배달국의 14대 慈烏支桓雄이시다. 치우천왕은 갑옷과 투구를 처음으로 만들어 사용하였으며 황제와 10년에 걸쳐 73회를 싸우고 그를 사로잡아 신하로 삼았다고 하였다. 『史記正義』에서는 『龍魚河圖』를 인용하여 "蚩尤沒後에 天下復擾亂이어늘 黃帝遂畫蚩尤形像하야 以威天下한데 天下咸謂蚩尤不死라 하고 八方萬邦이 皆爲弭服이라(치우천왕이 돌아가신 뒤에 천하가 다시 요란하거늘 황제가 치우의 모습을 그려 천하사람들 위협하자 천하사람들이 다 치우는 죽지 않았다고 하고 세상의 모든 나라들이 다 복종하였다)"라고 한 것을 보더라도 치우는 결코 황제에게 사로잡혀 죽은 것이 아니다. 그림으로 그린 모습만 보고서도 세상 사람들이 벌벌 떨고 복종했다는 것은 그의 法力이 高强했음을 알려주는 말이다. 아마 이러한 과정을 거쳐 치우천왕은 후세에 必勝의 신으로 숭배되었을 것이다. 漢高祖 유방이 치우에게 제사를 지내고 전쟁에 나아갔다는 것은 널리 알려진 이야기이다. 「封禪書」에서는 "爲沛公則祠蚩尤하고 釁鼓旗라(유방이 패공이 되어서는 치우에게 제사를 지내

고 희생을 죽여 그 피를 軍旗와 戰鼓에 발랐다)"고 하였고 又 "令祝官하야 立蚩尤之
祠於長安이라(제사를 맡은 관원들에게 명령하여 장안에 치우의 사당을 세우게 하였다.)"
고 하였다.

치우를 제사지내는 兵主祠는 분명 치우의 무덤에 세워졌을 것이다. 현재
산동지역에 치우의 무덤으로 전해지는 곳은 세 곳이 있다.

한 곳은 汶上縣 南旺鎭에 있고 또 한 곳은 陽谷縣의 十五里園鎭에 있고 또
巨野縣城에 肩髀冢이 있다.

「封禪書」에서는 蚩尤祠가 東平陸의 監鄕에 있다고 하였다. 지명사전에
"東平陸縣은 서한시대 때 설치했고 東平國에 속했으며 治所는 산동성 汶上
縣의 북쪽에 있다."고 하였다. 그리고 『史記地名考』에서는 "『索隱』에서 左氏
는 '監을 闞이라 했고 闞은 東平須昌縣 동남쪽에 있다'고 하면서 지금의 汶
上縣 서남쪽의 南旺湖 가운데이다."라고 하였다.

이는 南旺鎭에 있는 치우총을 말하고 있는 듯하다. 2000년 가을 남왕진
의 蚩尤冢 남쪽 20m 지점에서 蚩尤祠라고 새겨진 石碑 2개가 출토되었는
데 하나에는 "元和"라는 글자가 새겨져 있었고 다른 하나도 당나라 憲宗·元
和년간보다 앞선 것으로 추정되었다. 이를 보면 당나라 때에도 이곳을 치
우의 무덤으로 보았다는 것을 알 수 있다.

『史記集解』에서는 『皇覽』을 인용하여 "蚩尤冢은 在東平郡 壽張縣 闞鄕城
中(치우의 무덤은 동평군 수장현 감향성 안에 있다)"이라 하였다. 『皇覽』이란 책은
과거 무덤의 소재를 기록한 서적으로 皇帝가 마땅히 보아야 할 책임으로
『皇覽』이라 했고 曹魏 시기의 사람 王象, 繆襲 등이 지은 책이다. 이곳에서
도 闞鄕이라 말했으니 남왕진의 치우총을 가리키는 것이 분명한 듯하다.

그렇다면 양곡현의 十五里園鎭의 치우총은 어떻게 하여 생겨난 것인가.
필자의 생각은 다음과 같다. 『漢書·郊祀志』에 "祠....蚩尤於壽良"이라 했고

병주사

병주사의 위치

『漢書·地理志』에 "壽良에 蚩尤祠가 在西北沛上이라"고 되어 있다. 壽良은 東漢시대에 이르러 光武帝의 숙부인 劉良의 良을 諱하여 張으로 바꾼다. 위의 내용은 壽張縣의 서북쪽 濟(沛는 濟와 같다) 水가에 치우의 사당이 있다는 것이다. 『中國歷史地名大辭典』을 통해 壽張縣의 위치를 살펴보면 다음과 같다.

『壽張縣의 治所는 지금의 산동성 東平縣 서남쪽에 있었다. 南朝 宋나라 때 壽昌縣으로 바꾸었고 北魏때 다시 梁山縣으로 바꾸었으며 東平郡에 속했다. 이때 治所를 지금의 梁山縣 서북쪽의 壽張集으로 바꾸었다. .... 洪武十四年(1381년) 治所를 王陵店(지금의 陽谷縣 동남쪽의 壽張鎭)으로 옮겼다.』

陽谷縣의 十五里園鎭은 壽張鎭과 인접해 있고 황하가 그 부근을 흐른다. 황하는 후대에 濟水로 물길을 바꾸었다. 지금의 黃河가 언제 濟水로 流路를 변경했는지 알 수 없지만 濟水가에 壽張鎭이 있어 이러한 연후로 十五里園鎭의 蚩尤陵이 후대에 만들어지지 않았나 하는 추측을 해본다.

　『皇覽』에서는 치우 肩髀冢에 대해 다음과 같이 기술하고 있다. "肩髀冢은 在山陽郡 鉅野縣 重聚하니 大小가 與闞冢等이라(견비총은 산양군 거야현 중취에 있는데 크기는 감향에 있는 무덤과 같다.)

　중국의 조선족 학자 송호상은 견비총은 치우천왕의 부인의 무덤이라 하였다. 황제가 치우를 죽이고 그의 부활을 두려워하여 身体를 나누어 각기 다른 곳에 묻었는데 肩髀를 이곳에 묻었으므로 肩髀冢이라 불렀다는 것은 황탄하여 믿을 수 없으므로 송호상의 의견도 참고할 만한 가치가 있다고 본다.

문상현 남왕진 치우총

양곡현 십오리원진 치우릉 입구

십오리원진 치우대전

십오리원진 치우상   십오리원진 치우총

4) 陰主

陰은 陽과 짝이 되는 말로 山의 남쪽, 물의 북쪽을 陽이라 하고 산의 북
쪽, 물의 남쪽을 陰이라고 하여 후세의 陰陽이라는 말이 여기에 근원을 두
고 발생하였다. 그렇다면 陰主와 陽主의 제사 대상은 누구인가. 張華松은
다음과 같이 기술하고 있다.

『산동지역에서 陰主와 陽主는 본래 寒暑의 계절에 제사지내는 것이다.
그 별명은 마땅히 寒主와 暑主로 구별해야 하는데 이것은 문헌으로도
증명이 된다.『禮記·祭法』에서는 다음과 같이 말하였다.

"燔柴於泰壇은 祭天也오 瘞埋於泰折은 祭地也니 用騂犢하고 埋少牢於
泰昭는 祭時也오 相近於坎壇은 祭寒暑也오 王宮은 祭日也오 夜明은 祭
月也오 幽宗은 祭星也라(태단이라는 둥근 제단을 만들고 그 위에 나무를 쌓아놓
고 희생과 玉을 올려놓고 불태우는 것은 祭天하는 예이고, 태절이라는 네모난 제사
터를 만들고 희생과 폐백을 묻는 것은 땅에 제사하는 예이니 모두 붉은 송아지를 쓴
다. 태소라는 제단을 만들고 양과 돼지를 묻는 것은 四時를 제사지내는 것이요, 坎壇
라는 제단을 설치하고 送迎하는 것은 〈相近은 공영달의 疏에서 "祖迎이라 읽는 것이
옳다. 祖는 送임으로 送迎은 더위와 추위의 신을 보내고 맞아들이면서 제사하는 것
이다."라고 하였다 坎에서 寒을 제사지내고 壇에서 暑를 제사한다.〉 寒暑를 제사하는
것이다. 왕궁이라는 제단을 설치하여 日神을 제사지내고 夜明이라는 제단을 만들어
月神을 제사지내고 幽宗이라는 제단을 설치하여 星神을 제사지낸다.)

살펴보건대『禮記』는 후세에 나왔고 또한 많은 文字가 제나라 사람들

에게 의해서 나왔다는 것은 모든 사람들이 다 아는 내용이다. 「祭法」
속의 이 단락의 글이 하나의 예이다. 위에서 언급한 八神과 齊地의 八
主를 비교해보면 同名同格의 것이 5개이니 天, 地, 日, 月, 時〈四時〉이
고 異名同格의 것이 3개이니 이중 星神은 八主中의 兵主이니 兵主는
또한 星神主라고 이름하기 때문이다. 나머지 寒神과 暑神은 자연히 陰
主와 陽主가 된다. 또 『周禮』가 전국시대의 제나라에서 처음 지어졌다
는 것이 이미 학술계의 定論이 되었다. 그곳 『春官·籥章』에서 "中春晝
에 迎暑하고 中秋夜에 迎寒이라" 하였다. 이로 보건대 齊人이 陰主, 陽
主를 제사지내는 시간은 매년의 中秋와 中春으로 나누어 선택하였음
을 알 수 있다.」

張華松은 陰主는 寒神으로 中秋의 밤에 제사지내고 陽主는 暑神으로 中春
의 낮에 제사지낸다고 보고 있다. 이와 달리 陽主와 陰主를 대우주를 움직
이는 순수 陰陽의 본체인 律呂神으로 보아야 한다는 주장이 있다. 律呂란
만물을 律動시키고 呂靜시키는 음양운동의 본체로써 만유생명의 근원적
궁극적인 실재이며 천지만물을 영원히 살아 움직이게 하는 생명의 근원이
다. 陽主와 陰主를 寒暑를 주관하는 神으로 볼 것인가 아니면 우주를 움직
이게 하는 순수 음양신으로 보아야 할 것인가. 이 문제는 앞으로 더 많은
연구가 필요하리라 생각된다.

「封禪書」에서 陰主는 三山에서 제사지낸다고 하였다. 이를 『漢書·地理志』
에서는 參山이라고 하였다. 이곳은 지금의 萊州市 서북쪽의 三山이다. 청나
라 乾隆 년간에 편찬된 지방지에 "秦始皇이 祀陰主于此니 壇迹猶存이라 (진
시황이 음주를 이곳에서 제사지냈으니 제단의 자취가 아직도 남아있다)"고 하였으나 제
단의 자취는 진시황 이후의 건축물이거나 후세 사람이 견강부회했을 가능

음주사

음주사의 위치

음주사가 있는 삼산도

삼산도 풍경

성을 배제할 수 없다. 지방지에 기술된 건축물의 터는 지금은 볼 수 없지만 萊州市 북쪽 三山島 서쪽 봉우리 앞 비탈진 곳에서 秦漢 시기의 건축물 잔해인 기와 조각을 채집하였는데 혹 이것이 당시의 건축물과 관련이 있을지 모르겠다.

陰主祠는 이치적으로 볼 때 山의 북쪽과 발해(萊州彎)의 남쪽(山北水南이 陰이 된다)에 있을 듯한데 그래야만 陰이라는 글자의 뜻과 합치되기 때문이다.

5) 陽主

陽主의 제사 장소는 「封禪書」에서 "之罘(지부)에서 제사지낸다"고 하였는데 지금의 산동성 烟台市 북쪽에 있는 芝罘島로서 옛날에는 之罘山으로 불리었고 지금은 老爺山으로 불리우고 있다. 陽主祠는 지금 노야산의 남쪽 海水의 북쪽에 위치하여 陽의 자리인 山南水北에 정확히 자리 잡고 있다.

陽主의 제사 대상에 대해서 조금 더 자세히 살펴보면 다음과 같다. 진시황

양주사의 위치

이 陰主를 제사지낸 기록은 보이지 않지만 陽主를 제사지낸 儀禮는 「秦始皇本紀」 "之罘刻名"의 기록을 통해 약간의 내용을 파악할 수 있다. 이 刻石의 글은 진시황 29年(기원전 218년) 2번째 東巡했을 때 之罘에 올라가서 陽主에 제사지낸 기도문이다. 이속에 "時在中春 陽和方起"라는 말이 있는데 陽主를 제사지낸 시간이 『周禮』의 中春에 迎暑한다는 說과 정확히 일치한다.

『周禮·春官·籥章』에 다음과 같이 기술되어 있다. "中春晝에 擊土鼓하며 龡豳詩以逆暑하고 中秋夜迎寒에 亦如之라" 이 말은 음력 2월 달 낮에 土鼓(고대의 악기로 흙으로 기와를 구워 속을 비우고 테두리를 만든 다음 양쪽에 가죽을 붙여 칠 수 있도록 만든 것이다. 瓦鼓라고도 한다.)를 치고 빈풍 七月章의 시를 피리로 불면서 더위(暑神, 陽神)를 맞이하여 제사지내고 음력 8월 달 밤에 추위(寒神, 陰神)를 맞이하여 제사지낼 때에도 역시 그와 같이 한다는 것이다. 迎暑를 할 때 낮에 제사지내는 것은 諸陽을 求하는 것이고 迎寒을 할 때 밤에 제사지내는 것은 諸陰을 求하는 것이다. 빈풍 七月章은 寒暑의 일을 말하고 있기 때문에 寒暑를 맞이하면서 관련된 내용을 노래한 것으로 생각된다.

1975년 芝罘島 老爺山의 原陽主廟가 있던 곳의 后殿遺地의 앞 쪽에서 地表에서 1미터 쯤 들어간 구덩이 속에서 진시황이 陽主를 제사지낼 때 매장했던 兩組의 8개의 靑色玉器가 출토되었다. 每組는 一璧, 一圭와 二觿로 이루어져 있었다. 璧은 평평하게 놓여 있었는데 꽃무늬 안에 朱紅色의 顔料의 흔적이 남아 있었고 圭는 璧의 둥근 구멍 가운데 놓여 있었다. 圭의 뾰족한 끝은 老爺山의 동북쪽을 향하고 있었다. 이 자료는 몇가지의 문제를 설명해준다. 첫째 陽主를 제사지내는 때는 "時在中春"이라는 것이다. 『呂氏春秋·仲春記』를 보면 中春에 "祠不用犧牲하고 用圭璧이라(제사지낼 때 희생을 쓰지 않고 圭와 璧을 사용하다. 〈圭는 끝이 뾰족한 홀이고 璧은 肉倍好를 謂之璧이라 하여 가운데 구멍이 뚫린 玉으로 玉의 質이 안의 구멍보다 2배 되는 것을 말한다. 好는 안의 구멍을 뜻한다〉”고 하였다.

따라서 이 때 부득이 朱紅色의 顔料로써 희생을 대체하여 圭璧을 붉게 칠한 것이다. 둘째 之罘는 東方에 있고 陽主를 제사지내는 때는 中春임으로 五行配合의 원리에 따라 陽主를 제사지낼 때 묻는 玉器는 마땅히 靑色이 되어야 하는 것이다. 셋째 中春의 때에는 陽和方起하여 萬物이 萌動하니 陽主를 제사지낼 때 圭를 쓴 것은 『周禮·典瑞』의 “圭者는 銳上하니 象物始生하야 見于上也라(圭는 위가 뾰족하니 만물이 처음 생겨 위에 드러나는 것을 상징한다)”의 뜻을 취한 것이고 觿(뿔 송곳 휴, 매듭을 푸는 도구로 송곳처럼 생겼고 동물의 뿔 또는 뼈로 만들며 成人이 항상 허리에 차고 다녔다.)를 쓴 것도 역시 끝이 뾰족한 뜻을 취한 것이다. 이상에서 陽主를 제사지낸 文字와 문물자료를 통해서 고찰해보면 진시황이 東巡한 기간은 확실히 『史記·秦始皇本紀』의 “禱祠備謹(사당에서 기도하고 제사지내는 것을 잘 갖추고 삼가서 시행했다)”하고 “應時而動(때에 맞추어서 움직였다)”는 것을 증명할 수 있다. 漢武帝가 齊地를 東巡하여 바닷가에 이른 것이 10여 차이고 參山과 之罘는 모두 지나던 길이였으므로 陰主와 陽主를 제사지낸 것이 반드시 한두 차례가 아니었을 것이다.

李零은 1975년도에 발굴된 유적이 秦漢時期의 것이라고 보았고 사당 안에서 元代 元貞 元年(1295년)에 重修했다는 陽主廟碑와 하나의 石象이 있었다고 기술하고 있다.

1972년 老爺山 꼭대기와 陽主廟 앞에서 대량의 춘추전국시대 陶片과 한나라 때의 板瓦가 발견되었고 또 2004년 芝罘島의 大疃村遺地에서 꽃무늬가 있는 평평한 벽돌과 기와 등이 발견되었는데 매장된 玉이 발견된 지점과 약 1.5km 떨어져 있다. 고고학자들은 이 유물들이 秦나라 漢나라 皇家에서 陽主를 제사지낸 것과 관련성이 있을 것이라고 추측하고 있다.

烟台市 芝罘島에는 1976년 이전까지 陽主廟가 보존되어 있었으나 언제

만들어졌는지는 알 수가 없다. 지금까지 보존되어 있는 元代 元貞 元年 (1295년)에 陽主廟를 중수했다는 碑記에는 秦나라 漢나라의 帝王들이 封禪한 것과 직접 이 사당에 와서 희생과 珪幣등을 올리고 제사를 지냈다는 사실들을 기술하고 있다. 原陽主廟는 뒤에 여러 번의 補修를 거쳐 一定한 규모에 이르게 되었는데『烟台市志』에는 다음과 같이 기술하고 있다. "殿의正中에는 梁王大帝(陽主)의 神象이 있고 殿內 正中에는 梁王과 四妃의 泥塑像

양주사가 있는 지부도

양주사 입구의 신상

양주사 입구

양주사 내부 신상

등이 있다. … 1976년 廟殿과 泥塑像이 훼손되었다" 梁王大帝가 어떤 神인지 알 수가 없지만 당연히 초기의 陽主와는 같지 않을 것이다.

6) 月主

「封禪書」에서 月主는 祠之萊山이라 하였다. 이것은 "之萊山에서 제사지냈다"와 "萊山에서 제사지냈다"의 2가지로 해석이 가능하다. 之萊山은 地名辭典에 "지금의 산동성 平度市 서북 50리에 있다. 『淸一統志·萊州府一』에서는 之萊山에 대해 '曹學佺의 『名勝志』에 漢人祀月之處'라 되어 있다"고 하였다. 萊山으로 보는 것도 2가지 설이 있다. 「封禪書」의 萊山에 대해 『史記集解』에서는 "韋昭曰在東萊長廣縣이라"고 하였다. 지명사전에서 長廣縣은 "치소가 지금의 산동성 萊陽市 동쪽 50리에 있다"고 하였다. 그렇지만 지금은 萊山을 龍口市 경내의 萊山으로 보고 있다. 그리하여 王先謙은 『漢書補注』에서 "萊山은 본래 長廣에 있었는데 宣帝時에 黃縣(지금의 龍口市 黃城鎭)의 동남쪽으로 옮겨 제사지냈다"고 하였다.

월주사의 위치

지명사전에는 다음과 같이 기록되어 있다.

『萊山은 萊陰山이라고도 한다. 지금의 산동성 龍口市 城關鎭(2000년 12
월 성관진을 폐지하고 이곳에 東萊街道를 설치하였다) 동남쪽 20리 지점에 있
다. 『史記·封禪書』에 齊八祀에서 六曰月主니 祀之萊山이라 한 곳과 『漢
書·郊祀志』에 宣帝 神爵 元年(기원전 61년)方士의 말을 쫓아 黃땅의 萊山
에서 月을 제사지냈다고 한 곳이 모두 이곳이다.』

　1984년 烟台市 文物管理委員會에서 萊山 북쪽의 廟周家村 동북쪽의 땅을
다진 토대에 대해서 발굴을 진행하여 대량의 궁전 건축 유물을 발굴하였
다. 또 1985년에 위의 유지 남쪽 2.5km 되는 곳에 사당이 있었던 높은 언
덕으로 면적이 30여 평방미터에 이르는 한나라 시대의 건축유지를 발견하
였다. 일부의 돌담이 남아 있었고 동남쪽의 萊山 主峰과 멀리 떨어져서 마
주 대하고 있었다. 고고학자들은 이것이 한나라 때의 月主祭祀와 관련이 있
다고 판단하였다. 발견된 瓦當의 형태로 보건대 적어도 秦漢代에 月主祠 및
부속건축의 규모는 비교적 크고 높았으리라고 판단된다.
　이에 대해 林仙庭은 더욱 구체적으로 다음과 같이 이야기하였다. "廟周家

월주사가 있는 내산

내산 월주사 표지석

村의 땅을 다져서 만든 토대의 遺址는 진시황이 月主를 제사지내기 위해 萊山에 와서 거처했던 行宮이고 사당이 있었던 높은 언덕의 遺址는 직접 萊山의 主山을 향해 제사 의식을 거행하던 지점이다.”

萊山에는 최근까지 후대에 지은 月主廟가 남아 있었다. 萊山의 북쪽 기슭에 있는 廟周家村 안에 俗稱 萊山廟라고 하는 사당이 있었다. 考古學者들이 1984년 조사할 때 그 사당은 이미 헐려서 小學校가 들어서 있었다. 그 터에서 나온 유물들은 모두 明淸時期의 것이었다. 비록 秦漢時期의 月主祠란 명칭을 쓰고 있었지만 月主祠와는 관련이 적은 듯 했고 고고학자들이 추측한 한나라 때 月主를 제사지내던 지점과도 거리가 떨어져 있다.

7) 日主

「封禪書」에서 日主는 成山에서 제사지낸다고 하였다. 『史記集解』에서 韋昭의 말을 인용하여 “成山은 東萊의 不夜縣에 있고 길게 바다 쪽으로 뻗어 있다”고 하였고 『史記索隱』에서는 解道彪의 『齊記』를 인용하여 “不夜城은 蓋古有日夜出하야 見於境故로 萊子立城以不夜爲名이라(불야성은 옛적에 해가 밤에 솟아 이곳에 나타났기 때문에 萊國의 임금이 성을 쌓고 불야성이라고 이름 한 것이다)”라고 하였다. 成山은 지금의 산동성 榮成市 成山鎭의 동쪽에 있는 成山角이다. 이곳의 주민들은 동쪽 끝 바다 가까운 곳에 세봉우리의 산이 있어 三山子라 부르고 일반적으로 成山頭라고 부른다. 지금의 日主祠는 成山廟(始皇廟)의 경내에 있다. 淸代 이전에 日主祠는 成山下의 東海岸이 끝나는 곳에 있었다. 이곳은 지금의 成山頭 등대의 東南方 海龍石 서쪽의 언덕 위에 해당한다. 전하는 말에 의하면 淸代 日主祠의 규모는 아주 작아 면적이 8尺에 불과해 方八廟라고 불렀다고 한다. 道光 『榮成縣志』에서는 이에 대해 日

主祠가 "在成山下 海岸盡處하니 過祠不復有岸矣라"하였다. 이 외에 祠日壇
이 있는데 成山廟 남쪽 약 200m 지점이고 지금의 秦皇酒樓의 정상부이다.
酒樓島의 꼭대기에는 원래 높이 약 2m, 직경 20m의 흙더미가 있었는데 이
곳이 바로 秦漢 혹은 그 이전에 日主를 제사지내던 神壇이다. 1979년 10월
과 1982년 7월에 成山頭 海洋 관측소를 이곳(俗稱 酒棚이라 불렸다)에다 시공
할 때 제사지낸 구덩이 2곳을 발견했다. 이곳에서 玉器가 출토되었는데 전
문가들의 감정에 의하면 두 세트의 옥기는 진시황과 한무제가 日主를 제사
지낼 때 사용한 玉器라 하였다.

玉器에 대해서 구체적으로 살펴보면 다음과 같다.

『第1組 玉器는 1979년 10월 관측소를 만들 때 臥龍村의 마을 사람이
발견했다. 모두 4개였는데 하나의 玉璧, 2개의 玉圭와 하나의 玉璜이었
다. 이 玉器는 당시 땅 속 2m 지점에서 출토되었고 출토시 玉璧이 가운
데 있었고 圭가 양쪽에 놓여 있었으며 玉璜은 위에 있었고 방향은 알려
지지 않았다. 이 옥기는 靑島市 博物館에 收藏 되어 있다. 第2組 玉器

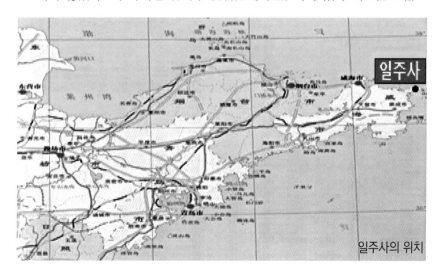

일주사의 위치

는 1982년 7월 臥龍村의 마을 사람이 관측소의 벽돌길을 보수할 때 땅속 약 15~20cm 되는 곳에서 발견하였다. 모두 3개였는데 하나의 玉璧과 2개의 玉圭였고 현재 榮城市文化館에 보관되어 있다. 제1조 玉器는 제2조 玉器의 동쪽 약 2.5m 지점에 위치하며 제1조의 옥기가 조금 늦게 만들어진 것이라고 하였다.』

張華松은 王文의 의견과 자신의 견해를 종합하여 다음과 같이 이야기를 하고 있다.

『酒棚土堆는 祭日之壇이다. 제2조 玉器는 秦始皇이 日主를 제사지낸 유물이고 제1조 玉器는 년대가 조금 늦으니 응당 한무제가 제사지낸 것일 것이다. 이에 의거해 보건대 우리들은 진시황과 한무제가 日主를 제사한 것이 진시황이 陽主를 제사지낼 때 쓴 祭器와 비교해 보면 器

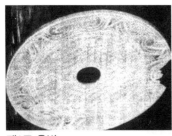
제1조 옥벽

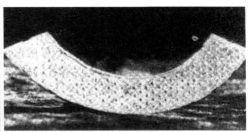
제1조 옥황

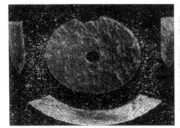
제1조 옥기 출토시 놓여진 모습

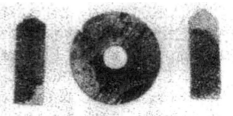
제2조 옥기 출토시 놓여진 모습

物組合에서 차이가 있다는 것을 알 수 있는데 바로 圭의 數量이다. 陽主는 一圭를 썼고 日主는 二圭를 썼으며 圭는 瑞玉이었다. 『周禮·典瑞』및 注疏를 보면 제사를 지낼 때 天地, 日月, 星辰의 차이에 따라 사용하는 祭器도 엄격한 數量의 규정이 있었다. 日主를 제사지낼 때는 一璧, 二圭를 썼고 陽主를 제사지낼 때는 一璧, 一圭를 썼는데 이는 日主가 陽主보다 존귀함을 나타낸다. 이를 『淮南子·天文訓』에서는 "日者는 陽之主也오 月者는 陰之宗也라"고 하였다.』

이처럼 玉器에 차별을 두는 것은 「封禪書」의 "巫祝은 所損益하고 圭幣는 雜異焉"으로도 확인할 수 있다.

그렇다면 日主, 月主, 陽主, 陰主를 제사지내는 날짜는 언제인가. 『管子·輕重己』를 보면 立春에 日에 제사지낸다고 하였다. 이에 근거하여 추측해보면 日과 짝이 되는 月은 立秋가 될 것이다. 『管子·輕重己』에서 秋分祭月이라 한 것은 立秋의 오류라고 여겨진다. 그리고 陽主는 二月에 祭祀한다 하였으니 春分이 되고 陰主는 八月에 제사지낸다 하였으니 秋分이 되지 않을까 추측해본다.

立春은 한 해의 시작이니 태양이 처음으로 시작되는 날이고 立秋는 후반부의 시작이니 陽之主인 태양과 짝이 되는 陰之宗인 달이 배합되는 것이 타당하다.

中春(음력 2월)에 있는 春分은 寒暑의 중간지점이나 이때부터 점점 더워지는 때이니 陽神인 陽主를 제사지내고 中秋(음력 8월)에 있는 秋分도 역시 陰陽이 等分되는 곳이나 이날부터 점점 추워지기 시작하니 陰神인 陰主를 제사지내는 것이 이치에 합당한 듯하다.

上) 성산각 天盡頭
下左) 일주사
下右) 일주사 신상

8) 四時主

　「封禪書」에서 四時主는 琅邪(낭야)에서 제사지내니 歲之所始라(한해는 이곳
에서 가장 먼저 시작한다.)고 하였다. 『史記索隱』에서는 琅邪山이 臺처럼 생겨 琅
邪臺라 부른다고 하였다. 지금 琅邪臺는 膠南市 琅邪鎭의 남쪽 琅邪山에 있
다. 옛 사람들은 모든 만물에는 靈이 깃들어 있고 보이지 않는 곳에서 四時
를 主宰하는 神靈이 있다고 여겼다. 따라서 四時主를 숭배하는 의식은 이로
말미암아 생겨나게 된 것이다. 『吳越春秋』에 "越王勾踐 二十五年에 徙都琅邪
하야 立觀臺하니 周七里오 以望東海라(월왕 구천 25년인 기원전 472년에 도읍을 낭
야로 옮겨 觀臺를 세우니 주위가 7리였고 이곳에서 東海를 바라보았다)"고 하였다.

　그리하여 張華松은 "구천이 琅邪觀臺를 세우고 觀象授時했고 전국시대
초기에 제나라 사람이 琅邪를 收復하고 勾踐觀臺의 기초 위에서 사당을 세

워 四時主를 제사지냈다"고 하였다. 그러나 이러한 주장은 근거가 없는 추측에 불과한 것이다. 구천이 觀臺를 세운 것은 동해를 바라보기 위한 것이지 이 觀臺에서 천문관측을 하여 四時를 관찰하는 곳이 아니었기 때문이다.

진시황은 일찍이 5차례에 걸쳐 天下를 순행했고 그 가운데 3번 낭야에 왔다. 첫 번째로 낭야에 온 때는 28년(기원전 219년)이고 두 번째는 29년(기원전 218년)이며 제3차는 37년(기원전 210년)이다. 한무제도 3차에 걸쳐 낭야에 왔다. 제1차는 元封五年(기원전 106년)이고 제2차는 太始三年(기원전 94년)이고 제3차는 太始四年(기원전 93년)이다. 지금 낭야대 부근에서는 秦漢代의 건축물 잔해들이 많이 출토되고 있는데 유명한 "千秋萬世" 瓦當은 국가의 일급 유물로 지정되었다. 그러나 秦漢시대 때 四時主를 제사지냈던 정확한 위치는 여전히 확정할 수가 없다.

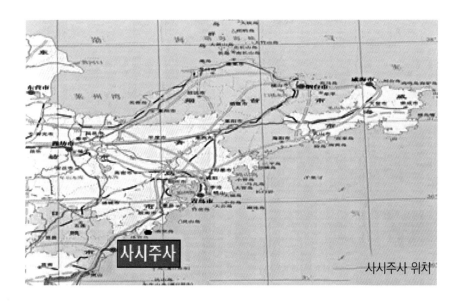

사시주사 위치

낭야산 입구

낭야대 전시관 입구

낭야대 전시관

4. 歷代의 八主祭祀

배달국 후기와 단군조선시대부터 산동지역에서 八神에 대한 제사가 성행했으리라 추측은 되나 기록이 남아있지 않아 확인할 수가 없고 우리가 확인할 수 있는 것은 진시황과 그 후대의 기록일 뿐이다. 진시황과 한무제는 산동지역을 찾아 八主에 대한 제사를 성대히 지냈으나 「封禪書」의 진시황조에서 "至如他名山川諸鬼及八神之屬은 上過則祠하고 去則已라(기타의 명산대천과 모든 귀신들 그리고 팔신과 같은 제사는 황제가 지나가면 제사지내고 떠나면 중지 되었다)"고 하였고 漢武帝에 대해서도 "至如八神諸神과 明年 凡山 他名祠는 行

過則祠하고 行去則已라(八神의 각종 신들과 明年 凡山등의 저명한 사당은 천자가 그곳을 지낼 때는 제사를 지내고 그곳을 떠나면 제사를 중단하였다)"고 하였다. 이 말은 八主祭祀의 盛衰는 진시황이나 한무제가 東巡하는 것에 의해 결정되었다는 것이다.

史書 속에 八神에 대해서 제사지낸 기록은 진시황과 한무제 때에는 여러 번 나타나고 漢宣帝 때 八神祠를 다시 복원하였으며 그 뒤의 임금 대에는 복원과 폐쇄를 반복하였던 기록이 보이고 있는데 이에 대해 살펴보면 다음과 같다.

『史記·秦始皇本紀』에 나오는 기록은 다음과 같다.

『二十八年 始皇東行郡縣....禪梁父....于是乃並勃海以東 過黃 腄 窮成山 登之罘 立石頌秦德焉而去...南登琅邪 大樂之 留三月
28년(기원전 219년) 시황이 동방의 군현을 순행했다. ·····양보산에서 후토신에게 제사를 지냈다. ·····이에 발해를 따라 동행하여 황현, 추현을 지나 성산의 끝까지에 이르렀고 지부산에 올라 돌을 세워 진나라의 덕을 기리고 그곳을 떠났다. ·····남쪽으로 가 낭야산에 올라 크게 즐기고 3개월을 머물렀다.』

『二十九年 始皇東遊 ····登之罘 刻石 ····旋 遂之琅邪
29년(기원전 218년) 시황이 동쪽으로 유람했다. ·····지부에 올라 돌에 공덕을 새겼다. 오래지 않아 낭야로 갔다.』

『三十七年 ····並海上 北至琅邪 ···· 自琅邪北至榮成山弗見 至之罘 見巨魚 射殺一魚 遂並海西

37년(기원전 210년) 해변을 따라 북상하여 낭야에 이르렀다. ……낭야로부터 북쪽으로 올라가 영성산에 이르렀으나 大魚를 보지 못하였다. 지부에 이르러 大魚를 보고 한 마리를 쏘아 죽였다. 그리고나서 해변을 따라 서쪽으로 갔다.」

세 차례 모두 陽主祠가 있는 之罘와 四時祠가 있는 琅邪를 지났는데 기록에는 없지만 나머지의 사당도 들렸으리라 추측된다. 「秦始皇本紀」에 二世皇帝가 元年에 동쪽으로 郡縣을 순행하여 갈석산에 이르고 해변을 따라 내려가 회계에 이르렀으며 또 시황이 세웠던 刻石 위에 전부 文字를 새겨 넣었다 하였으니 二世도 산동지역을 순행한 것은 확실하나 八神을 제사지낸 기록은 보이지 않는다.

漢武帝는 祠廟의 제사를 중시하였다. 동쪽을 순행한 것이 元封元年(기원전 110년), 元封五年(기원전 106년), 太初元年(기원전 104년), 太初三年(기원전 101년), 太始三年(기원전 94년), 太始四年(기원전 93년), 征和四年(기원전 89년) 등 여러 차례인데 이중 元封元年과 太初四年의 兩次에서는 八神을 제사지냈다는 분명한 기록이 있다.

그러나 八神祠는 산동지역에 흩어져 있다. 天主, 地主, 兵主의 三祠는 산동의 중부, 서부에 있고 남은 5개는 교동반도의 해안가를 따라 있어서 서로의 거리가 멀리 떨어져 있다. 이곳을 하나하나 찾아다니면서 제사를 모두 지낸다는 것은 현실적으로 불가능하다. 그리고 역사 기록에 兵主와 天主를 제사지냈다는 기록은 보이지 않는다. 따라서 『史記』와 『漢書』에 기재된 "祠八神"은 결코 君主가 모두 사당을 다 다닌 것이 아니고 八神의 한두 군데만을 제사하고 "祠八神"이라고 기록했을 가능성이 있다. 또는 어쩌면 君主가 한곳에서 八神을 함께 제사지냈을 가능성도 있다.

武帝 이후에 八神祭는 점차 쇠락하여 『漢書·郊祀志』에 "昭帝卽位에 富於
春秋하야 未嘗親巡祭云이라(소제가 즉위했을 때 나이가 젊어 친히 제사를 지내러 가
지 않았다)"고 하였다. 昭帝(기원전 87~74)을 이어 임금의 자리에 오른 宣帝(기
원전 74~49)는 "又祠參山八神於曲城하고 ……之罘山於腄하고 成山於不夜하고
萊山於黃이라. 成山祠日하고 萊山祠月하며 又祠四時於琅邪하고 蚩尤於壽良
이라." 하여 八神의 제사를 회복시킨 내용이 나온다. 成山에서 祠日하고 萊
山에서 祠月하고 琅邪에서 祠四時하는 것은 이전 八神祠의 日主, 月主, 四時
主의 지점과 相合한다. 그리고 之罘山과 參山도 陽主와 陰主를 제사지내던
장소임으로 같은 곳이라고 볼 수 있다. 치우를 壽良에서 제사지낸 것도 『皇
覽』에 "치우총이 壽張縣에 있다"고 했으니 같은 장소라고 생각된다. 그리고
臨淄의 天主와 梁父의 地主는 언급을 하지 않고 있다. 아마 이것은 한무제
이후 하늘에 제사지내는 封과 땅에 제사지내는 禪으로 대체되었기 때문이
라고 사료된다. 元帝(기원전 49~33) 成帝(기원전 33~7) 때에는 각지의 祠廟를
여러 차례에 걸쳐 폐쇄하였다. 元帝때에는 祠廟를 폐쇄하기도 하고 혹 복원
하였지만 成帝때에 이르러 많은 祠廟가 폐지되는데 八神祠도 이때에 폐지
하게 된다. 『漢書·郊祀志』에서는 成帝때의 사건을 다음과 같이 기술하고 있
다.

『"又罷 …… 孝武 …… 八神 延年之屬及孝宣參山, 蓬山, 之罘, 成山, 萊山,
四時, 蚩尤 …… 之屬 皆罷 (또 효무제가 세운 팔신, 연년과 관련된 제사를 폐지했
다. 그리고 효선제때 복원했던 삼산의 음주사, 봉산의 사당, 지부의 양주사, 성산의
일주사, 내산의 월주사, 낭야의 사시사, 치우의 사당 등속을 다 폐지했다.)"』

이를 통해서 우리는 元帝때 八神祠 및 관련된 사당들이 결코 완전히 다

폐쇄되지는 않았다가 成帝 때에 이르러 완전히 폐쇄되었다는 것을 알 수 있다. 또 위에서 八神祠를 武帝가 건립했다고 했고 天主와 地主를 뺀 나머지 6主를 언급한 것을 보면 여기의 八神은 무제가 八神을 한군데 모아서 제사를 지냈고 宣帝는 단지 武帝의 전통을 계승했던 것으로 여겨진다. 「郊祀志」에는 哀帝가 즉위한 후 병이 들어 이전의 사당 700여개 소를 복원시켰다고 하였지만 이어서 임금이 된 王莽이 한대의 제사 체계를 전면적으로 개혁하고 이전의 祠廟를 거의 폐쇄하였다. 따라서 八神祭는 전한의 멸망과 더불어 국가에서 지내는 공식적인 제사는 중단되었지만 유구한 역사를 가진 제사 의식이었으므로 지역민들은 원래 있던 사당을 보존하여 계속하여 八神에 대한 제사를 지냈다. 그렇지만 후대에 만들어진 사당은 비록 八神으로 命名되었지만 始皇廟에 부속되거나 海神廟를 겸하는 경우가 많이 있었다. 심지어 八神祠의 명칭을 답습하였지만 제사 대상이 초기와 다른 경우도 있게 되었다.

5. 나오는 말

八神祠는 모두 중국의 산동지역에 위치하여 그 동안 八神祭와 八神 등에 대한 연구를 국내에서는 큰 관심을 두지 않았다. 근래에 『桓檀古記』가 대중화 되고 산동지역이 배달국 치우천왕 이후 단군조선에 걸쳐 우리 민족의 활동무대였다는 사실이 알려지면서 八神祭에 대해서도 새로운 각도에서 바라볼 수 있는 시야를 갖게 되었다.

첫째, 팔신제의 기원에 대해 살펴보면 현재 중국의 학자들은 배달국과 단군조선에 대한 인식이 없기 때문에 비록 사마천이 "八神將은 自古而有之오 或曰太公以來作之"라 하였지만 이를 무시하고 전국시대 중기 후기 제나라가 산동전역으로 영토를 넓혀가면서 하나씩 하나씩 그 지역 小國의 전통 제사를 흡수하여 八神祭가 전국시대 중기, 후기에 성립되었다는 주장을 하고 있다. 그렇지만 八神의 구성체계는 天主, 地主, 日主, 月主는 만물의 변화를 주재하는 四体가 되고 陽主, 陰主는 현실의 변화가 모두 음양으로 이루어지고 있음을 나타낸다. 兵主 치우는 인간 중의 영웅이고 四時主는 시간의 질서가 4계절로 이루어져 현실변화를 일으키는 主神이 된다. 따라서 여러 제사가 모여서 八神祭가 성립한 것이 아니라 처음부터 완벽한 제사 체계를 가지고 시작되었음을 알 수 있다.

그리고 八主의 사당이 위치하는 곳은 天主, 地主, 兵主는 산동성의 중부, 서부지역이고 日主, 月主, 陰主, 陽主, 四時主가 있는 곳은 膠東半島의 해안가를 따라서 동부에 위치한다. 따라서 小國들의 제사를 흡수하거나 陰陽五行說이 대중화된 전국시대 중후기에 제나라가 영토를 넓혀가면서 八神祭를 만들었다는 주장은 받아들이기 어렵다. 八神祭의 시작은 산동전역을 지배한 통일 왕조에서 통치자의 의지가 반영되어 성립한 국가 제사 체계이다. 산동지역을 통일하여 지배한 분은 배달국의 14대 환웅인 치우천왕이다. 치우천왕은 夏華族과의 전투에서 모두 승리하여 산서성, 하북성, 산동성, 강소성, 안휘성 등을 지배하였다. 저자는 八神祭의 기원은 배달국 후기 또는 단군조선의 전기에 배달의 환웅 또는 단군에 의해 시작되었을 것이라 생각되며 특히 낭야성에 감우소를 설치했던 초대 단군이 팔신제를 창시했을 가능성이 있다.

둘째, 八神祠의 제사 대상과 위치 등을 이야기하면 다음과 같다. 天主는 三神上帝님을 제사지내고 사당은 임치 남쪽에 있는 天齊淵이다. 天主에 대한 제사는 후대에 封祭로 대체되면서 일찍이 쇠퇴한 것으로 사료된다. 地主

는 后土神을 제사지냈고 사당은 梁父山에 있었다. 梁父山은 禪祭를 지내던 장소였으므로 地主의 제사는 禪祭로 그 명맥이 이어졌다고 사료된다.

兵主는 萬古武神勇强之祖인 치우천왕을 제사지냈고 사당은 치우천왕의 무덤이 있었던 곳으로 지금의 汶上縣 南旺鎭의 치우총이라 사료된다.

陰主와 陽主의 제사 대상에 대해 『禮記』, 『周禮』 등의 문헌에서는 寒暑를 주관하는 神이라 하였고 혹자는 우주를 움직이는 순수음양의 본체인 律呂神으로 보고 있다. 陰主祠는 萊州市 서쪽 바닷가의 三山島에 있었고 陽主祠는 烟台市 芝罘島에 지금까지 사당이 남아있다.

月主와 日主는 月神과 日神을 제사했고 月主祠는 龍口市 東萊街道 동남쪽 萊山에 있었고 日主祠는 산동지역에서 태양이 가장 먼저 떠오르는 成山角에 있었다.

四時主는 四時의 神에게 제사를 올렸고 四時主祠는 膠南市 남쪽 琅邪臺에 있었으나 정확한 위치는 아직 찾지 못하고 있다.

셋째, 진시황 이전의 八主에 대한 제사는 문헌이 없어 알 수 없고 진시황과 한무제가 여러 차례 산동지역을 방문했을 때 그 전성기를 맞이하였다. 그러나 "上過則祠하고 去則已" 하여 그 盛衰가 임금의 巡行으로 결정되었다.

한무제 이후 八神의 제사는 쇠락하였다가 宣帝 때 일시 복원하였고 成帝 때 다시 폐지하게 된다. 이후 哀帝대 잠깐 복원하였다가 王莽이 임금이 된 이후 이전의 祠廟를 거의 폐쇄하여 八神祭는 국가에서 공식적으로 지내는 제사에서 제외되어 민간으로 흘러 들어가 일부만이 후대에까지 명맥을 유지하게 되었다.

/ 참고문헌 /

- 姜宗懷 編著, 『天盡成山頭』, 北京: 解放軍文藝出版社, 2002.
- 班固, 『漢書』, 北京: 中華書局, 1992.
- 司馬遷, 『史記』, 북경: 中華書局, 1992.
- 史爲樂 主編, 『中國歷史地名大辭典』, 北京: 中國社會科學出版社, 2005.
- 孫詒讓 撰, 『周禮正義』, 北京: 中華書局, 1987.
- 안경전, 『환단고기』, 대전: 상생출판, 2012.
- 안경전, 『증산도의 진리』, 대전: 상생출판, 2014.
- 王應, 『北京大學中國古文獻研究中心集刊』 第八輯, 북경: 北京大學出版社, 2009.
- 李零 著, 『中國方術續考』, 北京: 中華書局, 2006.
- 張覺 譯注, 『吳越春秋全譯』, 貴陽: 貴州人民出版社, 1993.
- 張華松 著, 齊地歷史與濟南文化, 제남: 齊魯書社, 2010.
- 錢穆著, 『史記地名考(上)』, 北京: 商務印書館, 2004.
- 解維俊 主編, 走進齊都, 天津: 百花文藝出版社, 2006.

제8편 |

원방각의 철학적 의미와 원방각 문화

1. 들어가는 말

　사람은 천지 속에서 삶을 영위한다. 천지는 인간을 비롯한 만유생명의 근원이다. 인간의 신비를 풀고 진리의 근원을 탐구하고자 한다면 천지를 떠나서는 그 해답을 찾을 수가 없다. 『환단고기』 속에 기술되어 있는 천부경, 삼일신고, 念標文 등에서는 천지와 인간의 관계에 대해서 상세하게 설명하고 있다. 에른스트 카시러(1874~1945)는 인간은 상징의 동물이라고 하였다. 인류의 뿌리 역사시대를 살았던 先人들은 천지와 인간과의 관계를 간단한 도상인 원(○), 방(□), 각(△)으로 표현하였다. 원방각은 인류의 원형 문화의 상징물이며 동시에 천지인을 상징한 철학적 언어이다. 지금까지 많은 사람들이 원방각이 천지인을 상징하고 있다는 이야기를 일반적으로 사용하고 있지만 원방각과 천지인 사이에 관한 구체적이고 깊은 철학적 연구는 아직까지 미진하지 않았나 하는 생각이 든다. 필자는 먼저 원(○), 방(□), 각(△) 속에 함축되어 있는 깊은 의미를 천지인과 연결하여 해석하였다. 이어서 원방각이 각각 1, 2, 3이라는 철학적 의미와 이것을 천지인과 결합하여 그 의미를 고찰하였다. 특히 여기에서 3의 의미와 인간이 가야 할 길에 대해서 살펴보았다. 피타고라스는 만물은 수(數)로 구성되어 있고 우주만물의 본질은 수(數)라고 하였고 또 수의 이치와 정신을 깨달아야 인간이 만물과 조화되어 의식을 정화할 수 있다고 하였으며 '수학은 눈에 보이는 세계와 보이지 않는 세계를 이어주는 다리이다.'라고 하였다. 인간은 수(數)에 대해서 아는 만큼 신의 세계, 진리의 세계에 들어갈 수 있다는 것이다. 동양에서는 數를 理數, 象數, 法數라 하여 수 속에는 이치가 들어있고 생명의 율동인 상이 들어있고 우주의 법칙이 들어있다고 말하고 있다. 그리하여 이어지는 4, 5, 6, 7, 8, 9, 10의 의미에 대해서도 간략하게 고찰을 하였다. 고대인들은 천지인을 상징하는 원방각의 도상을 그들의 삶 속에서 다양하게 표현하였고 이를 문화로 계승하였다. 원방각의 이치를 역사 속에서 표현하고 활용한 것은 상고시대로까지 소급해 올라간다. 홍산문화 후기의 유적인 요령성 우하량 유적에 천원지방의 제단과 적석총이 나타나며 이후 이러한 제천단은 동북아 전통문화로 계승되어 현재에까지 이르고 있다. 또한 원방각을 표현한 옥기들이 다량 출토되었다. 흥륭와문화에서부터 나타나는 적석총무덤에서부터 시작하여 홍산문화를 거쳐 고인돌 무덤 그리고 지금의 원형봉토분에 이르기까지 천원지방의 원리에 의해 무덤을 만들었다.

그리고 우리의 전통 민속놀이인 윷놀이, 훈민정음의 자음 등에서도 원방각문화가 내재되어 있으며 궁중의 법도, 민속문화 등에도 천원지방과 원방각문화는 그 모습이 남아있다.

2. 원방각과 천지인

하늘은 위에 있으면서 끊임없이 움직이며 생명을 창조하는 근원으로 무형의 기운이고 땅은 하늘의 기운을 받아 만물을 길러내는 유형의 존재이다. 그리하여 옛사람들은 하늘을 아버지에, 땅을 어머니에 비유하였다. 이를 주역에서는 하늘과 땅을 상징하는 乾坤의 四德 중에서 처음 시작하는 乾元에서 萬物이 資始한다고 하였고 坤元에서 萬物이 資生한다고 하였다. 이를 간략하게 天生地成하고 天象地形하며 天動地靜하고 天道地德한다고 표현 할 수 있다.

正易에서는 天地를 정의하기를 "땅은 하늘을 싣고 방정하니 실체가 된다. 하늘은 땅을 싸고 있고 둥그니 그림자가 된다.(地는 載天而方正하니 體니라. 天은 包地而圓環하니 影이니라.)"고 하여 天圓地方하다고 하였다. 天圓地方하다는 내용은 중국책인 『周髀算經』과 『呂氏春秋·季春記』 圜道, 『大戴禮記』 등에서도 보인다.

천지의 목적은 인간을 비롯한 만물을 지어내는 것이다. 이를 『주역』 「서괘전」에서는 "有天地然後에 萬物이 生焉이라"고 하였다. 이렇게 하여 天地人 三才가 이루어진다. 옛사람들은 천지인을 원(○), 방(□), 각(△)의 도형으로 상징화하였고 이를 생활 속에서 표현하였다.

『환단고기』의 「삼신오제본기」에서는 다음과 같이 기술하고 있다.

三韓古俗이 皆十月上日에 國中大會하야 築圓壇而祭天하고 祭地則方丘오 祭先則角木이니 山像과 雄常이 皆其遺法也라.
삼한의 옛 풍속에, 10월 상일上日에는 모두가 나라의 큰 축제에 참여 하였다.
이때 둥근 단을 쌓아 하늘에 제사지내고, 땅에 대한 제사는 네모진 언덕에서 지내며, 조상에 대한 제사는 각목角木에서 지냈다. 산상山像과 웅상雄常은 모두 이러한 풍속으로 전해 오는 전통이다.

위의 내용을 보면 하늘에 제사지낼 때는 둥근 제단에서 올리고 땅에 제사지낼 때는 네모난 제단에서 올리고 조상을 제사지낼 때는 모가난 나무에서 올린다고 하였다.

상징은 복잡한 개념을 단순화시켜서 의미를 전달하고 있으므로 천지인을 상징하는 원방각 속에는 다양한 의미를 함축하고 있다.

이에 관한 내용을 차례대로 살펴보고자 한다.

1) 원(○)과 天

원(○)은 하늘의 정신을 상징한다. 원의 도상과 하늘을 연결하여 설명하면 다음과 같다.

첫째, 원 속에는 하늘의 역동성과 변화성이 들어있다. 둥글면 잘 굴러가고 네모난 것은 굴러가지 못한다.(圓則行하고 方則止라) 『후한서·律曆志』에서도 "陽은 以圓爲形하니 其性動하고 陰은 以方爲節하니 其性靜이라"고 하였다. 하늘은 일순간도 쉬지 않고 자발적으로 굳세게 움직여 쉬지 않고 변화를 만들어낸다. 이를 乾卦의 大象傳에서는 "天行健"이라고 하였다. 둥근 도상 속에서 우리는 하늘의 자발성, 자동성, 역동성 등을 살펴볼 수 있으며 움직이는 것은 강한 에너지를 가지고 있으므로 하늘의 剛强한 성질도 살펴볼 수 있다. 하늘은 우주에 비유할 수 있다. 우주는 Universe라 부르는데 라틴어로 한 바퀴의 뜻이라고 한다. 우주는 빅뱅 이전에 조그마한 점에 엄청난 에너지가 응축되어 있다가 폭발했다고 보고 있다. 그리고 그 과정에서 에너지 중 일부가 빛 형태로 발산됐는데 그 빛광자가 빅뱅에 의한 엄청난 에너지로 인해 입자와 반입자로 쌍생성되면서 질량을 가진 입자가 탄생하고 그 입자들이 모여 원자가 탄생했다고 한다. 우주가 정적이지 않고 팽창한다는 의미는 시간을 되돌려보면 우주는 아주 작은 한 점에서 출발했다는 뜻이 된다. 그런데 우리가 원을 그릴려면 원의 본질인 중심의 점이 필요하다. 중심점이 있으면 언제든지 컴퍼스를 가지고 한바퀴 돌려 원을 그릴 수 있다. 원은 하늘이고 우주이다. 다시 말해 전체 중의 전체의 근원인 점이 우주를 창조하여 역동적으로 팽창해 나가게 하고 있다고 볼 수 있는 것이다.

둘째, 원은 둥글어 각진 곳이 없다. 이는 하늘의 회전성, 순환성을 상징한다. 하늘에 있는 해와 달과 별들은 뜨고 지면서 순환하고 있다. 『주역』에서도 乾의 괘사를 "元亨利貞"이라고 하여 天德이 4개의 마디를 이루면서 끊임없이 순환하고 있다고 하였다. 이것이 현실에서는 춘하추동의 4계절로 나타난다. 天干은 甲, 乙, 丙, 丁, 戊, 己, 庚, 辛, 壬, 癸의 10개로 이루어져 있는데 이것도 1주기의 순환을 마치면 다시 처음으로 돌아가 새롭게 시작한다.

셋째, 원은 둥근 하늘을 상징함으로 무한히 넓고 크다는 의미가 있다. 즉 광대성, 무한성, 영원성이 있다. 원의 속성은 如環無端하여 시작도 없고 끝도 없이 영원히 지속됨을 상징한다.

넷째, 기운이 충만된 것을 상징한다. 우리가 풍선을 불면 공기가 가득 차면서 둥글게 부풀어 오른다. 이를 통해 볼 때 하늘은 충만된 기운을 가지고 있고 이를 지구에 던져주어 만물을 化生함으로 기운이 부족하지 않고 왕성한 충만성을 엿볼 수 있다.

다섯째, 원 속에는 보편성과 원만성과 공정성, 완전성이 있다. 원이 어느 곳에서 바라보아도 차별이 없고 똑같으며 둥글둥글함으로 하늘의 공정하고 不偏不黨하고 무차별적 성질을 엿볼 수 있다.

여섯째, 원은 모든 것을 受容하고 包容하고 있는 모습이다. 「삼일신고」의 제1장 虛空에서도 "하늘은 있지 아니한 곳이 없고 포용하지 않는 것이 없다.(無不在하며 無不容이라)"고 하여 지구를 둘러싸고 있을 뿐만 아니라 어느 곳에도 존재하지 않는 곳이 없다고 하였다.

일곱째, 원에서 우리는 통일성(unity), 일체성, 전체성, 신비성(하늘은 莫知其原하고 莫知其端하고 莫知其始하고 莫知其終이라), 시원성, 근원성(원이 모든 도형의 근본이 되기 때문이다.) 등도 읽어낼 수가 있으며 이는 또한 모두 하늘의 특징이 된다.

2) 방(□)과 地

방(□)은 땅의 정신을 상징한다. 이를 땅의 원리와 연결하여 설명하면 다음과 같다.

첫째, 네모가 4가지의 모서리로 이루어져 있듯이 땅의 方正性이다. 이를 坤卦의 六二爻에서는 直方大(곧고 모나고 크다)라고 하였다. 하늘은 위에 있으므로 건괘는 외괘의 중을 얻은 九五가 중심이 되지만 땅은 아래에 있으므로 곤괘는 내괘의 중을 얻은 六二가 중심이 되기 때문에 六二에서 땅의 정신을 드러내었다. 이를 坤의 文言에서는 "地靜而德方"이라고 하였다.

둘째, 有法性이다. 방정하다는 것은 알 수 있는 법칙이 있다는 것이다. 『주역』「계사상전」 11장에서 "蓍之德은 圓而神이오 卦之德은 方以知라"고 하였다. 시초로써 점을 칠 때는 7×7=49개의 시초를 사용하고 괘는 소성괘 8과 대성괘 64로 이루어지는데 8×8=64가 되어 양수는 天道에 비유할 수 있고 음수는 지덕에 비유할 수 있다. 따라서 천도는 圓而神하고 地道는 方以知라고 말할 수 있다. 이에 대해 韓圭性은 "天은 圓而神이라 한 것은 天道가 圓하여 初末 始終이 없이 週流變動하는 그 變化無窮한 神妙를 측량하기가 어렵다는 뜻이고 地는 方以知라 함은 地道는 靜함으로 有法有方하여 그의 次序가 있고 調理가 있어 知的으로 되어 있으므로 알아 볼 수 있다는 뜻이다.”라고 하였다. 하늘의 변화는 신비하여 알기가 어렵지만 땅은 有法有節하여 인간이 그 법칙을 쉽게 파악할 수 있다는 의미이다. 예를 들어 보면 하늘에서는 溫熱凉寒의 기운만 던져줄 뿐이지만 땅에서 계절의 변화를 이루어 마디가 있을 뿐만 아니라 그 변화가 규칙적이어서 또렷하게 파악 할 수가 있는 것이다.

셋째, 인간이 그 법칙을 쉽게 알 수 있다는 것은 물질이 化生된 것을 의미한다. 『황제내경·소문』「천원기대론」에서 “在天爲玄이요 在地爲化라” 하였는데 이 뜻은 하늘에서는 玄妙하고 深遠無窮하여 알 수가 없고 땅에서는 만물의 化生으로 나타난다는 뜻이다. 또 “在天爲氣오 在地成形하니 形氣相感而化生萬物矣라” 하였는데 이는 하늘에서는 無形之氣로 작용하고 땅에서는 有形之質로 나타나니 形과 氣가 서로 감응하여 만물을 화생한다는 뜻으로 천지 陰陽이 합하여 만물이 화생된다는 뜻이다.

넷째, 方形은 圓形과 비교해서 상대적이므로 固定性, 安定性(이 둘은 원의 변화성과 상대적), 靜態性(역동성과 상대), 有限性(무한성과 상대), 分列性(통일성, 전체성과 상대), 虛乏性(충만성과 상대), 柔弱性(강강성과 상대) 등의 이치를 살필 수 있으며 이는 또한 모두 땅의 원리가 된다고 말할 수 있다. 비록 이러하지만 方形은 圓形과 정음정양으로 整合하는 의미도 있다. 원의 각도가 360도이고 원에 내접하는 무수한 다각형 중에서 오직 사각형만이 내각의 합이 360도가 되어 과불급이 없이 상합하는 의미도 가지고 있다.

3) 각(△)과 人

각(△)은 인간의 정신을 상징한다. 이를 인간의 원리와 연결하여 설명하면 다음과 같다.

첫째, 천지합일성이다. 다음에서 설명을 하겠지만 하늘의 수는 1이고 땅의 수는 2이다. 삼각형의 꼭짓점은 위에 하나가 있는데 이것은 하늘을 상징하고 아래에 2개가 있는데 이것은 땅을 상징한다. 이것은 마치 사람의 머리가 하나이고 발이 2개인 것과 같다. 사람은 천지가 합일된 존재인 것이다. 따라서 인간의 육신과 마음속에는 천지의 모습과 천지의 마음, 천지의 신성이 모두 들어있다. 사람의 모습을 원방각으로도 나타낼 수 있는데 머리는 원이 되고 몸통은 방이 되고 두 다리는 각이 된다고도 볼 수 있다. 또 한의학에서 머리가 둥근 것은 하늘을 본뜬 것(頭圓象天)이고 발이 네모난 것은 땅을 본뜬 것(足方象地)라고 한다. 또 사람이 가부좌를 틀고 단정히 앉아 수행하는 모습이 전체적으로 삼각형을 이루고 있으므로 사람의 모습이 삼각형을 이룬다고도 볼 수 있다.

둘째, 완성의 의미가 있다. 셋은 공간적으로는 本中末을 상징하고 시간적으로는 始中終을 의미한다. 따라서 본중말을 갖춘 완성된 물체가 시중종을 통해 자신의 목적을 완성하는 목적실현성의 의미가 있다. 천지와 인간의 관

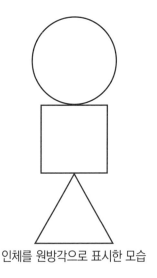

인체를 원방각으로 표시한 모습

복원한 홍산여신의 모습. 전체적으로 삼각형을 이룬다.

계에 대해서 정역에서는 "천지가 일월이 아니면 빈껍데기이고 일월도 천지일월의 존재 의미를 아는 지극한 사람이 아니면 빈 그림자니라(天地가 匪日月이면 空殼이오 日月이 匪至人이면 虛影이니라)"라고 하였다. 천지는 體가 되고 일월은 用이 되어 乾坤坎離 四體가 되어 사람들이 살아가는 환경을 구성한다. 천지일월의 은혜 속에서 인간은 생명을 유지하는데 인간은 말없는 천지의 목적과 뜻을 헤아려 이에 부합하는 삶을 살아가야 하는 존재인 것이다. 이를 천부경에서는 "사람이 천지의 정신을 꿰뚫어 천지와 하나가 되어야 한다.(人中天地一)"라고 하였다. 천지의 목적을 완성하는 존재가 되어야 하는 것이다.

셋째, 삼각형 속에는 완전성과 조화성이 들어있다. 천지의 목적은 인간을 화생하는 것이므로 천지와 그 자식인 인간이 갖추어졌을 때 우주가 완전해지는 것이며 인간은 천지의 사이인 중심 자리에서 천지를 調和시키는 존재가 될 수 있는 것이다. 이를 『주역』泰卦 대상전에서 "천지의 도를 마름질하여 이루며 천지의 마땅함을 돕는다.(財成天地之道하며 輔相天地之宜라)"고 하였다. 인간은 천지인 三才에 참여하여 천지의 과불급을 덜거나 더하는 존재가 되는 것이다.

원방각의 원리에 대해서 안경전은 마이클 슈나이더의 책을 인용하여 다음과 같이 설명하고 있다.

원·방·각의 의미를 미국 수학자 마이클 슈나이더는 이렇게 말한다. "원은 숫자 1을 상징하며 모든 도형이 나온 모체다. 원은 완전함의 극치를 나타내는 상징으로서 천국, 낙원, 영원함 등을 나타낸다. 네모(方)는 땅을 상징하고, 세모(角)는 어떤 사물의 완성된 상태를 뜻한다." 슈나이더는 서로 중심을 지나가도록 그린 두 원에 선을 그어서 생기는 세모와 네모로써 원방각의 상호 관계를 설명한다. 하늘·땅·인간의 삼위일체를 나타내는 세모가 항상 원 안에 그려지는 것은, 인간은 천지부모를 한순간도 떠날 수 없고, 인간의 자기실현은 인간이 천지와 하나 되는 삶을 살 때 이루어진다는 것을 기하학적으로 보여주기 위한 것이다.

삼일신고 注에서 任雅相은 "性은 〇也오 命은 □也오 精은 △也라" 하였고 『譯解倧經四部合編』에서는 "性相〇하고 命相□하고 精相△하니 是命三妙라(성품은 〇으로 보고 목숨은 □으로 보고 정기는 △으로 보니 이것을 삼묘라고 이름한다.)"라고 하였다. 이는 性은 마음으로 하늘에서 유래함으로 〇으로 나타내고 命은 기운으로 땅에서 유래함으로 □으로 나타내고 精은 하늘과 땅기운이 합한데서 유래함으로 △으로 나타낸 듯하다. 또 妙는 신령스런 변화를 이루다 헤아릴 수가 없으므로(神化不測) 이렇게 말한다고 하였다.

3. 원방각과 1, 2, 3.

『환단고기』의 「소도경전본훈」에서 원방각의 숫자에 대해 다음과 같이 설명하고 있다.

圓者는 一也니 無極이오 方者는 二也니 反極이오 角者는 三也니 太極이니라.
원圓(〇)은 하나[一]이니 하늘의 '무극無極 정신'을 뜻하고,
방方(□)은 둘[二]이니 하늘과 대비가 되는 땅의 정신[反極]을 말하고,
각角(△)은 셋[三]이니 천지의 주인인 인간의 '태극太極 정신'이로다.

여기서 극이 없다는 무극은 하늘의 정신이 원만하고 무한하고 통일되어 법칙을 파악하기가 쉽지 않다는 것이고 반대로 극이 있다는 반극은 땅의 정신이 방정하고 유한하며 절도가 있어 법칙을 파악하기 쉽다는 뜻이고 가장 큰 극이라는 태극은 인간의 정신은 천지의 정신이 결합된 존재로 우주의 중심이 된다고 설명할 수 있다.

천부경에서도 "天의 一은 一이요 地의 一은 二요 人의 一은 三이라"고 하였다. 天一, 地一, 人一은 하늘, 땅, 인간은 우주 절대 근원인 조물주(하나, 一)의 마음과 신성을 다 가지고 있는 조물주 삼신의 자기 顯現이라는 의미가 있으며 또 천지인의 위격이 동일함으로 인간은 피조물이 될 수 없고 천지와 본질이 동일하다는 것을 설명한다.

天一, 地二, 人三은 창조의 순서는 천지인이라는 의미도 있고 天은 陽의 근원으로 1이 되고 아버지가 되며 地는 陰의 근원으로 2가 되고 어머니가 되며 人은 천지부모의 陰陽合의 표상으로 3(1+2=3)이 된다고 볼 수 있다.

1) 원(○)과 1

원(○)은 하나의 선으로 연결되어 있으니 하나이다.

1이라는 숫자에 대해서 살펴보면 다음과 같다.

첫째, 1은 모든 수들의 근원이고 뿌리이다. 또한 가장 작은 수이면서 가장 큰 수이며 완전한 수이다. 동양에서는 1을 태극이라고 말하여 太極數가 된다. 태극은 무극을 계승하여 현실창조의 주체가 된다. 따라서 1은 이후 이어지는 2, 3, 4, 5, 6, 7, 8, 9, 10의 기원이 되며 또한 그 모든 數 속에는 1의 정신을 모두 함유하고 있다. 이는 2×1=2, 3×1=3 …… 10×1=10이 되는 것에서도 확인할 수 있다. 태극은 천지의 시작, 만물의 시작을 의미하는 우주의 본체인데 이렇게 생겨난 만물은 모두 태극의 본성을 가지고 있다. 이것은 천부경에서 말하는 一始無始一의 一에 해당한다고 말할 수 있다.

마이클 슈나이더는 이와 관련하여 다음과 같이 이야기하고 있다.

고대의 수학적 철학자들에게 원은 1이라는 수를 상징했다. 그들은 원이 그다음에 잇따르는 모든 모양의 원천 즉 모든 기하학적 패턴이 발달해 나오는 자궁이라고 믿었다. 원으로 표현되는 원리를 그리스어로 '모나드(Monad)'라고 하는데 그 어원은 '안전하다'는 뜻의 menein과 '단일성(oneness)'이라는 뜻의 monas이다. …… 고대의 수학적 철학자들은 모나드를 첫째, 씨앗, 본질, 건설자, 토대, 공간을 만드는 것이라고 불렀는데 그중에서도 가장 극적인 이름은 불변의 진리와 운명이다 …… 옛사람들은 1을 하나의 '수'로 간주하지 않고 모든 수의 부모로 간주했다. 그들은 1은 모든 것에 존재하지만 분명하게 드러나지 않을 뿐이라는 사실을 깨달았다. …… 어떤 수에 1을 곱하면 항상 그 자신의 수가 된다.(3×1=3) 어떤 수를 1로 나눌 때에도 똑같은 관계가 성립한다.(5÷1=5)

둘째, 1이라는 숫자를 太極數라고 하였는데 태극은 우리의 태극기에서 알 수 있듯이 음과 양이 等質, 等量으로 조화를 이루고 있다. 즉 음과 양의 兩極으로 이루어져 있다. 따라서 태극은 그 이면에 음과 양으로 발전해 나갈 수 있는 分列性을 가지고 있다. 태극이 음양의 양극으로 이루어지게 되는 근원은 태극(動)이 무극(靜)을 계승하여 이루어진 존재이기 때문이라 사료된다. 태극이 음양으로 분화되면 음이 다시 태극이 되어 陰中之陰과 陰中之陽으로 나뉘고 양이 다시 태극이 되어 陽中之陽과 陽中之陰으로 나뉘어

四象이 되고 사상이 다시 분화하면 八卦가 되어 이후 16, 32, 64 등으로 무한 분화하게 된다. 1은 홀수이면서도 이처럼 짝수의 성질을 가지고 있는데 존 스트로마이어는 이에 대해 다음과 같이 이야기하고 있다.

> 하나는 모나스(monas) 혹은 '단일'이며,
>
> 남성이면서 여성이며 홀수이면서 짝수이다.
>
> 스스로는 숫자가 아니되 모든 숫자의 근본이자 기원이다.
>
> 이러한 모나드는 만물의 시작과 끝이니,
>
> 그러나 그 자신이 시작도 끝도 모르는 것은,
>
> 이것이 가장 위대한 신의 속성이기 때문이다.

셋째, 1에는 통일(unity)과 하나됨(oneness) 의미가 들어있다. 첫 번째와 두 번째에서 말한 1은 생명의 근원과 본질, 씨앗, 종자의 의미와 이것이 분열의 바탕이 된다는 것이었다. 생명은 분열과 통일을 영원히 반복하는 특징이 있다. 양의 분열과정이 끝나게 되면 음의 통일과정을 거쳐 다시 본래 출발했던 자리로 되돌아오게 된다. 이 되돌아온 자리가 또한 1이 된다. 이것은 천부경에서 말하는 一終無終一(1은 마치는 것이나 無에 근본을 두고 마치는 1이다.)의 1자리에 해당한다.

2) 방(□)과 2

방(□)은 4각과 4개의 선으로 이루어져 있다. 『후한서·율력지』에서도 "陽인 원형은 성질이 動하고, 陰인 마디가 있는 방형은 靜하는데 動者는 數三이요 靜者는 數二라"고 하였다. 그런데 왜 방(□)의 숫자를 2라고 하는가. 방은 땅의 숫자이고 땅은 陰이다. 음의 기본은 2이다. 젓가락은 2개가 한 짝을 이루며 신발도 2개가 한 켤레를 이룬다. 따라서 음은 2개가 하나를 이루기 때문에 4÷2=2가 되어 방(□)의 숫자는 2가 된다. 2는 1이 팽창 분열해서 늘어난 수이다. 그래서 한자에서는 一 다음에 二라고 하여 一이 발전한 수로 표현한다. 비유를 들어 설명하면 태극은 2개가 조화와 통일을 이루어 하나를 이루고 있는 모습이지만 2는 태극이 음과 양으로 현실 속에 자신의 모습을 드러낸 것이다. 다시 말해 하루는 낮과 밤이 함께 통일되어 있는 모습이지만 이것이 낮과 밤으로 드러나면 음양의 둘로 드러나는 것이다. 이러한 예는 얼마든지 들어 볼 수 있는데 천지가 우주라는 입장에서는 하나이지만 하늘과 땅으로 나누어지고 인간은 하나이지만 남자와 여자로 나누어지고 한 개체의 사람은 한 사람이지만 육체와 정신으로 나누어지는 것과 동일한 원리이다. 二는 특별히 땅의 원리를 나타냄으로 이를 우리 지구에서 살펴보면 지구가 바다와 육지로 이루어져 있고 동양과 서양으로 나누어지며 남반부와 북반부로 나누어져 相反하면서 相成작용을 한다.

二는 서로 兩極性(polarity)을 가지고 있으므로 대립과 투쟁이 현실 속에서 펼쳐지는 무대가 된다. 이를 공간적인 물질 구조 속에서 살펴보면 모든 만물이 음양의 대립과 투쟁 속에서 삶을 영위하게 되고 시간 속에서 살펴보면 一陰一陽이 교대하면서 순환을 이루게 된다.

一은 통일되어 있지만 분열을 지향했듯이 二는 분열된 자리이지만 통일을 지향하는 속성도 가지고 있다. 이에 대해 마이클 슈나이더는 디아드(Dyad, 2)를 다음과 같이 이야기 하고 있다.

디아드가 통일성으로부터 분리해나가려는 것처럼 보이는 반면, 서로 반대되는 극들이 자신의 근본을 기억하고, 서로 결합해 원래의 통일

상태로 돌아가려고 서로 끌어당긴다는 사실은 디아드의 역설이다. 디아드는 분리되는 동시에 합쳐지며, 서로 밀어내는 동시에 끌어당기며, 통일성에서 분리되는 동시에 다시 원래의 상태로 되돌아가려고 한다. 선은 분할의 경계를 만들어 내는 동시에 서로 결합시키는 연결을 만들어 낸다. 우리는 어떤 것에 의해 끌어당겨지거나 밀려나는 힘을 받을 때 디아드의 영향을 받고 있음을 알 수 있다.

이것은 오행에서 통일된 물은 분산된 불이 되려고 하고 분산된 불은 물로 통일되려고 하며 남녀로 각기 태어난 사람이 부부를 이루어 한 가정을 이루려고 하는 것과 동일한 원리라 하겠다. 2는 또한 1과 더불어 父母數가 되어 모든 수를 낳는 근원이 된다. 이에 대해 마이클 슈나이더는 다음과 같이 기술하고 있다.

옛사람들은 모나드와 디아드를 수가 아니라, 수들의 부모로 생각했다. 양자의 결합, 즉 1과 2, 점과 선, 통일성과 차이라는 원리들의 융합은 그다음에 잇따르는 모든 원형적 원리를 낳으며, 그것들은 수로 나타나고, 숫자로 상징화되고, 자연 속의 모양들로 관찰된다. 여기서 디아드는 일자와 다자를 잇는 통로이다. 고대의 수학적 철학자들은 산술을 연구함으로써 이 사실을 발견했다. 그들은 수들은 서로 더하거나 곱할 때 어떤 성질을 나타내는지 관찰했다. 예를 들면, 1은 자신과 같은 수를 곱했을 때보다 자신과 같은 수를 더했을 때 더 큰 값이 나오는 유일한 수이다. 즉, 1+1은 1×1보다 크다.
2 역시 아주 독특한 성질을 지니고 있는데, 1과는 좀 다른 방식으로 독특하다. 2는 자신과 같은 수를 더한 것이 자신과 같은 수를 곱한 것

과 똑같은 결과가 나오는 유일한 수이다. 즉 2+2는 2×2와 같다. 2는
1과 그 뒤에 잇따르는 모든 수, 즉 일자와 다자 사이의 균형점을 나타
낸다.

그 다음에 잇따르는 3, 4, 5, … 등의 수는 자신과 같은 수를 더한 값
이 자신과 같은 수를 곱한 값보다 언제나 작다는 공통점을 지닌다. 즉
3+3은 3×3보다 작다. 이것은 4, 5, 6, … 의 경우도 마찬가지이다.

상징적으로, 2는 모나드와 나머지 모든 수 사이의 중개자, 전이 단계,
문이나 입구의 역할을 한다. 둘은 그것을 통해 일자가 다자가 되고,
일자가 다자와 균형을 이루는 구멍 또는 렌즈이다.

여기에서 우리가 생각해 볼 문제가 있다. <u>2수가 분화해 나가는 4, 8, 16,
32, …… 는 음양분화의 숫자로써 물질의 구조를 이루고</u>(수정체의 세포분열 즉
卵割이 우리의 몸을 형성하는 것과 같다. 2의 분화는 물질을 구성하며 형체를 이룬다.) <u>3
수가 분화해 나가는 3, 9, 18, 27, …… 81은 1+2=3의 음양이 결합된 생명
분화의 수가 되어 운동의 작용수 또는 정신작용을 나타내는 수가 된다는</u>
것이다.

3) 각(△)과 3

각(△)은 3개의 각과 3개의 선으로 이루어져 3을 상징한다. 3이라는 숫자
의 유래에 대해서는 2가지 설명이 있다.

첫째, <u>1이 伸長되어 형성되었다는 것이다.</u> 다시 말해 1이라는 본체가 작
용을 할 때는 3으로써 드러난다는 것이다. 이것을 양효(−)를 가지고 설명
해보면 음효(--)가 2개로 이루어져 있다고 하면 양효는 비록 1개로 이루어

져 있지만 가운데까지 이어져 충만함으로 양효와 음효의 비율이 3:2가 될 것이다. 이것을 원(○)으로 설명해보면 원이 중심과 반지름과 원주의 세 요소로 이루어져 있고 지름과 원주의 비율이 1:3(3.14이나 철학적으로는 3으로 계산한다.)이라는 것에서도 나타난다. 이렇게 볼 때 1인 체가 3으로 작용하듯이 각(△)은 하늘을 상징하는 1이 인간으로 顯現한 것이라고도 말할 수 있다. 마이클 슈나이더는 3인 트리아드에 대해 "트리아드는 모든 수를 능가하는 특별한 아름다움과 공정함을 가지고 있는데 그 주된 이유는 트리아드는 모나드의 잠재성이 최초로 현실화된 것이기 때문이다"라고 하였다. 이것은 천부경과 삼일신고의 핵심사상인 執一含三(하나를 잡으면 그 속에 반드시 3이라는 것이 포함되어 있다.)과 會三歸一(셋을 모으면 하나됨으로 돌아간다.)의 원리라고 말할 수 있다.

둘째, 天一과 地二가 합하여 3이 되었다는 것이다. 이는 한자의 三을 一加於二(1에 2를 더한 것이다.)라고 설명하는 데서도 드러난다. 이는 천지가 합하여 인간이 나왔다는 것인데 이에 대해『황제내경·소문』의「보명전형론」에서 "天覆地載하야 萬物悉備에 莫貴于人하니 人은 以天地之氣로 生이라(하늘은 덮고 땅은 실어 만물이 모두 갖추어짐에 사람보다 더 귀한 존재가 없으니 사람은 천지의 기운으로 생겨난다.)"라고 하였고 또 동편에서 "人生於地나 懸命於天하니 天地合氣를 命之曰人이라(사람이 땅에서 태어나나 목숨은 하늘에 매여있으니 천지가 기운을 합한 것을 사람이라고 한다.)"라고 하였다.

이와 관련하여 마이클 슈나이더는 다음과 같이 말하고 있다.

고대의 수학적 철학자들이 1과 2를 수들의 '부모'로 여겼기 때문에, 그 사이에서 처음으로 태어난 3은 최초의 수이자 가장 오래된 수이다. 그것의 기하학적 표현인 정삼각형은 베시카 피시스의 문을 통해 출현하는 최초의 모양으로, 다자 중 첫 번째 것이다. …… 3이 들어가는 것에는 통과, 재탄생, 변화, 성공이 뒤따른다.

그 '부모'를 계승하는 최초의 '수'인 3은 열 개의 수 중에서도 독특한 위치를 차지한다. 무한히 많은 수 중에서 3은 자기보다 작은 수를 모두 더한 것과 같은 유일한 수이다(3=2+1). 또한, 자기보다 작은 모든 수들과 합한 값이 자기보다 작은 모든 수들과 곱한 값과 같은 유일한 수이기도 하다(1+2+3=1×2×3). 수학적으로, 이 셋은 하나가 되어 다른 수들의 탄생을 위한 무대를 마련한다.

3은 천지인이 완성된 완성수이며 또한 생장성이 이루어져 생명의 목적이 이루어진 완성수이다. 천지의 목적은 인간과 만물을 낳는 것이다. 인간과 만물은 생장의 과정을 거쳐 成을 통해 목적을 이룬다. 이것은 초목이 봄에 싹이 트고 여름에 자라 가을이 되어 열매를 맺어 봄, 여름의 과정을 매듭짓는 것과 동일한 이치이다. 천지인에 會三歸一의 원리를 적용하면 천지부모에게서 태어난 인간은 반드시 천지부모의 품 속으로 돌아가 하나가 되어야 하는데 이처럼 천지부모의 뜻과 목적을 헤아려 천지부모의 목적을 이루고 천지부모와 하나되는 것을 太乙人間의 길이라고 말한다. 이것은 삼위일체(trinity)의 길이다. trinity는 하나로 통일된 셋이란 뜻의 'tri-unity'에서 유래하였다고 한다. 천지와 하나된 인간을 『환단고기』에서는 커발환이라고 하였다. 「신시역대기」에서는 배달국의 1세 환웅을 '一云 居發桓'이라 한다 하였고 「삼신오제본기」에서는 安巴堅환인을 '亦稱 居發桓'이라 한다고 하였다. 이어서 '居發桓은 天地人定一之號也'라'고 하였다. 또 11세 단군 道奚條를 보면 "標揭大圓一之圖旗於樓殿하시고 立號居發桓이라(누전에 대원일을 그린 깃발을 걸어놓고 명호를 거발환이라 하셨다.)"라고 하였다.

거발환에 대해 안경전은 다음과 같이 설명하고 있다.

하늘과 땅과 인간은 삼위일체다. 거발환은 하늘과 땅과 인간의 광명 속에 깃들어 있는 일신즉삼신(一神卽三神)의 조화·교화·치화의 창조 이법을 말한다. 또한 환국의 우주사상, 천지 광명의 삼일심법이 모든 것을 상징한다. 우주 삼신의 대원일(大圓一)한 창조 정신을 순우리말로 '거발환'이라 부르는데, 거발환은 크고, 조화롭고, 광명으로 합일된 존재라는 뜻이다. 나아가 거발환은 '현묘한 도(道)를 깨쳐 광명사상으로 세상을 널리 구제한다'는 의미이다.

위에서 거발환을 '天地人定一之號'라고 하였는데 이는 천지인을 하나로 정의하는 말이라는 뜻이다. 즉 하늘도 거발환이고 땅도 거발환이고 인간도 거발환이라는 의미이다. 또 천지인이 하나로 정해졌다(통일)는 의미도 있다. 이 거발환을 한자로 표시하면 大圓一이 된다. 거(거)는 크다는 뜻이니 大가 되고 발은 밝다는 뜻인데 이를 圓으로 나타냈고 환은 밝다의 뜻도 있고 하나라는 뜻도 있는데 이를 一로 표현하였다. 거발환은 안파견환인과 초대 환웅을 또한 일컫는 명칭이라고 하였으니 이때는 천지의 광명을 체득하여 천지와 하나된 위대한 太一이 되어 백성을 다스리는 眞人이 되셨다는 뜻이다. 『회남자』「詮言訓」에서 "眞人者는 未始分於太一者也라(진인은 태일에서 분리가 되지 않은 자이다.)"라고 하였는데 각(△)의 궁극의 의미는 天一(○)과 地二(□)를 체득하여 천지와 並立하는 人三(△) 太一이 되는 것이라고 말할 수 있다. △속에는 천지와 하나가 되기 위해서 가야만 하는 인간의 목적이 제시되어 있는 것이다.

『환단고기』「삼한관경본기」에서 有爲子는 천지인과 水火木을 배합하여 다음과 같이 설명하고 있다.

> 盖大始에 三神이 造三界하실새 水以象天하시고 火以象地하시고 木以象
> 人하시니 夫木者는 柢地而出乎天하야 亦如人이 立地而出하야 能代天
> 也로이다.
>
> 대개 대시에 삼신상제님께서 천지인 삼계를 만드실 때, 물[水]로써 하
> 늘[天]을 상징하고, 불[火]로써 땅[地]을 상징하고, 나무[木]로써 사람
> [人]을 상징하였습니다. 무릇 나무란 땅에 뿌리를 내리고 하늘로 솟아
> 나온 것인데, 사람이 땅에 우뚝 서서 하늘을 대신하는 것과 같습니다.

물은 만물생성의 첫 번째 물질로 오행에서 1을 배합하니 창조의 근원인
하늘에 배합한다. 불은 물과 대립하는 것으로 오행에서 두 번째로 생성되
고 2를 배합하니 하늘과 마주하고 있는 땅에 배합된다. 나무는 물과 불이
결합하여 처음 생성되는 것으로 세 번째 나오고 오행에서 3을 배합하니 사
람에 비유할 수 있다. 또 나무는 땅에 뿌리를 박고 하늘로 뻗어 자라니 천
지를 연결하는 주체가 된다고 할 수 있다. 옛사람들이 神壇樹에 와서 기도
를 하고 소원을 빈 것은 자신의 뜻이 하늘에 전달되기를 염원한 것이다.

4) 4, 5, 6, 7, 8, 9, 10의 의미

1, 2, 3을 천지인에 배합하였는데 4에서 10까지의 수는 천지인에 어떻게
배합이 될까.

『주역』「계사상전」 9장에서 "天一 地二 天三 地四 天五 地六 天七 地八 天
九 地十이니 天數五오 地數五라"고 하였다. 기본적으로 홀수는 하늘에 배합

되고 짝수는 땅에 배합된다.

四는 二의 伸長으로 陰의 작용수가 되는데 방(□)이 4각과 4선으로 구성되는 이치이다. 음의 작용은 물체를 형성하는 수이다. 사람의 몸이 四肢로 구성되고 얼굴이 耳目口鼻로 이루어지는 원리이다. 현대과학에서도 인체는 탄소(C) 18.5%, 수소(H) 9.5%, 산소(O) 65%, 질소(N) 3.2%의 4개의 원소가 중심이 되어 이루어졌다고 설명하고 있다. 양의 작용은 縱三의 上中下로 이루어지니 천지인이 되고 음의 작용은 橫四로 이루어지니 춘하추동이 된다.

五는 양방위의 생수 2와 3의 합이고 음방위의 생수 1과 4의 합이되어 음양의 기운을 모두 가지고 있는 中數이다. 이 5는 기운이 편벽되지 않으므로 중앙에 위치하여 四象은 調和시키는 土의 작용을 한다. 또 물질의 化生을 매개하는 中心數가 되어 6, 7, 8, 9, 10의 성수를 만드는 造化數가 된다.

六은 천1, 지2, 인3을 합한 수로 천지인이 합일된 수이다. 또한 하늘의 五運이 지구에서 六氣로 통일되는데 분산된 것을 종합하는 수이다. 그리고 음양의 기본수인 2와 3을 곱하여 나온 수로 음양이 合一된 수이다. 『주역』에서는 兼三才而兩之하여 6이 나온다고 했는데 이는 천지인의 각각의 음양을 합하여 6이 나온다는 뜻으로 2×3=6의 원리에 다름 아닌 것이다. 이뿐만 아니라 6은 성수의 첫 번째 수로 물질이 처음으로 화생된 수이다.

七은 생명의 근원인 水의 생수 1과 성수 6의 합수이며 일월과 五星의 합수이며 또한 양의 최초 작용수 3과 음의 최초 작용수 4를 합한 수이다. 마이클 슈나이더는 보르메오 고리에 의해 형성되는 일곱 부분을 언급하고 있는데 이는 천지인을 합한 중심이 7이 되어 천지인을 主宰한다는 의미가 있다고 사료된다. 이것은 빛의 3원색을 합하였을 때 중심이 백색이 되는 것과 동일한 원리이다. 동양에서는 북두칠성이 하늘에 있는 모든 별들을 주재하고 또 인간의 생사화복을 주관한다고 하여 신성하게 여기고 있다.

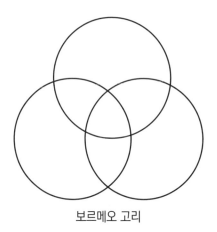

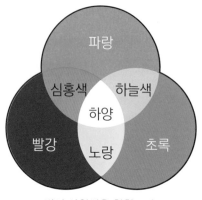

보르메오 고리   빛의 삼원색을 합한 모습

    7은 육면체의 중심이라는 의미도 가지고 있다. 이는 2차원인 4각형의 중심 5가 황극이 되어 사방을 주재하듯이 3차원적인 6면체의 중심은 7이 되고 역시 황극이 되어 입체적인 공간을 주재한다는 의미가 있다.

    八은 2³=8이 되어 음의 완성수가 된다. 음은 사람에게서 육신이 되고 육신의 완성은 仙人이 되므로 8은 신선의 수가 된다.

    九는 낙서수로써 분열의 최대수가 되고 十은 하도수로써 통일을 준비하는 수가 된다. 10은 1+2+3+4의 합으로 이루어지므로 木火金水, 동서남북, 춘하추동을 조화하고 주재하는 완전수가 된다. 앞에서 모든 음수는 땅에 속한다고 했는데 10수는 땅의 수이면서 하늘수가 된다. 이것이 양수 1이 불어나서 10이 되기 때문인데 10干을 天干이라고 하는 것과 같은 이유이다.

    이상의 내용을 종합하여 1에서 10까지의 수에 대하여 특성을 살펴보고자 한다.

    1과 2는 천지부모수로써 이후의 모든 수를 낳는 근원이 된다. 2와 3은 음양의 기본수가 되니 2는 음의 기본수이고 3은 양의 기본수이다. 3과 4는 음양의 최초작용수가 된다. 5와 6은 음양의 중심작용수가 되니 오운육기 운동과 오장육부 작용이 이에 해당한다. 7은 하늘의 완성수이고 8은 땅의 완성수이고 9는 인간의 완성수가 된다. 이는 천부경에서 大三合六하야 生 七八九하는 원리이다. 9는 최대분열수이고 10은 통일과 성숙의 근본수이다. 그리고 5와 10은 조화와 주재의 중심수가 된다.

4. 역사 속에서의 원방각 문화

원방각 문화는 우리가 생각하는 것보다 훨씬 오래 되었다. 상고시대의 사람들은 천지와 하나가 되어서 살았던 眞人들이었다. 이러한 내용은 『황제내경·소문』「상고천진론」속에서 上古시대에는 眞人이 있었고 中古시대에 至人이 있었다고 한 데서도 잘 드러난다. 상고시대의 사람들은 과학문명이 발달하지 못하여 비록 석기를 사용하던 사람들이었지만 정신문명에 있어서는 결코 원시인, 미개인이 아니었던 것이다.

이와 관련하여 먼저 홍산문화 시기의 원방각 문화에 대해 살펴본다.

1) 제천단에 있는 천원지방 문화

홍산문화는 광의적으로는 중국의 동북지방인 내몽골의 적봉시와 요령성의 조양시를 중심으로 인근에서 발굴된 신석기, 동석병용기, 청동기시대의 문화를 총칭하기도 하며 협의적으로는 기원전 4500~3000 사이의 신석기, 동석병용기문화를 가리키기도 한다. 요령성의 우하량에서 홍산문화의 후기에 해당하는 기원전 3500년까지 올라가는 유적이 발굴되었다. 우하량 유적의 제2지점에서 원형과 방형의 유지가 발굴되었다.

우하량 제2지점 원형 방형 구조물

　가운데에 있는 3층 계단식 원형의 유지는 대부분의 학자들이 하늘에 제사를 지내는 天壇으로 보고 있다. 그리고 이 3층 계단식 원형천단은 중국 북경의 천단까지로 그 맥이 이어진다. 우실하는 주위의 다른 적석총들과 달리 이 제단은 가운데 부분에서 무덤이 발견되지 않아 제단으로 보고 있으며 이것이 동북아시아 천단의 기원으로 보고 있다고 하였다.

　원(○)은 하늘과 하느님의 신성을 상징한다. 그리고 1로 나타나지만 이것이 작용을 할 때는 3으로 자신을 드러내므로 3층의 천단을 쌓고 원통형의 관으로 주위를 두른 듯하다.

원형제단을 복원한 그림.
통형관을 주위에 배치했다.

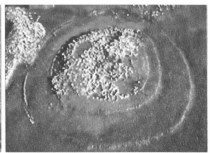

삼원 구조의 원형 천단

천단의 왼쪽에 있는 방형의 유지는 적석총으로 보고 있다. 가운데 사각형의 중심대묘가 있고 밖의 경계를 인공적으로 네모나게 돌을 다듬어 경계 돌담을 둘렀다. 우실하의 책을 인용하여 그 형태를 제시하면 다음과 같다.

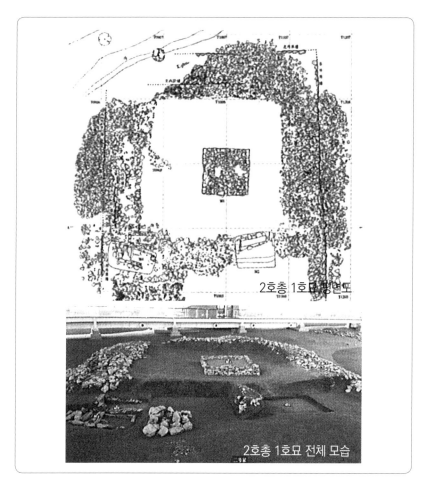

2호총 1호묘 평면도

2호총 1호묘 전체 모습

방형의 적석총이 비록 땅을 제사지내는 地壇은 아니지만, 땅속에 묻는 주검을 땅을 상징하는 방형의 무덤을 만들어 썼다는 것은 땅이 方(□)하다는 원초적 사고가 있었음을 알 수 있다. 지금 북경에 있는 천단의 모습은 다음과 같다.

북경 천단天壇 공원 전경

천단은 원구단과 기년전 황궁우로 이루어져 있는데 핵심은 원구단이다. 원구단은 3층으로 되어있고 동서남북마다 오르는 계단이 있다. 계단도 역시 3층으로 되어 있는데 매 층마다 9개의 계단으로 되어 있다. 또 주위의 난간도 상층이 72개, 중층이 108개, 하층이 180개로 모두 9의 배수로 되어 있으며 모두 합하면 360개로 1년 주천도수(周天度數)와 합치되고 있다.

또한 가장 위층의 중심석(中心石, 천심석(天心石) 혹은 태극석(太極石)이라고도 한다)을 중심으로 첫 번째 둘레에는 9개의 석판(石板)이 깔려 있고 둘 째 둘레에는 18개, 셋째 둘레는 27개 …… 이렇게 하여 마지막 9번째 둘레는 81조각으로 되어 있고 가운데 층은 10번째 둘레로 90개의 석판으로부터 18번째 둘레의 162개의 조각으로 되어 있으며 맨 아래층은 19번째 둘레로 171개의 석판으로부터 27번째 둘레의 243개의 석판으로 되어 있다.

이 세층의 석판수를 모두 합하면 378개의 9로 모두 3,402개이다. 그리고 최상층의 직경은 9장(丈)이고 중간층의 직경은 15장이고 맨 아래층의 직경은 21장으로서 모두 합하면 45장이 되는데 이는 9·5가 되어 『주역』건괘의 九五帝王之尊의 의미를 취하고 있다.

이처럼 9 또는 9의 배수로 원구단을 건설한 이유는 첫째 황천상제(皇天上

帝)는 구중천(九重天) 속에 임어해 계시기 때문에 9또는 9의 배수로 9중천을 상징하여 천체의 한없이 넓고 큰 것을 표시하고 있다고 하며, 둘째 동양철학에서 홀수는 양수이고 짝수는 음수인데 하늘은 양이 되고 땅은 음으로 천단은 제천하는 곳이고 9는 극양수(極陽數)가 되므로 9로써 가장 높은 하늘을 상징하며 가장 길상(吉祥)의 숫자로 삼았다는 것이다. 원구단의 전체적인 모습은 내원외방의 천원지방으로 되어 있다.

우리나라의 강화도 마리산 참성단과 태백산 천제단도 천원지방의 구조를 가지고 있다.

마리산의 참성단은 독특하게 上方下圓의 구조를 이루고 있는데 이는 평화와 태평을 나타내는 지천태의 구조이다.

마리산
참성단

태백산
천제단

2) 고대의 옥기에 담겨있는 원방각 사상

먼저 <u>원형의 옥기는 하늘을 상징</u>한다.

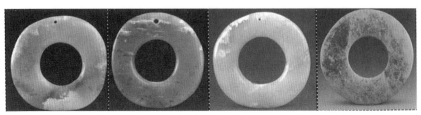

우하량 제2지점 1호총 21호묘 　　우하량 제2지점
1호총 7호묘

다음의 玉璿璣는 하나의 원 밖에 3수의 구조를 형상하고 있는데 이는 一體三用을 나타낸다.

옥선기 　　　　　　　　삼련주옥 장식

三孔의 삼련옥벽도 一體三用, 三用一體의 의미가 있다고 사료된다.

삼련벽 三韓 三京 三神
　　　 삼한 삼경 삼신 일체 상징

방형 옥기 속에 둥근 원이 있는 것은 천지일체의 의미가 있고 삼각형 속에 원이 있는 것은 인간과 하늘의 일체를 나타낸다고 사료된다.

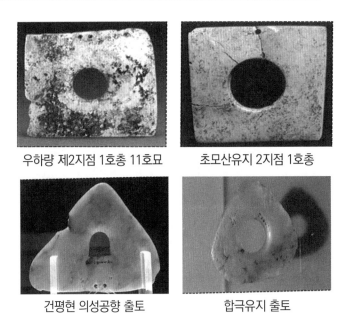

우하량 제2지점 1호총 11호묘	초모산유지 2지점 1호총
건평현 의성공향 출토	합극유지 출토

옥종은 전형적인 天圓地方의 사상을 드러낸다. 이것이 體圓而用方하는 桓易을 나타낸 것인지 體方而用圓한 羲易을 나타낸 것인지는 알 수 없지만 속은 원으로 되어 있어 하늘을, 외면은 방으로 되어 있어 땅을 상징한다.

10마디 옥종   9마디 神人 옥종   귀면 문양옥종   17마디 옥종

3) 고인돌과 무덤에 들어있는 천원지방 사상

고인들의 종류에는 탁자식, 바둑판식, 개석식 등의 여러 종류가 있지만 천원지방의 원리와 합치되는 탁자식을 가지고 설명해보고자 한다.

강화도 부근리 고인돌

탁자식 고인돌은 4개 혹은 2개의 굄돌을 세운 위에 하나의 평평한 덮개 돌을 덮는 형식이다.

덮개돌이 반드시 원형인 것은 아니지만 하나를 올려놓은 것은 하늘을 상징하고 2개 혹은 4개의 굄돌은 땅을 상징한다고 볼 수 있다. 사람은 살아서도 하늘과 땅 사이에 살고 있지만, 죽어서도 천지 사이에 들어가서 천지와 하나가 되기를 희구한 것이다. 그리고 우리가 지금까지 무덤을 쓰는 것을 보면 방형의 관을 땅속에 묻고 그 위에 둥글게 봉분을 만들어 천원지방의 천리가 들어있다. 이 전통은 장방형의 석관 속에 주검을 넣고 덮개돌을 덮고 그 위에 돌을 쌓고 그 주위를 石環으로 둘렀던 신석기 시대 흥륭와 문화의 적석총까지 소급해 올라간다.

▲백음장한 석관 적석묘. 주위에 石環을 둘렀다.

◀백음장한 석관 지석묘

네모난 관

둥그런 봉분

4) 윷놀이 속에 담겨있는 천원지방 원리

『환단고기』「삼한관경본기」의 「마한세가 上」을 보면 배달국 시대때 자부 선생께서 윷놀이를 만들어 桓易을 자세히 설명했는데 이는 신지혁덕이 처음으로 문자로 기록한 천부경의 遺法이라고 하였고 10세 단군때 天河에서 신령스런 거북이가 그림을 지고 나타났는데 그 모양이 윷판과 같았다라고 하였다. 이를 보면 윷놀이의 기원은 배달국 시대까지 소급된다.

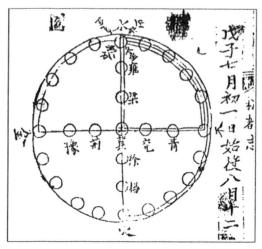

송도지에 수록된 柶圖

1648년 金堉이 간행한 松都志에 실려있는 金文豹의 柶圖說을 가지고 내용을 설명하면 다음과 같다.

윷판의 밖의 원은 하늘을 상징하고 안의 네모난 것은 땅을 상징하니 하늘이 땅의 밖을 싸고 있는 것이다. 별 중에서 가운데 있는 것이 북극성이고 주위에 배치되어 있는 것은 28수이다. 윷가락이 위가 둥근 것은 하늘을, 아래가 모난 것은 땅이다.

5) 훈민정음 속에 들어있는 원방각 원리

1446년 세종대왕이 반포한 훈민정음은 천지인의 사상과 음양오행 원리가 함축되어 있는 지극히 철학적인 글자이다. 훈민정음은 모음 11자와 자음 17자로 구성되어 있는데 모음 11자의 근본되는 글자는 ·, ㅡ, ㅣ로 천지인을 상징한다. 이는 훈민정음의 制字解에서도 밝히고 있는 내용이다. 훈민정음해례에서 초성 17자에 대해서 ㄱ, ㄴ, ㅁ, ㅅ, ㅇ의 기본이 되는 5자와 반설음 ㄹ, 반치음 △은 발음기관의 모습을 본떠서 만들고 나머지 자음은 ㄱ, ㄴ, ㅁ, ㅅ, ㅇ에 획을 더하여 만들었다고 하여 삼재설에 대한 내용이 없다. 그러나 정인지 서문에서 글자 속에는 삼재지도가 실려있고(載三才之道) 三極之義가 모두 포괄되어 있다고 하였다. 하물며 훈민정음이 3세 단군가 륵 단군이 삼랑 을보륵에게 명하여 만든 가림토 문자를 계승하고 있으므로 자음 17자에도 천지인 사상이 있고 바로 ○, □, △을 형상하여 만들어졌다고 생각된다. 이를 도표로 나타내면 다음과 같다.

자음기본자		파생된 글자
천	○	ㆁ ㆆ ㅎ
지	□	ㄱ ㄴ ㄷ ㄹ ㅂ ㅍ
인	△	ㅅ ㅈ ㅊ

자음 기본자의 ○ □ △과 파생된 글자

6) 궁중문화 속의 천원지방

궁중에서 원(○)은 임금을 상징하고 방(□)은 신하를 상징한다. 이러한 내용이 처음 기재되어 있는 문헌은 『呂氏春秋』이다. 「季春紀」의 5번째 원도(圓道)에 다음과 같은 내용이 실려있다.

天道圓하고 地道方하니 聖王法之하야 所以立上下라. 何以說天道之圓也오 精氣가 一上一下하야 圓周復雜하야 無所稽留故로 曰天道圓이라. 何以說地道之方也오 萬物殊類殊形하야 皆有分職하야 不能相爲故로 曰地道方이라 主執圓하고 臣處方하야 方圓不易이라야 其國乃昌이라.

하늘의 도는 둥글고 땅의 도는 네모나니 성왕이 이를 본받아 임금과 신하의 법도를 세웠다. 무엇으로써 천도가 둥글다고 말하는가. 정기가 하나가 많아지면 하나가 작아져서 둥글게 돌고 다시 돌아 머무르는 바가 없기 때문에 하늘의 도가 둥글다고 한다. 무엇으로써 지도가 모나다고 말하는가. 만물이 종류가 다르고 형태가 달라 모두 나누어진 직책이 있어 서로 겸할 수 없기 때문에 땅의 도가 모나다고 한다. 군주는 둥근 것을 잡고 신하는 모나게 처신하여 신하와 군주가 그 직책을 바꾸지 않아야만 그 나라가 창성한다.(一上一下는 陰陽消息의 뜻이다. 雜은 匝의 가차자이다. 相爲는 相兼으로 해석한다.)

흉배는 관직의 품계를 나타내는 관복의 紋章으로 동물 문양을 수놓아 관복의 가슴과 등에 부착했던 수공 자수품이다. 이런 흉배 중에서 왕의 곤룡포에는 용의 무늬를 수놓은 흉배를 가슴·등·양 어깨에 장식하였는데 이를 특히 補라고 한다. 임금의 補는 둥근데 반해 신하의 흉배는 네모졌다.

| 영친왕비 보 | 영친왕 홍룡포의 보 | 조선시대 신하의 흉배 |

경복궁에 있는 경회루의 1층 내부의 기둥은 원기둥을 쓰고 외부 기둥은 사

각기둥을 쓰고 있는데 이것도 천원지방의 원리이다. 그리고 경복궁에서 한 건물에 사용된 기둥일지라도 왕의 집무실 혹 침실과 가까운 방향의 기둥 주춧돌이 거의 대부분 원형이고 먼 쪽 기둥의 주춧돌은 사각 주춧돌이라고 한다.

궁중에서 잔치를 할 때 임금은 둥근 상을 받고 신하는 사각상을 받았다고 한다.

궁중에 있는 연못은 밖은 사각형으로 되어 있고 안에는 인공섬을 원형으로 만들었는데 창덕궁의 부용지와 종묘 안의 中池塘이 이러한 모습으로 되어 있다.

창덕궁 부용지

7) 기타 문화 속의 천원지방

첫째, 전통적으로 동전은 원형으로 되어 있고 중앙에 네모난 구멍이 뚫려 있다. 이것의 시원은 지시황이 중국을 통일한 후 半兩錢을 처음 만들었는데 이 모양을 계승해서 중국과 한국의 동전은 외원내방의 형태를 유지하였다.

반량전

상평통보

해동통보

둘째, 호패와 지방의 모습이 위가 둥글고 아래가 네모나게 되어 있다.

호패

지방

셋째, 베겟모에서도 나타난다. 베겟모는 베게의 양쪽 끝에 주로 수를 놓아 부착하는 꾸밈새로 베게의 형태를 잡아주거나 베게를 장식하는 용도로 쓰인 것이다. 남자는 원형의 베겟모를 사용했고 여자는 방형의 베겟모를 사용했다. 천원지방을 남원여방으로 응용한 것이다.

둥근 베겟모

네모난 베겟모

이 외에도 옛날의 지도, 건축물, 도상, 유물 등에서도 많이 보이나 여기서 줄인다.

5. 나오는 말

원(○)은 하늘의 정신을 상징하는데 여기에는 하늘의 역동성, 변화성, 剛強性, 회전성, 순환성, 광대성, 무한성, 영원성, 충만성, 보편성, 원만성, 공정성, 완전성, 포용성, 통일성, 일체성, 전체성, 신비성, 시원성, 근원성 등이 담겨있다.

방(□)은 땅의 정신을 상징하는데 여기에는 방정성, 有法性, 만물화생성, 고정성, 안정성, 靜態性, 유한성, 분열성, 虛乏性, 柔弱性 그리고 하늘과 整合하는 의미도 담겨있다.

각(△)은 인간의 정신을 상징하는데 여기에는 천지합일성, 완성성, 목적실현성, 완전성, 조화성 등이 담겨있다.

원(○), 방(□), 각(△)은 인간의 三眞을 상징하기도 하는데 원(○)은 性을, 방(□)은 命을, 각(△)은 精을 상징한다.

원(○)은 숫자 1과 배합되어 모든 數를 창조하는 근원이 되며 태극의 숫자가 된다. 그리고 음양으로 발전해 나갈 수 있는 兩極을 가지고 있고 또한 분열되었던 생명이 통일(unity)되고 하나됨(oneness)의 의미도 가지고 있다.

방(□)은 숫자 2와 배합된다. 4개의 선으로 이루어져 있지만 음은 2를 기본으로 하기 때문에 4÷2=2가 된다. 2는 兩極性이 있어 대립과 투쟁이 벌어지는 무대가 되며 또 하나로 통일되고자 하는 속성도 가지고 있다.

각(△)은 숫자 3과 배합되는데 3은 1이 伸長되어서 형성되기도 하고 天一과 地二가 합하여 3이 되기도 한다. 3은 천지인이 완성된 수가 되며 또한 각(△) 속에는 천지와 하나가 되기 위해서 가야만 하는 인간의 목적이 제시되어 있다.

원방각의 문화는 역사가 오래되어 홍산문화의 우하량 유적지에서 천원지방의 제단이 발굴되었다. 이것은 이후 북경의 천단에까지 영향을 끼쳤으며 우리나라의 마리산 참성단과 태백산 천제단도 천원지방의 모습을 유지하고 있다.

고대의 옥기도 원방각의 형태를 띈 것이 많이 발굴되었는데 각각 천지인을 상징한다. 특히 옥선기와 삼련벽 등은 一體三用, 三用一體의 의미가 있다고 사료된다. 또 옥종은 內圓外方의 구조를 가지고 있는데 천원지방을 상징한다.

두 개 또는 네 개의 굄돌 위에 하나의 덮개돌을 얹어 놓은 고인돌과 방형의 관을 땅 속에 묻고 둥글게 봉분을 올린 지금 무덤의 형태도 천원지방을 상징한다.

윷판의 外圓은 天圓을 상징하고 內方은 地方을 상징하며 윷가락이 위가 둥근 것은 하늘을, 아래가 모난 것은 땅을 상징한다.

훈민정음의 자음은 기본이 되는 ○□△을 변형시켜서 만든 것이라 사료된다.

원(○)은 임금을, 그리고 방(□)은 신하를 상징한다. 그리하여 임금 補는 원형으로 만들고 신하의 흉배는 방형으로 만든다. 연못을 만들 때 밖은 사각형으로 되어 있고 안에 원형의 섬을 만든 것도 천원지방을 모방한 것이다.

이외에 동전, 호패, 지방, 베겟모 등에도 천원지방의 원리가 담겨있다. 베겟모를 남자는 원형으로, 여자는 방형으로 만든 것은 천원지방을 남원여방으로 응용한 것이다.

/ 참고문헌 /

- 김일권. 한국 윷의 문화사와 윷판암각화의 천문사상. 한국 암각화연구18집.
- 김주성 편저. 정역집주보해. 서울: 신역학회. 1999.
- 마이클 슈나이더 저, 이충호 옮김. 자연 예술 과학의 수학적 원형. 서울: 경문사. 2007.
- 복기대. 홍산문화의 이해. 서울: 우리역사연구재단. 2019.
- 범엽찬. 후한서(11). 북경: 중화서국. 1991.
- 성백효 역주. 현토완역서경집주(상). 서울: 전통문화연구회. 2009.
- 송호수. 겨레얼삼대원전. 서울: 가람출판사. 1983.
- 안경전 역주. 환단고기. 대전: 상생출판. 2012.
- 우실하. 고조선문명의 기원과 요하문명. 파주: 지식산업사. 2018.
- 윤창열, 김용진. 중국역사유적 의학유적 탐방기. 대전: 주민출판사. 2010.
- 정렬모. 역해종경사부합편. 서울: 대종교총본사. 개천4406.
- 존 스트로마이어/피터 웨스트브룩 지음, 류영흠 옮김. 피타고라스를 말하다. 서울: 도서출판퉁크. 2005.
- 증산도 교육부. 환단고기 북콘서트 도훈 모음. 대전: 증산도 교육부. 2015.
- 증산도 교육부. 환단고기 북콘서트 도훈 모음(3). 대전: 증산도 교육부. 2015.
- 陳奇猷교석. 여씨춘추교석(1). 상해: 學林出版社. 1984.
- 한규성. 노소문답역학원리강화. 대전: 英文社. 단기4290.
- 홍원식. 정교황제내경. 서울: 동양의학연구원. 1981.

제9편 |

太一의 意味에 대한 종합적 考察

1. 들어가는 말

天地는 어떻게 시작되었으며 어떠한 힘에 의해 끊임없이 움직이고 있는 가. 그리고 이 속에서 살아가는 인간 삶의 궁극의 목표는 무엇인가. 더 나 아가 인간역사의 궁극의 지향점은 무엇이며 문명의 방향성은 무엇인가. 天 地와 인간 사이의 관계는 어떤 관계이며 인간은 어떠한 삶을 살아야 하는 가. 이러한 거대담론에 대한 모든 해답이 놀랍게도 『환단고기』 속에 들어 있다. 안경전은 『환단고기』 역주본에서 "『환단고기』는 진정으로 한민족과 인류의 태고 창세역사를 기록한 역사 경전일 뿐 아니라 동서 종교와 철학 에서 탐구해 온 여러 진리 주제에 대한 명쾌한 깨달음과 원형문화의 보편· 가치를 열어주는 철학 경전이요 문화경전"이라고 하였다.

『환단고기』의 중심을 관통하고 있는 핵심주제가 天一, 地一, 太一의 사상 이고 이를 신학적으로 三神이라 하며 철학적으로 三一哲學이라고 한다. 이 주제 속에는 하늘과 땅과 인간의 所自出과 天地와 인간의 관계와 인간완성 의 길과 인간 삶의 방향과 목표가 오롯이 담겨있는데 이 모든 것의 결론은 太一이라고 말할 수 있다.

太一에 대한 명칭은 중국의 고대문헌인 『莊子』, 『呂氏春秋』, 『淮南子』, 『荀

子』,『禮記』,『史記』,『漢書』,『太乙金華宗旨』 등에 다양하게 나타날 뿐만 아니라 1993년에 출토된 전국시대 중기의 郭店 楚墓의 竹簡에서도 언급되어 그 중요성이 새롭게 인식되었다.

이와 관련하여 중국과 일본에서 太一을 해석하는 수많은 논문들이 출간되었지만 太一의 본질적인 의미를 해석하는 데는 아직 부족한 점이 있다고 사료된다. 그 대표적인 것은 太一을 天一, 地一의 관계 속에서 파악한 논문이 거의 없고 太一을 미래적, 완성적 인간적 의미로 해석한 것이 없다는 것이다. 이에 저자는 太一 해석에 새로운 지평을 연 『환단고기』 역주본의 내용을 바탕으로 『환단고기』에서 말하는 太一의 진정한 의미를 살펴보고 太一이 언급된 중국의 제문헌을 통해 다양하게 쓰인 태일의 용례를 살펴볼 것이며 기타 태일이 언급된 모든 명칭까지 살펴보아 太一의 意味를 종합적으로 살펴보고자 한다.

2. 『환단고기』에서 말하는 太一

한민족의 뿌리경전인 「천부경」과 「삼일신고」의 핵심 주제는 執一含三과 會三歸一이다. 이는 하나는 셋으로 分化되고 셋을 모으면 하나로 돌아간다는 것이다. 더 쉽게 이야기 하면 하나에서 시작되어 분열하여 작용하다가 결국은 하나로 돌아간다는 것이다. 이를 천부경에서는 "一始無始一", "一終無終一"이라고 하였으며 간단하게 一始一終이라고 말할 수 있다.

여기서 一의 개념이 태일이라고 생각된다. 따라서 太一은 2가지 개념이 있는데 첫째는 시작하는 太一이 있고, 둘째는 궁극적으로 완성되는 太一이 있다는 것이다.

중국의 문헌을 보면 太一을 泰壹, 泰一, 大一이라 쓰고 있으며 또 泰乙, 太

乙 등으로 표기하고 있다. 이는 동일한 뜻으로 큰 차이 없이 통용하고 있는데 철학적인 개념일 때는 주로 一을 쓰고, 神과 인간을 대상으로 쓸 때는 乙을 주로 쓰고 있다고 사료된다. 그 근거는 "太乙救苦天尊", "太乙眞人" 등에 乙을 쓰고 있기 때문이다.

먼저 『환단고기』에서 말하고 있는 太一의 개념을 살펴보면 다음과 같다.

> "곰곰이 생각해 보건데 三神은 天一과 地一과 太一이시다. 천일은(만물을 낳는) 造化를 주관하시고 지일은 (만물을 기르는) 敎化를 주관하시고, 태일은 (세계를 다스리는) 治化를 주관하신다.(稽夫三神호니 曰天一과 曰地一과 曰太一이시니 天一은 主造化하시고 地一은 主敎化하시고 太一은 主治化하시니라.)"

위의 내용은 천부경의 "一析三…天一一 地一二 人一三"과 整合하는 내용이라 생각된다. 우리가 보통 天地人을 三才라고 말하며 三元이라고도 한다. 그런데 위에서 天一, 地一이라 말하고 다음 차례인 인간에 대해서는 人一이라고 말하지 않고 太一이라고 하였다. 이에 대해 안경전은 다음과 같이 해석하고 있다.

> "太一은 천지와 하나된 인간의 위격을 말한다. 인간은 천지의 궁극적인 목표와 이상을 실현하는 천지의 주체이기 때문에 천지의 정신〔天一, 地一〕보다 더 크고 존엄하여 人一이라 하지 않고 太一이라 한다. 그러나 여기서는 太一神을 말한다."

"『환단고기』는 천지인을 삼신의 顯現으로 인식한 한민족의 우주사상을 가장 체계적으로 전한다.

우주 만유가 생성되는 근원을 『환단고기』에서는 一神이라 정의한다. 일신은 곧 각 종교에서 말하는 조물주요, 道요, 하나님이다. 그런데 일신이 실제로 인간의 역사 속에서 작용을 할 때는 언제나 삼신으로 나타난다. 한 손가락이 세 마디로 되어 있듯이 하나 속에는 셋의 구조로 3수 원리가 들어있는 것이다. 그래서 한민족은 예로부터 우주의 조물주 하나님을 삼신이라 불렀다. 이것이 한민족이 창시한 우주사상의 출발점이다.

그리고 조물주 삼신의 신령한 손길에서 천지인 삼재가 나왔다. 다시 말해서 삼신이 현실계에 자신을 드러낸 것이 바로 천지인이다. 때문에 천지인 각각은 삼신의 생명과 신성을 고스란히 다 가지고 있고, 각각에 내재된 삼신의 생명과 神性은 서로 동일하다. 이러한 천지인을 『환단고기』는 天一·地一·太一이라 정의한다. 인간을 태일이라 부르는 것, 이것이 한민족 우주사상의 핵심이다. 인간을 '人一'이라 하지 않고 '太一'이라 한 것은 인간이 천지의 손발이 되어 천지의 뜻과 소망을 이루는, 하늘, 땅보다 더 큰 존재이기 때문이다."

天一, 地一, 太一에 모두 一字가 붙은 것은 천부경의 太一一, 地一二, 人一三처럼 공통된 하나(太一)에서 분화된 天地人의 神性과 德性과 光明이 차별 없이 동일하다는 것이다. 그렇다면 太의 의미는 무엇인가.

첫째, 지극히 큰 것을 太(極大曰太)라고 한다. 즉 至高至極의 의미가 있다. 옛사람이 큰 것을 大라 썼으나 비교한 것이 없이 절대적으로 큰 것을 표현하기 위하여 大字에 점(·)을 하나 더 찍어서 상대적인 大(大小의 大)와 구별하였다. 둘째, 太에는 시작의 의미가 있다. 우리가 한 나라를 개국한 군주를 太祖라 하고 창조의 시작 과정을 太易, 太初, 太始 또는 太極이라 하는데 太

는 처음으로 시작한다는 의미가 있다. 一에는 아직 分化하지 않았다(未分曰 一)는 뜻이 있고 絶對唯一의 뜻이 있다. 따라서 太一은 우주만물의 本原과 本體를 의미한다. 이것을 Great One이라 말할 수 있다. 이뿐만이 아니라 太一은 천지와 하나 된 인간이라 하였다. 天地와 하나 되는 것은 인간 삶의 궁극의 목표이다. 『환단고기』의 太一은 완성된 인간을 상징하고, 미래적인 인간상을 의미한다. 이것은 천지와 하나가 되기 위한 노력을 필요로 하며 그 결과 하나가 될 때 우리는 이것을 "하나 됨(Oneness)"이라고 말한다. 이 때의 태일은 Great Oneness라고 말할 수 있다. 이는 천부경에서 말하는 천지를 꿰뚫어 천지와 하나가 된(人中天地一) 사람이며 천지와 하나가 되어 삶의 궁극의 목표를 완성한(一終無終一) 太乙人間이다. 이처럼 천지와 하나 되어 천지의 목적과 궁극의 이상을 실현하는 위대한 존재가 되기 때문에 大一이나 人一로 표현하지 않고 太一이라 한 것이다.

신교철학에서는 우주의 조화 三神이 우리 몸에 들어올 때 "造化之神은 降 爲我性하고 敎化之神은 降爲我命하고 治化之神은 降爲我精"(檀君世紀序)한다 고 하여 三神이 性命精으로 우리 몸에 자리 잡고 인간이 세상을 살아갈 때 迷惑에 빠져 三妄인 心氣神으로 발현하고 三眞과 三妄이 결합하여 感息觸의 三途를 통해 외부의 자극을 받아들인다고 하였다. 그리고 인간이 본연의 참모습을 회복하는 방법으로 三一神誥에서는 止感 調息 禁觸의 방법을 일 심으로 닦아 三妄을 바꾸어 三眞에 나아가는 길을 제시하였고, 「高麗國本 紀」에서는 "凝性作慧하고 凝命作德하고 凝精作力하는 參佺修戒法"을 제시 하였는데 三眞을 회복하고 德慧力을 이루는 길이 太一인간이 되는 방법론 이라고 말할 수 있다. 또한 參佺修戒의 佺이 완전한 사람(全人) 즉 太一인간 으로 다시 태어나는 것이다. 佺에 대해「神市本紀」에서는 다음과 같이 설명하고 있다.

> "신시씨(배달 초대 환웅)는 佺의 도로써 계율을 닦아 사람들에게 祭天을 가르치셨다. 이른바 佺이란 사람의 본래 온전한 바탕을 따라 능히 본 성에 통해[通性] 참됨을 이루는 것이다. (神市氏는 以佺修戒하야 敎人祭天하시니 所謂佺은 從人之所自全하야 能通性以成眞也라)"

이를 「三聖記」 下에서는 "並智生雙修하야 爲居佺(지혜와 생명을 함께 닦아 佺 道를 수행하였다.)"이라고 하였는데 佺戒爲業하여 마음 속의 光明을 열었던 것 은 삼성조시대의 인간 삶의 궁극의 목적이었던 것이다.

앞에서 天一은 主造化하고 地一은 主敎化하고 太一은 主治化한다고 하여 天一, 地二, 人三의 과정을 통해 역사가 전개됨을 밝히고 있다. 따라서 『환 단고기』에서 말하는 太一은 역사발전의 완성 단계를 이야기하는 미래적인 개념이다. 우리가 일반적으로 桓国의 桓仁은 主造化하고 倍達國의 桓雄은 主敎化하고 朝鮮의 檀君은 主治化했다고 말하고 있는데 이를 보더라도 治 化를 주장하는 太一은 인류 역사의 마지막에 출현하리라 사료된다.

위에서 太一은 泰壹, 泰一이라고 쓴다고 하였는데 泰一이라고 쓰는 것도 중요한 의미가 있다. 泰는 通한다는 뜻이 있고 一은 하나가 된다는 뜻이 있 는데 주역의 11번째 地天泰卦는 上下가 서로 통하여 하나가 되는 의미가 있다. 따라서 泰一은 인간이 天地와 소통하여 天地와 하나가 된 위대한 인 간의 경지인 것이며 이것은 하나됨(Oneness)을 위한 부단한 노력을 수반해 야 한다.

『환단고기』에서는 시작하는 하나(Great One)에 대해 다음과 같이 언급하 고 있다.

"만물의 큰 시원〔大一〕이 되는 지극한 생명이여!

이를 양기良氣라 부르나니

무와 유가 혼연일체로 존재하고

텅 빔〔虛〕과 꽉 참〔粗〕이 오묘하구나.

삼(三神)은 일(一神)로 본체〔體〕를 삼고

일(一神)은 삼(三神)으로 작용〔用〕을 삼으니

무와 유, 텅 빔과 꽉 참(정신과 물질)이 오묘하게 하나로 순환하고

삼신의 본체와 작용은 둘이 아니로다.

우주의 큰 빔 속에 밝음이 있으니, 이것이 신의 모습이로다.

천지의 대기大氣는 영원하니

이것이 신의 조화로다.

(大一其極이 是名良氣라 無有而混하고 虛粗而妙라 三一其體오 一三其用이니 混妙一環
이오 體用無歧라 大虛有光하니 是神之像이오 大氣長存하니 是神之化라.)"

위의 내용은 發貴理의 頌歌이다. 위의 大一은 太一의 뜻이다. 『康熙字典』
에서 "경전이나 역사서를 살펴보면 太 자를 모두 大 자로 쓰고 있다. 大極,
大初, 大素, 大室, 大玄, 大廟, 大學 및 관직의 명칭인 大師, 大宰의 예이다.(按
經史컨대 太字는 俱作大라. 如大極, 大初, 大素, 大室, 大玄, 大廟, 大學及官名 大師, 大宰之類
라.)"고 하여 이를 증명하고 있다. 모든 것은 하나(一)에서 시작한다. 그러나
모든 것을 시작하는 하나(一)는 궁극의 근원이고 지극히 크고 비교할 대상
이 없으므로 太一이라고 부른다.

여기의 太一은 良氣로 有無와 虛粗 즉 무형과 유형, 정신과 물질이 오묘
하게 조화된 창조의 근원이다. 이는 천부경의 一始無始一의 一과 같은 자리
로 이 一은 神으로 보면 元神, 原始天尊이 될 것이고 氣로 보면 元氣, 良氣,

混沌之氣, 混元一氣가 되며 형이상학적 질서로 보면 道라고 말할 수 있을
것이다. 여기서의 太一은 분화를 시작하는 Great One이라고 말할 수 있
다. 다음은 이러한 太一의 개념을 중국의 문헌에서는 어떻게 이해하고 있었
는지에 대해 살펴보고자 한다.

3. 天地萬物의 시작으로서의 太一(Great One)

1) 도의 개념으로 쓰인 太一

老子에서는 一에 대해서 자주 언급하고 있는데 一은 천지만물을 나오게
하고 형성하며 정상적으로 운행 작용하게 하는 보편적인 본질로써 그 意義
는 道와 동일하고 할 수 있다.

만물 분화의 근원을 추상적 개념으로 보면 道라 할 수 있고 물질적 개념
으로 보면 元氣라 할 수 있고 神의 입장에서 보면 元神이라 할 수 있다. 또
太古時代의 의미로도 太一을 쓰고 있다.

太一의 의미를 道로 해석할 수 있는 문헌을 찾아보면 다음과 같다.

『莊子』32편「列禦寇」에서 다음과 같이 말하고 있다.

> "소인의 지혜는 선물이나 편지와 같은 일을 떠나지 못하니 자질구레
> 한 일에 정신이 가려져서 도와 물건과 태일(太一)의 형허(形虛)한 경지를
> 겸해서 깨치고자 한다. (小夫之知는 不離苞苴竿牘이니 敝精神乎蹇淺하야 而欲兼
> 濟道物太一形虛라.)"

또 33편「天下」에서 "관윤과 노담은 이러한 학설을 듣고 기뻐하여 허무

(虛無)의 도를 세우고 太一을 주장으로 삼았다.(關尹 老聃은 聞其風而悅之하야 健之以常無有하고 主之以太一이라)"고 하였고 成玄英은 疏에서 "太라는 것은 넓고 크다는 명칭이고 一은 둘이 아니라는 호칭이다. 大道가 텅비고 끝이 없어 정하여 둘러싸지 아니함이 없고 만유를 주머니에 담아 묶듯 모두 관통하여 하나가 되기 때문에 太一이라고 말한 것이다.(太者는 廣大之名이오 一以不二爲稱이라 言大道曠蕩하야 無不制圍하고 括囊萬有하야 通而爲一故로 謂之太一也라)"라고 하였다. 여기의 太一은 모두 道로 해석할 수 있다.

『呂氏春秋』의 다음의 문장들도 道로 해석할 수 있다.

"음악이 유래한 것이 오래되었다. (음악은) 律管의 길이를 재고 헤아리는데서 생겼으니 太一에 근본을 두고 있다. 太一에서 兩儀가 나오고 양의에서 음양이 나온다.(音樂之所由來者가 遠矣라. 生於度量하니 本於太一이라. 太一이 出兩儀하고 兩儀가 出陰陽이라.)"

"만물의 출현은 태일에서 시작되고 음양이 만물을 변화시킨다.(萬物所出은 造於太一하고 化於陰陽이라.)"

"도는 지극히 精微한 것이다. 형체로 드러나지도 않고 이름을 붙일 수도 없지만 억지로 이름을 붙여 太一이라고 한다.(道也者는 至精也라 不可爲形이며 不可以名이나 彊爲之謂之太一이라.)"

이곳에 보이는 太一은 모두 道라고 해석한다. 高誘는 두 번째 인용문의 太一을 직접 道라고 주석(太一은 道也라)하고 있다.

『淮南子』에서 太一을 道로 보아야 할 문장들은 다음과 같은 것들이 있다.

"덕이 지극한 사람은 자신의 식사량을 헤아려서 먹고, 몸의 크기를 헤아려 옷을 만들어 입고, 몸이 용납할 곳에 머무르고, 마음에 적합한 일을 행하고, 천하 사람을 위해 남겨 주어 탐욕을 부리지 않고, 만물을 포기하여 만물을 얻는 것으로 이로움을 삼지 않고, 크고 텅 빈 우주에 몸을 맡기고 한 없이 넓은 들판에서 놀아 하늘에 오르고 大道(太一)에 의지하며 손바닥 속에서 천지를 玩賞하니 어찌 빈부 때문에 정신을 뺏겨 살찌고 마르고 하겠는가.(若夫至人은 量腹而食하며 度形而衣하며 容身而游하며 適情而行하며 餘天下而不貪하며 委萬物而不利하며 處大廓之宇하며 游無極之野하야 登太皇하고 馮太一하며 玩天地于掌握之中하니 夫豈爲貧富肥臞哉리오.)"(精神訓)

"五帝와 같은 임금들은 天道(太一)를 체득했고, 三王과 같은 임금들은 음양을 본받았고, 霸道를 행한 제후들은 사시의 법칙을 본받았고, 小國의 군주들은 法度를 운용해서 나라를 다스렸다. 太一의 법을 잡은 임금은 천지를 감싸고, 산천을 통제하며, 음양의 기운을 삼기고 토하며, 사계절을 조화하고, 팔방위를 경영하고, 육합을 관리하며, 만물을 덮고 드러내고 밝게 보여주고 인도하여, 만물에 두루 미쳐 사사로움이 없어 모든 생물들이 그의 덕택을 우러러 생존하고 발전하지 않는 것이 없었다.(帝者는 體太一하고 王者는 法陰陽하고 霸者는 則四時하고 君者는 用六律이라. 秉太一者는 牢籠天地하며 彈壓山川하며 含吐陰陽하며 伸曳四時하며 紀綱八極하며 經緯六合하야 覆露照導하야 普泛無私하야 蠉飛蠕動이 莫不仰德而生이라.)"(本經訓)

"따라서 天道(太一)를 따라 천하를 다스리는 사람은 천지의 마음을 잘 알고, 도덕의 질서에 통하며, 총명함이 일월처럼 빛나고, 정신이 만물에 통하며, 동정이 음양과 조화를 이루고, 喜怒가 사계절과 합치되며, 덕택이 널리 사방의 끝까지 베풀어지고 명성이 후세에까지 전해진다.(是故로 體太一者는 明於天地之情하고 通於道德之倫하며 聰明이 燿於日月하고 精神이 通於萬物하며 動靜이 調於陰陽하고 喜怒가 和於四時하며 德澤이 施於方外하고 名聲이 傳於後世라.)"(本經訓)

이상에서 살펴본 太一을 중국의 학자들은 대부분 道라고 해석을 하고 있지만 더 구체적으로 천지와 하나 된(Oneness) 경지를 나타낸다고 해석해도 무방하리라 생각된다. 憑太一은 천지와 하나 되어 道에 의지하고, 體太一은 천지와 하나 된 道를 체득한 것이며, 秉太一은 천지와 하나 되어 道를 잡아 구사하는 것이다. 그 하나 된 경지는 천지의 정신(道)과 하나 될 뿐만 아니라 천지의 元氣와 하나 된 경지임으로 비슷한 내용들을 元氣라고 해석해도 크게 어긋나지 않는다.

2) 元氣의 개념으로 쓰인 太一

元氣란 만물을 生하는 근본이 되는 기운이며 만물이 살아가는 근본 기운이라고 말할 수 있다. 道家에서는 太一元氣라는 術語도 쓰고 있는데 先天氣를 의미한다. 太一을 元氣로 해석한 대표적인 구절이 『禮記』의 「禮運」이다.

"따라서 예는 반드시 천지의 근본이 되는 元氣(太一)에 근본을 둔다. 나뉘어서 천지(有上下之位)가 되며 전변되어 음양이(有升降之宜)되며, 변화하여 사시(有先後之序)가 되며, 벌려져서 귀신(有變化之功)이 되나니 성인이 이를 살펴 사람에게 명령을 내림에 아랫사람이 따르지 않는 사람이 없으니 모두 하늘을 본받아 주장하는 것이다.(是故로 夫禮必本於大一이라. 分

而爲天地하며 轉而爲陰陽하며 變而爲四時하며 列而爲鬼神하나니 其降曰命이니 其官
於天也니라)."

孔穎達은 疏에서 "大一者는 謂天地未分混沌之元氣也라. 極大曰太오 未分
曰一이니 其氣가 旣極大而未分이라 故曰太一也라"고 하였다. 혼돈원기에서
天地가 나온다고 해석하여 太一을 혼돈원기라고 해석하였다.
『淮南子』에도 太一을 元氣로 해석할 수 있는 문장이 나온다.

"혼백을 보존하여 흩어지지 않게 하면 사람의 정신은 위로 元氣(太一)
와 소통되니 이러한 元氣(太一)의 精華는 天道와 합치된다.(守而勿失하면
上通太一하니 太一之精은 通于天道라.)"(主術訓)

"무형한 천지가 혼돈상태에서 순박하여 아직 만물을 지어서 이루지
아니한 것을 太一이라 한다.(洞同天地가 渾沌爲朴하여 未造而成物을 謂之太
一.)"(詮言訓)

"『회남자』의「原道訓」은 육합을 고찰하고 만물의 시원을 탐색하여 元
氣(太一)의 형상을 묘사하고 대도의 깊은 곳을 헤아려 허무의 경지에서
노닐었다.(原道者는 盧牟六合하고 混沌萬物하야 象太一之容하고 測窈冥之深하야 以
翔虛無之軫이라.)"(要略訓)

『太乙金華宗旨』에도 太乙이라는 명칭이 나온다. 第一章 天心에 "황금꽃에
서 모습을 취했고 또 꽃 속에는 하나의 빛이 숨겨져 있는데 이것이 바로 先
天太乙의 眞氣이다.(取象于金華오 亦祕一光字在內하니 是先天太乙之眞氣라.)"라 하였

다. 이 先天太乙의 眞氣는 元氣로 보아도 무방할 것이다.

또 "우리들이 대도를 체험하기 위해 수련하는 공부법은 오직 마땅히 太一로 근본을 삼고 金丹의 빛으로 마지막을 삼는다.(吾輩功法은 惟當以太一爲本하고 金華爲末이라.)"라 하였는데 이 책에서는 太一을 先天一氣로 해석하였다.

3) 元神으로서의 太乙

元氣가 있는 곳에 元神이 있다. 氣와 神은 일체로써 氣不離神하고 神不離氣하기 때문이다. 『태을금화종지』 제1장 天心에 "太乙者는 無上之謂라." 하여 太乙보다 더이상 높은 존재가 없다고 하였다. 이에 대해 王魁溥는 太乙은 元神이라 注를 달고 있다.

4) 太古時代의 개념으로 쓰인 太一

『荀子·禮論』에 다음과 같이 기술되어 있다.

"음식의 本味를 尊重하는 것은 禮의 형식이고 조상으로 하여금 흠양하게 하는 것이 禮의 떳떳한 이치이고 이 두 가지를 合한 것이 완비된 禮制이고 이로부터 태고시대(太一)의 상황에 합치시키는 것이 가장 隆重한 禮라고 이른다.(貴本之謂文이오 親用之謂理오 兩者合而成文하야 以歸大一이 夫是之謂大隆이라.)"

"禮는 소탈함에서 시작되어 점차 형식적인 것에서 완비되었고 마지막에 만족하는 정도에 이르게 되었다. 그러므로 禮가 가장 완비된 정도에 이르면 감정과 禮儀가 모두 充分하여 완전하게 표현된다. 그다음 단계는 혹 감정이 禮儀를 이기거나 혹 禮儀가 감정을 이기는 것이요, 다시 다음 단계는 단지 감정만을 중시하여 太古時代(太一)와 같아지는 것이다.(凡禮는 始乎稅하야 成乎文하고 終乎悅校라. 故로 至備면 情文俱盡이오 其次는 情文代勝이오 其下는 復情以歸大一也라. 稅은 據『史記』當作脫이라.)"

위에서 쓰인 大一(太一)은 모두 太古時代의 뜻으로 쓰인 것이다.

4. 天地와 하나된 성숙된 인간 太一(Great Oneness)

天地 만물의 시작으로서의 太一은 현상계를 존재하게 하는 하나의 근원으로서의 太一로 이는 근원적이고, 창조적이고, 先天的이고, 과거적이고, 統體的이고, 자연적인 太一이다. 이것은 Great One이라고 말할 수 있다. 天地와 하나된 경지로서의 太一은 인간에 국한된 것으로 인간이 수행과 노력을 통해 얻는 후천적이고 미래적이고 個體的이고 결과적인 것으로 Great Oneness 라고 말할 수 있다.

이는 『회남자』「詮言訓」의 "진인은 우주자연과 合一되어 아직 분리되지 않은 사람이다.(眞人者는 未始分于太一者也라.)"와 같은 경지일 것이다.

이는 인간이 추구해야 할 궁극의 목표이며 인간 완성의 길이다.

역사는 하나에서 시작해서 하나로 돌아온다. 그러나 이때 하나의 개념은 각기 다르다. 시작하는 하나는 統體一太極의 관점으로 여기서 天地萬物이 分化해 나간다. 이러한 내용을 郭店楚簡의 太一生水를 통해 살펴보면 다음과 같다.

"태일이 물을 생하고 물은 돌이켜 태일을 도와서 하늘을 이루었다. 하늘이 다시 태일을 도와서 땅을 이루었다. 천지는 다시 서로 도와서 신명을 이루었다. 신명은 다시 서로 도와서 음양을 이루었다. 음양은 다시 서로 도와서 사시를 이루었다. 사시는 다시 서로 도와서 차가움과 뜨거움을 이루었다. 차가움과 뜨거움은 다시 서로 도와서 습함과 건조함을 이루었다. 습함과 건조함은 다시 서로 도와서 일세를 이루어 그쳤다. 이런 까닭에 일세는 습함과 건조함에 의해 생겨난 것이다. 습함과 건조함은 차가움과 뜨거움에 의해서 생겨난 것이다. 차가움과 뜨거움은 사시에 의해서 생겨난 것이다. 사시는 음양에 의해서 생겨난 것이다. 음양은 신명에 의해서 생겨난 것이다. 신명은 천지에 의해 생겨난 것이다. 천지란 태일에 의해 생겨난 것이다.(『太一生水에 水反輔太一하니 是以成天이오 天反輔太一하니 是以成地오 天地'復相輔'也하니 是以成神明이오 神明이 復相輔也하니 是以成陰陽이오 陰陽이 復相輔也하니 是以成四時오 四時復(相)輔也하니 是以成滄熱이오 滄熱이 復相輔也하니 是以成濕燥오 濕燥가 復相輔也하야 成歲而止라. 是故로 歲者는 湿燥之所生也오 濕燥者는 滄熱之所生也오 滄熱者는 (四時之所生也)오 四時者는 陰陽之所生(也)오 陰陽者는 神明之所生也오 神明者는 天地之所生也오 天地者는 太一之所生也니라.)"

여기서 중요한 것은 太一을 천지 이전의 자리에 놓고 있다는 것이다. 그래서 중국의 학자들은 太一을 일반적으로 道 또는 混元之氣라고 해석하고 있다. 위의 내용을 요약하면 태일→수→天→地→신명→음양→사시→냉열(滄熱)→습조→歲로 전개된 우주의 생성과정을 상세하게 설명하고 있는데 太一이 그 근원이 된다는 것이다. 이것은 물론 太一의 선천적 개념이다. 그러나 이것은 후천적이고 인간완성적인 측면에서도 참고할 가치가 있는 내용이다. 천부경에서 "大三合六하야 生七八九라" 하였다. 이는 天一, 地二, 人三의 大三을 합하면 六이 된다는 것인데 六은 水의 成數이다. 즉 이는 후천적으로 인간이 천지와 한마음이 되어 太一을 이루면 우주의 생명수가 내 몸에서 自化한다는 것이다.

그리고 生七八九는 六水에 다시 天一, 地二, 人三을 合하여 七, 八, 九를 이룬다는 것으로 太一生水 이후에 하늘을 이루고 땅을 이루고 신명을 이룬다는 것과 일맥상통함이 있다.

5. 星名과 神名으로서의 太一

太一을 天神으로 받들어 제사를 지낸 기록은 『楚辭·九歌·東皇太一』에 가장 먼저 보인다. 東皇太一은 「九歌」중 최고의 神이고 굴원은 여기에서 太一에 대한 祭祀의 과정을 기록하고 있다. "길한 날 좋은 때 경건하게 상황(동황태일)을 즐겁게 하리라.(吉日兮辰良에 穆將愉兮上皇이라.)"라고 시작하는 東皇太一은 굴원의 동황태일에 대한 頌歌이다. 王逸은 注에서 "태일은 별이름이다. 하늘의 존귀한 신으로 사당이 초나라 동쪽에 있어 東帝에 배속시켜 東皇이라고 하였다.(太一은 星名이라. 天之尊神으로 祠在楚東하야 以配東帝故로 曰東皇이라.)고 하였다.

이 太一이 한무제가 섬긴 太一神과 동일한지에 대한 논쟁이 분분하나 한나라 황실이 초나라 땅에서 연원했기 때문에 한나라 사람이 숭봉하는 최고 신이 되었다고 주장하는 사람도 있다.

太一이 神名 또는 星名으로 쓰인 용례를 살펴보면 다음과 같다.

"『史記·天官書』(천상의 성좌는 다섯 구역으로 나눌 수 있는데 五宮이라 칭한다) 중궁 정중앙의 하나의 별이 천극성이다. 이것은 주위의 별보다 더욱 밝고 항상 고정된 위치에 머물며 움직이지 아니한다.(中宮 天極星의 其一 明者가 太一常居也라.)"

『史記·封禪書』"천신 중에서 가장 존귀한 자가 太一이다. 태일을 돕는 것이 오제이다. 고대의 천자는 봄과 가을에 동남쪽 교외에 가서 태일 신에게 제사를 지냈다.(天神貴者가 太一이오 太一佐曰五帝라. 古者에 天子以春秋 에 祭太一東南郊라.)"

『淮南子·天文訓』"태미원은 태일의 조정이다.(太微者는 太一之庭也라.)"

『淮南子·天文訓』"자미원은 태일이 거처하는 곳이다.(紫宮者는 太一之居也 라.)"

『淮南子·天文訓』"회남왕 원년의 겨울(BCE 164년) 太歲는 丙子였고 동 지는 갑오일이었고 입춘은 병자일이었다.(淮南元年冬에 太一은 在丙子하고 冬至는 甲午오 立春은 丙子라.)"

『雲笈七籤』卷24. "북극성은 모든 별의 근본이다. 모든 별을 각기 주 장함이 있으니 모두 북극성에 메어있다. 북신은 북극에서 움직이지 않 는 별이다. 그 神은 玄丹宮에 바르게 앉아 있고 이름은 太一君이다. (北 辰者는 衆神之本也라 凡星을 各有主掌이니 皆繫於北辰이라 北辰者는 北極不動之星也 라. 其神은 正坐玄丹宮하고 名太一君也라.)"

『天文類抄·紫微垣·北極』 "북극(北極)은 일명 북신(北辰)이라고도 한다. 그 주성(主星:紐星, 天樞)은 하늘의 지도리(樞)이니, 북극의 다섯별이 가장 존귀한 것이다. 첫 번째 별은 달(月)을 주관하며, 태자(太子)라고 한다. 두 번째 별은 해(日)를 주관하며, 제왕(帝王)이라고 하고, 또한 태일(太一)의 자리가 된다. 세 번째 별은 오행을 주관하고, 서자(庶子)라고 한다. 가운데 별(서자)이 밝지 못하면 임금이 일을 주관하지 못하고, 오른쪽 별(후궁과 천추)이 밝지 못하면 태자에게 근심이 생기니, 네 번째 별이 후궁(後宮)이고, 다섯 번째 별이 천추(天樞)이다. 다섯별이 밝고 크면 길하고, 변동하면 근심이 생기며, 객성이 들어오면 병란으로 많은 사람이 죽게 되고, 혜성이 들어오면 임금이 바뀌게 되며, 유성이 들어오면 병란이 일어나고 지진이 발생한다.(一名北辰이니 其紐星은 天之樞也니 北極五星이 最爲尊也라. 第一星은 主月太子也오 第二星은 主日帝王也니 亦爲太一之坐오 第三星은 主五行庶子也니 中星이 不明하면 主不用事하고 右星이 不明하면 太子憂라 第四星은 爲後宮이오 第五星은 爲天樞라 五星이 明大則吉하고 變動則憂하고 客入하면 爲兵喪이오 彗入하면 爲易位오 流星入하면 兵起地動이라.)"

이상의 내용을 보면 북극성의 星神을 太一이라고 보는 것이 보편적이나 紫微垣에 속하는 별로 별도의 太一星이 있다.

『星經』에 "太一星은 在天一南半度하니 天帝神이오 主十六神이라"고 하였고 『天門類抄』에서는 "태일은 또한 하늘임금신의 이름이니 열여섯 신을 주장하고 부리며 바람, 비, 홍수, 가뭄, 전쟁, 기근, 질병, 재해가 일어나는 바의 나라를 주관한다. 또 이르기를 밝고도 빛이 나면 음양이 화합하여 만물이 잘 이루어지고 임금이 길하지만 그렇지 않으면 이와 반대이다. 자리를 벗어나면 홍수와 가뭄이 있고 객성이 범하면 병란이 일어나고, 백성이 유랑

하고 화재, 홍수와 가뭄, 기근이 들고 혜성 또는 패성이 범하면 군사를 많이 잃고 유성이 범하면 재상과 사관이 쫓겨나니 점치는 방법은 천일과 대략 같다.(太一은 亦天帝神也니 主使十六神하고 知風雨 水旱 兵革 飢饉 疾疫 灾害가 所生之國이라 又曰明而有光이면 則陰陽和合하야 萬物成하고 人主吉하나 不然이면 反是라. 離位하면 有水旱하고 客犯하면 兵起 民流 水災 水旱 飢饉하고 彗孛犯하면 兵喪하고 流星犯하면 宰相史官黜하니 占與天一略同이라.)"고 하였다.

· 太一游宮

『淮南子·天文訓』에서 太一이 游走함을 언급하였는데 이에 대한 자세한 내용은 『靈樞·九宮八風篇』에 상세하게 기록되어 있다. 이를 太一游宮이라고 한다.

太一의 순행은 一陽이 初動하여 歲時의 첫머리가 되는 冬至에 북방의 叶蟄宮(坎宮)에서 시작되는데 여기에서 冬至·小寒·大寒三節의 46일을 거쳐하고, 다음날에 동북방의 天留宮(艮宮)으로 가는데 여기에서 立春·雨水·驚蟄三節의 46日을 거쳐하고, 다음날에 倉門宮(震宮)으로 가는데 여기에서 春分·清明·穀雨三節의 46日을 거쳐하고, 다음날에 陰洛宮(巽宮)으로 가는 立夏·小滿·芒種三節의 45日을 거쳐하고, 다음날에 上天宮(離宮)으로 가는데 여기에서 夏至·小暑·大暑三節의 46일을 거쳐하고, 다음날에 玄委宮(坤宮)으로 가는데 여기에서 立秋·處暑·白露三節의 46일을 거쳐하고, 다음날에 倉果宮(兌宮)으로 가는데 여기에서 秋分·寒露·霜降三節의 46일을 거쳐하고, 다음날에 新洛宮(乾宮)으로 가는데 여기에서 立冬·小雪·大雪三節의 45일을 거쳐하고, 다음날에 다시 叶蟄宮에 돌아온다.(太一은 常以冬至之日로 居叶蟄之宮四十六日하고 明日에 居天留四十六日하고 明日에 居倉門四十六日하고 明日에 居陰洛四十五日하고 明日에 居天宮四十六日하고 明日에 居玄委四十六日하고 明日에 居倉果四十六日하고 明日에 居新洛

四十五日하고 明日에 復居叶蟄之宮하니 曰冬至矣라)

이를 도표로 그리면 다음과 같다.

立夏 四 陰洛 東南方 巽	夏至 九 上天 南方 離	立秋 二 玄委 西南方 坤
春分 三 倉門 東方 震	招搖 五 中央 中央 中央	秋分 七 倉果 西方 兌
立春 八 天留 東北方 艮	冬至 一 叶蟄 北方 坎	立冬 六 新洛 西北方 乾

〈九宮八卦圖〉

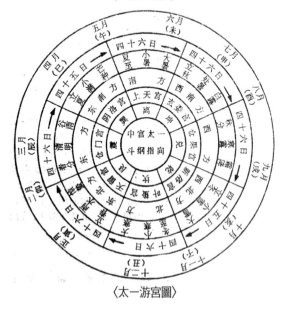

〈太一游宮圖〉

太一游宮에 대해 張介賓은『類經』「運氣類」에서 다음과 같이 설명하고 있다. "태일은 북극성이다.『西志』를 살펴보건대 중궁인 천극성의 밝은 하나의 별이 太一이 항상 거처하는 곳이다. 太라는 것은 지극히 존귀하다는 호칭이고 一이라는 것은 모든 수의 시작이니 하늘의 근원자리에서 주재하고 있기 때문에 太一이라 한것이니 북극성이다.(太一은 北辰也라 按西志컨대 曰中宮 天極星의 其一明者가 太一之常居也라 蓋太者는 至尊之稱이오 一者는 萬數之始니 爲天元之主宰故로 曰太一이니 卽北極也라.)"

이를 통해 보면 북극성의 星神인 太一神은 九宮의 원리에 따라 1년마다 순행하고 있음을 살펴 볼 수 있다.

마지막으로 太一神으로 민간에 널리 알려진 太乙救苦天尊에 대해 중국 사람들이 어떻게 생각하고 있는가에 대해 살펴보고자 한다.

"태일구고천존은 太一救苦天尊, 尋聲救苦天尊, 十方救苦天尊 등으로 부르는데 天界에서 전적으로 불행하게 지옥에 떨어진 중생을 구원하는 대자대비하신 천존신이다. 고통과 고난 속에 있는 자가 단지 기도하거나 천존의 이름을 부르기만 하면 그를 구원하여 凶함을 변화시켜 吉하게 하고 근심을 풀어주고 어려움을 물리쳐준다.…… 동방 長樂世界에 大慈仁한 분이 계신데 이름을 태일구고천존이라고 하는데 그는 중생의 고통을 풀어주고 구원해 주신다. 태을구고천존의 형상은 항상 아홉 색깔의 蓮花座에 단정히 앉아 계신다. 주위에는 9마리의 사자가 입에서 불을 뿜으며 보좌를 떼지어 둘러싸고 있다."

태을구고천존

이에 대해 조금 더 살펴보면 다음과 같다. 太乙神을 높여 太乙天尊이라 부르며 완전한 호칭은 靑華大帝太乙救苦天尊이며 또 東極大帝, 靑玄大帝라 하며 하늘에서는 太乙福神, 인간에서는 大慈仁者, 지옥에서는 日耀帝君이 된다. 도교도들은 입으로 "靑華敎主 太乙慈尊"이라고 항상 함송한다. 太乙 救苦天尊은 東極靑玄上帝의 化身이라고 일컬어지고 있다.

西安에 靑華宮이라는 道觀이 있는데 이곳에서 받드는 主神이 太乙救苦天 尊이다. 위치는 西安 曲江新區 春臨村에 자리잡고 있다. 이곳 사람들은 이 곳이 太乙祖廟가 세워졌던 舊址이고 前漢 宣帝神爵 4년(BCE 58년) 겨울 10월 에 鳳凰이 모였던 장소라 하여 이곳을 중요하게 여기고 있다.

또한 한나라 때 한무제는 BCE 133년 長安城 밖 동남쪽에 太一祠를 세워 天神太乙을 제사지냈고 BCE 109년 다시 長安 동남쪽 80리 되는 終南山에 서 太一神을 제사지내고 太乙山 아래에 太乙眞人廟 즉 후세의 太乙宮을 세 웠는데 靑華宮이 太乙祠壇과 太乙宮의 사이에 있어 太乙神을 제사지내는 祖 庭으로서 가장 적당한 곳에 자리잡고 있다는 자부심을 가지고 있다. 그리 하여 이곳 사람들은 靑華宮을 太乙祖庭 慈善祖庭(慈善祖師는 太乙救苦天尊의 별 칭이다)이라 부르고 있다.

서안 청화궁

태을조정 청화궁

6. 사람의 생명을 주재하는 大君으로서의 太一

道敎經典 중의 하나인 『元始無量度人上品妙經』의 注에 太一에 대한 주석이 있는데 이곳의 太一은 이상에서 말한 太一과 다른 의미를 가지고 있다. 이 책의 서두에 陳景元의 序가 있다. 陳景元(1024~1094)은 北宋시대의 道士로 서문은 英宗 治平 4년(1067년) 쓰여졌다. 序에서 다음과 같이 서술하고 있다.

> "이 경전은 吳나라 때 太極眞人이 葛玄에게 전수해준 것이다. 齊나라 嚴東이 처음 註를 달았고 唐나라 때 李少微, 成玄英 및 薛幽棲가 모두 註를 달았다. 景元이 編輯을 하였는데 四家의 註에 重複된 것은 제거하고 비밀스러운 내용만을 精選하여 4卷을 만들었다."

이를 후세에 『元始無量度人上品妙經四注』라 부른다. 본문의 "太一司命 桃康合延 執符把籙 保命生根… 中理五氣 混合百神"의 내용 아래 다음과 같이 주석을 모아 놓았다.

[太一司命, 桃康合延]

"嚴東이 말하였다. 太一의 이름(諱)은 務猶收이다. 司命은 上帝 司命이니 이름(諱)은 理明初이다. 桃康은 命門 속에 있는 神이다. ○薛幽棲가 말하였다. 太一은 또한 大君이다. 大君은 몸속에 있는 모든 神靈 중에서 존귀한 분이고 모든 氣를 주장하기 때문에 太一이라 칭하고 또 大君이라 이름한다. 司命은 생명을 주재하기 때문에 다시 司命이라 이른 것이다. 桃康 合延의 二神의 이름(諱字)은 大君과 같으니 二君의 이름(諱字)을 함께 쓴 것은 교대로 말한 것이니 정확하고 바른 것은 아니다.

○李少微가 말하였다. 太一의 이름(諱)은 務猷收오 司命은 字가 玄度卿이고 桃君은 諱가 回孩이고 康君의 이름(諱)은 精延이다. ○成玄英이 말하였다. 太一은 여러 직책을 총괄하여 감독하니 모든 신의 主人이다. 司命 등의 眞官은 모두 南上度人 직무의 자리이다.(東曰 太一은 諱務猶收라. 司命은 上帝司命也니 諱理明初라. 桃康은 命門中神也라. ○幽棲曰 太一은 亦大君也라. 大君은 爲身中百靈之尊이오 萬氣之主 故로 稱太一이오 亦名大君也라. 司命者는 主生命也니 復謂司命이라. 桃康 合延二神의 諱字가 與大君同하니 共望其二君諱字는 乃交互而言이니 非的正也라. ○少微曰 太一은 諱務猷收오 司命은 字玄度卿이오 桃君은 諱回孩오 康君은 諱精延이라. ○玄英曰 太一은 總領 羣司하니 爲衆神之主라. 司命等眞官은 皆南上度人職司之位也라.)"

[執符把籙 保命生根]

"엄동이 말하였다. 公子는 符(元始度人之符)를 잡고 司命은 籙(度人名之籍)을 잡고 太一은 魔神을 제압하여 洞章(玉經으로 生天, 生地, 生人物 하는 文章)으로 長生之宮에서 모두를 濟度하고 있다. ○설유서가 말하였다. 大君은 항상 八符를 잡고서 人命을 보호하고 사람의 근본을 生하고 있다.(東曰 公子執符하고 司命把錄하며 太一制魔하니 以洞章으로 擧度於長生之宮也라. ○幽棲曰 大君은 常執八符하야 以保人命하며 生人根也라.)"

[中理五氣 混合百神]

"『天老祕讖』을 살펴보건대 다음과 같이 말하였다. 神에는 높고 낮은 위치가 있는데 太一이 존귀하다. 위로는 三淸을 진정시키고 아래로는 九宮을 遊走한다. 『洞神經』에서 다음과 같이 말하였다. 太一의 이름은 務猷收이고 字는 歸會昌이니 天地를 주관하고 그 神이 가장 존귀하다.

모습은 위는 검은색이고 아래는 붉으며 머리에는 通天冠을 쓰고 눈을 뜨고 멀리를 바라보고 있다. 오래오래 존재하여 長生不死한다.(按《天老祕讖》曰 神有尊卑하니 太一爲貴라. 上鎭三淸하고 下遊九宮이라. 《洞神經》曰:太一은 名務猷收오 字歸會昌이니 主諸天地하고 其神最尊이라. 形은 黑上而赤下하고 頭戴通天之冠하며 縱目視也라. 久久存之하야 長生不死라.)"

위의 내용을 통해 太一의 의미를 살펴보면 天上에서 가장 존귀하신 분으로 太一神이 존재하고 있지만 또한 우리의 몸속에서 모든 신령 중에서 존귀한 존재인(身中百靈之尊) 大君이 되어 모든 직책을 총괄하여 감독(總領群司)하고 모든 神의 主人(衆神之主)이 되며 모든 기를 주장(萬氣之主)하여 사람의 生命을 주관하는 太乙神이 있음을 또한 살펴볼 수 있다. 『黃庭內景經·治生章第二十三』의 務成子注에서 "배꼽 속에 太一君이 있는데 사람의 생명을 주재한다"고 하였다.

7. 仙人名으로서의 太一

『漢書·王莽傳』에 다음과 같은 말이 실려 있다.

"『紫閣圖』의 글에서 太一과 黃帝는 모두 祥瑞를 얻어 신선이 되었으니 후대의 위대한 군주는 마땅히 종남산에 올라야만 한다.(紫閣圖文에 太一黃帝는 皆得瑞以仙하니 后世襃主는 當登終南山이라.)"

위의 말은 太一이 인간으로 와서 신선이 되었다는 뜻이다. 『春秋合誠圖』에는 黃帝가 太乙에게 道를 물었다고 하였고 『神農本草經』에는 神農이 太一

子에게 약물 지식에 대한 가르침을 講했다는 기록이 있다. 중국 사람들은 이분이 太乙眞人으로 하늘에 올라가 가장 존귀한 天神이 되어 太乙神이 되었다고 하며 이 太乙神이 머무는 山을 太乙山이라고 불렀다. 『동의보감』에도 太乙眞人의 「七禁文」이 나오는데 누구인지는 알 수가 없다.

8. 山名, 地名으로서의 太一

중국 西安의 동남쪽에는 太一宮鎭이 있다. 太一宮鎭은 西安市 長安區에 속해 있으며 秦嶺山脈의 북쪽 기슭, 저명한 翠華山 속에 있다. 翠華山은 終南山에 속한 지역인데 예로부터 終南山을 太一山으로 불렀다.

태을궁진중학

취화산

이곳을 太一山(太乙山)으로 부르게 된 연유는 한무제가 이곳에서 太一神을 제사함으로부터 유래한다. 『史記·封禪書』에는 다음과 같이 기술되어 있다.

"亳縣사람 謬忌가 上奏하여 태일신을 제사지내는 방법을 다음과 같이 講說하였다. 천신 중에서 가장 존귀한 자가 太一입니다. 태일을 돕는 것이 오제입니다. 고대의 천자는 봄과 가을에 동남쪽 교외에 가서 태일신에게 제사를 지냈는데 祭物은 太牢를 쓰고 7일 동안 제사를 지냈으며 쌓은 祭壇은 팔방으로 통하는 귀신이 다니는 길을 수축하였다. (亳人謬忌가 奏祠太一方曰 天神貴者가 太一이오 太一佐曰 五帝라. 古者에 天子以春秋에 祭太一東南郊하니 用太牢七日하고 爲壇開八通之鬼道라.)"

위 내용은 元光 2년(BCE 133년)에 長安城의 동남쪽 교외에 太一祠를 세우고 太一神을 제사한 내용이다.

그 뒤 BCE 109년 한무제는 長安 동남쪽 80리 되는 終南山에서 太一神을 제사지냈고 太乙山 아래에 太乙眞人廟를 세웠는데 이를 후세에 太乙宮이라고 불렀다. 그리하여 西安 주변에는 지금까지 太一神과 관련된 지명이 남아 太乙路, 太乙宮, 太乙峪, 長樂路, 長樂門(太乙神은 靑華 長樂界에 머물고 있다고 한다), 靑華宮 등의 유적이 전해지고 있다. 太乙宮鎭은 이곳에 太乙宮이 있었기 때문에 1961년 설립된 太乙宮公社의 명칭을 1981년 鎭으로 변경하여 지금에까지 이르고 있다.

광의의 太乙山은 終南山 전체를 가리키고 협의의 太乙山은 오직 翠華山과 南五臺地區 만을 가리킨다. 산의 높이는 해발 1,600여 미터이고 산 위에는 水湫池가 있는데 BCE 780년(周幽王 2년)에 발생한 大地震에 의해 造成된 것이라 한다. 水湫池는 옛날에는 太乙湫라고 불렀고 지금은 翠華山天池라고 부르고 있다. 水深이 평균 7m에 이르나 물이 맑아 바닥이 보이고 이곳에서 배를 타면 天池를 유람하는 것과 같아 人間仙境의 느낌이 든다고 한다. 太乙宮鎭에는 太乙神을 모시는 太乙宮廟를 새롭게 復元하여 관리를 하고 있다.

취화산 천지   태을궁묘

9. 기타 太一과 관련된 내용

① 太乙은 術數의 하나이다. 六壬 遁甲과 합하여 三式이라 칭한다. 『易緯乾鑿度』에 太乙行九宮法이 있다. 太乙은 본래 星神名인데 術數家들이 『周易』을 모방하여 太乙法을 만들었다. 八將, 四神, 三基, 五福으로 內外禍福, 水旱兵喪, 飢饉災疫 및 古今治亂을 점친다.

② 天蓬星의 神名이다. 『唐會要』에 "天蓬太乙坎水白이오 天芮攝提坤土黑이라" 하였다. 天蓬星은 북두칠성의 第九 內弼星으로 그 神의 이름이 太乙이다. 그 卦는 坎에 해당되고 五行은 水에 속하며 色은 白色이 된다는 것이다.

③ 오른쪽 눈의 神名이다. 『太上黃庭中景經』에 "右目爲月太一然이라" 하였고 李千乘은 注에서 "右目은 月을 상징한다. 神明은 太一이고 字는 晨嬰이며 일명 明珠라고 한다."고 하였다.

④ 道教教派의 하나이다. 金나라 초기 北方에서 3개의 도교 교파가 출현하였다. 太一道는 天眷初(1138년) 衛州(지금의 하남성 汲縣)人 蕭抱珍이 창시하였다. 그는 "太一三元法籙"을 傳하여 太一神을 받들어 제사하였기 때문에 太一道라 이름하였다.

⑤ 道觀의 이름이다. 太一觀은 당나라 초기의 宮觀名으로 崇山에 있었다. 武德中(618~626)에 高祖가 劉道合에게 설치하게 하였다.

⑥ 成湯의 號이다. 상나라를 건국한 湯은 天子의 자리에 오른 후 자신의 號를 天乙 또는 太乙이라고 하였다.

⑦ 宮闕의 명칭이다. 한나라 長安에 太一宮이라는 궁궐이 있었다.

다음은 한의학과 관련된 내용을 살펴보고자 한다.

⑧ 處方名이다. 한의약 처방에 太乙이라는 명칭이 들어간 처방이 30여개가 넘고 있는데 주로 癰疽, 腫毒, 中惡, 驚風, 客忤, 解毒, 痘症 등을 치료하는 처방에 많이 사용하고 있다.

⑨ 經穴의 명칭이다. 足陽明胃經에 속한 穴로 關門下 1寸에 있고 八分을 찌르고 5壯의 뜸을 뜬다고 하였다[銅人]. 그러나 『道法會元·卷八十二』에서는 前陰과 后陰 사이에 있는 會陰穴이라 하였다.

⑩ 약물의 명칭이다. 禹餘粮을 太一餘粮이라고도 한다.

⑪ 運氣相合의 하나의 명칭에 太乙天符(太一大符)가 있다. 運과 氣의 五行屬性이 같은 것을 天符라 하는데, 木에는 丁巳, 丁亥, 火에는 戊子, 戊午, 戊寅, 戊申, 土에는 己丑, 己未, 金에는 乙卯, 乙酉, 水에는 丙辰, 丙戌의 12년이 있다. 木運이 臨卯하고 火運이 臨午하고 金運이 臨酉하고 水運이 臨子하는 丁卯, 戊午, 乙酉, 丙子의 해와 土運이 臨四季하는 甲辰, 甲戌, 己丑, 己未의 8년을 歲會라고 부른다. 天符이면서 歲會인 戊午, 乙酉, 己丑, 己未의 4년을 太乙天符年이라고 하는데 여기의 太乙은 尊貴하다는 의미를 가지고 있다.

10. 나오는 말

『환단고기』에서 天一, 地一, 太一의 三神을 이야기하고 다시 天一은 主造化하고 地一은 主敎化하고 太一은 主治化한다 하였으니 太一은 天一, 地一을 이어 인간의 완성을 지향하는 미래적이고 인간적인 개념이다.

三聖祖시대에는 모든 사람들이 參佺修戒하고 佺戒爲業하여 마음속의 광명을 열었던 인류의 원형문화시대인데 이들이 추구했던 목표는 天地와 하나 되어 太一인간이 되는 것이었다.

『환단고기』에는 창조의 근원으로서 太一을 또한 이야기 하는데 이를 良氣라 말하고 있다.

창조의 근원을 太一이라 하고 天地와 하나 된 인간을 또 太一이라 하는데 앞의 것은 Great One이라 말할 수 있고 뒤의 것은 인간이 노력하여 하나가 되어야 함으로 Great Oneness라고 말할 수 있다. Great One은 근원적, 창조적, 통체적, 과거적, 자연적 의미가 있고 Great Oneness는 인간적, 개체적, 후천적, 미래적인 의미가 있다.

중국의 고전에 太一이라는 용어가 다수 등장하는데 이는 주로 창조의 근원을 의미하여 도, 원기, 원신, 太古時代 등으로 해석할 수 있다.

星名으로서의 太一은 북극성을 의미하는 경우와 자미원에 있는 太一星을 의미하는 2가지가 있다. 神名으로서의 太一은 위의 별의 星神을 의미한다. 북극성의 星神인 太一神은 1년 동안에 九宮을 游走하는데 이를 太一游宮이라 한다.

중국 사람들은 太一神으로 太乙救苦天尊을 숭봉하였는데 太乙救苦天尊은 중생의 고통을 풀어주고 구원해주는 대자대비하신 天尊神이다. 중국 서안에 있는 靑華宮은 太乙救苦天尊을 모시는 祖庭이다.

사람 몸속에는 모든 직책과 神과 氣를 주장하여 사람의 생명을 주관하는 大君의 역할을 하는 가장 존귀한 신이 있는데 이를 또한 太乙神이라고 한다.

한무제는 BCE 133년 長安城 밖 동남쪽에 太一壇을 세워 太一神을 제사지냈고 다시 109년 終南山에 太乙眞人廟(후세의 太乙宮)를 세우고 太一神을 제사지냈다. 그리하여 終南山을 후세에 太一山라 불렀고 이곳의 지명을 지금도 太乙宮鎭이라 부르고 있다.

이외의 太一의 명칭이 들어간 것으로는 術數名, 북두칠성 第九 內弼星인 天蓬星의 神名, 右目의 神名, 도교 교파의 하나인 太乙敎, 도관의 명칭인 太一觀, 成湯王의 號, 궁궐의 명칭, 한약처방명, 經穴의 명칭, 약물의 명칭인 太一餘糧, 운기상합의 명칭인 太一天符 등이 있다.

/ 참고문헌 /

- 康熙命撰, 康熙字典, 북경: 中華書局, 1992.
- 김경수, 출토문헌을 통해서 본 중국 고대 사상, 서울: 심산출판사, 2008.
- 김수길·윤상철 공역, 天文類抄, 서울: 대유학당, 1998.
- 杜琮 張超中注, 黃庭經注譯 太乙金華宗旨注譯, 北京: 中國社會科學出版社, 1996.
- 안경전, 환단고기, 대전: 상생출판, 2012.
- 王魁溥 編譯注釋, 純陽呂祖功理功法詮釋, 北京: 外文出版社,1994.
- 吳樹平等 譯, 史記, 西安: 三秦出版社, 2004.
- 王森 譯注, 荀子白話今譯, 北京: 中國書店出版, 1992.
- 劉安等 著, 許匡一譯注, 淮南子全譯, 貴陽: 貴州人民出版社, 1995.
- 柳晟俊 譯解, 楚辭, 서울: 惠園出版社, 1993.
- 李民樹 譯解, 莊子雜篇, 서울: 惠園出版社, 1997.
- 李綠野 編著, 道教圖文百科, 西安: 陝西師大學出版社, 2008.
- 任繼愈 主編, 道藏提要, 北京: 中國社會科學出版社, 1991.
- 張君房編, 雲笈七籤(二), 北京: 中華書局出版社, 2014.
- 張介賓 著, 李南九縣吐注釋, 類經, 서울: 법인문화사, 2006.
- 張傳璽 主編, 文白對照漢書, 西安: 三秦出版社, 2004.
- 張志哲 主編, 道教文化辭典, 中國: 江蘇古籍出版社, 1994.
- 陳奇猷 校釋, 呂氏春秋校釋, 上海: 學林出版社, 1984.
- 陳澔, 禮記集說(亨), 대전: 學民文化社, 1990.
- 車寶仁, 中華尊神太乙研究, 西安: 文理學院學報, Oct, 2014, Vol.17 no.5.
- 河北醫學院校釋, 靈樞經校釋(下冊,) 北京: 人民衛生出版社, 1982.
- http://ctext.org/wiki.pl?if=gb&res=452900《元始無量度人上品妙經四註》

제10편

太一神의 含意와 한국에서의 太一神 숭배

1. 들어가는 말

고대 우리 민족의 고유 신앙 속에 三神觀이 있다. 三神은 天一神과 地一神과 太一神으로 天一神은 造化神으로 만물을 창조하는 아버지의 역할을 하고 地一神은 敎化神으로 만물을 기르고 가르치는 스승의 역할을 하고 太一神은 治化神으로 만물을 성숙시키고 다스리는 임금의 역할을 한다고 하였다. 이 三神觀은 환국과 배달국을 거쳐 고조선시대에 이르러서는 국가의 통치제도에 援用하여 三韓管境制를 실시하였는데 天一에서 馬韓이라는 명칭이, 地一에서 番韓이라는 명칭이 그리고 太一에서 辰韓(신채호에 의하면 辰의 음은 '신'이고 최고 최상의 뜻이라고 한다.)이라는 명칭이 나오게 되었다. 고조선 시대에 辰韓은 대단군이 직접 다스리고 마한과 번한에는 부단군을 두어 다스렸는데 이를 보면 天一, 地一보다 太一이 더 존귀하다는 것을 알 수가 있다. 太一神의 개념은 이에서 그치지 않고 하늘에 있는 星神과 연결되어 숭배하였으며 중국의 민간에서는 백성들의 고통을 구제해주는 太乙救苦天尊을 신앙하였다. 또한 參同契 등의 道家서적 속에서도 나타나며 元神의 개념, 인간의 몸속에서 사람의 생명을 주재하는 가장 존귀한 신으로도 나타난다. 이에 필자는 먼저 『환단고기』를 중심으로 太一神의 의미를 살펴보았고 이어서 기타 문헌에 보이는 太一神에 대하여 정리를 하였다.

우리 민족은 시원 역사시대부터 天一神, 地一神, 太一神의 삼신을 모셔왔고 전국시대 때 이 三神숭배는 중국에 전파되어 전해 내려오다가 漢나라 무제 때 이르러 太一神 제사는 국가에서 가장 중요시하는 제사로 자리잡아 前漢이 끝나는 哀帝시기에 이르기까지 제사가 지속되었다. 특히 한무제는 元光二年(기원전 133년) 亳人謬忌(薄忌라고도 칭하였으며 『漢書·郊祀志』에서는 亳忌라고 하였다.)의 건의를 받아들여 長安城의 동남쪽 郊外에 太一壇을 세워 제사를 지냈고 元鼎五年(기원전 112년) 祠官(제사를 관장하는 관원)인 寬舒 등에게 명하여 甘泉宮(지금의 섬서성 淳化縣 북쪽)에 甘泉太一壇(甘泉太時라고도 부른다.)을 세워 至高神이며 至上神인 太一神에게 제사를 지냈다. 이러한 전통은 계승되어 晉나라, 唐나라, 宋나라에서도 꾸준히 제사를 지냈다. 특히 宋나라 때는 十神太一의 숭배가 왕성하여 太宗때 東太一宮을 세우고, 仁宗때 西太一宮을 세우고, 神宗때 中太一宮을 세우고, 徽宗때 北太一宮을 세우고, 高宗때 臨安에 太一宮을 세웠고, 理宗때 臨安의 서쪽에 또 太一宮을 세워 성대하게 제사를 지냈다. 특별히 宋나라 인종이 가뭄이 심하여 길일을 잡지 않고 일산을 물리친 채 太一宮에 나가 기도를 드리자 단비가 내려 백곡을 적셨다는 고사는 『조선왕조실록』에서도 중종 18년(1523년), 32년(1537년), 인조2년(1624년) 등의 기록에 나타나고 있다. 이러한 宋의 영향을 받아 우리나라에서도 고려 초부터 太一星에 대한 제사를 지냈을 것으로 보여지며 『고려사』를 보면 文宗 10년(1056년)부터 우왕 4년(1378년)에 이르기까지 모두 20회의 제사를 지낸 기록이 나타난다.

조선시대에 이르러서는 서울에 昭格殿·太淸觀 등을 두어 太一神 제사를 지냈고 지방에서도 太一神이 45년마다 移宮한다는 설에 의거하여 太一殿을 지어 제사를 지냈는데 강원도 通川에서 1434년 경상도 義城으로 태일전을 옮기고, 1479년에는 다시 충청도 泰安으로 옮겨 제사를 지냈다. 이에 『고려사』와 『조선왕조실록』에 있는 내용을 중심으로 서울과 지방의 태일신 醮祭 내용을 살펴보았다.

2. 문헌에 나타난 太一神

1) 『환단고기』에 나타난 太一神

『환단고기』에서 말하고 있는 太一神은 다음과 같다.

> "곰곰이 생각해 보건대 三神은 天一과 地一과 太一이시다. 천일은 (만물을 낳는) 造化를 주관하시고, 지일은 (만물을 기르는) 敎化를 주관하시고, 태일은 (세계를 다스리는) 治化를 주관하신다.(稽夫三神호니 曰天一과 曰地一과 曰太一이시니 天一은 主造化하시고, 地一은 主敎化하시고, 太一은 主治化하시니라.)"

위의 내용은 三神은 天一神·地一神·太一神으로 구성되는데 天一神은 만물을 낳는 造化[父]의 역할을 하는 造化神이고, 地一神은 만물을 기르는 敎化[師]의 역할을 하는 敎化神이고, 太一神은 만물을 다스리는 治化[君]의 역할을 하는 治化神이 된다는 것이다.

안경전은 "우주 만유가 생성되는 근원은 一神이고 이는 조물주이다. 이 一神이 역사 속에서 작용할 때는 언제나 三神으로 나타나는데 이를 조물주 삼신이라고 한다. 이 조물주 三神의 신령한 손길에서 천지인 삼재가 나왔다. 다시 말해서 삼신이 현실계에 자신을 드러낸 것이 바로 천지인이다. 때문에 천지인 각각은 삼신의 생명과 신성을 고스란히 다 가지고 있고, 각각에 내재된 삼신의 생명과 神性은 서로 동일하다. 이러한 천지인을 『환단고기』는 天一·地一·太一이라 정의한다. 인간을 태일이라 부르는 것, 이것이 한민족 우주사상의 핵심이다. 인간을 '人一'이라 하지 않고 '太一'이라 한 것은 인간이 천지의 손발이 되어 천지의 뜻과 소망을 이루는, 하늘 땅보다 더 큰 존재이기 때문이다."라고 하였다.

이상의 내용을 종합하면 三神은 『고려팔관기』의 「삼신설」에서 말한 一上帝의 분신일 뿐만 아니라 각각 天一神, 地一神, 太一神이 별도로 존재하며 인간의 궁극의 목적은 太一이 되는 것이고 인간이 天地와 하나 된 太一이 되기 위해서는 天一神과 地一神의 도움 뿐만 아니라 太一神의 도움을 받아야 하며 이 우주 속에는 이를 위해 별도로 太一神이 존재하고 있다고 해석할 수 있다.

또 『환단고기』의 「三神五帝本紀」에는 天一神, 地一神, 太一神에 대해 다음과 같이 기록하고 있다.

『고려팔관기高麗八觀記』의 「삼신설三神說」에 이렇게 기록되어 있다.

상계 주신(上界主神)은 天一로 불리시니, 造化를 주관하시고 절대지고의 권능을 갖고 계신다. 일정한 형체는 없으나 뜻대로 형상을 나타내시고 만물로 하여금 제각기 그 성품(性)을 통하게 하시니, 이분은 청정함(淸)과 참됨(眞)의 대본체(淸眞大之體)이시다.

하계 주신(下界主神)은 地一로 불리시니, 敎化를 주관하시고 지선유일(至善惟一)의 법력이 있으시다. 함이 없으시되 만물을 짓고 만물로 하여금 각각 그 목숨(命)을 알게 하시니, 이분은 선함(善)과 거룩함(聖)의 대본체(善聖大之體)이시다.

중계 주신(中界主神)은 太一로 불리시니, 治化를 주관하시고 최고 무상의 德을 간직하고 말없이 만물을 교화하신다. 만물로 하여금 각기 그 정기(精)를 잘 보존케 하시니, 이분은 아름다움(美)과 능함(能 지혜)의 대본체(美能大之體)이시다.

그러나 주체는 '한분 상제님(一上帝)이시니, 신이 각기 따로 있는 것이 아니라 작용으로 보면 삼신이시다.(上界主神은 其號曰天一이시니 主造化하사 有絶對至高之權能하시며 無形而形하사 使萬物로 各通其性하시니 是爲淸眞大之體也시오 下界主神은 其號曰地一이시니 主敎化하사 有至善惟一之法力하시며 無爲而作하사 使萬物로 各知其命하시니 是爲善聖大之體也시오 中界主神은 其號曰太一이시니 主治化하사 有最高無上之德量하시며 無言而化하사 使萬物로 各保其精하시니 是爲美能大之體也시니라. 然이나 主體則爲一上帝시니 非各有神也시며 作用則三神也시니라.)'

太一神은 삼신의 한분으로 三神과는 분리될 수가 없다. 또 一上帝가 시간과 공간에 따라 天一神, 地一神, 太一神으로 顯現하는 것이라고 볼 수도 있다.

天一神은 無形而形이라 하여 형체 없이 온 우주에 가득히 드러내는 하늘의 작용을 나타내고 地一神은 無爲而作이라 하여 인위적으로 함이 없지만 만물을 길러내는 땅의 덕성을 나타내며 太一神은 無言而化라 하여 말없이 인간을 교화하는 통치신의 모습을 드러낸다.

또 진선미는 인간이 궁극적으로 추구해야 할 이상적 가치인데 이는 다름 아닌 바로 三神의 창조덕성이라 하였다.

안경전은 三神說에 대해 다음과 같이 주석하고 있다.

기독교 교리의 핵심인 성부(聖父)·성자(聖子)·성신(聖神)이라는 성삼위(聖三位), 불교의 법신불(法身佛)·보신불(報身佛)·화신불(化神佛)이라는 삼신불

(三神佛), 유교의 무극(無極)·태극(太極)·황극(皇極)이라는 삼극(三極) 정신
은 모두 조화신·교화신·치화신이라는 신교의 삼신일체 원리를 바탕으
로 하여 발전된 것이다.

『史記』의「封禪書」에도 이와 관련된 내용이 있다.

(亳人 謬忌의 건의로 太一神을 제사지내자) 뒤에 어떤 사람이 상서하여 다음
과 같이 말하였다. "옛날에 천자는 3년에 한 차례씩 太牢를 갖추어 三
神께 제사를 지냈는데 (삼신은) 天一神, 地一神, 太一神입니다" 천자(한무
제)께서 허락을 하였다.(其後에 人有上書者하야 言古者에 天子三年壹 用太牢하야
祠神三一하니 天一 地一 太一이니이다. 天子許之라).

아마 위의 내용은 우리의 三神說이 전국시대 때 중국에 전파되면서 유래
한 것이라고 사료된다. 그러나 지금의 중국의 많은 학자들은 三神을 三皇
五帝의 三皇으로 해석하고 있다. 대표적인 사람과 저술로는 顧頡剛, 楊向奎
의 『三皇考』, 蒙文通, 繆鳳林의 『三皇五帝說探源』, 呂思勉의 『三皇五帝考』, 楊
寬의 『中國上古史導論』 제4편의 '삼황전설의 기원 및 그 연변' 등이 있다.
　이와 관련된 李零의 주장을 살펴보면 다음과 같다.

古人들이 三皇을 설명한 것은 『周禮·春官·外史』와 『呂氏春秋·禁塞』가
빠른 것 같다. 그러나 이 책들은 다만 "三皇五帝"라고만 칭하고 그 조
목을 상세히 열거하지 않았다. 그 細目을 분명하게 말한 것은 『史記·
秦始皇本紀』가 가장 빠른 듯하다. 「始皇本紀」에서는 王綰, 馮劫, 李斯
등이 아뢰기를 "古有天皇하며, 有地皇하며, 有泰皇하니, 泰皇最貴라"

하였다. 『索隱』에서는 "泰皇은 人皇이다" "대개 三皇 이전을 泰皇이라 稱한다"고 하였다. 따라서 泰皇은 人皇의 다른 표현이다. 人皇을 泰皇이라 稱한 것은 아마 泰字에 至大至上의 뜻이 있기 때문일 것이니, 이는 人皇으로 가장 존귀하다는 뜻을 삼은 것이다(천지 사이에서 인간이 貴하다는 사상이 고대에는 대단히 유행했다). 三皇이 天皇, 地皇, 人皇이라는 說은 많은 고서에 나타난다. 이것이 古人 본래의 설명이다. 三皇의 泰皇, 三一의 太一을 비교대조해 보더라도 이것은 人과 관련된 개념이다.

위의 설명에서 天地보다 人을 上位의 개념으로 설명한 것은 합당하다. 그러나 『索隱』에서 三皇 이전을 泰皇이라 稱한다고 한 것은 天地人의 순서대로 보나 문장자체의 내용으로 보나 맞지 않는다고 사료된다. 三皇은 고대의 임금으로 이들이 죽어 三神이 되었다고 설명하는 듯 한데 이것은 근본에 대한 이해가 결여된 것이다. 三神의 근원은 天地人이 神으로 顯現인 것이다. 三神에서 三皇이 나오고 五帝神에서 五帝가 나온 것이다. 三皇이 죽어 三神이 되었다는 것은 본말이 전도된 것이다. 『환단고기』의 『太白逸史·三神五帝本紀』를 보면 이 天地間에는 三神과 북·남·동·서·중앙을 다스리는 黑帝·赤帝·靑帝·白帝·黃帝의 五帝神이 있다고 하였다. 여기에 근원하여 배달국 시대 때 三伯(風伯·雨師·雲師) 五加(馬加·牛加·狗加·猪加·鷄加)제도가 나왔고 또한 여기에 근거하여 三皇五帝가 나오게 된 것이다. 三皇의 개념을 『환단고기』의 다음의 내용과 비교, 설명해보고자 한다.

환인께서는 1水가 7火로 변하고, 2火가 6水로 변하는 물과 불의 순환의 運을 계승하여, 오직 아버지의 도(父道)를 집행하여 천하 사람들의 뜻을 하나로 모으시니 온 천하가 그 덕에 감화되었다. 신시환웅(神市

氏)께서는 하늘이 물을 창조(天一生水)하고, 땅이 불을 화생(地二生火)하는 천지의 물과 불의 근원적 생성 원리를 계승하여, 오직 스승의 도(師道)를 집행하여 천하를 거느리시니 온 천하가 그를 본받았다. 단군왕검께서는 둥근 하늘과 방정한 땅의 창조 덕성(天圓地方)을 계승하여, 오로지 왕도(王道)를 집행하여 다스리시니 온 천하가 순종하였다.

(故로 桓仁氏는 承一變爲七과 二變爲六之運하사 專用父道而注天下하신대 天下化之하며 神市氏는 承天一生水와 地二生火之位하사 專用師道而率天下하신대 天下效之하며 王儉氏는 承徑一周三과 徑一匝四之機하사 專用王道而治天下하신대 天下從之하니라.)

안경전은 三神에는 네 가지의 뜻이 있다고 다음과 같이 설명하였다.

첫째, 우주의 창조 정신을 말한다. 이 삼신은 세 가지 창조성(조화·교화·치화)을 지닌 조화 정신이 되어 만물을 낳고 길러 내는 '우주의 지극한 조화의 성령'이다.

둘째, 천상 궁궐에서 사람 모습을 하고 우주 역사를 통치·주재하시는 인격신을 말한다. 이 우주의 창조 정신을 주재하여 천지인 삼계를 다스리는 실제적인 하느님이신 삼신상제님이다.

셋째, 한민족사의 뿌리 시대를 열어 주신 국조삼신인 환인(환국)-환웅(배달)-단군(조선) 삼성조를 일컫는다.

넷째, 세속적 의미로 삼신은 자손 줄을 태워 주는 신으로, 보통 조상 선령신을 말한다.

위의 내용을 통해 보면 桓仁은 父道를 행하여 돌아가신 뒤 造化神이라 칭하고, 桓雄은 師道를 행하여 돌아가신 뒤 教化神이라 칭하고, 檀君은 王道

를 행하여 돌아가신 뒤 治化神이라고 하여 三神이라 부를 수 있다. 『환단고기』의 「三神五帝本紀」에서는 우리 민족은 환인·환웅·치우를 三皇으로 모셨다는 내용이 있다. 중국의 三皇은 이를 모방하여 생겨난 것이다. 따라서 三皇도 비록 三神의 道를 행하여 죽은 뒤에 三神이라 일컬을 수 있지만 이 천지간에는 근본적으로 天一神, 地一神, 太一神의 三神이 존재하고 太一神이 가장 존귀하다는 사실을 잊어서는 안 될 것이다. 왜 天一神·地一神보다 太一神이 더 존귀하고 위대한 것인가. 만물은 生長成의 과정을 겪는다. 초목에 비유하면 봄에 싹이 트고, 여름에 자라고, 가을에 열매를 맺는다. 초목의 목적은 가을에 열매 맺는 것이다. 天地人은 生長成의 과정이다. 천지의 목적은 인간을 낳아 길러서 완성시키는 것이다. 인간의 성숙과 완성을 주재하는 太一神은 천지의 목적을 완수하는 사명을 띠고 있으므로 天一神·地一神보다 더욱 존귀하고 위대한 존재가 되는 것이다.

2) 기타 문헌에 보이는 太一神

太一神이 중국 문헌에 가장 먼저 나타나는 곳은 『楚辭·九歌』이다. 屈原이 지은 『九歌』에는 모두 11편의 詩가 있는데 首篇이 「東皇太一」이다. 순서를 통해 보더라도 『東皇太一』은 『九歌』에서 제사지내는 모든 神들 중에서 地位가 가장 높다는 것을 알 수 있다. 중국에서는 이에 대해 수많은 논문이 나왔고 「東皇太一」에 대하여 40種의 관점이 있다고 한다. 王逸은 注에서 "태일은 별이름이다. 하늘의 존귀한 신으로 사당이 초나라 동쪽에 있어 東帝에 배속시켜 東皇이라고 하였다.(太一은 星名이라. 天之尊神으로 祠在楚東하야 以配東帝故로 曰東皇이라.)"고 하였다.

太一이 太一星의 主神으로 天之尊神이라는 것에 대해서는 필자도 의견을 같이한다. 그러나 太一神의 사당이 초나라의 동쪽에 있어 東皇이라 했다고 한 것에 대해서는 의견을 달리한다.

「東皇太一」은 東皇과 太一의 합성어이다. 東皇은 人皇, 泰皇의 의미가 있다고 사료된다. 天地가 合德하여 사람을 처음 생하는데 천지만물이 처음 생겨나는 방위는 동방이다. 古人들은 三皇 중에서 가장 존귀한 자를 泰皇이라 했으며 五岳 중에서 泰山이 가장 동쪽에서 있어 五岳之尊이 된다고 하였다. 따라서 東에는 泰의 뜻이 있어 東皇은 泰皇이 된다. 『환단고기』에서 "韓은 即皇也오 皇은 即一也라." 하였으니 泰皇은 또한 泰一이 되어 東皇과 太一은 동격의 용어라고 사료된다. 한무제가 섬긴 太一神도 이를 계승한 것이라 사료된다. 東皇太一에 대한 별도의 해석은 '동방의 황제들은 太一의 위격을 가진 분들이다'라고 하는 것인데 이때의 동황은 단군조선시대의 역대 단군이 될 것이다.

필자는 「太一의 의미에 대한 종합적 고찰」이라는 선행 논문을 통해서 북극성을 太一星이라 하고 또 紫微垣에 속하는 별도의 太一星이 있으며 이 星神을 太一神이라 한다는 것을 살펴보았다. 따라서 이에 대한 설명은 생략하고자 한다.

또 太乙救苦天尊에 대해서도 앞의 논문에서 살펴보았으나 약간의 내용을 보충하고자 한다.

태을구고천존은 東極靑玄上帝가 태을구고천존으로 化生한 것이다. 『救苦誥』에서 다음과 같이 설명하고 있다.

靑華長樂세계의 동쪽 끝에 妙嚴宮이 있는데 칠보로 꾸며진 향기로운 숲속에 아홉 색깔로 이루어진 연화좌가 있다. 수많은 진인들이 둘러싸서 안을 향하고 안에서는 헤아릴 수 없는 상서로운 빛이 뿜어져 나온다. 玉淸의 靈寶尊이 應化하여 玄元이 시작되었다. 억겁의 세월 속에서 자비를 베풀어 중생을 구제하고 삼천대천세계에 甘露의 문을 열으셨도다. 묘한 도를 가진 참된 몸은 紫色과 金色의 상서로운 모습을 띄고 있다. 계기를 따라 감응하여 나아가시어 가없는 중생을 구제할 것을 서원하였다. 대성인의 대자대비하신 대원력은 시방세계를 감화시키고 이름을 부르게 하여 중생을 널리 구제하신다. 억겁의 세월 속에서 헤아릴 수 없는 백성을 구제하셨다. 소리를 살펴 감응하여 달려가시는 분이 태을구고천존이신 靑玄上帝이다.(靑華長樂界에 東極妙嚴宮이라 七寶芳騫林이오 九色蓮花座라 萬眞環拱內하고 百億瑞光中이라 玉淸靈寶尊이 應化玄元始라 浩劫垂慈濟하사 大千甘露門이라 妙道眞身이오 紫金瑞相이라 隨機赴感하사 誓願無邊이라 大聖大慈하시고 大悲大願이라 十方化號에 普度眾生이라 億億劫中에 度人無量이라 尋聲赴感하시니 太乙救苦天尊이신 靑玄上帝라)

태을구고천존은 대자대비하신 천존신으로 고통과 고난속에 있는 자가 기도를 하거나 천존의 이름을 부르기만 하면 그를 구원하여 근심을 풀어주고 어려움을 물리쳐주신다.

『동의보감』痘疹條에 服梅花方이 있는데 "이를 먹고 태을구고천존을 일백번 외우면 그 효험을 이루 말할 수 없다."라는 구절을 보면 민중들의 태을구고천존에 대한 믿음이 대단했다는 것을 살펴볼 수 있다.

『參同契』제 31장 伏食成功에 太乙이란 말이 나온다.

道가 이루어지고 德이 이루어지면 깊이 가라앉아 엎드려서 때를 기다리다가 太乙께서 부르시면 中洲로 옮겨 살게 되고 功이 다차면 하늘로 올라간다.(道成德就하면 潛伏俟時라가 太乙乃召면 移居中洲하고 功滿上升이라.)

淸代 朱元育은『參同契闡幽』에서 다음과 같이 주석을 달고 있다.

이 바람 불고 먼지 날리는 세상 밖에 네 바다가 있는데, 네 바다 가운데는 세 섬이 있고, 세 섬 가운데에는 열 개의 작은 섬이 있으니, 윗섬을 봉래, 방장, 영주라 하고, 가운데 섬을 부용·낭원·요지라 하고 아랫섬을 赤城, 元關, 桃源이라 하며, 가운데 있는 한 작은 섬을 紫府라 하니, 太乙元君이 사시는 곳이며 神仙의 功과 行을 맡아 보는 땅이다. 사람이 만약 껍질을 벗고 仙으로 오르면 먼저 太乙元君을 뵙고 功과 行을 맞추어 본 뒤에야 비로소 차례대로 올라갈 수 있는 것이므로, '太乙이 부르시니 中洲로 옮겨 산다.'고 말한 것이다.

위의 내용은 사람이 신선이 되면 太乙元君이 그가 있는 中洲로 불러올린다는 내용으로 太乙神이 仙에 관한 일을 주관하고 계시다는 것을 설명한다.

필자는 「太一의 의미에 대한 종합적 고찰」이란 논문에서 『元始無量度人上品妙經』의 注를 통해 우리 몸속에서 모든 신령중에서 존귀한 존재(身中百靈之尊)인 大君이 되어 모든 직책을 총괄하여 감독(總領群司)하고 모든 神의 主人(衆神之主)이 되며 모든 기를 주장(萬氣之主)하여 사람의 생명을 주관하는 太乙神이 있음을 살펴보았다.

『黃庭內景經』의 治生章 제 23의 "兼行形中八景神"의 注에서 梁丘子는 다음 같이 설명하고 있다.

『옥위경』에서 다음과 같이 말하였다. 오장에는 팔괘가 있고 天神이 太
一을 宿衛한다. 八使는 八節日을 주관하니 팔괘에 太一을 합하면 구궁
이 된다. 팔괘 밖에 12樓가 있으니 樓는 후롱이다. 배꼽이 태일군이 되
니 사람의 생명을 주관한다. 일명 태극이라 하고 태연이라 하고 곤륜
이라 하고 지구라고 하니 몸속의 일만 이천신을 주관한다.(玉緯經에 云
五臟에 有八卦하고 天神이 宿衛太一이라 八使者는 主八節日하니 八卦에 合太一하면
爲九宮이라 八卦外에 有十二樓하니 樓는 謂喉嚨也라 臍中이 爲太一君이니 主人之命也
라 一名太極이오 一名太淵이오 一名崑崙이오 一名持軀니 主身中萬二千神也라.)

위의 내용은 우리 몸의 중심이 배꼽이고, 배꼽에 太一君이 있어 사람의
생명과 몸속의 일만이천신을 주관한다는 것이다.

『太乙金華宗旨』에서 太乙은 원신이라고 하였다. 또 太一은 元氣의 개념으
로도 쓰고 있다. 따라서 元氣를 주재하는 元神은 太乙神이라 불러도 무방하
리라 사료된다.

『漢書』에 太乙神과 관련된 다음과 같은 내용이 있다.

유향이 천록각에서 책을 교정할 때 어떤 노인이 노란옷을 입고 청려장
을 짚고 다가왔다. 유향이 어둠속에 있는 것을 보고 드디어 지팡이 끝
에서 불을 내어 유향이 책을 읽는 것을 비추었다. 유향이 물으니 대답
하기를 "나는 太乙精이다."라고 하였다. (以劉向이 校書 天祿閣할새 有老人著
黃衣하고 植靑藜而進이라 見向在暗中하고 遂出杖端火하야 照向讀書라 向이 問之하니
答曰 我太乙精也라하니라.)

위의 太乙精은 유향의 몸속에 있는 太乙神이 化하여 나타난 것이 아닌가

하는 생각이 든다.

3. 고려, 조선시대의 太一神 醮祭

1) 고려시대

우리 민족은 三神으로서 天一神, 地一神, 太一神을 받들어 온 민족이기 때문에 예로부터 太一神에 대한 제사가 있었으리라 생각된다. 고조선시대 때는 三韓으로 나라를 다스렸는데 신채호는 이에 대해 다음과 같이 설명하고 있다.

> 말한·불한·신한은 三神에 그 근원을 둔 것인데 그 뜻은 天一·地一·太一이고 그 音은 馬韓·卞韓·辰韓(신한)이라는 것이다. (신채호, 조선상고사)

太一은 辰韓(신한)으로서 '신'은 최고 최상이란 말이므로 신한은 곧 '天上天下 唯一無二'를 의미한 것이다.

신채호는 『史記』「封禪書」의 "三神은 天一 地一 太一이니 三一 중에서 太一이 가장 존귀하다"는 문장을 이용하여 太一의 존귀성을 설명하였다. 그러나 이는 본래 우리의 사상이 전국시대 때 중국에 전파된 것으로 우리 민족은 天一, 地一보다 天地를 관통하여 하나가 된 人一이 더욱 위대함으로 이를 太一이라고 써왔다는 것을 모르고 한 소리라고 생각된다.

고조선시대 때 太一에 해당하는 辰韓에는 대단군이 머무르고 마한과 번한에는 부단군을 두어 다스렸음으로 이를 보더라도 天一과 地一보다 太一이 더 높다는 것을 유추할 수 있다.

신채호는 "태일이란 것은 즉 고조선 단군의 일로써 후세에 와서는 변하여 三韓의 蘇塗가 되고 고구려 신라 고려에 와서는 八關의 本源이 되었다"고 하였다.

태일에 대한 제사는 『고려사』의 기록에서부터 나타난다.

첫번째의 기록은 1056년(문종10년) 9월 10일에 壽春宮에서 太一에 제사를 지내 火災를 막고자 한 것이다. 이능화는 고려에서 도교의 시작을 다음과 같이 기술하고 있다.

고려 제17대(16대의 잘못이다.) 예종(睿宗)때 이중약(李仲若)이 송(宋)나라에 들어가 황대충(黃大忠)에게 도교의 요지를 배웠다. 또 송나라 휘종대관(徽宗大觀) 4년에 도사 두 사람을 보내왔다. 복원궁(福源宮)을 세우고, 제자를 선발하여 도서(道書)를 배우게 하니 이때부터 고려에 도교가 처음으로 생기게 되었다.

예종의 즉위년이 1105년이고 태일신 초제가 1056년에 처음 나타남으로 고려에서 太一神에 대한 醮祭를 지낸 것은 중국에서 도교의 수입 이전의 일이 된다. 필자는 위의 내용은 문헌에 드러난 것이고, 이것 보다 이전에 중국과의 교류를 통해 도교가 수입되었으리라 추측된다. 고려는 태조 이래로 팔관제를 행하여 천지 산천 등의 諸神에게 제사를 지내고 또 毬庭(구정)에서 천지산천에 醮祭를 지내고 기타 종종 초제를 행하였다. 따라서 고려의 환경은 도교를 수입하여 우리의 전통과 결합하기가 수월하였다.

첫 번째 태일초제(1056년) 이전의 초제에 대한 실증을 들어보면 다음과 같다.

[대궐 뜰에서 행한 천지 산천에 대한 초제] 현종(顯宗)12(1021년) 7월에 구정에서 큰 초제를 지냈다. 나라의 고사(故事)를 살펴보면 가끔 천지 및 국내 산천신에게 궐정(闕庭)에서 제사를 지냈는데 이것을 초례라 한다.

또 문종 5년(1051년) 4월 戊申에 왕이 毬庭에서 친히 초제를 지냈고 靖宗 5년 (1039년) 2월 壬千에 老人星에 대하여 제사를 지냈는데 老人星에 대한 제사도 『고려사』에 기록으로 나타나기 이전부터 시행되었으리라 추측된다. 『고려사』에 보이는 太一醮祭를 도표로 만들면 다음과 같다.

순서	초제년월일(陰)	임금재위년	장소	목적	제사대상
1	1056년 9월 10일	文宗10년	壽春宮	禳火灾	太一
2	1082년 4월 28일	文宗36년	會慶殿		太一九宮
3	1087년 3월 24일	宣宗4년	文德殿	祈風雨調順	親醮太一
4	1101년 4월 14일	肅宗6년		祈雨	太一
5	1104년 11월 17일	肅宗9년		祈雪	太一
6	1106년 7월 17일	睿宗元年	乾德殿		太一
7	1107년 3월 29일	睿宗2년	乾德殿		太一
8	1107년 5월 20일	睿宗2년	乾德殿		太一
9	1107년 5월 30일	睿宗2년	乾德殿	禱(雨)	太一
10	1151년 5월 10일	의종5년	內殿		親醮太一
11	1152년 4월 1일	의종6년	內殿		太一
12	1152년 4월 15일	의종6년	福源宮	禱雨	太一
13	1152년 6월 16일	의종6년	內殿		親醮太一

순서	초제년월일(陰)	임금재위년	장소	목적	제사대상
14	1152년 6월 20일	의종6년	明仁殿	禳疾疫	醮天皇大帝·太一·及十六神
15	1169년 3월 5일	의종23년	內殿		醮太一·十一曜·南北斗·十二宮神
16	1173년 4월 10일	명종3년	內殿		太一
17	1222년 4월 19일	고종9년	宣慶殿		親醮太一
18	1264년 1월 23일	원종5년	內殿		太一
19	1271년 11월 4일	원종12년	本闕		親醮太一
20	1378년 5월 3일	우왕4년	福源宮	以時令不和	太一

고려시대의 태일초제

위의 내용을 분석해보면 다음과 같다.

고려시대 때 太一星 또는 太一神에게 제사지낸 기록은 1056년부터 1378년까지 총 20회의 기록이 『고려사』에 보인다. 그러나 1056년 이전의 기록이 누락되었을 가능성도 있고 醮祭를 담당하는 道觀인 福源宮 神格殿 太淸觀 등이 별도로 있었으므로 太一에 대한 제사는 이것보다 훨씬 많았을 것으로 추정된다.

『고려사』의 기록은 王이 親祭하거나 특별한 목적을 가지고 주로 宮闕에서 제사지낸 것만을 기록한 듯하다.

궁궐에서 太一에 제사지낸 목적은 火災 예방·전염병 예방·風雨調順, 비나 눈이 내려 가뭄을 면하게 해달라는 것 등이다. 그렇지만 임금의 건강, 장수, 질병 치료 등의 특별한 목적을 위해서 태일초제는 행하여졌을 것으로 여겨진다.

1107년에 3월에서 5월까지 연속 3회를 제사지낸 것은 가뭄 때문에 비를 내려달라고 기도한 듯하다. 이는 1152년 4월에 연속 2회의 醮祭를 지낸 목적이 禱雨였음으로 미루어 짐작할 수 있다. 그리고 1152년 6월 20일 질병을 물리쳐 달라고 天皇大帝, 太一 및 十六神에게 제사지낸 것을 보면 이때의 太一星은 북극성이 아닌 紫微垣에 있는 太一星으로 추측이 된다. 이는 『星經』에 "太一星은 主十六神이라" 한 내용과 『天門類抄』에서 "태일은 열여섯 신을 주장하여 부리고 비, 홍수, 가뭄, 전쟁, 기근, 질병, 재해가 일어나는 곳의 나라를 주관한다."고 하였기 때문이다.

끝으로 太一醮祭 때의 青詞(축문을 푸른 종이에 써서 青詞라 부른다)를 소개하고자 한다.

이규보의 『동국이상국전집』 제40권에 있는 "太倉에서 태일신에게 비는 초례문"을 소개하면 다음과 같다.

> 하늘이 꾸지람을 내리심은 죄다 사람으로 말미암아 그런 것이고, 신(神)은 정성에 흠향하여 만물을 버린 적이 없으시니, 감히 총명 정직한 신에게 호소하여 용서하고 가엾이 여겨 주시기를 비나이다. 생각하건대 이 말세의 쇠미한 때에 외람되이 가장 어려운 책임을 맡은지라, 깊이 근심하고 멀리 생각해도 퇴패된 기강을 바로잡기 어렵고, 정치가 문란하고 백성이 이산되어 이 때문에 화기(和氣)를 손상시킨 듯합니다. 첫겨울의 폐색(閉塞)된 때를 당해 놀랍게도 큰 천둥의 이변이 있었고, 계속하여 화재가 일어나 이 가득찬 창고들을 불태워 버렸으니, 막중한 곡식이 삽시에 탕진되어 남음이 없거늘, 비록 그 나라가 있은들 텅 빈 것을 돌아볼 때 어디를 믿으리까. 이것이 다 과인(寡人) 스스로의 탓이라, 저 뭇 백성들이야 무슨 허물이 있겠습니까. 이에 더욱 두렵고 조심스러워 기도로써 재앙이 풀릴 것을 생각하고는, 다시 재명(齋明)한 신심으로 삼가 정결한 행사를 베푸나이다. 우러러 바라옵건대 이 참

된 간청에 곡진히 흠향하사, 염위(炎威)가 저절로 물러가서 제비집을 태우는 재앙을 없애고 노적(露積)을 다시 높이 쌓아 풍년의 꿈을 이루게 하소서. 음양이 항상 순조로우면 사직이 길이 편안하리이다.

위의 축문은 가을에 추수를 하여 곡식을 넣어둔 창고가 불에 타 다음 번에는 기후가 순조로워 풍년이 들어 사직이 안정되기를 기원하는 내용이다.

『조선도교사』를 보면 太一에 제사지냈던 축문으로『동문선』을 인용하여 「冬至太一靑詞」「乾興節太一靑詞」「祈雨太一醮禮三獻靑詞」「福源宮太一移排醮靑詞」「昭格殿行祈雨兼流星祈禳太一醮禮靑詞」「忠州太一醮禮文」 등이 소개되어 있다.

위의 내용을 보면 고려시대 때 福源宮, 太一殿, 太淸觀 등의 道觀이 있어 節氣때마다 또는 재앙을 물리치기 위하여, 비를 빌기 위하여 수시로 太一神에 대한 제사를 지냈다는 것을 알 수가 있다.

「忠州太一醮禮文」의 내용은 다음과 같다.

초헌문에 北極星座를 바로 보오니 곧 바로 동남 간방에 照臨하신지라 이제 令節을 당하여 辛日을 택하여 분향하나이다.

위의 내용을 보면 고려시대 때도 太一移宮의 법도에 따라 45년마다 太一殿을 옮겨지으며 제사를 지냈다는 것을 알 수 있다. 동남간방은 巽方으로 충주의 태일전이 있던 방위이다.

자세한 내용은 조선시대의 기술에서 살펴보고자 한다.

2) 조선시대

(1) 昭格殿에서의 太一醮祭

고려시대 때 하늘에 제사지내고 별에 기도하는 道觀으로 福源宮, 神格殿, 淨事色, 燒錢色, 太淸觀, 太一殿, 九曜堂, 淸溪拜星所 등의 여러 곳이 있었다. 조선시대에 들어와서 태조 원년(1392년) 모두 병합하여 하나로 하고 昭格殿이라 이름하였다. 세조 12년(1466년) 소격전을 소격서라 개칭하였다. 소격서의 혁파에 대한 주장은 연산군 9년(1503년) 沈貞이 임금께 아뢴 것이 처음인 듯하다. 이후 중종 5년(1510년) 성균관 생원 李敬 등이 便宜 10條를 올릴 때도 5條에서 언급하였고, 또 중종 9년(1514년) 대사간 최숙생 등이 국정에 관한 12가지 일을 상소할 때 10조에서 언급하였다. 1518년 조광조 등의 주청으로 소격서를 폐지하였다가 1522년 慈殿이 未寧함을 들어 다시 세웠으며 1592년 임진란 이후 소격서를 완전히 폐지하였다. 소격전은 三淸洞에 있었고 三淸殿, 太一殿, 直宿殿, 十一曜殿 등의 祭殿이 있었다.

조선시대는 유교를 國是로 하였으므로 道家의 醮祭는 儒臣들의 많은 저항을 받았다. 이에 知禮曹事 金瞻이 태종 4년(1404년) 2월 20일에 다음과 같은 상서를 올렸다.

> "태일(太一)은 하늘의 귀신(貴神)이기 때문에, 한(漢)나라 이래로 역대에서 받들어 섬기어 여러 번 아름다운 상서(祥瑞)를 얻었습니다. 그러므로, 전조(前朝)에서 복원궁(福源宮)·소격전(昭格殿)·정사색(淨事色)을 두고 따로 대청관(大淸觀)을 세웠으며, 또 간방(艮方)【화령(和寧)】·손방(巽方)【충주(忠州)·곤방(坤方)【부평(富平)】·건방(乾方)【귀주(龜州)】의 머무르는 궁(宮)마다에 궁관(宮觀)을 세워 초례(醮禮)를 행하고, 매양 액운(厄運)과 재

변(災變)을 당하면 기도(祈禱)하는 별초(別醮)를 대청관에서 행하고, 만일 군사를 행(行)하려면, 장수가 대청관에 나가서 재숙(齋宿)하고 초례를 베푼 연후에 행하였으니, 대개 태일(太一)은 어진 별[仁星]이 있는 곳이어서 병역(兵疫)이 일어나지 않고, 방국(邦國)이 편안하기 때문입니다. 국초(國初)에 상정(詳定)하여 복원궁(福源宮)·신격전(神格殿)·정사색(淨事色)을 폐(廢)하고, 경성(京城)에 다만 대청관과 소격전 두 곳만 남기고, 또 다섯 위차[五次]의 궁(宮)인 간방(艮方) 영흥군(永興郡)에 관(觀)을 세워 초제(醮祭)를 행하였으니, 숭봉(崇奉)하는 예(禮)가 갖추어졌다 하겠습니다. 지금 대청관의 초제를 행하는 법규를 보면, 연종(年終)과 세수(歲首)에 두 번만 행하고, 수한(水旱)과 재변(災變)에는 기도(祈禱)하는 바가 없으며, 제사하는 관원[祠官]은 내감(內監) 한 사람만 쓰니, 정성과 공경을 다하는 것이 아닙니다. 원컨대, 지금부터 송(宋)나라 제도에 의하여 매년 사입일(四立日)에 제사를 행하되, 대언(代言)이나 혹은 시신(侍臣)에게 명하여 일을 섭행(攝行)하게 하고, 제문(祭文)이 있게 하며, 중사(中祀)의 예(例)에 의하여 5일 동안 재계(齋戒)하게 하소서. 그리고, 장수를 보내면, 유제(類祭)의 예에 의하여 장수가 관(觀)에 나가서 하룻동안 재계(齋戒)하여 자고 제사를 행하게 하되, 제문(祭文)이 있고, 만일 도액(度厄)하거나 기도(祈禱)할 때라면, 문관 대신(文官大臣)을 보내어 5일 동안 재계하고 도류과(道流科)의 의법(儀法)을 써서 초례(醮禮)를 행하되, 청사(靑詞)가 있게 하소서. 그리고 내감(內監) 네 사람과 도류(道流) 네 사람, 본관(本觀)의 녹사(錄事) 두 사람으로 하여금 날을 번갈아 직숙(直宿)하게 하여, 아침저녁으로 향등(香燈)을 켜고, 관우(觀宇)를 수리하고, 제기(祭器)를 진열하는 것을 때에 맞추어 미리 준비하여 숭봉(崇奉)하는 뜻을 이루소서."

조선시대 초기에 星宿의 醮禮가 정비되고 지속되게 한 데는 金瞻의 공이 크다고 할 것이다. 태종은 12년(1412년) 上元日(정월15일)에 태일을 제사지내기 위해 연등을 대궐 안에 설치하였는데 그 내용은 다음과 같다.

금중(禁中)에 등(燈)을 매달았으니, 상원일(上元日)에 태일(太一)을 제사지내기 때문이었다. 내자시(內資寺)·내섬시(內贍寺)에서 각각 종이 등(燈) 5백 개를 바치고, 또 용봉(龍鳳)·호표(虎豹)의 모양으로 섞어서 만든 것이 또한 많았다. 처음에 등(燈)을 달고자 임금이 15일에 예조 참의(禮曹參議) 허조(許稠)를 불러서 고전(古典)에 상고하고 하윤(河崙)에게 물어서 아뢰도록 하였다. 허조(許稠)가 아뢰었다.

"《문헌통고(文獻通考)》에 상고하여도 없고, 오직 전조(前朝) 때 상정례(詳定禮)에만 나와 있는데, 그 기원(起原)은 한(漢)나라에서 태일(太一)을 제사지냄으로부터 시작된 것입니다. 하윤(河崙)도 또한 성인(聖人)의 법이 아니라고 말하니, 정지하는 것이 마땅합니다."

임금이 말하였다.

"삼대(三代) 이후로는 한(漢)나라나 당(唐)나라와 같은 것이 없다. 경은 한나라 제도를 본받을 것이 없다고 생각하는가?"

하니, 허조가 대답하였다.

"신은 원컨대, 전하는 반드시 삼대(三代)를 본받고 한나라·당나라를 본받을 것이 족히 못됩니다."

임금이,

"그렇다면 예조에서 반드시 상정(詳定)하여서 아뢸 것이 없다. 내가 궁중에서 또한 행하겠다."

하고, 내자시·내섬시에서 각각 한 사람을 불러 말하였다.

"삼원일(三元日)에 연등(燃燈)하는 것을 대략 사림광기(事林廣記)에 모방하여 되도록 간이(簡易)한 데 따르고, 용봉(龍鳳)·호표(虎豹)의 괴이(怪異)한 모양을 만들어서 천물(天物)을 지나치게 허비하지 말라."

좌사간 대부(左司諫大夫) 윤회종(尹會宗)이 나와서,

"궁중에서 연등하는 것이 성인의 제도가 아니니, 원컨대 파하소서."

하니, 임금이

"내가 연등의 행사를 크게 행하고자 하는 것이 아니라 우선 궁중에서 잠깐 시험하는 것뿐이다."

하였다. 하루 앞서 임금이,

"상원(上元)에 연등하는 것이 한나라 때부터 시작되었으니, 폐할 수는 없다."

하고, 비로소 북쪽 궁원(宮苑)에서 연등하는 것을 구경하고, 등(燈)을 만든 장인(匠人) 26인에게 사람마다 쌀 1석을 내려주었다.

태종의 太乙星에 대한 믿음은 확고하여 15년(1415년) 7월 8일 기사에 "근자에 내가 비를 근심하기를 심히 하여 黃子厚로 하여금 太乙醮祭를 행하게 하였더니 과연 비를 얻었다"라는 내용도 있다.

조선시대의 太一醮祭는 昭格殿, 三淸殿, 太一殿 그리고 지방의 太一殿에서 거행되었다. 太一醮祭는 태청관에서도 거행되었는데 개성에도 太淸觀이 유지되어 오다가 1422년 폐지되었고 이때 文廟의 오른쪽에 있었던 한양의 태청관도 함께 폐지된 듯하다. 조선시대 초기의 태조에서부터 세조 때까지 太一星에 대한 제사가 소격전에서 꾸준히 지속되었다. 이에 대한 기록을 『조선왕조실록』을 통해 살펴보면 다음과 같다.

순서	임금	년도	주관자	목적
1	태조 2년	1393년	좌승지 崔迤	얼음이 얼지 않고 안개가 끼어 節候가 調和되기를 빔
2	태조 3년	1394년	王師	旱災로 祈雨
3	태종 원년	1401년	좌부승지 朴信	祈雨及星變
4	태종 7년	1407년		冬至日 甲子醮祭
5	태종 10년	1410년		祈時令調和
6	태종 12년	1412년		
7	세종 즉위년	1418년	同知摠制 李叔畝	祈時令調和
8	세종 1년 5월	1419년		祈雨
9	세종 1년 11월 24일(甲子)	1419년		定期 太乙星 醮禮日
10	세종 2년	1420년		祈雨
11	세종 7년 6월	1425년		祈雨
12	세종 7년 7월	1425년		祈雨
13	세종 16년	1434년		祈晴
14	세종 17년	1435년		祈雨
15	세종 18년 5월	1436년		祈雨
16	세종 18년 6월	1436년		祈雨
17	세종 20년	1438년		祈晴
18	세종 21년	1439년		祈雨
19	세종22년	1440년		祈雨
20	세종25년	1443년		祈雨
21	세종25년	1443년		祈雨
22	세종25년	1443년		祈雨
23	문종1년	1451년		祈雨
24	세조4년	1458년		祈雨. 밤에 비가 내림

조선시대의 태일초제

위의 기록을 祈雨醮가 주로 보이지만 이 외에 왕자의 탄생 후 복을 비는 開福神醮祭, 수명을 잘 보존하여 오래 살게 해달라고 비는 請命醮祭, 병을 낫게 해달라고 비는 禱病醮祭, 천재지변이 있을 때 올리는 초제, 특별한 목적을 가지고 올리는 초제 등 다양한 초제가 행하여졌다.

세조 4년 이후에는 『조선왕조실록』에 태일초제에 대한 기록이 나타나지 않는다. 그렇지만 소격서와 태을전 등이 있었으므로 太一星에 대한 제사는 소격서가 완전히 폐지되는 1592년까지는 이어졌으리라 생각된다. 또한 태조에서 세조 때의 醮祭도 기록되지 않은 것이 많이 있으리라 사료된다.

昭格殿에서 時令이 不調할 때 그리고 특별한 목적을 가지고 수시로 태일초제를 올렸지만 정기적으로 제사를 지내는 날은 매년 冬至 전의 甲子日이었다. 이에 관한 내용은 성종 22년(1491년) 10월 13일 기록에 나오는데 다음과 같다.

전교(傳敎)하기를,
"태일(太一)에 초제(醮祭)하는 청사(靑詞)에 이르기를, '동지(冬至)전에 가까운 갑자(甲子)'라고 한 것은 무엇인가? 직제학(直提學)에 물어 보라."
하였는데, 김응기(金應箕)가 서계(書啓)하기를,
"11월 초1일 갑자(甲子) 삭단(朔旦) 야반(夜半) 동지(冬至)는 곧 역원(曆元)입니다. 동지(冬至) 전에 제일 가까운 갑자일(甲子日)에서 동지일(冬至日)까지는 곧 역법(曆法)에서 이른바 '기응(氣應)'입니다. 그 '기응'이 분제(分齊)하면 또 갑자 삭단의 동지가 됩니다. 그렇게 보면 갑자 삭단의 동지는 곧 역원(歷元)이 되는 것이며, 동지 전에 제일 가까운 갑자도 한 해의 기수(紀數)의 시작이 되고, 갑자는 또 간지(干支)의 첫머리가 됩니다. 태일(太一)은 천신(天神) 중에서 높은 것이므로, 그날에 초제(醮祭)를 지내는 것입니다." 하였다.

위의 내용은 음력 11월 동지전 甲子日에 태일초제를 지내는 이유는 동지는 그 해의 시작이고 甲子는 60갑자의 첫머리가 됨으로 천신 중에서 가장 높고 귀한 太一神을 제사지내는 날로 정하였다는 것이다.

세종 1년(1419년) 11월 24일 甲子日에 대간이 궁궐에 나와서 청하기를 "이종무는 죄의 우두머리인데 벌이 경하니……윤회가 오늘은 太乙星·醮禮의 齋戒날이므로 감히 아뢰지 못한다." 등의 내용을 보면 이날이 정기 태을성 초제일로 임금이 근신하고 재계하였으니 조선시대 초기 태을초제는 임금도 대단히 중요한 제사로 여겼음을 알 수가 있다.

(2) 지방 태일전에서의 太一醮祭

필자는 「太一의 의미에 대한 종합적 고찰」이라는 선행논문에서 『靈樞·九宮八風篇』의 太一游宮에 대해서 살펴본 바 있다. 그 내용은 太一이 文王八卦의 坎宮(叶蟄宮)에서 冬至日부터 시작하여 좌선하여 天留宮(艮宮), 倉門宮(震宮), 陰洛宮(巽宮), 上天宮(離宮), 玄委宮(坤宮), 倉果宮(兌宮), 新洛宮(乾宮) 8宮을 46일씩(동남의 陰洛宮과 서북의 新洛宮은 45일) 머물면서 이동하여 동지날 다시 협칩궁으로 돌아온다는 내용이다.

우리나라는 고려시대 때부터 太一轉移의 說에 따라 지방에 太一殿을 세우고 태일초제를 지내왔다.

관련된 내용을 먼저 살펴보고 이에 대해 살펴보고자 한다.

[태종 4년(1404년) 2월 20일 金瞻의 상서문] 前朝에서 또 艮方(和寧), 巽方(忠洲), 坤方(富平), 乾方(龜州)의 머무르는 宮마다 宮觀을 세워 醮祭를

행했습니다. ……國初에 또 다섯위차[五次]의 宮인 艮方 永興郡에 觀을
세워 초제를 행하였습니다.

[태종 9년(1409년) 12월 3일] 삼원(三元)과 사립(四立)의 날에 태일초(太一
醮)를 행하라고 명하였다. 예조(禮曹)에서 아뢰기를 "통주(通州)의 태일
초례(太一醮禮)는 매월(每月) 삭망(朔望)에 행하지 말고, 삼원일(三元日)을
당하면 특별히 사람을 보내어 초례(醮禮)를 행하고, 사립일(四立日)에는
그 고을 수령(守令)으로 하여금 재계(齋戒)하고 정성(精誠)을 들여 초례(醮
禮)를 행하게 하소서" 하니, 그대로 따랐다.

[태종 12년(1412년) 10월 21일] 通州의 太一殿을 수리하도록 명하고 이
어서 단청도 칠하게 하였다.

[성종 7년(1476년) 8월 24일] 우승지(右承旨) 임사홍(任士洪)이 아뢰기를,
"태일성(太一星)은 45년 만에 그 방위(方位)를 옮기는데, 고려[前朝]는 통
천(通川)에서 제사하였고, 국조(國朝)에 이르러서는 갑인년이 45년째가
되므로 의성(義城)에 옮겨서 제사하였습니다. 갑인년으로부터 무술년
에 이르면 또한 45년째가 되므로, 마땅히 곤방(坤方)으로 옮겨야 합니
다. 그런데 소격서(昭格署)에서는 마니산(摩尼山)이 곤방(坤方)이 된다고
합니다만, 이는 옛글에 의거한 것이 아니고 다만 나름대로 생각한 것
입니다. 처음 의성(義城)으로 옮겼을 때의 문적(文籍)이 아직도 남아 있
는데, 어찌 그 장소를 명확하게 말하지 않습니까? 풍수학 교수(風水學
敎授) 최호원(崔灝元)은 마니산이 곤방(坤方)이 아니라고 하니, 청컨대 근
정전(勤政殿) 뜰에서 사방(四方)을 상고하여 헤아려서 정하되, 최호원으

로 하여금 상고해서 헤아리게 한 뒤에 그 가부(可否)를 의논하는 것이 어떻겠습니까?" 하니, 임금이 말하기를, "가하다." 하였다.

[성종 7년(1476년) 8월 29일] 우승지(右承旨) 임사홍(任士洪)이 아뢰기를, "최호원(崔灝元)이 신에게 말하기를, '방위(方位)를 헤아려보니, 마니산(摩尼山)은 태방(兌方)이고, 충청도(忠淸道)의 태안(泰安)이 진실로 곤방(坤方)이므로, 태일성(太一星)의 제사는 태안군(泰安郡)으로 옮기는 것이 마땅합니다.'라고 하였습니다. 그러나 믿을 수 없으니, 청컨대 옛날의 전적(典籍)을 널리 상고하도록 하소서." 하니, 전교하기를, "가하다. 또한 여러 정승(政丞)에게 의논하도록 하라." 하였다.

[성종 8년(1477년) 윤 2월 18일] (漢訓質正官 金錫元이 欽天監 관원 李純에게 묻기를) '태일이 건방(乾方)에서부터 간방(艮方), 〈간방에서〉 손방(巽方), 손방에서 곤방(坤方), 곤방에서 건방(乾方), 건방에서 중궁(中宮)으로, 매궁(每宮)마다 45년 동안 머물다가 옮기는데, 위의 태일이 44년 동안 머물다가 45년이 되는 초(初)에 옮기는가? 〈아니면〉 45년 동안 머물다가 46년이 되는 초에 옮기는가?' 물었더니, 대답하기를, '모른다.'고 하고, 또 말하기를, '천문(天文)의 누설(漏洩)은 죄(罪)가 중전(重典)에 있어서, 금의위(錦衣衛)에서 종적(蹤迹)을 찾을까 두렵다.'고 하였습니다. 뒤에 〈다시〉 만나기를 청하였으나, 더불어 이야기하지 못했습니다." 하였다. 임금이 일찍이 정승(政丞)을 지낸 이와 관상감(觀象監)·천문학(天文學) 제조(提調)에게 명하여 의논하게 하니, 한명회(韓明澮)·심회(沈澮)·조석문(曹錫文)·김질(金礩)·서거정(徐居正)은 의논하기를, "태일전(太一殿)은 건방(乾方)에서부터 간방(艮方)으로 옮기고, 간방에서부터 손방(巽

方)으로 옮기는데, 우리 나라에는 방위(方位)를 정한 문적(文籍)이 없고, 중국에서도 또한 얻어듣지 못하였습니다. 신 등은 생각건대, 지금 〈태일전이〉 곤방(坤方)으로 옮겼으니, 곤방을 가장 적의(適宜)하게 먼저 정하고, 관상감(觀象監)으로 하여금 방소(方所)를 정하게 한 뒤에 제의(祭儀)는 한결같이 의성(義城)의 예(例)에 의하여 시행하소서." 하였다. 이 앞서 전 대구 부사(大丘府使) 최호원(崔灝元)이 상서하기를, "왕년(往年)에 일찍이 태일(太一)의 예습(隸習)의 명령을 받았었으나, 이내 다시 혁파하여 없애셨습니다. 그래서 비록 온오(蘊奧)한 경지에까지 나아가지는 못했어도 대충 그 입문[閫閾]에 관한 것을 섭렵(涉臘)하였습니다. 오복(五福)의 태일(太一)은 인간(人間)의 오복(五福)의 일을 총관(總管)하고, 세상을 어루만져 함께 변화시키니, 사전(祀典)의 예(禮)를 중(重)하게 하지 않을 수 없습니다. 그 신(神)은 항상 9궁(九宮)을 따라 순환(循環)하며 이전(移轉)하는데, 매궁(每宮)마다 45년 동안 머뭅니다. 지난 선덕 갑인년에 손방(巽方)으로 옮겨서, 경상도의 의성현(義城縣)에 사당[廟]을 짓고 봉사(奉祀)한 지 지금 43년이 되었으니, 무술년이 되면 궁수(宮數)가 이미 차서 마땅히 곤궁(坤宮)으로 옮길 것입니다. 신이 일찍이 관상감(觀象監) 관리(官吏)에게 말하기를, '태일이 옮길 곳은 마땅히 곤궁인데, 어느 고을 무슨 지방으로 정했느냐?'고 하니, 대답하기를, '강화(江華)의 마니산(摩尼山)으로 추정(推定)하였다.'고 하므로, 신이 다시 힐난(詰難)하기를, '마니산이 곤방(坤方)이 아닌데, 어찌하여 추정하였느냐?'고 하니, 또 대답하기를, '비록 정방의 곤방[正坤]은 아니지만, 실은 이곳이 명산(名山)이기 때문이다.'고 하였습니다. 신이 가만히 생각건대, 태일이 이미 방위(方位)를 따라 천전(遷轉)하는데, 어찌 명산에 구애되어 〈방위를〉 옳지 못한 곳에 설치하겠습니까? 이는 근거 없는 불경지설(不經

之設)이 분명합니다. 산림(山林)의 청결(淸潔)한 곳이 곧 신(神)을 모시는 장소가 될 뿐인데, 어찌 반드시 태산(太山)과 교악(喬嶽)을 구한 뒤에야 태일의 신을 모실 수 있겠습니까? 〈태일전(太一殿)을〉 옮기면서 방위를 가리지 않는다면, 옮기지 않는 것만 같지 못합니다. 태일의 신은 일을 따라 천전하고, 또 정수(定數)가 있으니, 어찌 사지(私智)로써 경영(經營) 할 수 있으며, 옳지 않은 방위에 모실 수 있겠습니까? 신은 가만히 생각건대, 마니산은 경성(京城)의 서쪽에 있으니, 태방(兌方)이라 하면 가하지만, 신방(申方)·경방(庚方)의 두 방위(方位)를 넘어서 곤방이라 하면, 크게 서로 멉니다. 태일은 곤방에 있는데, 사당[殿]을 태방에 지으면, 모르긴 하지만 태일이 어떻게 사람에게 끌리어서 옳지 못한 그 궁(宮)에 처(處)하려 들겠습니까? 〈태일은〉 곤방으로 옮겼는데 〈사당을〉 태방에 둔다면 다른 해에 태궁(太宮)이 옮겨질 때 다시 어느 방위(方位)에 사당을 설치하겠습니까? 곤방은 마땅히 인천(仁川) 지역에 있으니, 다시 정곤(正坤)의 방위를 추정(推定)하고, 산수(山水)의 청결(淸潔)한 곳을 선택하여 사당[廟殿]을 세워서 태일의 신을 모신다면, 방법이 천도(天道)에 어긋나지 않고, 일이 도리(道理)를 얻을 것입니다. 범사(凡事)가 예비(豫備)하면 이룰 수 있고, 예비하지 않으면 그르치는 것이니, 신은 삼가 원하건대, 9궁의 방도(方道)를 모름지기 인지의(印地儀)를 사용해서 미리 먼저 추정(推定) 하여, 아무 궁[宮]은 아무 고을[某州]의 아무 산[某山]이라고 명확하게 문부(文簿)를 만들고, 돌에 새겨 표(標)를 세워 땔나무와 불을 금하고, 미리 산천(山川)의 기(氣)를 길러서, 수목(樹木)이 울창하고 청기(淸奇)하게 하면, 다른 날에 신을 모실 장소가 될 수 있어, 임시(臨時)에 잘못되고 어긋나는 폐단이 없을 것입니다." 하였다.

태을의 九宮遷移가 45년을 머무른 다음 46년째 옮겨 간다는 이론의 출처는 宋나라에서 수입된 도교서에 따른 것이다. 『황제내경』의 45일 또는 46일을 머물고 다음 宮으로 옮겨간다는 이론과는 다르니 『황제내경』은 8宮을 1년에 순환하는데 비해 위의 내용을 보면 45년씩 문왕팔괘의 間方의 四宮씩을 옮겨간다는 것이다.

45년 移宮說에 대한 내용은 다음의 문장에서 살펴볼 수 있다.

『송회요집고보편』에 다음과 같은 글이 실려 있다. "송태종 태평흥국 (송태종 때의 연호) 초년에 司天 초지란이 말하기를 '『太一式』을 살펴보건대 오복태일, 군기태일, 대유태일, 소유태일, 천일태일, 신기태일, 직부태일, 민기태일, 사신태일, 지일태일의 모두 십태일이 있으니 모두 하늘의 존귀한 신입니다. 오복태일이 있는 곳에는 전쟁이 없고 백성들이 풍년이 들어 즐겁습니다. 모두 오궁을 행하고 45년마다 옮겨가니 옹희 원년(984년)부터 황실인 巽宮(동남방)으로 들어갔으니 吳나라 땅의 분야에 해당됩니다. 소주에 청컨대 그 땅에 나아가 미리 태일궁을 짓고 제사를 지내 복을 내려주기를 구하소서' 한데 그 말을 따랐다"고 하였다.(宋會要輯稿補編에 云: "太宗太平興國初에 司天 楚芝蘭이 言: '按『太一式』컨대 有五福, 君基, 大游, 小游, 天一, 臣基, 直符, 民基, 四神, 地一의 凡十太一하니 皆天之尊神이라. 五福所在之處에 無兵役하고 人民豐樂이라. 凡行五宮하고 四十五年一移'하니 自雍熙元年으로 入黃室巽宮하니 在吳分이라. 蘇州에 請就其地하야 預築宮祀之하야 以迎福貺하소서한데 從之'하다.)

문왕팔괘도

위의 글은 후대에 楚芝蘭의 말을 추억하여서 기술한 것이다. 왜냐하면 태평흥국이란 연호는 976~984년까지 사용되었고 이후에 옹희란 연호를 사용하였기 때문이다.

金瞻의 상소문에서 고려시대 때 東北艮方의 和寧(함경남도 永興의 옛 이름), 東南 巽方의 忠州, 서남 坤方의 富平, 서북 乾方의 龜州에 궁관을 세워 초례를 행했다 했으니 아마 45년마다 이 네 곳을 옮겨가며 태일초제를 지낸 것처럼 보인다.

그러나 성종 8년(1477년) 金錫元이 '태일이 간방에서 손방, 손방에서 곤방, 곤방에서 건방, 건방에서 中宮으로 매궁마다 45년 동안 머물다가 옮긴다.'고 하였고 송나라 초기의 司天 楚芝蘭도 '모두 오궁을 행하고 45년마다 옮겨간다.' 하였으니 4宮을 옮겨가는 것이 아니고 中宮을 포함하여 5宮을 옮겨가는 것이 확실한 듯하다. 즉 중앙에서 艮方, 艮方에서 巽方, 巽方에서 坤方, 坤方에서 乾方, 乾方에서 중앙으로 들어가고 각각 45년씩 머무르므로 225년에 한 주기가 끝나게 되어 있다.

초지란의 말에 의거해 송나라 옹희 원년인 984년에 太一이 동남 巽方에 있었다는 것을 기준으로 표를 만들면 다음과 같다.

①984년~1028년	巽方	②1029년~1073년	坤方
③1074년~1118년	乾方	④1119년~1163년	中央
⑤1164년~1208년	艮方	⑥1209년~1253년	巽方
⑦1254년~1298년	坤方	⑧1299년~1343년	乾方
⑨1344년~1388년	中央	⑩1389년~1433년	艮方

太一移宮

이렇게 보면 조선시대 개국과 더불어 동북 艮方인 通川에 태일궁을 세우고 제사지낸 것은 이치에 부합한다.

고려시대의 태일초제가 어느 시대, 어느 곳으로부터 시작된 것인지를 알수가 없다. 조선시대에 들어와 태종 때 通州의 태일초제가 처음으로 언급되는데 通州는 강원도 통천인 듯하다.

임사홍이 고려는 通川에서 제사를 지냈고 45년이 지나 갑인년(1434년)에 의성으로 옮겼다고 했으니 통천(또는 和寧)에서 제사를 시작한 것이 1389년이 된다. 그런데 고려시대의 기록은 동북 艮方은 和寧이 언급되므로 和寧에서 어떻게 通川으로 옮겨졌는지도 알 수가 없다. 혹 金瞻의 상서문에 "國初에 艮方 永興郡에 觀을 세워 초제를 행하였다." 했으니 영흥군의 도관과 통천의 태일전이 같은 것이고 고려시대 和寧의 태일전을 건국과 더불어 조금 남쪽 통천으로 옮겨지은 것이 아닌가 하는 생각이 든다.

조선시대 지방의 太一殿 제사는 태종 9년의 명에 의거해보고 三元인 정월·7월·10월 15일과 四立日인 입춘·입하·입추·입동의 7번의 정기적인 제사는 최소한 있었다고 생각된다.

1434년 갑인년에 동북간방인 艮方 통천에서 동남간방인 巽方 의성으로 태일전이 옮겨간 뒤 성종 7년(1476년), 성종 8년(1477년)의 토론과정을 거쳐 1479년 서남간방인 坤方의 泰安으로 태일전이 옮겨졌다. 태안에 태일전 자리를 확정하는 데는 대구부사를 지낸 최호원의 공로가 크다. 『신증동국여지승람』의 義成條에서는 1478년 戊戌年에 옮겨갔다 하였고 泰安條에서는 1479년 己亥年에 옮겼다고 했는데 1478년 말 신단과 제기를 옮기기 시작하여 1479년 上元日의 태일초제는 태안에서 지낸 듯하다. 1434년부터 1478년까지가 45년이 되고 1479년은 46년째가 되기 때문이다.

의성의 태일전 터는 의성군 춘산면 빙계리 쌍계천 좌측 마을의 뒤쪽에 터만 남아있고 태안의 태일전 터는 태안군 태안읍 동문리 白華山城 내에 있다. 이후 제사에 대해 李圭景은 『오주연문장전산고』에서 다음과 같이 이야기하고 있다.

> 태일전은 현재 의성현(義城縣) 동쪽 빙산(氷山)에 있다. 매년 정월 보름마다 향을 내려 제사지내어 제때에 비가 오고 바람이 순조롭게 불도록 기원하여 오다가, 성종(成宗) 기해년(1479년)에 의성현에서 태안(泰安) 백화산(白華山)으로 태일전을 옮긴 뒤로는 향을 내려 제사지내게 하지 않았다. 태일전도 예전에는 소격서에 예속되었던 것으로, 소격서가 혁파되자 따라서 태일전 제사도 정지되었다.

소격서의 혁파는 1479년 훨씬 뒤의 일임으로 태안으로 옮긴 뒤에도 태일초제는 오랫동안 지속되었으리라 생각된다. 태안에서 45년이 지나 1524년에 서북간방인 乾方으로 이전했어야 하지만 이때 소격서가 혁파되었다가 재건되는 등 어수선한 시기여서 지방의 태일전은 점차 관심 속에서 사라진 듯하다. 坤方인 泰安에서 우리나라의 太一星제사는 끝을 맺고 있는 것이다.

4. 나오는 말

三神사상은 우리 민족의 고유사상으로 天地人을 주재하는 天一神, 地一神, 太一神으로 구성된다. 天一神은 만물을 창조하는 造化神이고 地一神은 만물을 기르는 敎化神이며, 太一神은 만물을 완성하여 다스리는 治化神이다. 이중 治化神인 太一神이 가장 존귀하고 위대한데 천지의 목적이 인간을 성숙시켜 완성하는 것이 목적이고 이 목적을 실현시키는 신이 太一神이기 때문이다. 우리 민족의 고유신관인 三神과 五帝神에 의거하여 三皇五帝의 관념이 형성되었다.

전국시대 때 우리의 三神사상이 중국에 전파되었고 한무제때는 국가의 제사로써 자리를 잡아 전한 말기까지 지속되었다.

후에 天皇·地皇·人皇의 三皇을 三神이라 하고 중국에서는 三皇에서 三神說이 나왔다고 하였는데 이는 본말이 전도된 것이다. 「삼신오제본기」에서 우리 민족의 三神은 환인·환웅·단군이고 三皇은 환인·환웅·치우라고 하였다.

『환단고기』 이외의 중국 문헌에 太一神에 대한 이야기가 많이 나온다. 『楚辭·九歌』의 東皇太一은 하늘에 있는 太一星의 主神으로 王逸이 이신의 사당이 초나라 동쪽에 있어 東皇太一이라 한다고 했으나 동쪽은 天地가 合德하여 만물을 처음 生하는 방위가 되어 그 덕이 가장 위대함으로 東皇은 泰皇의 뜻이 있어(東岳을 泰山이라 한 뜻과 같다.) 東皇과 太一은 동격의 언어라고 생각된다. 또 太一神의 범주로 太一星(북극성)의 主神, 백성들의 고통과 고난을 구제해주는 太乙救苦天尊과 參同契에 사람이 신선이 되면 하늘나라의 中洲로 불러 올린다는 太乙元君, 인체 내에서 사람의 생명을 주재하는 가장 존귀한 존재로 太乙神 등이 있다.

고려시대 때 太一醮祭는 1056년(문종 10년)에 처음 나타난다. 그러나 고려는 태조 이래로 팔관제를 행하고 천지산천 등의 諸神에게 제사를 지냈기 때문에 초기부터 송나라에서 도교를 받아들여 태일초제를 지냈을 것으로 사료된다. 그 후 우왕 4년(1378년)까지 총 20회의 태일초제를 지낸 기록이 『고려사』에 보인다. 고려 때 초제를 담당하는 道觀으로 開京에 福源宮, 神格殿, 太淸觀 등이 있었고 지방에는 艮方인 和寧, 巽方인 忠州, 坤方인 富平, 乾方인 龜州에 태일전을 세워 45년마다 옮겨가며 太一星에 제사를 지냈다. 이는 중국에서 수입된 『太一式』이란 책에 근거한 듯하다. 고려시대 때의 太一移宮은 乾方에서 중앙으로 들어가 45년을 머무른 다음 다시 艮方으로 나가 五宮을 轉移하여 225년에 한주기가 끝나게 되어 있다. 그러나 이 지방 태일성 초제는 어느 시대 어느 곳으로부터 시작되었는지 알 수가 없다.

조선시대에 들어와 星宿醮祭를 지냈던 고려시대의 福源宮, 神格殿, 太淸觀 등의 도관을 昭格殿으로 병합하고 세조 때 소격서라고 개칭하였다. 그 후 1518년 한차례 혁파되었다가 1522년 바로 재건되었고 1592년 완전히 폐지되었다. 그리하여 조선시대 초기에 太一星에 대한 제사가 昭格殿에서 진행되어 『조선왕조실록』을 보면 태조 때부터 세조 4년(1458년)까지 24회의 제사를 지낸 기록이 나타난다. 그러나 이것은 기록에 나타난 것일 뿐이고 태일초제는 이보다 훨씬 많았으리라 사료된다. 서울 昭格殿에서의 태일성에 대한 정기초제일은 동지전 갑자일이었다. 조선시대에도 太一의 45년 遷移說의 영향으로 건국 초기에 艮方인 강원도 통천에 태일전을 지어 제사를 지낸 것을 시작으로 45년이 지나 1434년에는 巽方인 경상도 의성으로 옮겼고 다시 45년이 지나 1479년에는 坤方인 충청도 泰安으로 옮겨 태일

<u>초제를 지냈다.</u> 지방에서의 태일초제는 三元日인 정월 15일, 7월 15일, 10월 15일과 四立日인 입춘, 입하, 입추, 입동에 정기적인 제사를 지냈다. 태안에서 45년이 지난 1524년에 서북간방인 乾方으로 이전해야 했지만 이때 소격서가 혁파되었다가 재건되는 등 어수선한 시기여서 지방의 태일전초제는 坤方인 泰安에서 끝을 맺고 있다.

/ 참고문헌 /

- 金劍 責任編輯. 中華道學通典. 海南: 南海出版公司. 1994.
- 司馬遷. 史記(四). 北京: 中華書局. 1992.
- 세계환단학회. 세계환단학회지. 4권 1호. 2017 6. pp101~102.
- 신채호 지음. 박기봉 옮김. 조선상고사. 서울: 비봉출판사. 2006.
- 총주편자 文山遯叟 蕭天石. 黃庭經祕註二種. 臺北. 自由出版社. 民國81年.
- 안경전. 환단고기. 대전: 상생출판. 2012.
- 吳廣平. 屈原九歌·東皇太一祀主考辨. 湖北大學學報(哲學社會科學版). Nov.2012 vol.39 No.6.
- 吳羽, 宋代太一宮及其禮儀, 中國史研究. 2011년.
- 李圭景 원저. 재단법인 민족문화추진회. 오주연문장전산고(3권). 서울: (주)민문고.
- 李能和 輯述. 李鍾殷譯注. 朝鮮道教史. 서울: 普成文化社. 1985.
- 李零. 中國方術續考. 北京中華書局. 2010.
- 李允熙 譯註. 參同契闡幽. 서울: 여강출판사. 1990.
- 張志哲 主編. 도교문화사전. 上海: 강소고적출판사. 1994.
- 허준 저. 이남구 현토주석. 현토주석동의보감. 서울: 법인문화사 2011.
- 『고려사』_http://db.history.go.kr/KOREA/item/level.do?itemId=kr&types=r
- 『동국이상국전집』. 제40권. 석도(釋道)·소(疏)·제축(祭祝)_(http://db.itkc.or.kr/inLink?DCI=ITKC_BT_0004A_0420_010_0050_2000_005_XML)
- 『조선왕조실록』_http://db.history.go.kr/KOREA/item/level.do?itemId=kr&types=r

제11편

天符經의 太一思想

1. 들어가는 말

『桓檀古記』의 「蘇塗經典本訓」을 보면 "天符經은 天帝 환인이 다스리던 桓
國때부터 구전되어 오던 글로 桓雄天皇께서 백두산에 내려오신 후에 神誌
赫德에게 명하여 녹도문으로 기록하였다가 최치원이 神誌의 篆書로 쓰여진
古碑를 보고 다시 漢譯하여 세상에 전한 것이다.(天符經은 天帝桓國口傳之書也라
桓雄大聖尊이 天降後에 命神誌赫德하사 以鹿圖文으로 記之러니 崔孤雲致遠이 亦嘗見神誌篆
古碑하고 更復作帖하야 而傳於世者也라.)"라고 하였다.

위의 내용을 보면 천부경은 인류의 뿌리문화(原型文化, 기층문화, 모체문화)
시기인 지금으로부터 9,200년 전인 환국 시기부터 전해 내려온 인류 최초
의 경전이며, 그 내용을 살펴보면 최고의 가치를 지니고 있는 최상의 경전
이며, 81자로 이루어진 가장 짧은 경전이며, 가장 오래된 경전이라고 말할
수 있다. 이후 배달국 시대와 단군조선 시기에 환웅 천황과 역대 단군들은
천부경과 삼일신고 등을 백성들에게 강독하였고(演天經하시고 講神誥하사 大訓
于衆하시다. 『삼성기』 하) 대진국 시대에도 태학을 세워 천부경과 삼일신고를
가르쳤다.

이를 통해서 보면 천부경은 9천 년의 역사를 가진 한민족의 所依經典이

고 한민족뿐만 아니라 인류의 원형 정신을 담고 있는 <u>원형문화 원전</u>이며 더 나아가 유불선의 경전보다 6,000년 이전에 나온 <u>유불선의 뿌리 경전이</u>며 동서양의 모든 종교 철학, 과학, 수학 등의 근원이 되는 <u>인류문화의 제일의 聖典</u>이다.

천부경은 모두 81字로 이루어져 있고 이 중 숫자가 31자이고 일반 글자가 50자이다. 천부경은 1, 2, 3, 4, 5, 6, 7, 8, 9, 10이라는 10개의 숫자로 진리의 근원인 하늘, 땅, 인간을 정의한 우주 수학 원전인데 <u>숫자는 인간의 자기의식이 들어갈 수가 없어 진리의 객관성을 보장한다.</u>

<u>이러한 숫자에 근거하여 5,500년 전 태호복희씨는 河水에서 나온 龍馬의 등에 나타난 象을 보고 하도를 그리고 4,200년 전 하나라를 건국한 禹임금은 洛水에서 거북의 등에 그려진 무늬를 보고 洛書를 그려 천지변화의 이치를 啓發</u>하였다. 또 一積十鉅의 원리와 運三四 成環五七의 원리에 의해 十干과 十二支가 나왔으며 天地의 陰陽論에 근거하여 兩爻, 八卦, 六十四卦의 주역도 천부경에 뿌리를 두고 있다고 推定할 수 있다. 그리고 『黃帝內經』의 『素問』과 『靈樞』가 모두 81편으로 되어 있고 노자의 『도덕경』이 81장으로 되어 있고 『難經』이 81장으로 되어 있는 것 등도 천부경의 영향을 받은 것이라고 말할 수 있다.

천부경은 一始無始一이라 하여 一로 시작하고 一終無終一이라 하여 一로 끝난다. 그리고 <u>천부경의 사상을 요약하여 執一含三하고 會三歸一하는 원리</u>를 담고 있다고 말한다. 여기서 언급된 一은 모두 太一이라고 환언하여 말할 수 있지만 처음 시작하는 一과 매듭짓는 一은 같으면서도 다른 면이 있다.

처음 시작하는 一에 대하여 중국의 문헌과 수행서 등에서는 창조적 관점을 부여하여 道, 元氣, 元神 등에 比定하였고 매듭짓는 一과 셋이 모여 하나로 통일된 一에 대해서는 佺人, 眞人, 至人, 太乙人間 등으로 표현하여 완성된 인간의 모습을 比定하였다.

천부경 전체 속에는 일이라는 숫자가 11번 나오고 있고 전체 내용 속에는 太一思想과 관련된 내용이 많이 나타난다. 이에 論者는 太一에 대한 기본 개념을 살펴보고 『환단고기』를 중심으로 동양의 여러 문헌 속에 있는 太一의 내용을 살펴보고 한민족의 역사와 유불선과 철학의 세계에서 추구해온 太一의 의미와 구체적으로 천부경 원문 속에 들어있는 太一思想을 연구하였다.

2. 太一의 개념과 역사 속에서의 의미

1) 太一의 2가지 개념

一에는 2가지의 의미가 있다. 첫째는 <u>모든 數들의 근원이고 뿌리가 된다는 것이다.</u> 비록 가장 작은 수이지만 전체를 표현하는 가장 큰 수가 되며 완전한 수가 된다. 또 우주의 본체인 太極數가 되어 1 이후에 이어지는 2, 3, 4, 5, 6, 7, 8, 9, 10을 창조하는 수가 되어 모든 數 속에는 1의 정신을 가지고 있다. 이것은 모든 수에 1을 곱할 때 같은 수가 나오는 것에서도 확인할 수 있다. 이것은 洛書가 1, 2, 3, 4, 5, 6, 7, 8, 9로 분화해 나갈 때의 1자리에 해당하는 개념이다. 이때의 1은 천지의 시작, 만물의 시작, 생명의 근원, 씨앗, 종자의 의미로 생장과 분화의 근원 자리이다. 이것은 창조의 시작으로서의 太一이라고 말할 수 있다. 이때의 太一은 Grand One, Great One, Ultimate One 등으로 번역할 수 있다.

둘째는 <u>1에는 통일(Unity)과 하나됨(Oneness)의 의미가 있다.</u> 우주의 운동은 영원히 분열과 통일을 반복하고 있다. 양의 분열 과정이 끝나게 되면 다시 만물은 통일되어 출발했던 근원 자리로 돌아오게 되는데 이를 原始返本이라고 말한다. 이것은 河圖가 10, 9, 8, 7, 6, 5, 4, 3, 2, 1로 수렴되고 통일된 1자리를 말하는 것으로 생명의 완성과 통일을 의미한다. 이것은 크게 하나가 되고 완전하게 하나가 되는 창조의 완성으로서의 太一을 의미하며 특히 인간완성의 경지를 나타낸다. 이때의 太一은 분화된 것이 하나로 통일되는 것임으로 Grand Oneness, Great Oneness, Ultimate Oneness 라고 번역할 수 있다.

2) 창조의 시작으로서의 太一

창조의 시작으로서의 太一을 동양 고전에서는 道, 良氣, 元氣, 元神, 心, 律呂 등으로 다양하게 표현하고 있다. 먼저 道의 개념으로 쓴 太一의 용례를 살펴보면 다음과 같다.

『莊子』天下편에 다음과 같이 말하고 있다.

古之道術에 有在於是者하니
關尹과 老聃이 聞其風而悅之하니라
健之以常無有하고 主之以 太一이라.
옛날 도술 중에 여기에 해당하는 것이 있었다. 관윤과 노담이 그 학풍을 듣고 기뻐하였다. 늘 있는 것과 없는 것을 세우고 태일太一을 주장으로 삼았다.

위의 太一에 대하여 成玄英은 다음과 같은 疏를 달았다.

太者는 廣大之名이오 一以不二爲稱이라

言大道曠蕩하야 無不制圍하고

括囊萬有하야 通而爲一故로 謂之太一也라.

태太라는 것은 넓고 크다는 명칭이고 일一은 둘이 아니라는 호칭이다.
대도大道가 텅비고 끝이 없어 정하여 둘러싸지 아니함이 없고 만유를
주머니에 담아 묶듯 모두 관통하여 하나가 되기 때문에 태일太一이라
고 말한 것이다.

『呂氏春秋』「仲夏紀·大樂」에 다음과 같이 기술하고 있다.

道也者는 至精也라 不可爲形이며

不可以名이나 彊爲之謂之太一이라

도는 지극히 정미精微한 것이다. 형상으로 드러낼 수 없고 이름을 붙일
수도 없지만 억지로 이름 붙여서 태일太一이라고 부른다.

이상에서 말하고 있는 太一은 모두 道로 해석할 수 있다.
『환단고기』에서는 良氣를 太一이라고 말하고 있다.

大一其極이 是名良氣라 無有而混하고 虛粗而妙라

三一其體오 一三其用이니 混妙一環이오 體用無歧라

大虛有光하니 是神之像이오 大氣長存하니 是神之化라.

만물의 큰 시원〔大一〕이 되는 지극한 생명이여!

이를 양기良氣라 부르나니

무와 유가 혼연일체로 존재하고

텅 빔[虛]과 꽉 참[粗]이 오묘하구나.

삼(三神)은 일(一神)로 본체[體]를 삼고

일(一神)은 삼(三神)으로 작용[用]을 삼으니

무와 유, 텅 빔과 꽉 참(정신과 물질)이 오묘하게 하나로 순환하고

삼신의 본체와 작용은 둘이 아니로다.

우주의 큰 빔 속에 밝음이 있으니, 이것이 신의 모습이로다.

천지의 대기大氣는 영원하니

이것이 신의 조화로다.

위에서 大一이라고 하였지만, 이는 太一의 뜻이다. 중국 한자에서 大는 太의 뜻으로 흔히 쓰는 데 주나라 건국의 기틀을 마련했던 古公亶父를 大王 이라 쓰고 태왕으로 읽는 경우가 이것이다. 여기서의 大一은 良氣로써 有無 와 虛組 즉 유형과 무형, 정신과 물질이 오묘하게 조화되고 순환하는 창조 의 근원이 되며 만물의 시원이 된다.

太一은 元氣의 개념으로도 쓰인다. 元氣란 만물을 生하는 근본이 되는 기 운이며 민물이 살아가는 근본 기운이라고 말할 수 있다. 道家에서는 太一 元氣라는 術語도 쓰고 있는데 先天氣를 의미한다. 太一을 元氣로 해석한 대 표적인 구절이 『禮記』의 「禮運」이다.

是故로 夫禮必本於大一이라. 分而爲天地하며 轉而爲陰陽하며 變而爲四 時하며 列而爲鬼神하나니 其降曰命이니 其官於天也니라.

따라서 예는 반드시 천지의 근본이 되는 元氣에 근본을 둔다. 나뉘어 서 천지(有上下之位)가 되며 전변되어 음양이(有升降之宜)되며, 변화하여 사시(有先後之序)가 되며, 벌려져서 귀신(有變化之功)이 되나니 성인이 이

를 살펴 사람에게 명령을 내림에 아랫사람이 따르지 않는 사람이 없
으니 모두 하늘을 본받아 주장하는 것이다.

孔穎達은 疏에서 "大一者는 謂天地未分混沌之元氣也라. 極大曰太오 未分
曰一이니 其氣가 旣極大而未分이라 故曰太一也라.(太一은 천지가 아직 분화되지
않은 상태의 혼돈된 원기이다. 지극히 큰 것을 太라 하고 아직 분화되지 않은 것을 一이라
고 하니 그 기운이 지극히 크면서도 아직 나누어지지 않았는지라 그래서 太一이라고 부른
다.)"고 하였다. 혼돈원기에서 天地가 나온다고 해석하여 太一을 혼돈원기
라고 해석하였다.
　太一을 元神의 개념으로 보는 경우는 다음과 같다.

洞同天地가 渾沌爲朴하여 未造而成物을 謂之太一이라 同出於一이나 所
爲各異하야 有鳥、有魚、有獸하니 謂之分物이라.
무형의 천지가 혼돈 상태로서 질박하며 만물을 지어 형성하지 않은
상태, 이것을 일러 태일이라 한다. 만물은 모두 태일에서 나왔으나 만
들어진 것은 각기 달라서, 새도 있고, 물고기도 있고 짐승도 있으니,
이것을 일러 분물分物 즉 만물로 나누어진다는 것이다.

이 부분의 太一에 대해 注에서는 "太一은 元神이니 總萬物者라(태일은 원신
을 말하니 만물을 총괄하는 것이다.)"라고 하였다. 여기서 말하는 元神은 인격적
인 主宰神의 의미라기보다는 모든 만물을 창조하는 조물주 삼신 또는 모든
물질 속에 內在된 神性으로 해석할 수 있다.
　太一을 인간의 몸속에 있는 神明 중에서 가장 존귀한 존재로, 또 모든 氣
를 주장하고 생명을 주재하는 大君으로 묘사하는 내용이 도장경 속에 있

<u>다</u>. 도교 경전 중의 하나인 『元始無量度人上品妙經』의 "太一司命"이라는 문장의 太一에 대한 주석을 살펴보면 다음과 같다.

- 薛幽棲가 말하였다. 太一은 또한 大君이다. 大君은 몸속에 있는 모든 神靈 중에서 존귀한 분이고 모든 氣를 주장하기 때문에 太一이라 칭하고 또 大君이라 이름한다. 司命은 생명을 주재하기 때문에 다시 司命이라 이른 것이다.
- 成玄英이 말하였다. 太一은 여러 직책을 총괄하여 감독하니 모든 神의 主人이다.

여기에서 말하는 太一은 엄격한 의미에서 창조의 근원으로서의 太一의 개념은 아니지만 이곳의 太一神은 天君(范浚, 心箴)이라 부르는 마음의 작용과 유사하고 많은 사람이 천부경의 시작 구절인 <u>一始無始一</u>의 <u>一</u>을 마음으로도 해석하기 때문에 여기에서 함께 부연 설명한 것이다.

『伊川擊壤集』 속의 自餘吟에서 邵康節은 마음에 대해서 다음과 같이 노래하고 있다.

身生天地后나 心在天地前이라
天地도 自我出이어니 自餘는 何足言이리오.
몸은 천지보다 뒤에 태어났으나
마음은 천지보다 먼저 있었네.
천지도 나에게서 나왔는데
그 밖의 것은 말해서 무엇하리오.

위의 내용은 마음이 천지보다 먼저 있었고 천지를 창조하는 근본임을 밝히고 있는 내용이다.

끝으로 一이 율려라는 것에 대해서 살펴보고자 한다. 노자가 지은 『도덕경』 39장을 보면 一에 대해서 다음과 같이 기술하고 있다.

昔之得一者, 天得一以淸,

地得一以寧, 神得一以靈,

谷得一以盈, 萬物得一以生,

侯王得一以爲天下貞, 其致之.

옛날에 하나를 얻은 사람들은 그 하나로써 다음과 같은 이치에 도달했다.

하늘은 하나를 얻어 맑아지고

땅은 하나를 얻어 편안하고

하늘의 신령은 하나를 얻어 영험하고

땅의 계곡은 하나를 얻어 빔으로 차고

만물은 하나를 얻어 생생하고

제후와 왕은 하나를 얻어 천하를 평안히 다스린다.

이는 모두 하나가 이룩하는 것이다.

위의 내용에 대해 김용옥은 죽간본 『太一生水』의 출현으로 이 장의 해석을 명료하게 할 수 있다고 하면서 "一은 생명의 근원이며 우주 창조력 Cosmic Creativity의 상징이다. '태일생수'의 태일과 아주 유사하다."라고 하였다.

하늘과 땅, 神, 谷, 萬物 등이 하나를 얻어서 자신의 생명력을 가지게 된다는 것은 우주의 혼으로써 우주를 살아 움직이게 하는 생명력을 부여하는 율려라고 해석할 수 있는 여지가 충분하다.

안경전은 『증산도의 진리』에서 一과 율려의 관계를 다음과 같이 말하고 있다.

> 『천부경天符經』에서 말하는 '一始無始一', '一終無終一'의 '일一'은 바로 만물을 생성하고 존재하게 하는 우주의 조화 성령인 율려를 나타낸 것입니다. 『천부경』은 또 삼계 우주에 깃든 율려의 기본 구조를 '천일天一·지일地一·태일太一'로 노래하고 있습니다. 하늘과 땅의 성령 자체가 율려이고, 옥같이 맑고 순결하며 조금도 때 묻지 않은 이 율려 생명은 각기 차원을 달리하여 천지 만물에 아로박혀 살아 움직이는 감응성을 나타냅니다.

창조의 시작으로서의 太一을 천부경에서 살펴보면 一始無始一의 一, 天一·地一·人一의 一, 一妙衍의 一에 해당된다고 볼 수 있다. 현 상계를 존재하게 하고 창조의 시작으로서의 太一의 개념을 고칠해 보면 이때의 太一은 시작하는 太一로 선천적이고 창조적이고 근원적이고 과거적이고 統體的이고 자연적이라는 것을 살펴볼 수 있다.

3) 天地와 하나 된 성숙된 인간으로서의 太一

앞의 太一 개념은 천지는 어떻게 시작되었으며 어떠한 힘에 의하여 끊임없이 움직이고 있는가에 대한 해답을 제시해 준다. 그런데 우리들에게 다음과 같은 또 하나의 의문점이 머릿속에 남게 된다. 창조된 천지의 목적은 무엇인가, 인간 삶의 궁극의 목적은 무엇인가, 인간 역사의 궁극의 지향점은 어디이고 문명의 방향성은 무엇인가, 천지와 인간 사이의 관계는 어떤 관계이고 인간은 어떤 삶을 살아야 하는가. 이러한 거대 담론에 대한 해답도 太一 속에 있으며 한민족의 역사 경전인『환단고기』속에 그 내용이 자세히 기술되어 있다.『환단고기』는 인간의 원형 문화가 광명문화이고 인간 삶의 근본 목적이 인간 속에 내재한 광명을 회복하여 天地와 하나 된 太一 인간이 되는 것이라고 하였다.

안경전은『환단고기』의 간행사에서 "『환단고기』는 인간이 천지광명을 직접 체험하며 살았던 창세 역사시대인 환단시대 이래 한민족의 역사 이야기 책"이라 하였고 "환은 하늘의 광명, 단은 땅의 광명, 한은 인간 속의 광명을 뜻한다. 인간은 천지의 자녀인 까닭에 그 안에 하늘 땅의 광명이 고스란히 깃들어 있다. 인간의 내면에 휘감아 도는 무궁한 천지광명 그것이 바로 한이다."라고 하였다.

인간이 이 韓을 회복할 때 太一人間이 되는 것이다.『환단고기』「三神五帝 本紀」에서 말하는 太一의 개념을 살펴보면 다음과 같다.

稽夫三神호니 曰天一과 曰地一과 曰太一이시니 天一은 主造化하시고
地一은 主敎化하시고 太一은 主治化하시니라.
곰곰이 생각해 보건데 三神은 天一과 地一과 太一이시다. 천일은(만물
을 낳는) 造化를 주관하시고 지일은 (만물을 기르는) 敎化를 주관하시고,
태일은 (세계를 다스리는) 治化를 주관하신다.

위의 내용은 천부경의 "一析三 … 天一一 地一二 人一三"과 整合하는 내용

이라 생각된다. 우리가 보통 天地人을 三才라고 말하며 三元이라고도 한다. 그런데 위에서 天一, 地一이라 말하고 다음 차례인 인간에 대해서는 人一이라고 말하지 않고 太一이라고 하였다. 이에 대해 안경전은 다음과 같이 해석하고 있다.

> "太一은 천지와 하나 된 인간의 위격을 말한다. 인간은 천지의 궁극적인 목표와 이상을 실현하는 천지의 주체이기 때문에 천지의 정신[天一, 地一]보다 더 크고 존엄하여 人一이라 하지 않고 太一이라 한다. 그러나 여기서는 太一神을 말한다."

여기서 말하는 태일신은 인간을 태일인간으로 만드는 主神을 말한다. 『參同契』에서 "道成德就하면 太乙乃召라(인간의 도덕이 완성되면 태을신이 불러올린다.")라는 말이 있는데 바로 이 태일신이다.

우리 민족은 우주를 창조하는 조화성신인 조물주 하느님을 三神이라 불렀는데 이는 한 분의 하느님이지만 창조와 변화 작용을 할 때 낳고(造化) 기르고(教化) 다스리는(治化) 세 가지 신성으로 드러내기 때문이다. 그리고 이 造教治 三神의 신성과 조화는 하늘땅, 인간 속에 그대로 깃들어 있어 하늘을 天一, 땅을 地一, 인간을 太一이라고 불렀다. 인간을 왜 人一이라고 부르지 않고 太一이라고 불렀는가. 이는 앞에서도 이야기한 바와 같이 천지와 하나 된 인간을 말하기 때문이며 천지의 이상을 실현하는 주체이기 때문이다. 이러한 관점에서 볼 때 천지의 목적은 太一인간을 내는 것이며 인간의 목적은 太一인간이 되는 것이며 인류 역사와 문명사의 근본적인 지향점도 太一인간을 만드는 것이다. 인간의 입장에서 太一인간이 된다는 것은 나를 있게 해준 큰 부모님인 천지와 하나 되어 천지의 꿈과 소망을 이루어 천지에 보은하는 것이다. 太一인간이 된다는 것은 나의 마음속에 있는 광명을 회복하는 것이고 우주 율려를 회복하는 과정인데 안경전은 이에 대해 다음과 같이 설명하고 있다.

천지와 하나 된 인간을 태일太一이라 하는 것은, 율려에서 비롯된 인간 심령의 본질 역시 우주의 조화 율려라는 것입니다. 그래서 인간이 천지와 하나 된 바로 그 태일의 심법을 얻어 몸과 마음속에 우주의 무궁한 조화 율려(太一)가 온전히 회복될 때, 삶과 죽음의 유한한 생명을 뛰어넘어 영원한 우주의 조화 생명체로 거듭날 수 있는 것입니다. 동방의 9천 년 환단문화에서는 하늘·땅·인간의 몸속에 깃들어 있는 우주 율려의 광명한 빛을 각각 환桓·단檀·한韓이라 불렀습니다. 그리하여 율려의 대광명을 온전히 발현하여 천지의 꿈과 우주의 대이상 세계를 건설하는 역사의 주체 인간인 태일을 '대한大韓'이라 불러왔습니다.

창조를 시작하는 太一은 선천적이고 철학적이며 근원을 나타냄으로 太一이라고 표현하지만 천지와 하나 된 후천적이고 인간적인 太一을 나타냄으로 太乙로 쓰는 경우가 많다.

천지와 하나 된 성숙된 인간으로서의 太一을 천부경에서 살펴보면 大三合六과 本心本太陽昴明의 내용, 人中天地一의 一, 一終無終一의 一에 해당된다고 볼 수 있다. 천지와 하나 되어 완성된 인간으로서의 太一 개념은 매듭 짓는 太一로 인간에게 국한되어 후천적이고 인간적이고 個體的이고, 수행적이고, 결과적이고 미래적이라는 것을 살펴볼 수 있다.

4) 역사와 종교 철학에서 추구해온 太一

천부경은 한민족의 所依經典이었을 뿐만 아니라 유불선의 뿌리 경전이었고 천부경의 중심사상은 太一인간이 되는 것이었다. 따라서 한민족 9천 년 역사의 문화 주제가 太一이 되는 것이었고 인류 역사의 주제도 太一이 되는 것이었으며 유불선의 깨달음과 도통을 추구하는 목표도 太一이 되는 것이었고 철학의 주제도 太一이 되는 것이었다. 이에 대해서 살펴보면 다음과 같다.

(1) 한민족의 궁극의 이상, 태일인간

우리 민족의 역사는 桓國에서 시작한다. 이를 『삼성기』상에서 "吾桓建國이 最古(우리 환족의 나라 세움이 가장 오래되었다.)"라고 하였다. 桓은 환하다, 밝다, 광명하다, 하나가 되다의 뜻이다. 「환국본기」를 보면 "時에 人皆自號爲桓이라.(당시의 사람들은 모두 스스로를 환이라고 불렀다.)"라고 하였다. 그리고 桓에 대해 다음과 같이 설명하였다.

桓者는 全一也며 光明也니 全一은 爲三神之智能이요
光明은 爲三神之實德이니 乃宇宙萬物之所先也니라.
환桓은 온전한 하나됨[全一]이며 광명이다.
온전한 하나됨이란 삼신의 지혜와 권능이고,
광명은 삼신이 지닌 참된 덕성이니, 곧 우주 만물보다 앞선다.

위의 내용을 보면 인간이 桓이 된다는 것은 우주 전체와 합일하여 하나가 되는 것이고 마음의 광명을 열어 太一인간이 되었다는 뜻이다. 또한 三

神上帝의 지혜와 권능, 그리고 참된 덕성을 체득하여 三神과 하나가 되어 太一 인간이 되었다는 의미이다. 이를 통해서 보면 우리가 미개한 시대로 배워왔던 태고의 시대는 비록 과학 문명은 발전하지 못했지만 정신세계에 있어서는 천지의 광명과 하나 된 빛의 인간들이 살았던 시대이다. 그리고 이러한 천지 광명의 심법을 전수받은 모든 환의 존재들을 다스리는 사람을 仁이라 불렀으니 桓國의 통치자는 桓仁이었고 太一 인간의 頭祖였다.

환국을 이어 환웅천황께서 백두산에 오시어 배달국을 여시었다. 桓雄이란 말도 마음의 광명을 여신 통치자 또는 인간의 마음속의 광명을 열어 주는 스승이라는 의미가 있으니 太一의 心法을 여신 분이다. 그리고 초대 환웅천황을 居發桓이라고도 불렀는데 「삼신오제본기」를 보면 환국의 安巴堅 환인도 또한 居發桓으로 불렀다고 하였다. 이어서 "所謂居發桓은 天地人定一之號也라(이른바 거발환이란 천지인을 일체로 정한다는 뜻의 호칭이다.)"라고 하였다.

이는 하늘과 땅과 인간이 모두 居發桓의 공통성을 가지고 있는 동격의 존재라는 것이다. 居發桓은 한문으로는 大圓一이라고 번역한다. 안경전은 이에 대해 다음과 같이 말하고 있다.

하늘과 땅과 인간은 삼위일체다. 거발환은 하늘과 땅과 인간의 광명속에 깃들어 있는 一神卽三神의 조화, 교화, 치화의 창조이법을 말한다. … 대원일은 우주와 역사를 주관 섭리하시는 삼신의 창조 정신을 간단히 정의한 말이다. 만물과 우주의 존재 근원이 되는 삼신의 이러한 창조 정신은 광대무변[大]하고 원융무애[圓]하며 대광명으로 삼계가 합일[一]되어 있는 본성을 지니고 있다. … 거발환은 크고 조화롭고 광명으로 합일된 존재라는 뜻이다.

위의 내용을 보면 인간이 거발환이 되었다는 것은 太一인간이 되었다는 뜻이 된다. 14대 치우천왕께서는 "並智生雙修하사 爲居佺하시니라.(또한 백성들로 하여금 지혜와 생명력을 함께 닦아 거발환의 도를 성취하여 佺人이 되게 하였다.)"고 하였는데 佺은 완전한 사람이 되었다는 뜻으로 역시 백성들로 하여금 천지와 하나 된 太一인간이 되게 하였다는 뜻이다.

배달국을 이어 檀君王儉께서 조선을 여시었다. 『삼성기』 상에서 神人王儉이라 하시고 玄妙之道를 얻었다고 하였으니 역시 太一의 도를 성취하신 분이다.

초대 단군께서는 천하의 땅을 區劃하여 三韓으로 나누어 다스렸는데 삼한은 馬韓, 番韓, 辰韓을 말한다. 三神 우주론에 근거하여 천·지·인 삼계의 天一, 地一, 太一 정신에 따라 단군조선의 전 영역을 삼한으로 나눈 것인데 우리 고어에서 천일은 말한, 지일은 불한, 태일은 신한이니 말한, 불한, 신한을 다시 이두로 표기하면 馬韓, 卜韓, 辰韓이 된다.

三韓管境에서 辰韓에는 대단군이 머무시고 馬韓과 番韓에는 부단군을 파견하여 나라를 다스렸으니 역시 인간을 상징하는 太一의 位格을 천지보다도 위에 두었다는 것을 알 수 있다. 이는 하늘과 땅의 꿈을 이루는 가장 숭고하고 신령한 존재가 태일인간이라는 것을 의미한다. 여기에서 인간에 대한 정의가 나오는데 인간은 천지의 자식으로 천지 부모의 꿈과 이상을 이루는 지극한 존재, 위대한 존재라는 것이다. 이를 보면 환국, 배달국, 단군조선시대 즉 삼성조 시대의 인간의 삶의 목표, 문명의 주제는 태일인간이 되는 것이었다는 것을 알 수가 있다.

굴원이 지은 『楚辭』 속 「九歌」의 첫 번째 작품이 東皇太一이다. 중국의 대부분의 연구가들은 王逸의 주석에 근거하여 "太一은 太一星이고 太一神이며 사당이 초나라의 동쪽에 있어 東帝에 배속되기 때문에 東皇이라 한다."고 해석하고 있다.

그러나 안경전은 문자 그대로 해석하여 "환국의 안파견 환인, 배달의 커발한 환웅, 조선의 신인 단군왕검 등 동방의 황제들은 모두 太一의 위격을 회복한 분들"이라고 명쾌하게 해석하고 있다.

우리 민족은 국호가 9번 바뀌면서 지금까지 역사가 진행되었는데 모든 국호가 광명을 나타내고 있다. 환국은 환하게 빛나는 광명의 나라라는 뜻이고 배달국은 박달국의 轉音으로 하늘의 광명이 비친 밝은 땅의 나라라는 뜻이다. 달은 햇빛이 비치는 곳을 양달, 그늘진 곳을 음달, 기울어진 땅을 비탈이라 하듯이 땅을 의미한다. 조선은 「삼한관경본기」에서 管境을 의미한다고 했지만 글자 그대로는 朝日鮮明, 즉 아침의 태양이 선명히 빛난다는 뜻이다. 부여는 音의 근원이 불(火)에서 나온 말로 아침의 광명이 어둠을 헤치고 뿌옇게 밝아 온다는 뜻이다. 高句麗는 高大光麗의 뜻으로 볼 수 있으니 크고 위대하고 광명이 빛나는 나라라는 뜻이고 大震의 震은 동방 진 자로 역시 동쪽에서 해가 떠오른다는 의미가 있다. 고려는 고구려의 준말이고 조선은 앞에서 설명한 바와 같고 지금의 국호는 大韓民國이다. 연구가들에 의하면 '한'에는 30여 가지의 의미가 있다고 하는데 이 중 '하나다', '광명하다'의 의미가 있다. 그렇다면 大韓은 太一의 뜻이다. 위의 내용은 무엇을 의미하는가. 이는 한민족의 궁극의 이상은 내 마음속의 광명을 열어 천지와 하나 된 太一인간이 되어 크게 하나 된 미래의 세상을 여는 것이라고 볼 수 있다. 天符經을 所依經典으로 삼고 천부경의 이상을 실현하고자 한 한민족의 위대성이 여기에서 비로소 드러난다. 또한 천부경이 모든 수행 문화의 원전이 된다는 것도 여기에서 다시 한 번 확인할 수 있다.

(2) 유교, 불교에서의 太一

여기에 대해서 핵심만 간략히 살펴보면 다음과 같다. 유교의 이상은 모든 사람이 明明德하여 大同世界를 건설하는 것이다. 明明德은 나의 마음속의 밝은 덕을 밝히는 것이지만 우주의 본성인 大光明과 합일하는 것이니 太一이 되는 것이다. 新民은 백성을 새롭게 한다는 뜻으로 백성들을 행복하고 편안하게 살게 한다는 개념보다는 모든 백성들의 明德을 밝혀준다는 의미가 더 강하다.

『대학』의 八條目에서 齊家, 治國, 平天下가 新民의 범주에 속하는데『대학』經一章에서 平天下를 '古之欲明明德於天下者'라고 하였으니 平天下의 진정한 의미는 천하의 모든 사람들의 명덕을 밝히는 일이라고 볼 수 있다. 따라서 治國은 나라 안 모든 사람들의 明德을 밝혀주는 것이고 齊家는 집안 사람들의 明德을 밝혀주는 것이라고 해석할 수 있다. 大同世界도 그렇다면 모든 사람이 太一인간이 되어 한마음이 된 세계라고 볼 수가 있다. 張載는 西銘에서 다음과 같이 말하였다.

乾稱父요 坤稱母라 予玆藐焉이 乃混然中處로다
故로 天地之塞이 吾其體요 天地之帥가 吾其性이라
民吾同胞요 物吾與也라.
하늘을 아버지라 부르고 땅을 어머니라 부른다. 나는 여기 미미한 존재로서 거기에 뒤섞여 그 가운데 존재한다. 그러므로 천지에 가득 찬 기운이 나의 몸 바로 자체이고 천지를 주재하는 이치가 바로 나의 본성이다. 모든 사람들은 나의 형제이고 만물은 모두 나의 同類인 것이다.

인간은 천지 속에서 비록 미약한 존재이나 小天地로써 천지의 기운과 이치가 모두 내 마음속에 들어와 있다. 小天地를 大天地와 合一시키는 것이 明德을 밝히는 것이고 太一인간이 되는 길이다.

불교의 목적은 <u>明心見性 하는 것이다.</u> 나의 마음은 광명한 자리이다. 이러한 마음의 광명을 밝히는 것 역시 대우주의 광명과 합일시켜 태일인간이 되는 것이다. 이러한 인간이 될 때 사람은 천지와 한마음이 되어 同體大悲의 마음을 가져 중생의 괴로움을 그대로 자기의 괴로움으로 여기는 자비심을 가지게 된다. 불교의 화엄사상을 요약한 의상대사의 法性偈에서도 法性은 圓融하여 두 모습이 없다(法性圓融無二相)고 하였다. 이는 우주의 본체는 不變하고 그 성질은 空하여 不生不滅한다고 해석할 수 있다. 여기에서는 어떠한 차별이나 분별이 없지만 진성은 아주 깊고 극히 미묘하여(眞性甚深極微妙) 자성을 지키지 않고 인연 따라 일을 이룬다(不守自性隨緣成)고 하였다. 여기에서 차별과 분별의 세계가 생긴다. 그러나 수행을 통해 대우주의 본성을 체득해서 하나가 될 때 부처가 된다고 하였는데 이는 불교의 깨달음이라는 것도 대우주와 하나 되는 태일인간이 되는 것과 다르지 않다는 것을 알 수 있다.

또 불교 수행자들은 小我를 벗어나 大我가 되고 眞我를 찾는 것을 이야기한다. 小我는 개별적 존재 또는 자신의 이익을 추구하는 좁은 의미의 존재를 의미하고 大我는 우주 및 진리와 합일된 존재를 의미하니 태일이 된 경지이다. 眞我는 열반의 경지에 이른 진실한 自我로 부처의 성품을 깨달아 그것을 유지하는 주체가 된 자이다. 이도 역시 깨달아서 우주 전체와 합일된 존재가 된 것이니 태일의 경지를 체득한 것이라 볼 수 있다.

(3) 동양의 고전에서 언급하고 있는 태일인간

책 속에서 太一이란 말을 언급하고 있지 않지만 천지와 하나 되거나 道와 합일한 태일인간에 대해 동양의 고전에서는 다양하게 언급하고 있다. 『장자』의 「齊物論」에서 다음과 같이 기술하고 있다.

天地與我並生하고 而萬物與我爲一하니라 旣已爲一矣란대

且得有言乎아 旣已謂之一矣란대 且得无言乎아.

(萬物齊同의 세계에서는) 천지도 나와 나란히 生하고 만물도 나와 하나이
다. 이미 하나가 되었다면 또 무슨 말이 있을 수 있겠는가. 그러나 이
미 하나(一)라고 말하였다면 또 말이 없을 수 있을 것인가.

위의 내용은 萬物齊同의 세계에서 천지와 만물이 나와 一體의 관계에 있고
인간이 천지만물과 일체가 되었다는 것이니 이는 태일이 되었다는 것이다.

『淮南子』의 「詮言訓」에서 "眞人者는 未始分於太一者也라(진인은 우주 자연과
합일되어 아직 분리되지 않은 사람이다.)"라고 하였으니 이는 태일의 경지를 체득
한 太一眞人을 말한다.

「本經訓」에서는 다음과 같이 기술하고 있다.

帝者는 體太一하고 王者는 法陰陽하고 霸者는 則四時하고 君者는 用六
律이라. 秉太一者는 牢籠天地하며 彈壓山川하며 含吐陰陽하며 伸曳四
時히며 紀綱八極하며 經緯六合하야 覆露照導하야 普泛無私하야 蠉飛
蠕動이 莫不仰德而生이라.

五帝와 같은 임금들은 天道를 체득했고, 三王과 같은 임금들은 음양을
본받았고, 霸道를 행한 제후들은 사시의 법칙을 본받았고, 小國의 군주
들은 法度를 운용해서 나라를 다스렸다. 太一의 법을 잡은 임금은 천지
를 감싸고, 산천을 통제하며, 음양의 기운을 삼기고 토하며, 사계절을
조화하고, 팔방위를 경영하고, 육합을 관리하며, 만물을 덮고 드러내고
밝게 보여주고 인도하여, 만물에 두루 미쳐 사사로움이 없어 모든 생물
들이 그의 덕택을 우러러 생존하고 발전하지 않는 것이 없었다.

是故로 體太一者는 明於天地之情하고 通於道德之倫하며 聰明이 燿於日月하고 精神이 通於萬物하며 動靜이 調於陰陽하고 喜怒가 和於四時하며 德澤이 施於方外하고 名聲이 傳於後世라.

따라서 天道를 따라 천하를 다스리는 사람은 천지의 마음을 잘 알고, 도덕의 질서에 통하며, 총명함이 일월처럼 빛나고, 정신이 만물에 통하며, 동정이 음양과 조화를 이루고, 喜怒가 사계절과 합치되며, 덕택이 널리 사방의 끝까지 베풀어지고 명성이 후세에까지 전해진다.

體太一은 천지와 하나 된 태일인간이다. 이러한 사람이 帝王이 되어 나라를 다스린다면 지혜와 총명이 뛰어나 천지와 산천을 포괄하여 다스리고 음양과 사시를 조화하고 팔방과 육합을 주재하여 훌륭한 정치를 이룬다는 내용이다. 『황제내경』『소문』의 「상고천진론」에 上古 시대에 살았던 眞人과 中古 시대에 살았던 至人에 대해 다음과 같이 기술하고 있다.

上古에 有眞人者하니 提挈天地하고 把握陰陽하며
呼吸精氣하고 獨立守神하며 肌肉若一이라
故로 能壽敝天地하야 無有終時하니 此는 其道生이라.

상고시대에 眞人이라 칭하는 사람이 있었는데 천지의 규율을 장악하여 운용하고 음양의 변화를 파악하였으며 精氣를 吐納하고 독립하여 자존할 수 있는 道가 있어 정신을 잘 지키고 살결이 젊었을 때와 다르지 않았다. 그리하여 수명이 천지와 같아서 죽는 때가 없었으니 이 사람들은 道와 일체가 되어 살았던 사람들이다.

中古之時엔 有至人者하니 淳德全道하야 和於陰陽하고 調於四時하며 去

世離俗하고 積精全神하야 游行天地之間하고 視聽八遠之外하니 此는
蓋益其壽命而强者也니 亦歸於眞人이라.

중고시대에 至人이라고 칭하는 사람이 있었는데 도덕이 순수하고 온
전하여 음양의 법도에 합치되고 사시와 조화를 이루었으며 세속을 떠
나고 정기를 쌓고 정신을 집중하여 광활한 천지 속에서 자유자재하게
遊行하고 八方의 밖에까지 보고 들을 수 있었으니 이 사람들은 수명을
연장시키고 신체를 강하게 한 사람들이니 또한 진인의 반열에 들어갈
수 있다.

위에서 언급한 眞人과 至人은 모두 양생의 도를 실천하여 不老長生의 경지
를 체득하여 태일이 된 사람들인데 천지와 하나 되는 태일의 경계에 머무를
때 죽음을 초월하여 영원한 삶을 살게 된다는 것도 아울러 알 수가 있다.

(4) 正易의 太一思想

주역이 상경과 하경으로 되어 있듯이 정역은 크게 十五一言과 十一一言으
로 되어 있다. 이 언어 속에는 모두 太一의 사상이 들어있다. 十五一言은
'열과 다섯이 하나로 합하는 말씀'이라는 뜻이다. 이에 대하여 이정호가
『正易硏究』에서 서술한 내용에서 요점만을 들어서 설명하면 다음과 같다.

여기서 열이라 함은 하도의 중앙에 있는 검은 열 개의 점, 십무극을 말
하고 다섯이라 함은 하도의 중앙에 있는 흰 다섯 개의 점, 오황극을
말하고 하나라는 것은 오황극의 가운데 있는 일태극 중심점을 말한
다. 하도 중심의 10과 5는 河圖形成의 胚胎的 중심이고 우주 생성의
胚胞的 核心이며 인간 胞胎의 胎盤과 같은 존재이다. 이 十五가 그 極

中인 一에서 완전히 融合함을 말하여 열과 다섯이 하나로 합하는 말씀 즉 十五一言이라 한 것이다. 이를 비유로 설명하면 어머니 자궁 속의 고정된 胎盤을 十이라 한다면 영양소를 실어 나르는 탯줄은 五에 해당하며 이 공급을 받는 태아의 배꼽은 一에 해당한다.

위의 설명은 천부경에서 "一은 시작이나 無에서 시작하는 一이다."라는 내용을 부연설명한 것과 같다. 즉 十五一言의 一은 창조를 시작하는 一을 말하니 선천적 太一이다. 十五一을 더욱 쉽게 설명해보면 十자의 중심점이 一이 된다. 十자는 음(─)과 양(│)이 동일치로 조화된 10무극을 상징하고 十자의 생긴 모습은 하도의 중앙에 있는 오황극을 나타낸다. 이 중심에 있는 점이 일태극이고 太一이며 십무극과 오황극의 정신이 압축된 만물을 살아 움직이게 하는 律呂자리가 된다.

十五一言이 乾坤으로 시작하여 坎離로 끝나는 주역의 상경에 해당된다면 十一一言은 咸恒으로 시작하여 旣濟, 未濟로 끝나는 주역의 하경에 해당된다고 볼 수 있다. 일반적으로 주역의 상경은 선천을 나타내고 하경은 후천을 나타낸다고 보니 十五一言의 一은 만물을 창조하는 선천적 太一을 상징하고 十一一言의 一은 인간완성을 상징하는 후천적 太一이 된다고 볼 수 있다.

十一一言은 '열과 하나가 하나로 되는 말씀'이라고 해석할 수 있다. 열은 십무극이고 하나는 일태극이다. 十一一은 10무극과 일태극이 혼연일체가 되어 완전한 하나가 되었다는 의미이다. 이를 一夫선생은 '十一歸體'라고 하였고 또 '中은 十十一一之空이니라.' 하였으며 '無極而太極이니 十一이니라.'라고 하였다.

一夫선생은 洛書九宮生成數에서 '戌五는 空이라.'고 하였다. 戌자라는 방위오행에서는 5土가 되고 변화오행에서는 6水가 되어 합하면 十一이 된다. 이 자리는 10末土가 완전히 1태극으로 통일되어 水土가 合德한 자리로 모든 변화를 종결짓고 새로운 출발을 준비하는 道가 완성된 자리이고 空 자리이며 中 자리이다. 천도에서는 十一成道를 이룬 자리이지만 인간에게 있어서는 神이 완성되고 통일된 精神이 明化된 자리이다. 인간의 도통이라는 것이 천지와 하나 된 太一이 된 경지를 말하므로 十一一言의 一은 천지와 하나 된 성숙된 인간으로서의 太一이라고 사료된다.

3. 天符經의 太一思想

천부경 81자는 다시 上經, 中經, 下經으로 나누어지는데 세 부분으로 나누어 태일과 관련된 내용을 살펴보고자 한다.

1) 上經의 太一思想

상경은 無에서 하나가 나오고 이 하나가 우주의 궁극의 존재인 三極으로 분화함을 설명하고 있다. 造化와 創造의 과정을 설명하고 있으므로 天經, 造化經, 三極經이라고도 부르며 28자로 구성되어 있다.

一(일)은 始(시)나 無(또는 始無나 始는)始一(무시일)이니
析三極(석삼극)하야도 無盡本(무진본)이니라.
天(천)의 一(일)은 一(일)이오
地(지)의 一(일)은 二(이)오
人(인)의 一(일)은 三(삼)이니

一積十鉅(일적십거)라도

無匱化三(무궤화삼)이니라.

하나는 천지만물이 비롯된 근본이나 무에서 비롯된 하나이니라.

이 하나가 나뉘어져 천지인 삼극으로 작용해도 그 근본은 다함이 없다.

하늘은 창조운동의 뿌리로서 양의 근원 되고

땅은 생성운동 근원되어 음의 근원 되고

사람은 천지의 꿈 이루어서 천지합덕으로 주체가 되니

하나가 쌓여 열(十)로 열려 나가더라도 다함이 없이 3수의 조화를 이룬
다.

一始無始一의 一은 선천 太一로 생명을 시작하는 하나이다. 그런데 천부
경에서는 이 하나는 無에 뿌리를 두고서 나온다는 것이다. 이 無는 우리 눈
에 보이지 않는다는 뜻으로 무극, 창조의 본원, 시원본체, 카오스 등을 의
미하며 숫자로는 0 또는 10으로 표현한다. 하도를 가지고 설명하면 無는
十자로 나타낼 수 있는데 하도 중심의 10무극, 5황극을 상징하고 이 10토,
5토의 정신이 응축된 중심의 일점이 태극이 되고 태일이 되어 창조의 시작
을 이룬다는 것이다.

이 하나는 三極으로 나누어지는데 三極은 우주의 궁극적 존재로 하늘,
땅, 인간을 말한다. 하나는 반드시 셋으로 나누어지는데 이는 진리의 근본
주제이고 역사의 과정이기도 하다. 이는 執一含三의 원리로 一極卽三極, 一
神卽三神, 一體三用, 一氣分三, 國有三韓, 人有三眞, 一像三眞의 원리이다. 더
나아가 불교의 三身佛, 도교의 三淸, 기독교의 三位一體의 원리도 여기에 뿌
리를 두고 있다.

이러한 원리에 대해 「소도경전본훈」에서는 다음과 같이 설명하고 있다.

所以執一含三者는 乃一其氣而三其神也오

所以會三歸一者는 是亦神爲三而氣爲一也니라

夫爲生也者之體가 是一氣也니

一氣者는 內有三神也오

智之源이 亦在三神也니

三神者는 外包一氣也라.

이처럼 우주와 인간이 집일함삼의 원리로 이루어져 있는 까닭은, 우주의 기는 하나로되, 그 속에 깃든 우주의 조화 성신은 세가지 손길[三神]로 창조 작용을 하는 신이기 때문이다. 또 회삼귀일하는 까닭은, 신이 세 가지 창조정신으로 작용하는 삼신으로 계시지만 신이 타고 노는 조화 기운은 일기[一氣]로 존재하기 때문이다. 무릇 만물의 생명이 되는 본체는 바로 이 우주에 충만한 일기[一氣]니, 일기[一氣]속에 삼신이 계신다. 지혜의 근원 또한 이 삼신에 있으니, 삼신은 밖으로 우주의 한 조화 기운[一氣]에 싸여 계신다.

위이 내용은 우주를 형성하는 것은 一氣이지만 이 一氣는 神과 일체가 되어 세 가지의 창조정신을 발휘하는 三神으로 작용한다는 것이다. 이러한 원리에 의해 만물의 구조와 시간의 질서는 모두 삼수의 원리로 이루어진다. 천지인, 해 달 지구, 과거 현재 미래 등의 시간 공간을 포괄하고 극미의 세계인 원자도 양성자, 중성자, 전자로 이루어지고 양성자, 중성자도 각각 쿼크 3개가 모여서 만들어지는 합성입자가 된다.

無盡本은 2가지의 의미가 있는데 첫째는 창조와 조화의 근원은 고갈됨이 없다는 뜻으로 우주생명의 영원성, 항존성을 나타낸다. 둘째는 삼극으로 분화되어도 동일한 太一의 근본을 가지고 있다는 것이다. 다시 말해 분화된 天, 地, 人 속에 분화되기 전의 太一의 신성, 덕성, 조화, 생명을 모두 동일하게 가지고 있다는 것이다. 이것을 바로 다음 구절에서 天一一, 地一二, 人一三이라고 표현하였다.

天一, 地一, 人一은 하늘, 땅, 인간은 우주 절대 조화의 근원인 太一의 정신을 모두 가지고 있다는 것이다. 一을 조물주 하느님이라고 본다면 하늘, 땅, 인간이 모두 조물주 하느님이라는 것이고 一을 神이라면 하늘, 땅, 인간이 모두 동일한 神이라는 것이고 一을 元氣라 한다면 동일한 기운이 관통하고 있다는 것이며 律呂라고 한다면 이 律呂기운에 의해 三界가 유지되고 있다는 것이다. 부연하면 天地人 三才가 동일한 太一의 덕성, 신성, 조화, 생명을 모두 가지고 있다는 것이다.

天一, 地二, 人三은 창조의 순서를 나타내기도 하고 천지인의 특징을 나타내기도 한다. 하늘은 양의 근원임으로 一이 되고 땅은 음의 근원임으로 二가 되고 인간은 천지가 合德한 존재로 三이 된다는 것이다. 여기서 인간에 대한 새로운 각성이 요구된다. 인간은 천지의 정신을 모두 가지고 있는 소천지로서 천지의 자식이라는 것이다. 인간은 원시반본하여 생명의 고향인 太一로 돌아가야 할 존재이며 생명의 부모인 천지와 하나 되어 천지의 품으로 돌아가야 하는 존재이다. 그러나 이 둘은 같은 자리이다. 이러한 것은 성취했을 때 우리는 그를 太一人間이라고 부른다.

一積十鉅는 1태극의 분열은 톱니처럼 음양운동을 하면서 발전하여 10무극에서 그치게 된다는 것이다. 1에서 10까지 분열하는 시기는 낙서로 표현되는 선천시대이고 10에서 1로 통일되는 시기는 하도로 표현되는 후천시대이다. 10을 한자로는 十으로 쓴다. 十의 핵심주제는 음(─), 양(│)이 교차하는 일점의 정신을 회복하는 것이다. 이 자리는 10무극의 정신이 하나로 통일된 자리이고, 5황극, 즉 동서남북의 정신이 하나로 통일된 곳이며, 인간의 정신이 통일된 太一자리이다. 이는 후천 무극시대에는 모든 인간이 보편적으로 천지자연과 하나 되고, 주관 객관이 하나 된 太一人間이 됨을 나타내고 있다. 十은 인류의 문명이 太一문명으로 대전환함을 상징하고 있다.

2) 中經의 太一思想

중경은 분화된 천지인의 변화작용과 천지인의 완전한 작용 및 순환구조를 나타내고 있다. 上經에 대비하여 地經, 敎化經이라 하며 천지인의 三合을 이야기하므로 三合經이라고도 하며 24자로 이루어져 있다.

天(천)도 二(이)로 三(삼)이오

地(지)도 二(이)로 三(삼)이오

人(인)도 二(이)로 三(삼)이니

大三合六(대삼합육)하야 生七八九(생칠팔구)하고

運三四(운삼사)하야 成環五七(성환오칠)이니라.

하늘도 음양운동 3수로 돌아가고

땅도 음양운동 3수로 순환하고

사람도 음양운동 3수로 살아가니

천지인 큰 3수 마주 합해 6수 되니 생장성 7·8·9를 생하고

천지만물 3과 4수 변화마디 운행하고 5와 7수 변화원리 순환운동 이룬다.

중경에서 太一과 관련된 내용은 大三合六이다. 大三은 天地人이다. 天一, 地二, 人三을 합하면 六이 되니 大三合六이다. 또 위에서 天二, 地二, 人二를

말하였으니 이를 합해도 六이 되니 역시 큰 三을 합하면 六이 된다는 것이 大三合六이다. 이를 『주역』에서는 "六爻之動은 三極之道也라.(대성괘가 6효로 이루어져서 動하는 것은 天極인 5효 상효, 人極인 3효 4효, 地極인 초효 2효의 도이다.)"라고 하였다.

大三合六의 진정한 뜻은 천지인이 합일하면 水氣가 생한다는 것이다. 六은 水의 成數이다. 다시 말해 인간이 천지와 합일하여 태일인간이 될 때 水氣가 생성된다는 것이다.

1993년 호북성 荊門市 郭店村의 楚墓에서 竹簡이 발견되었는데 여기에 『太一生水』죽간이 있었다. 죽간의 내용은 태일이 水를 생하고 순서대로 하늘, 땅 … 등을 생하여 一歲를 이룬다는 것이다. 이를 구체적으로 나열해보면 태일 → 水 → 天 → 地 → 신명 → 음양 → 사시 → 냉열(冷熱) → 습조→ 歲이다. 이 모든 것의 근원이 太一이니 이때의 太一은 창조를 시작하는 太一의 개념이고 이때의 太一은 道, 元氣 등으로 해석할 수 있다. 그러나 이것은 후천적이고 인간 완성적인 측면에서도 참고할 가치가 있다. 즉 인간이 천지와 하나가 되어 태일인간이 되면 우주의 생명수가 내 몸에서 自化한다는 것이다.

三合 공부는 天地父母와 하나가 되어 태일이 되는 공부로 기도, 수행, 도통, 깨달음, 영생의 근본 주제이며 인간의 궁극의 목표이기도 하다. 『太一生水』죽간에서 水가 생한 이후 天, 地가 생겨나고 천지 속에서 기후변화가 나타나 一歲를 이룬다고 하였다. 이는 大三合六 이후 生七八九의 과정과 유사하다.

6에 天數인 1을 더하면 7이 되는데 7은 천지인이 합덕한 바탕 위에서 작용하는 하늘의 완전작용수(七星의 數)가 되고 6에 地數인 2를 더하면 8이 되는데 8은 천지인이 합덕한 바탕 위에서 작용하는 땅의 완전작용수(八方의

數)가 되고 6에 人數인 3을 더하면 9가 되는데 9는 천지인이 합덕한 바탕 위에서 작용하는 사람의 완전작용수(九竅의 數)가 된다. 이것이 水氣가 生한 이후에 다시 天地人이 生하는 生七八九의 원리로 『太一生水』 죽간과 유사성이 있다.

3) 下經의 太一思想

하경은 인간 삶의 궁극의 목적과 인간완성의 길을 제시하고 있다. 人經, 治化經, 太一經이라고도 하며 모두 29자로 이루어져 있다.

> 一(일)이 妙衍(묘연)하야 萬往萬來(만왕만래)라가 用變不動本(용변부동본)이니라.
> 本(본)은 心(심)이니 本太陽(본태양)하야 昂明(앙명)하고
> 人(인)은 中天地(중천지)하야 一(일)이니
> 一(일)은 終(종)이나 無(또는 終無나 終은) 終一(무종일)이니라.
> 하나가 오묘하게 뻗어나가 만물이 수없이 오고가는데, 그 작용이 바뀌어 마침내 부동의 본체가 된다.
> 근본은 마음이니 태양에 근본 두어 마음의 대광명은 한없이 밝고 밝아
> 사람은 천지의 마음(일심)을 얻어 (비로소) 태일太一이 되니
> 하나는 천지만물을 끝맺는 근본이나 무로 돌아가 마무리 짓는 하나이다.

一妙衍 萬往萬來는 선천의 太一(太極)이 자신의 力動性에 의해 끝임없이 분열과 통일을 반복하는 것이다. 妙衍은 發貴理의 頌歌에 虛粗而妙라 하고 33

世 甘勿 단군때의 誓告文에서 形魂俱衍이란 말이 있듯이 무형과 유형, 정신과 육체, 물질과 영혼이 오묘하게 결합되어 동시에 분열과 통일운동을 반복한다는 것이다.

用變不動本은 일반적으로 작용은 변하나 근본은 움직이지 않는다고 해석하나 이러한 해석은 二元論에 빠지고 진리에 부합하지 않는다. 천부경은 태극과 무극의 선후천 소식을 전하는 경전임으로 선천의 用작용(낙서의 9수 과정)이 후천개벽의 변화를 거쳐 우주의 본체세계인 10무극의 하도의 세계로 들어간다고 해석하는 것이 옳다. 다시 말해 선천의 작용이 변하여 바뀌지 않는 후천의 본체세계가 된다는 뜻이다.

本心은 '근본되는 마음(original mind)'이라 해석해도 좋고 '근본은 마음이니'라고 해석해도 좋다. 우리의 마음은 純陽之體로서 사무치게 밝은 자리이다. 그렇기 때문에 太陽(아주 밝은 양)에 근본하여 밝고 광명하다고 하였다. 昂은 日(태양)과 卬(오를 앙)의 합성자로 태양이 높이 솟아 만물을 비추고 있는 모습이다. 많은 사람들이 太陽을 해(sun)라고 해석하는데 이는 잘못된 것이라 사료된다. 日月星辰을 天의 四象으로 나누어 태양이 日이고 태음이 月이고 소양이 星이고 소음이 辰이라고 한 것은 북송 때 소강절의 皇極經世에서부터 시작하기 때문이다. 인간의 마음속에 있는 광명을 회복하는 것은 天地와 하나되는 것이다. 인간은 소천지로서 하늘의 광명 桓(陽光), 땅의 광명 檀(陰光)이 마음속에 內在해 있다. 이것이 인간의 광명 韓이다. 이를 회복한다는 것은 인간 삶의 궁극의 목표로서 太一인간이 되는 것이다. 『書經』의 「湯誥」에서 "惟皇上帝 降衷于下民(거룩하신 상제님께서 백성들에게 참마음을 내려주셨다.)"이라 하셨다.

蔡沉은 注에서 "天之降命에 而具仁義禮智信之理하야 無所偏倚하니 所謂衷也라(하늘이 천명을 내림에 인의예지신의 이치를 갖추어 치우치거나 의지하는 바가 없게 하였으니 이른바 衷이다.)"라고 설명하였다. 이는 우리의 마음을 性理的으로 해석한 것이다. 그러나 『환단고기』에서는 우리의 참마음에 대해 다음과 같이 설명하고 있다.

夫弘益人間者는 天帝之所以授桓雄也오
一神降衷하사 性通光明하니 在世理化하야
弘益人間者는 神市之所以傳檀君朝鮮也라.
대저 홍익인간 이념은 환인천제께서 환웅에게 전수하신 가르침이다. 일신께서 참 마음을 내려 주셔서 사람의 성품은 신의 대광명에 통해 있으니, 삼신상제님의 진리(신교)로 세상을 다스리고 깨우쳐 천지광명(환단)의 꿈과 대이상을 실현하는 홍익인간이 되라는 가르침은 신시 배달이 단군조선에 전수한 심법이다.

위의 내용을 보면 一神께서 우리에게 참마음을 내려주셨는데 본성인 참마음이 神의 광명에 통해 있다고 하였다. 이는 神은 광명한 존재이고 神에게 받은 우리의 마음도 광명한 자리라는 것이다. 그리고 인간 세상을 다스리고 교화하여(在世理化) 인간의 마음의 광명을 밝히는 일이 진정으로 인간을 널리 이롭게 하는 일이라고 하였다. 마음의 광명을 밝히는 것을 유교에서는 明明德이라 하였고 불교에서는 明心見性이라 하였으며 도교 문헌에서는 虛室生白이라고 하였다.

마음의 광명을 회복한 太一인간을 桓, 佺이라 하였는데 배달국 시대부터 우리 민족은 佺戒爲業(마음의 광명을 밝혀 태일인간이 되는 것을 인간 삶의 본업으로 삼았다. 『삼성기』하) 하였다.

人中天地一은 사람이 천지의 마음을 꿰뚫어 천지 부모와 하나 된 태일인간이 되라는 뜻이다. 天符經의 天은 천지의 뜻이고 符는 부합한다는 뜻인데 天符란 천지와 하나 되는 삶을 살아야 한다는 인간 삶의 목표를 이야기하는 천부경의 결론에 해당되는 말이라 할 수 있다. 여기서의 一은 또한 天人合一, 神人合一, 會三歸一의 一에 해당한다. 거듭 이야기하지만 인간 삶의 궁극의 목적은 천지 부모의 신성, 덕성, 조화, 광명을 체득하여 천지 부모와 하나 된 태일인간이 되는 것이다. 더 나아가 태일인간이 되어 말 없는 천지의 手足이 되어 천지의 꿈과 이상을 실현하는 것이다.

一終無終一의 一은 하나에서 마친다가 아니라 하나가 되어서 마친다는 것이다. 시작하는 一을 One이라 하였다면 이곳의 一은 Oneness(하나됨), Unity(통일됨)의 뜻이다. 이곳의 하나됨은 인간이 태일인간이 되는 것도 포함되지만 인간의 역사가 대통일의 세계로 전환된다는 의미가 강하다. 그리고 '無에서 마치는 하나'라고 하였듯이 10무극에 바탕을 둔 후천세계가 열리면서 인류문명이 하나로 통일되어 마치게 된다는 의미이다. 인류의 역사가 한마음으로 살았던 桓國에서 시작되어 분열의 과정을 거치고 다시 하나로 통일된 세상을 맞이하게 되는데 천부경이 一始無始一로 시작되어 一終無終一로 끝나는 이치와 상합한다고 사료된다.

4. 나오는 말

천부경은 환국 시대 때부터 전해 내려온 인류 최초의 경전이고 최고의 가치를 지닌 최상의 경전이고 81자로 이루어진 가장 짧은 경전이고 가장 오래된 경전이다.

천부경은 한민족의 所依經典이었고 인류의 원형정신을 담고 있는 원형문화의 원전이며 유불선의 뿌리가 되는 경전이고 동서양의 종교, 철학, 과학

등의 근원이 되는 인류문화의 제일의 성전이다.

천부경은 1, 2, 3, 4, 5, 6, 7, 8, 9, 10이라는 10개의 숫자로 진리의 근원인 하늘, 땅, 인간을 정의한 우주 수학 원전이다.

천부경에는 1이라는 숫자가 11번 나오는데 이는 太一思想과 직접 관련이 있다. 태일은 2가지 개념이 있는데 창조를 시작하는 태일과 천지와 하나 된 성숙된 인간으로서의 태일이 있다.

창조의 시작으로서의 태일을 동양고전에서는 道, 良氣, 元氣, 元神, 心, 律呂 등으로 표현하고 있는데 선천적, 창조적, 근원적, 과거적, 통체적, 자연적인 태일의 개념이고 천지와 하나 된 완성된 인간으로서의 태일은 인간 본성의 광명을 회복하는 것이므로 桓, 佺, 居發桓 등으로 나타내는데 후천적, 인간적, 개체적, 수행적, 결과적, 미래적인 태일이다. 이때는 특별히 太乙로 표현한다.

태일인간이 되는 것은 인간의 궁극의 목표였기 때문에 환국, 배달국, 조선시대의 통치자인 환인, 환웅, 단군은 태일인간이 되어 우리 민족을 태일의 길로 인도하였다. 우리의 국호가 9번 변하였는데 모두 광명을 나타내고 지금의 국호 대한민국의 人韓은 人一의 뜻이므로 우리 민족의 궁극의 목표는 太一인간, 광명한 인간이 되는 것이었다. 또 유교, 불교, 도교의 궁극의 목적도 태일인간이 되는 것이었다.

천부경 상경의 一始無始一의 一, 天一·地一·人一의 一, 一積十鉅의 一, 無盡本의 本은 선천태일, 시원태일의 개념으로 道, 神, 元氣, 律呂 등으로 해석할 수 있다.

중경의 大三合六은 하늘 땅 인간이 합일하면 영원한 생명수인 6水의 水氣가 돈다는 뜻으로 태일인간이 되면 우주의 생명수가 내 몸에서 自化 한다는 뜻이다. 그리고 이 내용은 郭店楚墓에서 나온 竹簡『太一生水』와도 유사성이 있다.

神이 내려주신 인간의 참마음 자리는 신의 대광명과 통해 있는 광명한 자리이다. 하경의 本心 本太陽昂明은 인간이 마음의 광명을 회복하여 태일 인간이 되어야 한다는 것을 말해주고 있다. 유교의 明明德과 불교의 明心見 性, 도교 문헌의 虛室生白도 같은 의미라고 보여진다.

하경의 人中天地一은 사람이 천지의 마음을 꿰뚫어 천지 부모와 하나 된 태일인간이 되라는 의미이다. 一終無終一은 하나(one)에서 마친다가 아니고 하나가 되어서(oneness) 마친다는 뜻으로 인간이 태일인간이 되는 것도 포함되지만 인류의 역사가 대통일의 세계로 전환된다는 의미가 강하다.

/ 참고문헌 /

저서

- 광명 역주, 법성계, 서울: 솔과학, 2010
- 김수길 윤상철 공역, 주역인해, 서울: 대유학당, 1997
- 김용옥 지음, 노자가 옳았다, 서울: 통나무, 2020
- 김주성, 정역집주보해, 서울: 신역학회, 1999
- 김학주 역저, 신완역 고문진보 후집, 서울: 명문당, 2005
- 안경전,『증산도의 진리』, 대전: 상생출판, 2015
- 안경전 역주,『환단고기』, 대전: 상생출판, 2012
- 안병주, 전호근 역주, 역주 장자1, 서울: 전통문화연구회, 2002
- 유교경전강구소, 언해서전, 서울: 중화당, 1995
- 劉安 等著, 許匡一 譯注, 淮南子全譯, 貴陽: 貴州人民出版社, 1995
- 李允熙 譯註, 參同契闡幽, 서울: 여강출판사, 1990
- 이정호, 정역연구, 서울: 국제대학출판부, 1983
- 陳奇猷 校釋, 呂氏春秋校釋, 上海: 學林出版社, 1984
- 진호, 예기집설대전(형), 학민문화사, 1990
- 홍원식, 정교황제내경, 서울: 동양의학연구원, 1981

논문

- 윤창열, 太一의 意味에 대한 종합적 考察, 세계환단학회지, 4권 1호, 2017

제12편

天符經의 三極思想

1. 들어가는 말

천부경은 1만 년의 역사를 가지고 있는 81자로 이루어진 아주 짧은 경전이다. 그 내용을 보면 一始로 시작해서 一終으로 끝나는 1태극의 영원한 순환을 이야기하고 있지만 시작하는 1태극이 무극에 뿌리를 두고 나왔고 끝나는 1이 역시 무극에 뿌리를 두고 1로 마친다고 하여 조화의 본원, 진리의 근원, 생명의 근원, 도의 뿌리로서 무극을 이야기하고 있다. 그리고 1태극에서 공간적으로 천지인 三才의 삼극이 나오고 인간의 궁극의 목표는 천지와 하나가 되는 태일인간의 길이라고 제시하였으며 시간적으로 1태극이 5황극의 도움을 받아 10무극으로 발전했다가 다시 1태극으로 통일 수렴하는 시간 순환의 질서도 무극, 태극, 황극으로 이야기하여 執一含三하고 會三歸一하는 진리의 핵심을 잘 드러내고 있다.

이러한 천부경은 신선이 되고자 하는 자에게는 신선문화의 원전으로, 수행자에게는 수행문화의 근본경전으로, 진리를 탐구하는 자에게는 철학의 뿌리경전으로, 국가를 경영하는 자에게는 국가의 통치법전으로 자리 잡아왔다. 그리하여 환국 시대의 환인천제, 배달국 시대의 환웅천왕, 단군조선 시대의 단군왕검, 북부여 해모수단군, 그리고 고구려 대진국 시대의 역대

제왕들이 천부경을 중시하여 演天經하였다고 『환단고기』에는 상세히 기술되어 있다.

천부경은 한민족 문화의 뿌리경전으로서 이를 바탕으로 배달국 시대에는 삼일신고와 하도가 나왔고 단군조선 시대에는 홍범구주와 낙서가 나왔으며 중국에까지 영향을 미쳐 『주역』을 위시하여 『노자』, 『장자』, 『열자』, 『회남자』, 『황제내경』 속에는 천부경의 사상이 많이 녹아들어 있다.

삼극은 무극, 태극, 황극을 말하며 진리의 궁극이라는 의미를 가지고 있다. 무극은 노자 『도덕경』에 처음 언급된 이래 현상계를 창조하는 근원으로 인식되어 왔고, 태극은 우주의 본체로써 현실세계의 시작, 만물의 구조 등을 나타내는데 『주역·계사전』에 처음 언급되었다. 그리고 황극은 『서경·홍범』에서 천자, 천자가 만든 통치 법칙 등의 의미로 처음 언급된 이래 삼자의 서로의 관련성은 연구되지 않았다.

그 후 주돈이가 '無極而太極'이라 하여 태극의 뿌리로서 처음 무극을 언급하였고 정역을 창시한 김일부에 의해서 삼극의 관계가 처음으로 언급되었다. 김일부의 사상을 계승하여 한동석은 『우주변화의 원리』 속에서 천간과 지지를 가지고 무극, 태극, 황극에 배합하여 시간의 순환 속에서 삼극의 작용을 명쾌하게 설명하였다. 이에 저자는 먼저 고전에서 언급하고 있는 무극, 태극, 황극의 내용과 그 용례를 살펴보고 무극, 태극, 황극에 대한 논쟁과 정확한 개념도 살펴보았다. 그리고 『환단고기』의 내용을 통해 왜 우주에는 삼극이 존재해야 하는가 하는 이유도 살펴보았고 三元合一의 원리로써 무극, 태극, 황극의 원리를 고찰하였다.

끝으로 천부경을 상경, 중경, 하경으로 나누고 상경, 중경, 하경의 내용을 무극, 태극, 황극의 논리로 해석을 하고 내용을 부연 설명하였으며 독자들의 이해를 돕기 위하여 상경, 중경, 하경의 끝에 도표를 만들어 천부경의 삼극원리를 일목요연하게 파악할 수 있도록 내용을 圖式化하였다.

2. 무극, 태극, 황극의 개념

1) 無極

무극, 태극, 황극의 관계 속에서의 무극은 태극을 낳는 본원이라는 개념으로 태극을 현상계라고 한다면 "무극이란 우주생명이 음극과 양극으로 나누어지기 이전 곧 주객으로 분화하기 이전 상태인 인간과 우주생명의 본원으로 상대성을 초월한 절대자리이다. 시공時空이 벌어지기 이전의 상태인 무극생명은 '무無의 지극至極한 조화경계'라는 이름 그대로 음도 양도 아닌 절대 중中이다. 그 본성이 허虛하고 무無하여 우주조화의 바탕이 된다." 이 말은 무극이란 비록 우리 눈에 보이지 않아서 무의 지극함 또는 有形의 極이 없다는 의미에서 무극이라 부르지만 현실세계를 창조하는 근원이 되어 현실세계에 존재하는 모든 현상과 원리의 본원이 된다는 것이다. 태극의 근원으로서 무극이라는 개념은 주돈이의 太極圖說에서 처음 언급되었지만 그 이전에도 무극이라는 용어와 개념들은 일찍부터 사용되어 왔다. 이에 대하여 하나하나 살펴보면 다음과 같다.

(1) 고전에서 언급한 무극과 무극의 용례

『左傳·僖公 24年』에서 "女德無極이오 婦怨無終이라(여자의 마음은 요구함이 끝이 없고 부인이 총애를 잃었을 때 원망함은 한이 없다)"라 하였는데 여기서의 無極은 '다함이 없다, 끝이 없다'의 뜻이고 철학적인 개념은 없다.

노자의 『도덕경』 28장에 "知其白하고 守其黑하면 爲天下式이니 爲天下式

이면 常德不忒하야 復歸於無極이니라(그 흰 것을 알고 그 검은 것을 지키면 천하의 모범이 된다. 천하의 모범이 되면 상덕이 어긋나지 않아 다시 무극으로 돌아간다)"라고 하였다. 김용옥은 無極을 '극이 없는 질박함'이라고 하였으나 일반적인 해석은 '陰陽이 분화되지 않은 자리이고 만유생명이 시작하는 근원자리' 또는 '道'라고 하여 후세에서 말하는 無極으로 해석하고 있다. 『도덕경』에서 무극의 자리를 道라고 부르는 것은 25장에서 보인다.

有物混成하니 先天地生이라. 寂兮寥兮여 獨立不改하고 周行而不殆하니 可以爲天下母라. 吾不知其名이나 字之曰道라.

혼돈으로 이루어진 물건이 있으니 천지보다도 먼저 생겼다. 적막하고 쓸쓸함이여 (소리도 없고 형체도 없도다) 홀로 우뚝 서서 영원히 변치 않고 두루 운행하여 위태롭지 않으니 (다함이 없으니) 천하의 어머니라 부를만 하다. 내가 그 이름을 모르지만 그것을 글자로 나타내어 도라고 한다.

위의 내용을 보면 노자가 말한 道는 無極의 개념을 가지고 있다. 혼돈으로 이루어진 물건이란 陰陽과 動靜이 未分化된 未發處이니 무극의 자리이고 寂廖는 寂然不動하는 자리이고 無聲無臭한 자리이니 역시 無極의 자리이고 獨立은 만물 위에서 超然한 것이고 不改는 본체가 항상 변하지 않는다는 것이고 周行而不殆(殆는 窮盡의 뜻으로 볼 수 있다)는 무극에서 태극이 나와 현상계의 변화가 끊임없이 流行하는 것이고 天下母는 천지만물이 모두 나오는 근원자리라는 뜻이고 이를 道라고 한다 했으니 노자가 여기서 말한 道는 無極의 개념과 같다고 할 것이다.

『漢語大詞典』에서는 無極을 "無形無象한 形象이 없는 자리이고 無聲無色하여 공간을 초월한 자리이고 無始無終하여 시간도 없는 자리로 무엇이라고 가리켜서 이름할 수 없기 때문에 無極이라고 한다"라고 하였다.

『장자』에서도 무극이라는 말과 무극을 의미하는 용어가 나오고 있다. 『장자·소요유』에서 "肩吾가 連叔에게 물어서 말하기를 내가 接輿에게서 말을 들었는데 너무 황당무계하여 앞으로 나아갈 줄만 알았지 돌아올 줄을 몰랐다. 나는 그의 말이 猶河漢而無極也(마치 은하수처럼 끝이 없는 것이)하여 놀랍고 두려웠다"라고 하였는데 여기서의 無極은 끝이 없는 경지를 말하고 있다.

『장자·대종사』에서 "누가 서로 사귀는 것이 아니면서도 사귀고, 서로 돕는 것이 아니면서도 도울 수 있을까. 누가 하늘에 올라 안개 속에 노닐며 撓挑無極(무궁한 곳을 돌아다니고) 서로 삶을 잊은 채 끝없이 살아갈 수 있을까"라고 하였는데 여기서의 無極은 한없이 넓은 物外의 경지 즉 한없이 넓은 경계를 뜻한다. 『장자·재유』에서 "余將去女하고 入無窮之門하며 以遊無極之野라(나는 이제 당신과 헤어져 무궁의 문으로 들어가 끝없는 들판에서 노닐겠소)"라고 하였는데 여기서의 無極은 '끝없다'는 뜻으로 해석했지만 일부 주석에서 어둡고 고요한 근원(冥寂之本)으로 해석하고 있다.

이어서 『장자』에서 무극의 개념으로 쓰인 용어에 대해서 살펴보면 다음과 같다. 『장자·응제왕』에서 다음과 같이 설명하고 있다.

남해의 제왕을 숙(儵)이라 하고, 북해의 제왕을 홀(忽)이라 하며, 중앙의 제왕을 혼돈(渾沌)이라 한다. 숙과 홀이 때마침 혼돈의 땅에서 만났다. 혼돈이 이들을 매우 잘 대접하여 숙과 홀은 혼돈의 은혜에 보답할 방법을 의논하였다. "사람들은 누구나 일곱 개의 구멍이 있어 그것으로 보고 듣고 먹고 숨 쉬는데, 이 혼돈만은 그것을 가지고 있지 않다. 어디 시험 삼아 구멍을 뚫어주자." 그래서 하루에 한 구멍씩 뚫었는데,

칠일 만에 혼돈은 죽고 말았다.

여기의 混沌은 중앙에 위치한 土자리이고 질서가 생기기 이전의 無極의 개념이다. 이에 대해 오강남은 다음과 같이 설명하고 있다.

중앙의 混沌은 아직 분별이나 경계가 생기기 전의 '하나', 영어로 'the One', the Undifferentiated', the Simplicity'라 할 수 있을 것이다. 서양에서는 혼돈을 '카오스(chaos)'라 하여 보통 부정적인 의미로 쓴다. 질서가 생기기 이전이나 질서가 무너진, 무질서의 상태로 보기 때문이다. 이에 반하여 동양, 특히 도가(道家)에서는 그것이 모든 것의 근원, 모든 가능성의 총체로서 긍정적인 것이다. 여기 혼돈에 구멍이 생긴다는 것은 원초적 비이분법적 의식 상태가 이분법적 의식 상태로 변하는 과정을 의미하기도 한다. 이렇게 분화하지 않은 초이분법적 의식이 주객 이원적으로 분별하는 일상적 의식으로 바뀌면, 그 원초적 단순성, 전일성(全一性)이 죽어 버리고 만다는 것이다. 우리에게 부활할 가능성이 있다면 이런 본래의 순일성(Primordial Simplicity)을 회복하는 일이다. 이것이 근원으로 되돌아감(going back to the origin)이요, 복락원(paradise regained)이요, 귀향(歸鄕, homecoming)이요, 귀일(歸一)이요, 복귀(復歸)요, 원시반본(原始返本)이요, 귀명(歸命)이다.

오강남은 혼돈을 未發, 未分化의 세계이고 현실세계는 已發, 分化의 세계로 풀이하면서 混沌을 모든 가능성의 총체라 하고 인간이 궁극적으로 분별의 세계를 떠나 原始返本 해야 할 대상으로 설명하고 있는데 탁월한 해석이라고 사료된다.

『장자·재유』에 "雲將이 동쪽으로 여행하여 扶搖나무 가지를 지나다가 우연히 鴻蒙을 만났다"라는 구절이 있다. 鴻蒙은 鴻濛이라고도 쓰는데 成玄英은 그의 疏에서 "鴻蒙은 元氣也라"고 하였다. 여기의 홍몽은 道에 통달한 神人의 이름으로 쓰였지만 『淮南子』 등에서는 천지자연의 元氣 혹은 천지가 아직 나누어지지 않은 無極의 상태를 나타낸다.

『莊子·至樂』에 다음과 같은 내용이 있다.

察其始而本無生이라. 非徒無生也而本無形이오. 非徒無形也而本無氣라.
雜乎芒芴之間하여 變而有氣하고 氣變而有形하며 形變而有生이라.
그가 태어나기 이전의 처음을 살펴본다면 원래 아무런 생명도 없었네.
생명이 없었을 뿐 아니라 본래는 형체도 없었네. 형체가 없었을 뿐만
아니라 본래는 기(氣)도 없었네. 흐릿하고 아득한 사이에 섞여 있다가
변해서 형체가 생기고, 형체가 변해서 생명이 갖추어진 것이네.

위의 내용은 芒芴(망홀)에서 氣가 생기고 氣가 형체를 만들어 생명이 시작되었다는 것이다. 芒芴은 恍惚, 荒芴과 같은 개념으로 原始의 혼돈 상태를 형용한다. 『장자』에서 말한 혼돈, 홍몽, 망홀 등은 무극의 개념으로 볼 수 있다.

『列子』에서는 無極이란 말은 보이지 않고 무극의 경지를 渾淪이라고도 하고 易이라고도 하였다. 『列子·天瑞』에 다음과 같이 기술되어 있다.

모든 형체를 지닌 것은 형체가 없는 것으로부터 태어났다. 그렇다면
천지는 어디로부터 생겨났는가? 그러므로 이렇게 말하는 것이다. 태
역太易이 있고, 태초太初가 있으며, 태시太始가 있고 태소太素가 있다. 태

역이란 아직 기氣가 드러나지 않음이요, 태초란 기가 시작됨이요, 태시란 형形이 시작됨이며, 태소란 질質이 시작됨이다. 기와 형과 질이 갖추어졌어도 아직 서로 분리되지는 않았으므로 이를 일러 혼륜渾淪이라 한다. 혼륜이란 만물이 서로 혼륜하여 아직 서로 분리되지 않음을 말한다. 그것은 보려 해도 보이지 않고, 들으려 해도 들리지 않으며, 만지려 해도 만져지지 않는다. 그러므로 이를 일러 역易이라 한다. 역에는 형체와 테두리가 없다. 역이 변하여 일一이 되고, 일이 변하여 칠七이 되며, 칠이 변하여 구九가 된다.

위의 내용은 易緯의 『乾鑿度』에도 같은 내용이 실려있다. 위에서 有形이 無形에서 생겨났다고 하였는데 無形은 無極을 의미하고 有形은 太極을 의미한다고 보면 무극에서 태극이 나왔다고 해석할 수 있다. 그렇다면 위의 내용은 무극에서 태극으로 창조되는 과정을 설명한 글이라 볼 수 있다.

太易은 우주만물을 창조하는 가장 지극한 근원이다. 太는 더 이상이 없는 궁극의 자리라는 의미로 해석할 수 있다. 太易은 아직 氣가 나타나지 않은 자리니 陰陽이 아직 분화되지 않은 광대무변한 原始虛空이고 형상도 없고 명칭도 없는 寂寞無朕의 경계니 無極자리라고 볼 수 있다. 太初는 元氣가 막 생겨나서 만물을 창조할 수 있는 능력은 갖추고 있으나 아직 형체가 나타나기 이전의 상태니 無가 압축 통일된 창조의 본체가 되는 空太極의 자리이다. 太始는 形體가 이루어진 시기로 空이 운동의 본체인 水태극을 창조한 자리이다. 太素는 天地가 형성되고 물질이 창조되어 陰陽運動을 하는 단계로 해석할 수 있다.

위의 내용을 안경전은 무극 → 태극 → 황극의 발전과정으로 보고 도표를 만들어 각 단계를 다음과 같이 설명하고 있다.

우주 창조 전	태역(太易)	生	本	10무극		未見氣也(虛)
	태초(太初)	長	中	태극	空(水原)	氣之始也(空)
	태시(太始)	成	末		一水	形之始也(水)
창조 후	태소(太素)	천지와 인간 化生				質之始也(中)

열자의 우주창조 4단계

渾淪은 囫圇(홀륜)이라고도 쓰는데 위에서 태초 단계의 氣, 태시 단계의 形, 태소 단계의 質을 모두 갖추고 있지만 아직 분리되지 않은 상태라고 하면서 이를 易이라 한다고 하였다. 著者는 혼륜이 곧 太易이고 무극이며 무극은 단순히 보이지 않는 경계만을 지칭하는 것이 아니라 혼륜처럼 현실세계를 결정짓는 모든 요소가 총체적으로 구비되어 있는 渾然一體의 본원 자리라고 해석하고 싶다. 열자에서 말한 太易, 渾淪, 易 등은 모두 무극의 개념이다.

『淮南子』에도 무극의 개념을 가지고 있는 용어들이 있다. 『淮南子·精神訓』에 다음과 같은 내용이 실려있다.

옛날에 아직 천지가 생겨나지 않았을 때에는 아무 형상이 없어(惟像無形) 깊고 컴컴하고(窈窈冥冥) 흐릿하고 아득하고 혼돈이 나뉘어지지 않아(鴻濛鴻洞) 그 門을 찾아낼 수가 없었다.

위의 鴻濛은 鴻蒙과 같은 말로 우주가 형성되기 이전의 혼돈 상태를 나타낸다.

『淮南子·天文訓』에는 다음의 글이 있다.

天地未形에 馮馮翼翼하고 洞洞灟灟하니 故曰太昭라. 道始于虛廓하고

虛廓生宇宙하고 宇宙生氣라.

천지가 아직 생겨나지 않았을 때에 混混沌沌하고 형체도 없고 조짐도 없었으니(馮翼 洞濁은 형체가 없는 모습이다) 그래서 태소라고 불렀다. 道의 최초의 상태는 텅 비고 아무것도 없는 虛廓의 상태였고 虛廓이 우주를 생하고 우주가 氣를 생했다.

여기서 太昭는 우주가 생겨나기 전의 혼돈의 상태를 말한다. 王引之는 다른 책들에서 天地未形을 太昭라고 한 것이 없으므로 太昭는 太始라고 해야 한다고 하였다. 그리고 『건착도』와 『太平御覽』을 인용하여 天地가 아직 생겨나기 전을 모두 太始라 한 例를 들고 있다. 牟鍾鑑은 천지가 생기기 전을 통칭하여 太昭라 하니 太昭, 太始는 같은 내용이지만 명칭을 달리 한 것이라 하였다. 또 그는 "道는 世界의 原初狀態로서 虛廓, 宇宙, 元氣의 몇 단계를 거치니 허곽, 우주는 元氣의 앞에 있다. 王引之가 원문을 道生虛廓으로 이해한 것은 본서의 관점에 부합하지 않으니 원문을 바꾸어야 한다."면서 "道의 최초의 상태가 허곽이다. 太昭는 우주의 처음 상태의 총체적인 명칭으로 세분하면 허곽, 우주, 원기의 세 단계가 된다. 이 세 단계가 각각 어떤 특점이 있고 차별이 어디에 있는지 원서의 작자는 細論하지 않고 단지 두리뭉실하게 공통적인 특점이 馮馮翼翼하고 洞洞濁濁하다고 했다."라고 하였다. 이에 의거하여 앞의 번역문도 '道가 허곽을 생한다'고 번역하지 않고 '도의 최초의 상태가 허곽'이라고 번역하였다.

『회남자』에서 말한 鴻濛, 太昭 등도 무극의 개념이다.

(2) 태극도설의 無極而太極

周濂溪는 『太極圖說』을 지어 무극과 태극의 관계를 처음으로 밝혔다. 『태

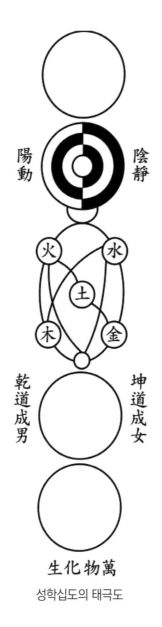

성학십도의 태극도

극도설』은 宇宙生成論, 萬物化生論, 人性論 그리고 結論의 4부분으로 나누어져 있는데 첫 문장이 無極而太極이라고 되어 있다. 이에 대해 朱子는 다음과 같이 해석하고 있다.

朱子曰 上天之載 無聲無臭 而實造化之樞紐요 品彙之根底也라 故曰 無極

而太極이라하니 非太極之外에 復有無極也라

朱子가 말씀하였다. "上天의 일은 소리도 없고 냄새도 없으나 실로 造

化의 樞紐이고 品彙(만물)의 根柢이다. 그러므로 '無極이면서 太極'이라

하였으니, 太極 이외에 다시 無極이 있는 것은 아니다."

주자의 해석은 하늘의 하는 일은 눈에 보이지 않아서 無極이 된다. 그러

나 사실상 조화기운이 끊임없이 流行하여 만물을 만드는 근본원리가 되니

태극이 된다. 따라서 무극이면서 태극이 되는 것이라고 하여 무극, 태극이

같은 자리라고 해석하였다.

朱子는 無極을 다시 다음과 같이 해석하였다.

無極者는 只是說這道理니 當初元無一物이요 只是有此理而已니 此箇道

理 便會動而生陽, 靜而生陰이라

無極이란 다만 이 道理를 말한 것이니, 낭초에는 원래 한 물건도 없었

고 디만 이 이치만 있을 뿐이었는데, 이 道理(太極)가 곧 動하여 陽을 낳

고 靜하여 陰을 낳은 것이다.

大哲인 주자가 무극, 태극이 같은 자리이고 모두 보이지 않는 理를 표현

한 것이라고 해석을 하자 주자 이후의 거의 모든 학자들이 이 설을 추종하

여 張伯行은 다음과 같이 주석을 달고 있다.

無極은 止言其無形이요 太極者는 大而無以復加之至理也라 言上天之載

無聲無臭로되 而沖漠無朕之中에 萬象萬化 森然已具하니 蓋本無形迹可

求로되 而實爲無以復加之至理라 此其所以爲造化之樞紐요 品彙之根柢
也니라

無極은 다만 無形임을 말했을 뿐이요, 太極은 커서 다시 더할 수 없는 지
극한 이치이다. 上天의 일이 소리도 없고 냄새도 없으나 沖漠無朕(沖漠하
여 조짐이 없음)한 가운데 萬象과 萬化가 森然히 이미 갖추어짐을 말하였
으니, 본래 찾을 만한 形迹이 없으나 실로 다시 더할 수 없는 지극한 이
치이다. 이 때문에 造化의 樞紐가 되고 品彙의 뿌리가 되는 것이다.

守夢 鄭曄(1563~1625)은『近思錄釋疑』에서 위의 내용에 대해서 "사람들이
太極을 가지고 하나의 形象이 있는 것으로 여길까 염려하였다. 그러므로 또
無極을 말씀한 것이니, 無極은 다만 理致이다. 極은 道理의 지극함(道理之極
至)이니, 온갖 天地萬物의 이치가 곧 太極이다."라고 하였다. 위의 내용은 無
極而太極을 무극이면서 태극이라 한 주자의 설을 그대로 답습하고 있는 것
이다.

이퇴계는『성학십도』의「태극도」에서 주자의 설을 계승하여 무극을 모두
태극으로 해석하고 있다.

○은 이른바 무극이면서 태극이니 음양에서 음양에 섞이지 않은 그 본
체를 지적해서 말한 것이다.

☽은 위에 있는 ○이 움직여 양을 낳고 고요하여 음을 낳는 것이고, 가
운데 있는 ○는 그 본체이다. ☽은 양의 뿌리이고, ☾은 음의 뿌리이다.

⚕은 양은 변하고 음은 합하여 수화목금토를 낳은 것이다.

♉은 무극과 음양오행이 오묘하게 합하여 틈이 없는 것이다.

○의 건도성남 곤도성녀는 기로 화한 것을 말하며, 각기 그 성을 하나

씩 갖추어 남녀가 하나의 태극을 이룬 것이고 그 밑에 있는 ○의 만물 화생은 형상으로 화한 것을 말하니, 각기 그 성을 하나씩 갖추어 만물 이 하나의 태극을 이룬 것이다.

일반적으로 ○은 무극의 상징이고 ☯은 태극의 상징이다. 「태극도」의 그 림이 분명 ○으로 되어 있는데 ○을 태극으로 해석하는 것은 잘못된 것이 라 사료된다. 논자는 무극과 태극은 분리해야 한다는 점을 강조하고 싶다. 이와 관련된 내용을 살펴보면 다음과 같다.

『周易大辭典』에 無極而太極에 대해 다음과 같이 기술되어 있다.

남송시대의 朱熹가 지은 「記濂溪傳」에 근거해보면 『태극도설』은 원래 2개의 판본이 있었다. 一本의 첫 구절은 '無極而太極'으로 되어 있었고 다른 一本의 첫 구절은 '自無極而爲太極'으로 되어 있었다. 따라서 2가 지 해석이 있을 수 있다. 첫 번째는 무극은 비록 無라고 이름할 수 있지 만 無 속에 有가 있으니 그 이름이 태극이다. 두 번째는 태극은 비록 有 라고 이름 할 수 있지만 有는 無에 근본하고 있으니 그 이름이 무극이 고 『태극도설』 속에는 본래 '태극은 무극에 근본한다'는 구절이 있다.

논자는 위의 설명에서 무극으로부터 태극이 생겼다고 해석한 후자의 주 장이 옳다고 생각된다. 그리고 九江에 있는 주렴계의 故家에서 발견된 傳本 에는 '無極而生太極'이라고 되어 있었다. 한동석은 무극과 태극이 분명히 다른 경계라는 것을 주장하면서 다음과 같이 설명하고 있다.

주자(周子)는 이와 같이 무극과 태극을 구별하기 위하여서 무극설(無極

說)을 제창하였던 것이다. 그러므로 그의 설에 [무극이태극(無極而太極)]이라고 하였으니 이것은 무극에서 태극으로 계승한다는 의미인 것이다(而자에는 계승의 뜻이 있다). 그것은 바로 그가 말한 바 [오행(五行)은 일음양야(一陰陽也)요 음양(陰陽)은 일태극야(一太極也)니 태극(太極)은 본무극야(本無極也)]라고 한 것으로써 반증되는 것이다. 그럼에도 불구하고 [무극이태극(無極而太極)]이라는 것을 단순히 무극이 바로 태극이라고 해석하고 또 [태극(太極)은 본무극(本無極)]이라고 한 것을 태극은 무극에다 근본을 둔 것이라고 해석하지 아니하고 반대로 태극은 본래 무극이라고 해석함으로써 주자(周子)가 태극(太極)과 무극(無極)을 동일하게 논하였다고만 주장하는 학자가 고금을 통해서 없지 않았던 것은 실로 유감이다. 무극설(無極說)을 처음으로 제창한 것이 주자(周子)인데 만일에 무극(無極)과 태극(太極)이 동일한 것이라면 그가 무극설(無極說)을 입론(立論)할 필요가 없었을 것이 아닌가?

여기에서 중국철학에 있어서의 有無에 대한 내용을 잠깐 살펴보고자 한다.

중국 전통 철학에서 우주의 本原과 本体에 관한 한 쌍의 짝이 되는 범주가 있다. 有는 有形, 有名, 실지 있는 것을 가리키고 無는 無形, 無名, 텅 비고 없는 것을 가리킨다. 有無의 논쟁은 중국 전통 사상사의 발전 과정을 관통한다. 有無의 논쟁은 老莊에서 시작되어 魏晉玄學에서 극치에 이르렀다. 王弼은 無로서 本을 삼고 有로서 末을 삼았다. 세계는 본체와 현상으로 나뉘는데 無는 본체가 되고 有는 현상이 된다. 현실 세계의 배후에 근본이 되는 無가 존재하고 만물의 존재와 변화는 모두 그것에 의하여 결정된다. 그러나 裴頠 같은 사람은 無가 有를 生 할 수 없다고 하는 崇有論을 주장하였다. 노자『도덕경』에서는 無가 道體가 되고 有가 道用이 된다는 철학적 개념을 부여하였다.『도덕경』40장에서 "天地萬物은 生於有하고 有生於無(천지간에 있는 만물은 有에서 생기고 有는 無에서 생겨난다)"라고 하였다. 無가 有보다 더욱 근본이 된다는 것이다. 葛洪은『抱朴子·至理』에서 "有는 因無而生이라(有는 無에서 생겨난다)"고 하여 無가 本原이 되고 有는 無가 현실적으로 드러난 것이라 하였다.

『도덕경』의 내용은 현실세계의 근원은 無이고 無에서 有가 나오고 有에는 理가 있고 理가 있으면 氣가 따르고 氣가 있으면 만물이 생겨나 生生不息 한다는 것이다.『환단고기·삼한관경본기』번한세가(하)에서 노자의 혈통을 風夷族이라 하였으니 그가 고조선의 사상, 특히 천부경의 영향을 받았을 것이라고 추측할 수 있다.

이상의 내용을 종합해 보면 다음과 같다.『도덕경』에서 '無名은 天地之始요 有名은 萬物之母라(제1장)' '有生於無라(40징)' 하였고『열자·천서편』에서 '有形者는 生於無形'이라 하였으며 '無極而太極'에서 '而'는 계승의 의미가 있고『태극도설』원문에서 '太極은 無極에 근본을 두고 있다(太極은 本無極也라)'라고 하였으며『태극도설』의 一本에 '自無極而爲太極'이라 하였고 주렴계의 九江에 있었던 옛집에서 발견된 九江本에 '無極而生太極'이라 하였으니 무극과 태극은 분명 다른 자리이고 무극의 생명이 압축 통일되어 태극을 생한다고 해석하는 것이 진리에 부합한다고 사료된다.

(3) 동학과 증산도의 경전 속에 들어있는 무극

먼저 동학 경전 속에 들어 있는 무극에 대해 살펴보면 다음과 같다.『동경대전』,『용담유사』,『도원기서』 속에는 무극지리無極之理, 무극대도無極大道, 무극지운無極之運 등 무극無極이라는 말이 대단히 많이 등장한다. 이를 살펴보면 다음과 같다.

> 무릇 천지의 무궁한 수와 도의 무극한 이치가 다 이글에 실려 있다.(凡天地无窮之數와 道之无極之理가 皆載此書라)(「논학문」)
>
> 천운이 순환하여 가서 돌아오지 않는 것이 없으니 이로써 오만 년 무극의 도를 나에게 명하여 내린 것이다.(天運이 循環하야 無往不復일새 以五萬年無極之道를 命授於吾라) (『도원기서』)
>
> 꿈일런가 잠일런가 무극대도 받아내어(「교훈가」)
>
> 어화세상 사람들아 무극지운 닥친 줄을 너희 어찌 알까보냐(「용담가」)
>
> 무극대도 닦아내니 오만년지 운수로다(「용담가」)
>
> 이 세상 무극대도 전지무궁 아닐런가(「몽중노소문답가」)
>
> 만고없는 무극대도 여몽여각 받아내어(「도수사」)
>
> 무극대도 닦아내어 오는 사람 효유해서(「도수사」)
>
> 만고없는 무극대도 이 세상에 창건하니(「권학가」)

『증산도 도전』 속에도 무극과 관련된 내용이 대단히 많이 실려있다. 이 중 몇 구절만 살펴보면 다음과 같다.

> 천지공사를 행하시어 우주의 무극대운無極大運을 여신 무극상제無極上帝시니라 (『증산도 도전』 1:11:6)
>
> 이제 말세의 개벽세상을 당하여 앞으로 무극대운無極大運이 열리나니
>
> (『증산도 도전』 2:15:3)

증산 상제님께서 삼계대권을 주재하여 무극대도無極大道의 도문道門을
열고 (『증산도 도전』 3:2:1)

무극대도無極大道를 세워 선천 상극의 운을 닫고 (『증산도 도전』 5:3:3)

무극대도無極大道를 창건하는 역사役事에 협력하여 주니 고맙다 (『증산도
도전』 11:247:6)

증산도는 동학의 정신을 계승하여 성립하였기 때문에 참동학이라 부른
다. 따라서 동학과 증산도에서 말하는 무극대도, 무극대운 등은 같은 개념
이다. 증산도의 우주관은 소강절의 元會運世論을 계승하여 129,600년을
주기로 우주가 순환한다고 설명한다. 129,600년의 우주 1년은 춘하추동
으로 순환하는데 인간은 지상에서 봄여름의 선천 5만 년과 가을의 후천 5
만 년으로 나누어서 삶을 영위한다. 후천 5만 년의 세계를 여시기 위해 10
未土의 무극기운을 가지고 우주의 주재자가 강세하는데 이분을 무극제 무
극상제라고 호칭한다. 그리고 후천 5만 년 동안 무극대운의 시대가 열리고
이 시대를 열기 위해 무극대도가 출현한다. 이를 5가지로 나누어 설명하면
다음과 같다.

첫째, 무극대도는 무극제無極帝이신 상제님[천주, 한울님]께서 직접 내어
놓으시는 궁극의 진리이다. 하느님은 현실세계를 창조하는 근원에 계시고
도道의 본원자리에 계시며 도의 주재자가 되기 때문에 삼극三極에서는 무극
無極에 배합하여 무극상제님, 무극제라고 부른다.

선천의 종교는 성자에 의해서 만들어진 진리이다. 무극대도는 성부하느
님에 의해 만들어진 대도진리로 모든 인류를 구원의 대상으로 삼는 하느님
의 대도이다.

둘째, 무극대도는 후천시대 가을의 대도이다. 가을이라는 것은 초목이 열

매를 맺고 완성이 되듯이 인간이 성숙하고 문명이 대진하여 이루어지는 조화낙원시대이다. 무극지운이라는 것은 바로 가을철 5만년의 후천시대 운수를 이야기하는 것이다. 우주의 가을철에는 인간으로 오신 상제님께서 그 운수를 주재하여 인간의 삶속에 선천시대와는 차원이 다른 새로운 문명을 열어 놓으시는데 이러한 후천의 대도를 무극대도라고 부른다.

셋째, 무극대도는 모순과 대립이 없는 상생과 조화의 대도이다. 극極이라는 말은 남극, 북극, 동물극, 식물극 등처럼 하나의 치우친 극단을 이야기한다고 볼 수도 있다. 무극대도無極大道란 이러한 편벽된 기운이 없어지고 상극과 갈등이 무위이화無爲而化로 해소되어 사랑과 평화가 충만된 새진리이다. 선천시대는 상극의 대립 속에서 민족간, 종교간, 국가간, 이념간에 모순과 대립이 그치지 않아 싸움과 전쟁이 그칠 날이 없었다. 이제 후천 무극시대를 맞이하면서 하느님의 도법에 의해 하나의 이념으로 통일된 새시대를 맞이하게 되는데 이러한 상생과 조화의 대도를 무극대도라 한다.

넷째, 무극대도는 선천의 모든 진리가 종합되고 통일된 진리이다. 인간의 역사 속에서 열리는 후천무극시대는 10무극이 현실 속에서 열리는 현상무극이다. 10이란 수는 1수, 2화, 3목, 4금이 합해진 수로 동서남북, 춘하추동, 수화목금水火木金이 합일合一된 숫자이다. 10이란 다시 말해 시간과 공간, 인간과 만물을 조화시키는 하느님 수이다. 10무극대도는 시간과 공간을 초월하여 이를 하나로 조화하고 통일한 완성된 진리이다. 『도원기서』에서 수운은 당신의 도가 "유불선 삼도三道"를 겸한 도라고 하였는데 바로 이것을 말하는 것이다. 무극대도는 종교의 합일을 넘어서서 과학과 철학까지가 하나로 조화된 통일의 대도이다.

다섯째, 무극은 도道의 본원자리이다. 그리고 10을 우리말로는 '열'이라고 한다. 열이라는 의미는 열린다(OPEN)는 뜻이다. 따라서 무극대도라는 것은 도의 근원, 도의 뿌리, 진리의 바탕과 근본이 완전히 열려서 다 드러나는 대도이다. 진리의 진면목 뿐만 아니라 인류의 역사 속에서 신비의 베일에 싸여 있었던 하느님의 진면목까지 모두 드러나게 되는 궁극의 대도이다.

(4) 무극의 자리는 어떤 자리인가

무극이란 말은 태극太極, 황극皇極과 함께 우주를 잡아 돌리는 3개의 본체 중의 하나이다. 무극은 만유생명의 근원자리로써 현실세계를 창조하는 뿌리이다. 무극은 태극이 창조되기 이전 자리임으로 1태극보다 더 근원자리인 0무극이라 한다. 무극은 이뿐만 아니라 현실세계에서도 작용하는데 이를 10무극이라고 한다. 이 둘을 구분하기 위해 0무극을 본체무극[본원무극]이라 하고 10무극을 현상무극이라고 부른다. 황극의 작용에 의해 분열의 극에 이르게 되면 만물은 10미토未土의 기운에 의해 성장을 중지하고 수렴과 통일의 과정으로 전환하게 된다. 이 10미토未土를 무극이라고 부른다. 앞에서 무극대도를 다섯 가지로 설명하였는데 이것은 현실 속에 드러나는 현상무극을 위주로 설명한 것이다. 그렇다면 현실세계를 창조한 보이지 않는 0무극, 즉 본원무극 자리는 어떤 자리인가. 단순히 텅 비고 아무것도 없는 虛하고 無한 자리인가.

著者는 이에 대해서 현실세계는 무극의 질서가 현상적으로 드러난 것이라고 말하고 싶다. 종이 위에 그려진 설계도에 의해서 건물이 지어지듯이 현실세계는 무극의 설계도에 의해서 창조된 것이라고 본다.

첫째, 현실세계가 음양운동을 하는 것은 무극에 乾坤이라는 무극의 질서가 내재해 있기 때문이다. 이는 河圖의 중앙에 5土와 10土가 있는 이유이다.

둘째, 현실세계가 天地人으로 나뉘어지고 만물의 구조가 세 마디로 이루어지고 生長成 운동을 하는 것은 『환단고기』에 기술된 造化神, 敎化神, 治化

神의 본체 3신이 무극신으로 자리 잡고 있기 때문이다.

셋째, 현실세계에 五行이 작용하고 있는 것은 무극의 자리에 黑帝, 赤帝, 靑帝, 白帝, 黃帝의 五帝가 있고 太水, 太火, 太木, 太金, 太土의 五靈이 있기 때문이다.

무극의 자리에는 이러한 神들이 자리 잡고 있을 뿐만 아니라 이들은 현실세계를 창조하고 유지시키는 창조력을 발휘하여 우주를 力動的으로 살아 움직이게 하는 力源(힘의 근원)으로 작용한다. 우주를 살아 움직이게 하는 생명력을 律呂라고 하는데 무극은 율려의 근원이 된다고 할 수 있다. 이러한 관점에서 볼 때 주돈이의 『태극도설』은 새로운 관점에서 해석해야 한다고 생각된다.

다섯 개의 그림 중 맨 위의 ○은 현실세계를 창조하고 살아 움직이게 하는 근원으로써 본원무극을 표시한다. 두 번째 離卦, 坎卦의 가운데 있는 ○도 무극으로 해석할 수 있지만 무극이 압축 통일된 태극의 空으로 해석할 수 있고 오행의 아래에 있는 ○은 오행운동이 무극의 기운을 받아서 작용하는 것이라고 설명할 수 있다. 그리고 乾道成男과 坤道成女의 사이에 있는 ○은 男女의 化生이 무극의 기운을 받아서 이루어지고 萬物化生의 위에 있는 ○도 현상계의 만물이 무극의 기운을 받아서 化生한다고 해석하는 것이 옳다고 사료된다.

2) 太極

(1) 태극의 字義와 의미

태극은 『주역·계사전』에 처음으로 "易有太極하니 是生兩儀하고 兩儀生四象하고 四象이 生八卦"라고 기술되어 있다. 「계사전」의 이 말은 易의 우주

생성 과정을 말한 것이며 또한 팔괘의 생성과정에 대한 기술이기도 하다. 여기서 태극은 만물의 본원이 되어 천지만물은 모두 태극으로부터 나온다고 인식한다.『장자·대종사』에서도 "道라는 것이 천지를 생하여 在太極之先而不爲高(태극보다 먼저 있었으나 (또는 높으나) 높다 하지 않는다)"라 하여 태극이란 말이 있고 무극인 道가 천지와 태극을 생한다고 하였다.

朱子는 太極의 名稱에 대해 張載의 "太極者는 自外而推入去하야 到此極處하면 更沒去處라 所以謂之太極이니라"(太極은 밖으로부터 미루어서 더 이상 나아갈 곳이 없는 境地까지 極盡히 到達한 것이기 때문에 이른바 太極이라 말한다.)의 說을 繼承하여 "太極者는 事物所以然之理也라 謂之極者는 天下之物이 自外以觀 則其狀不過如斯而已나 推其所本 則必有所以如此之故가 在內而爲主하니 是則所謂理也라 自此以往은 更無所本하니 是乃窮極之地 故로 曰極也라 太者는 讀如甚字之意니 如太甚太過之太也라(태극은 모든 것이 본래 그렇게 될 수 밖에 없는 이치이다. 極이라고 말한 것은 천하의 모든 사물은 밖에서 살펴보면 그 형상이 그러할 뿐이지만, 그 근본을 미루어 보면 반드시 그렇게 되는 까닭이 그 안에서 주관하고 있다. 그것이 이른바 이치이다. 그것보다 더 근본이 되는 것은 없으니, 궁극의 자리이기 때문에 極이라고 말한다. 太는 甚이라는 글자의 뜻과 같이 쓰였다. 가령 '매우 심하다[太甚]', '너무 지나치다 [太過]'의 太와 같다)"라 하였다. (『주자어류』)

朱子는 천지 속에 있는 만물이 다양하지만 공통되는 아주 궁극의 이치가 있으니 이를 태극으로 부른다는 것이다. 朱子의 晩年의 高弟인 陳淳도 太極이라고 命名한 것에 대해서 다음과 같이 說明하였다.

"太極은 只是以理言也라 理를 緣何謂之極고 極은 至也니 以其在中有樞紐之義라 如皇極北極等은 皆有在中之義나 不可便訓極爲中이니 蓋極之爲物은 常在物之中하야 四面到此하면 都極至하야 都去不得이니 如屋脊

梁을 謂之屋極者는 亦只是屋之衆材ㅣ 四面湊合하야 到此處라 蓋極其中
은 就此處하야 分出去하야 布爲衆材하야 四面이 又皆停勻無偏剩偏欠之
處하니 如塔之尖處 便是極이라 如北極은 四面星宿 皆運轉이나 惟此處
不動하야 所以爲天之樞라 若太極云者는 又是就理論이면 天所以萬古常
運하며 地所以萬古常存하며 人物所以萬古生生不息하야 不是各各自恁
地는 都是此理在中爲之主宰하야 便自然如此오 就其天地主宰處論이면
恁地渾淪極至 故로 以太極名之니 蓋總天地萬物之理ㅣ 到此湊合하면 皆
極其至하야 更無去處하고 及散而爲天地하며 爲人物이 又皆一一停勻하
야 無少虧欠하니 所以謂之太極이니라

태극은 단지 리라는 면에서 말한 것이다. 리를 왜 극이라고 부르는가?
극은 지극함에 이른다는 뜻이다. 왜냐하면 그것은 가운데 있는 축
이라는 뜻을 지니기 때문이다. 황극, 북극 등도 모두 가운데에 있다는
뜻을 지닌다. 그렇지만 극을 바로 중이라고 풀이할 수는 없다. 대체로
극의 성질은 항상 사물의 속에 위치한다. 사면으로부터 여기에 이르
면 모두 극한에 이른 것이 되어 더 이상 나아갈 수 없다. 이를테면 집
의 등마루(용마루)를 옥극이라고 부르는 것은, 집의 온갖 재목들이 사
면에서 모여 이곳에 이르기 때문이다. 대체로 그 중심의 극한은 이곳
으로부터 나뉘어 나가 사방의 온갖 재목들로 분산된다. 그렇게 해서
모두 고른 상태가 되어 남거나 모자라는 곳이 없게 된다. 예를 들어
탑의 뾰족한 곳도 바로 극이다. 북극의 경우 사방의 별들이 모두 돌
지만 이곳만은 움직이지 않아 하늘의 축이 된다. 태극의 경우는 리의
측면에서 이야기한 것이다. 하늘이 만고토록 항상 돌고, 땅이 만고토
록 항상 존재하고, 사람과 사물이 만고토록 낳고 또 낳아 끊임이 없는
것, 그리고 이러한 것들이 각기 자기 마음대로 하지 않는 것은 모두 이

리가 가운데에서 주재가 되기 때문이다. 그리하여 그것들이 이와 같이 스스로 그러하게 존재하게 된다. 천지의 주재가 된다는 점에서 이야기를 하자면, 그토록 미분화되어 극한인 상태에 있으므로 태극이라고 이름 붙인 것이다. 대체로 모든 천지 만물의 리가 모두 이곳에 이르러 합쳐지면, 극한에 이르러 달리 갈 곳이 없게 된다. 흩어지는 경우에는 천지, 사람 사물이 된다. 그렇게 해서 하나하나가 모두 고른 상태가 되어 조금도 빠진 곳이 없게 된다. 그러므로 그것을 태극이라고 부른다."(『북계자의』)

이러한 觀點에서 易有太極을 解釋하여 陳淳은 "易只是 陰陽變化오 其所爲陰陽變化之理는 則太極也(역은 단지 음양 변화일 뿐이고 음양으로 변화하게 하는 이치는 태극이다)"라 하였다.

안경전은 태극에 대해서 다음과 같이 설명하고 있다.

태극은 혼돈의 우주 바다인 무극의 생명 막이 음양陰陽이라는 양극으로 움직이며 상대성 운동을 하는 자리입니다. 실질적으로 우주가 만물을 창조하는 운동은 이 태극太極생명에서 시작합니다. 그런데 태극생명은 어떤 외부의 손길에 의해서가 아니라 무극 속에 내재한 태극성에 의해서 자연적으로 작동됩니다. 무극이 질서화하여 열린 태극은 만물 창조의 본체입니다. 태극의 본체는 '공空'이고, 그 상象(image)은 현실계에 '물(水)'로 드러납니다. 무극의 조화 기운이 압축 공약되면, 무극은 충만한 공空의 상태가 됩니다. 이 공空 자리는 일견 텅 비어 있는 것으로 생각되지만, 실제로는 우주의 진기眞氣(순수 에너지)로 충만한 만물 창조의 본체 자리입니다. 이 공(眞空)에서 물(水)이 창조되면서 우주의 생명 창조 운동이 시작됩니다. 이 물에서 천지 만물이 나왔고, 현상계의 모든 변화도 결국 물의 변화 운동입니다. 물의 극단적인 분열의 모습이 바로 '불(火)'의 변화 작용입니다. 이처럼 만물을 창조하는 본체인 공을 '우주 창조의 본체'라 하고, 만물 창조 운동의 시작이자 만물 생성의 뿌리인 물을 우주 창조의 '생명의 본체'라 합니다. 이 물은 곧 태극수로, 상수로는 1로 나타냅니다. 그런데 물의 뿌리가 진공이므로 만물의 본질과 실상(참모습)은 바로 공인 것입니다. (『증산도의 진리』)

위의 내용은 무극과 태극의 관계, 태극의 존재 모습, 태극의 운동 등을 종합해서 설명하고 있는 교과서 같은 내용이라 사료된다. 중국 철학사에서 태극의 실체에 대하여 元氣라는 주장과 理라는 주장이 동시에 존재하고 있다. 이에 대하여 살펴보면 다음과 같다.

(2) 태극이 元氣라는 説

『漢語大詞典』의 태극조를 보면 "태극은 고대 철학가들이 최초의 原始의 혼돈지기를 일컬었다. 태극이 운동하여 음양으로 분화되고 음양이 사시의 변화를 만들어 내고 이어서 각종의 자연현상이 출현하였으니 태극은 우주 만물의 근원이 된다."라고 하였다.

태극이 원기라는 최초의 주장을 한 사람은 劉歆(『한서』「율력지」는 반고가 유흠의 뜻을 취해서 작성하였다)이다. 그는 『한서』「율력지」에서 三統曆을 설명하면서 "太極元氣는 函三爲一(태극의 원기는 천지인을 포함하여 하나의 상태로 있는 것이다)"라고 하였다. 태극원기설은 元氣가 未分된 상태를 태극으로 보아 태극에 대한 실체를 부여한 것인데 태극을 세계를 형성하는 原初물질, 즉 元氣로 본 것이다.

乾의 象傳에 "大哉乾元 萬物資始"라 하였고, 坤의 象傳에 "至哉坤元 萬物資生"이라 하였는데, 여기서 元은 本元, 原始의 뜻으로 乾元과 坤元은 사실상 陰陽二氣가 萬物의 本原이 됨을 가리키는 것이다.

唐代의 孔穎達은 "太極은 謂天地未分之前에 元氣混而爲一이니 卽是太初太一也라(태극은 천지가 아직 분화되기 전에 원기가 하나의 혼돈 상태로 있는 것이니 바로 태초이며 태일이다)"라고 하여 태극이 원기라는 설을 계승하고 있다. 이러한 사상은 북송의 張載, 王安石, 남송의 楊萬里, 明代의 王廷相, 明淸之際의 王夫之 등에 의해 계승되었다.

(3) 태극이 理라는 説

朱子는 이전까지의 모든 사람이 太極을 氣라고 한 것을 반대하고 철저하게 理라는 觀點을 주장하여 "太極은 只是一箇理字(태극은 단지 한 글자인 理자일 뿐이다)"라 强調하였다.

> 問 太極은 不是未有天地之先에 有箇渾成之物이오 是天地萬物之理總名否아 曰 太極은 只是天地萬物之理니 在天地言 則天地中에 有太極하고 在萬物言 則萬物中에 各有太極하니 未有天地之先에 畢竟是先有此理니 動而生陽도 亦只是理오 靜而生陰도 亦只是理니라
> 물었다. 태극은 천지가 생기기 이전에 먼저 있었던 마구 뒤섞여 있는 상태의 물건인 것이 아니라, 천지 만물의 이치를 총괄한 이름이 아닙니까? 대답하셨다. 태극은 단지 천지 만물의 이치일 뿐이다. 천지에 대하여 말하면 천지 속에 태극이 있고, 만물에 대하여 말하면 만물 속에 각각 태극이 있다. 천지가 생기기 이전에 틀림없이 이치가 먼저 있었다. '움직여서 양의 기운을 낳는 것'도 역시 이 이치일 뿐이고, '멈추어

서 음의 기운을 낳는 것'도 역시 이 이치일 뿐이다. (『주자어류』)

太極之義는 正謂理之極致耳니 有是理면 卽有是物하야 无先後次序之可
言故로 曰易有太極이라하니 則是太極이 乃在陰陽之中이오 而非在陰陽
之外也니 若以乾坤未判하고 大衍未分之時로 論之則非也라 形而上者를
謂之道오 形而下者를 謂之器니 有是理면 卽有是氣니 理一而已오 氣則
无不兩者라 故로 曰太極이 生兩儀어늘 而老子는 乃謂道生一而後에 乃
生二라하니 則其察理亦不精矣니라

<u>太極의 뜻은 바로 理의 極致를 말할 따름이다.</u> 이 理致가 있으면 이 물
건이 있어 先後의 次序를 말할 수가 없기 때문에 易有太極이라하니 太
極이 陰陽속에 있고 陰陽밖에 있는 것이 아니니 乾坤이 나누어지지 않
고 占을 칠 때 大衍之數가 나누어지지 아니한 때로 論한 것은 아니다.
形而上을 道라 하고 形而下를 器라고 하여 이러한 理致가 있으면 이러
한 氣가 있으니 理致는 하나일 따름이오 氣는 둘이 아닌 것이 없다. 따
라서 太極이 兩儀를 生한다고 말했지만 老子는 道生一 이후에 生二한다
고 했으니 그 理致를 살핀 것이 또한 정밀하지 못한 것이다. (『주역총목』)

여기에서 太極이 氣인가 아니면 理인가에 대하여 살펴보고자 한다. 形而
上者를 謂之道요 形而下者를 謂之器라는 관점에서 보면 道는 器가 아니면
드러나지 않고(道는 非器不形이라) 器는 道가 아니면 성립하지 않으니(器는 非道
不立이라) 비록 體用一原이요 顯微無間이지만 先體後用이니 理氣의 관점에서
본다면 태극을 理로 보는 주장이 더 타당하지 않나 하는 생각이 든다. 그리
고 성리학의 관점에서 주재하는 것은 理이고(主宰者理) 유행하는 것은 氣(流
行者氣)라고 하니 주재가 없으면 물질의 변화가 없으니 역시 태극을 理라고

보는 것이 합리적일 듯하다.

(4) 태극의 4가지 개념

첫째, 태극은 무극이 압축 통일되어 有의 세계인 시간과 공간이 처음으로 열리는 자리이다. 이것은 근원으로서의 태극으로 天命과 天理가 주체가 되어(造化樞紐) 流行하여 만물을 창조하기 시작하는 자리(品彙根柢)로 理在氣先한 것이다. 즉 천지가 생기기 전부터 존재하는 이치로 주자는 이를 보편적인 理이고 天下公共之理이고 統體一太極 자리로 음양보다 앞에 존재하는 象數未形而其理已具之稱이라고 하였다.

둘째는 天命 流行의 主体인 태극이 객관적 사물에 流行하여 그 사물의 존재근거가 되는 것이니 內在 原理로서 존재하는 태극을 말한다. 음양의 입장에서 보았을 때 태극이 음양 속에 內在해 있어 天地萬物之理가 되는 것이다. 천지 속에도 태극이 있고 만물 속에도 태극이 존재하는 것으로 理在氣後한 것이다. 朱子는 이를 개별적인 理이고 一物所具之理이고 一物一太極 자리라 하였으니 陰陽의 本體가 되어 陰陽 안에서 음양운동을 하게 한다.

셋째, 『주역·계사전』 5장에서 "一陰一陽之謂道"라 하였다. 이 뜻은 한번 음이 되었다가 한번 양이 되었다가 하면서 태극운동으로 시간이 음양으로 순환하면서 흘러가는 것이 자연의 질서라는 뜻이다.

위의 내용은 物物이 一太極일 뿐만 아니라 시간의 질서도 태극 음양으로 변화한다는 것이다. 하루의 변화도 낮이 되었다가 밤이 되며 다시 낮이 되어 순환하고, 한 달의 변화도 초하루에서 보름까지 달이 차면서 양운동을 하고 16일부터 그믐까지 음운동을 하며, 일 년의 변화도 봄, 여름 양운동을 하고 가을, 겨울 음운동을 하면서 순환한다는 것이다.

이것은 1, 2, 3, 4, 5, 6, 7, 8, 9, 10의 천수와 지수가 교대하면서 발전하

고 甲, 乙, 丙, 丁, 戊, 己, 庚, 辛, 壬, 癸의 天干이 양간과 음간이 교대하면서
나아가는 이치와 같다.

넷째, 一陰一陽之謂道에 대해서 程子는 다음과 같이 설명하고 있다. "음이
되게 하고 양이 되게 하는 것이 道이다. 이미 氣라고 말하면 2개가 있는 것
이다. 開闔을 하게 하는 것은 道이고 開하고 闔하는 것은 陰陽이다. 음양을
떠나서는 道가 없으니 陰陽운동을 하게 하는 것이 道이고 음양은 氣이다.
氣는 形而下者이고 道는 形而上者이다." 여기서 道는 태극으로 음양의 순환
운동을 시키는 주체이다. 朱子도 本義에서 "음양이 바뀌면서 운동하는 것
은 氣이고 一陰之하고 一陽之하게 하는 이치는 이른바 道이다."라고 하여
음양운동을 하게 하는 力源을 태극이라 하였다.

이상의 내용을 요약하면 태극은 理로 道之体가 되고 음양은 氣로 道之用
이 된다고 말할 수 있다.

태극이 음양운동을 일으키는 주체라면 역시 무극에서도 언급한 것처럼
태극은 우주와 만물을 살아 움직이게 하는 율려의 본성을 가지고 있다고
말할 수 있다. 이를 다른 말로 태극생명의 본성은 역동적이라고 할 수 있
다. 현실세계가 한순간도 멈추지 않고 변화하고 만물의 변화가 한순간도
정지해 있지 않고 극미의 소립자의 세계도 생멸작용을 반복하고 극대의 우
주도 끊임없이 팽창하는 것은 무극과 태극의 바탕에 율려가 있다는 것을
반증하는 것이다.

끝으로 태극의 형상인 ☯에 대하여 설명해 보고자 한다.

첫째, 태극의 外圓이 ○한 것은 태극은 무극에 뿌리를 두고 있다는 것을
의미한다.

둘째, 태극이 赤圈과 靑圈으로 나누어져 있는 것은 태극이 음양 상대성
운동을 한다는 것을 나타낸다.

셋째, 양의 운동이 극대화되었을 때 음이 생하고 음의 운동이 극대화되었을 때 양이 생하는 것과 음양의 분계선이 ∽으로 되어 있는 것은 음양의 상대성 운동이 對立과 制約 운동을 하고 消長과 平衡 운동을 하며 互根性과 極則返하는 轉化性이 있음을 나타낸다.

넷째, 원이 둥근 것은 태극의 음양운동은 순환한다는 것을 의미한다.

3) 皇極

황극이란 말은 『서경·홍범』에 처음으로 나온다. 蔡沉은 "五皇極은 皇이 建其有極"을 해석하여 "皇은 임금이고 健은 세움이다. 極은 北極의 極과 같으니 지극하다는 뜻이요, 표준의 이름이니 가운데에 세워서 사방이 바른 도리의 표준으로 삼는 바이다."라고 하여 '임금이 세운 표준 법칙', '임금이 천하를 다스리는 대법'의 의미로 해석하였다. 그러나 홍범의 황극이 낙서의 중앙에 5토가 있는 것처럼 九疇의 중심에 위치하여 八疇를 통솔하는 의미가 있기 때문에 天子와 그 보위를 지칭하는 의미로 확대되었고 天下之中에서 우주와 만물을 주재하고 통치하고 경영하는 자리라는 의미까지 가지게 되었다.

이정호는 홍범의 황극은 요순의 精一執中의 정신을 大禹가 계승하여 洛書의 九宮에 의하여 大衍한 것이라 했는데 『환단고기·신시본기』에는 다음과 같이 기술되어 있다.

且其五行治水之法과 黃帝中經之書가
又出於太子扶婁오 而又傳之於虞司空하고
後에 復爲箕子之陳洪範於紂王者가 亦卽黃帝中經과 五行治水之說이니

則蓋其學이 本神市邱井均田之遺法也니라.

또 오행치수법과 『황제중경黃帝中經』이 부루태자(2세 단군)에게서 나와 우虞 사공司空에게 전해졌는데, 후에 기자箕子가 은나라 주왕紂王(BCE 1154~BCE 1123)에게 진술한 홍범구주洪範九疇 또한 『황제중경』과 오행 치수설이다. 대저 그 학문은 본래 배달 신시 시대의 구정법邱井法과 균 전법均田法에서 전해 내려온 법이다.

위의 내용을 보면 홍범구주는 배달의 법도를 계승하여 초대단군이 완성을 하였고 그의 아들인 부루태자에 의해 禹에게 전해져 『서경』 속에 들어간 것으로 보여진다.

여기에서 天子로서의 황극에 대해서 부연설명을 해보면 최초의 황극제는 「홍범구주」를 지은 초대단군이고 진정한 의미에서 황극제는 上帝를 대신하여 백성을 다스리는 법을 만들고 산처럼 우뚝 솟아있어 모든 백성들이 우러르고 공경하며 그를 표준으로 삼아 取法하는 진리의 실천자라고 말할수 있다.

홍범의 황극은 낙서의 中宮에서 나온 것으로 5는 1, 2, 3, 4, 5, 6, 7, 8, 9의 중심이 된다. 蔡沉이 一五行, 二五事, 三八政, 四五紀는 황극이 세워지는 바요 六三德, 七稽疑, 八庶徵, 九福極은 황극이 행해지는 바라고 하였듯이 1, 2, 3, 4는 生位로서 오황극의 體가 되고 6, 7, 8, 9는 成數로서 오황극의 用이 된다. 따라서 황극의 개념은 생명 활동의 중심으로 演變되고 中道의 개념을 가지게 되었으며 天下之中, 大中으로 확대되었다. 황극의 그림은 ☯으로 표시하는데 무극에서 태극이 나오고 무극과 태극의 정신을 압축 통일하여 중앙에서 현실세계를 통치하고 주재하는 것을 나타내고 있다. 만물의 창조과정에서 보면 무극이 체가 되고 태극이 용이 되며 다시 태극이 체가 되고 황극이 용이 되어 황극은 用中之用이 되니 무극과 태극의 이상은 황극에 의해서 실현이 되는 것이다. 더 구체적인 내용은 무극, 태극, 황극의 관계 속에서 그리고 천부경의 중경에서 설명하고자 한다.

3. 무극, 태극, 황극의 상관성

1) 삼극이 존재해야 하는 이유

무극이 처음 『도덕경』에서 언급되고 태극이 처음 『주역·계사전』에서 기술되고 황극이 처음 『서경』에서 나타날 때 독립적인 의미만 가지고 있었고 서로의 연관성이 없었다. 주렴계가 『태극도설』에서 무극과 태극의 상관성을 처음 언급하였고 이후로도 별다른 진전이 없었다. 무극과 태극과 황극의 관계를 우주변화의 큰 틀 속에서 처음으로 설명한 사람은 김일부이다. 김일부의 설명을 살펴보기에 앞서 하나가 셋으로 분화하고(執一含三) 셋은 하나로 통일되는(會三歸一) 근본적인 원리를 설명한 내용이 『흰단고기·태백일사』의 「소도경전본훈」에 있는데 이에 대해서 살펴보면 다음과 같다.

> 自一氣而析三하니 氣는 卽極也오 極은 卽無也라 夫天之源이 乃貫三極하야 爲虛而空하니 并內外而然也라.
>
> 우주의 한 조화기운[一氣]에서 세 가지 신령한 변화원리가 일어난다. 이 기운[氣]은 실로 지극한 존재로, 그 지극함이란 곧 (유·무를 포용한) 무를 말한다. 무릇 하늘의 근원은 천·지·인 삼극三極을 꿰뚫어 허하면서 공하니 안과 밖을 아울러서 그러한 것이다.

위의 내용은 천지간에 보이지 않는 지극한 존재, 궁극의 존재가 있는데 그것은 氣라는 것이다. 이를 同篇에서 良氣라고도 하였다. 이 氣는 반드시 셋으로 나뉘어져서 一體三用으로 작용하고 天地人의 三極을 만들어 낸다. 또 이러한 天地人이 비록 물질화되어 있더라도 그 근본은 外虛內空한 존재 이다.

> 一氣之自能動作하야 而爲造敎治三化之神하시니 神은 卽氣也오 氣는 卽 虛也오 虛는 卽一也라.
> 우주의 한 조화기운[一氣]이 스스로 운동하고 만물을 창조하여 조화 造化·교화敎化·치화治化라는 세 가지 창조 원리를 지닌 신이 되신다. 이 신은 곧 우주의 기요, 기는 허요, 허는 곧 하나이다.

위의 내용은 一氣가 자율적으로 운동하여 造化神, 敎化神, 治化神으로 작 용하는데 이는 氣 속에 元神이 내재해 있다는 것을 설명한다. 造化神, 敎化 神, 治化神은 천지인 三極에서 天一神, 地一神, 太一神으로 드러나고 神이 곧 氣이고 氣는 본시 텅 빈 존재이고 텅 빈 존재는 하나로 연결되어 있으므로 三用一體라는 것이다. 위의 내용을 부연설명하면 執一含三은 一氣가 三神으 로 작용하는 것이고 會三歸一은 三神이 一氣로 돌아가는 것이니 一氣 속에 는 안에 三神이 있고 三神은 밖의 一氣에 의해 둘러싸여 있다는 것이다.

이러한 원리에 의해 우주의 변화 속에는 반드시 무극, 태극, 황극의 三極 이 존재해야 하니 김일부는 이를 天地之理는 三元으로 이루어져 있다고 하 였다. 불교의 三身佛, 힌두교의 三神, 도교의 三淸, 기독교의 聖三位, 단군조 선의 三韓, 인체의 三眞 등은 모두 이와 관련이 있다고 생각된다. 삼신과 천 지인을 三極과 배합하면 造化神, 天一神은 조화의 근원, 창조의 근원이 되니 무극이 되고 敎化神, 地一神은 창조가 현실화된 자리이니 태극이 되고 治化神, 太一神은 천지와 하나되어 통치하고 주재하는 자리이니 황극이 된다고 볼 수 있다.

2) 三極의 상호관계

김일부는 『정역』에서 다음과 같이 설명하고 있다.

擧便無極이니 十이니라. 十便是太極이니 一이니라. 一이 無十이면 無體요 十이 無一이면 無用이니 合하면 土라 居中이 五니 皇極이니라.
들어보면 문득 무극이니 열이다. 열하고 곱아보면 문득 태극이니 하나로다. 하나가 열이 없으면 체가 없고 열이 하나가 없으면 용이 없으니 합하면 토라. 가운데 거함이 다섯이니 황극이다.

위의 내용은 삼극의 관계를 최초로 설명한 내용이고 이를 숫자에 배합하여 설명히여 이후 천간과 지지를 배합하여 발전시킬 수 있는 계기를 마련하였다.

정역 연구자들은 왼손의 手指를 이용하여 이론을 전개한다. 들었다는 것은 왼손가락을 처음 엄지를 굽히면서 하나라고 하고 소지를 펴면서 여섯이라 하면 엄지를 펼 때 열에 이르니 이를 들었다고 한 것이다. 엄지까지 펴면 빈손이 되어 텅 비니 이것이 10수의 象이다. 10수는 비록 텅 빈 것처럼 보이나 1에서 9까지 모든 수가 들어있어 창조의 본원으로서 손색이 없다. 그리고 다시 엄지를 굽히면서 일이라고 하면 태극이 되니 1태극은 10무극의 정신이 압축되고 통일이 된 것이니 無極而太極으로 전환하면서 현실세계가 창조되는 것이다. 따라서 10무극이 體가 되고 1태극이 用이 되니 道의 体用이 구비되는 것이다. 1태극은 다시 5황극의 도움을 받아 분열, 발전하면서 10무극으로 나아가는데 이는 太極而皇極이요 皇極而無極의 과정이다.

무극을 창조의 과정과 순환의 과정에서 살펴볼 수 있는데 창조의 과정에서는 본체 무극인 0의 개념을 주로 쓰고 순환의 과정에서는 현상 무극인 10의 개념을 주로 사용한다. 창조의 과정은 0무극, 1태극, 5황극으로 발전하고 순환의 과정에서는 10무극이 內變作用을 통해 氣와 정신을 통일하여 戊五空을 만들었다가 1태극수를 창조하고 1태극수는 5황극의 도움을 받아 外化作用을 통해 形을 분산하면서 만물을 성장시켜 7火의 과정까지 이르렀다가 다시 10무극으로 전환한다.

안경전은 "우주의 창조본체인 태극이 동하여 천지 속에 만물을 낳아 기르는 생명 창조 운동의 본체(用)가 바로 황극이다. 김일부는 황극을 태극이 이루는 현실적인 만물 창조와 성장운동의 질서 과정이라고 정의하였다. 즉 태극의 현실적인 우주운동의 본체로서 황극을 규정한 것이다. 이는 유가의 전통적인 해석을 포용하면서 인식의 범위를 우주론까지 확장한 것으로 김일부 대성사가 『정역』의 후천개벽 우주론에서 이뤄낸 위대한 공덕 가운데 하나이다."라고 하였다.

따라서 삼극을 모두 체와 용으로 설명할 수 있으니 무극의 체는 0이 되고 용은 10이 되며 태극의 체는 空이 되고 용은 1이 되며 황극의 체는 5가 되고 용은 7이 된다.

한동석은 『우주변화의 원리』에서 10干과 12支를 배합하여 삼극의 원리를 설명하고 있다. 천간을 보면 甲土의 황극 작용으로 만물이 분열을 시작하여 戊五土(황극)에까지 이르렀다가 己十土의 무극으로 전환하고 己十土는 통일 작용을 하여 壬一水(태극)를 창조하고 다시 癸六水를 만든다.

지지를 보면 丑五土(황극)의 土克水 작용으로 一水를 탈출시켜 양의 시간대를 열어 午七火(황극)까지 분열시키니 선천 시간대가 된다. 이후 十未土의 무극으로 전환되어 음의 시간대를 열고 戌五空(태극)으로 귀장했다가 子一水(태극)를 창조하니 후천 시간대가 된다.

삼극에 숫자를 배합한 것을 계승하여 干支로서 삼극을 설명한 것은 한동석의 뛰어난 공로이다. 『증산도 도전』에서는 이상의 모든 내용을 종합하여 다음과 같이 설명하고 있다.

> 천지의 이치는 삼원(三元)이니 곧 무극(無極)과 태극(太極)과 황극(皇極)이라. 무극은 도의 본원(本源)이니 십토(十土)요, 태극은 도의 본체로 일수(一水)니라. 황극은 만물을 낳아 기르는 생장(生長) 운동의 본체니 오토(五土)를 체(體)로 삼고 칠화(七火)를 용(用)으로 삼느니라. 우주는 일태극수(一太極水)가 동(動)하여 오황극(五皇極)의 생장 운동을 거쳐 십무극(十無極)에서 가을개벽의 성숙운을 맞이하니라. 상제님께서 "나는 천지일월(天地日月)이니라." 하시고 건곤감리 사체(四體)를 바탕으로 도체(道體)를 바로잡으시니 건곤(乾坤: 天地)은 도의 체로 무극이요, 감리(坎離: 日月)는 도의 용이 되매 태극(水)을 체로 하고 황극(火)을 용으로 삼나니 이로써 삼원이 합일하니라. (『증산도 도전』 6:1:1~6)

위의 내용을 종합해서 다시 한번 설명하면 다음과 같다.

무극은 도의 본원, 조화의 본원으로 오행에서는 土에 속하고 본원 본체는 0이고 현상본체는 10이며 천간에서는 己土자리이고 지지에서는 未土자리이며 四體에서는 乾坤이다.

태극은 도의 본체자리로 창조의 본체인 空과 창조운동의 본체인 水로 나뉘며 숫자는 1(또는 11)과 6이 된다. 空은 오행에서 水土가 合德한 자리이고 지지에서 戌(5+6=11) 자리이다. 水는 오행에서 水에 속하고 천간에서 壬癸, 지지에서는 辰, 子가 배합되며 사체에서는 坎이다.

황극은 생장운동의 본체로 土 또는 火土가 合德한 자리이다. 숫자는 5와 7이 배합된다. 천간에서는 甲五土, 戊五土가 배합되고 지지에서는 丑五土, 午七火가 되며 사체에서는 離이다.

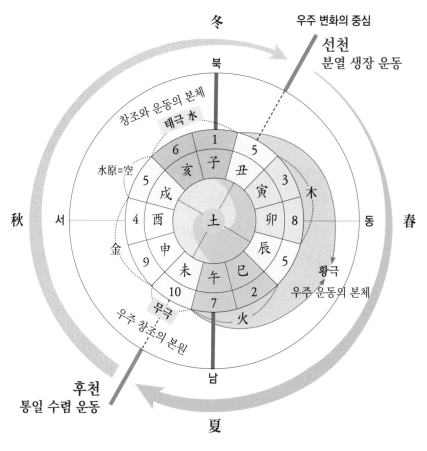

우주생명 순환도

4. 天符經의 三極思想

천부경은 上經 28자, 中經 24자, 下經 29자로 구성되어 있는데 生長成으로 이루어져 있으므로 순서대로 조화경, 교화경, 치화경이라고도 부른다. 무극, 태극, 황극과 관련된 내용을 三經으로 나누어 살펴보면 다음과 같다.

1) 上經에 나타난 三極의 개념

먼저 上經의 원문과 삼극으로 해석한 번역문을 제시하면 다음과 같다.

一은 始나 無始一이니 析三極하야도 無盡本이니라.

天의 一은 一이오 地의 一은 二오 人의 一은 三이니

一積十鉅라도 無匱化三이니라.

1태극이 현상세계를 시작한 것이나 무극에서 시작한 1태극이니

이 1태극이 천극, 지극, 인극으로 나뉘어져도 태극의 근본은 다함이

없이 같으니라(무극, 태극의 창조에너지는 고갈됨이 없느니라)

공간의 3극에서 하늘의 태극은 천지인에서 무극이 되고

땅의 태극은 천지인에서 태극이 되며

인간의 태극은 천지인에서 황극이 된다.

시간의 3극은 1태극이 5황극의 도움을 받아 10무극까지 발전하고

다시 1태극으로 돌아오는 순환의 질서를 갖고 있으니

예외없이 태극, 황극, 무극의 삼극으로 돌아가는 것이다.

천부경은 一始無始一의 1로 시작한다. 1은 태극으로 현실세계를 상징하

니 현실의 세계를 긍정하고 강조하고 있다. 그런데 1태극의 현상세계가 無에서 나온다고 했으니 無는 無極으로 주렴계가 말한 無極而太極으로 무극이 태극을 창조하여 현상계가 이루어졌다는 것이다. 무극은 숫자로 0 또는 10으로 표현하는데 창조를 시작하는 무극을 본체무극 또는 본원무극이라 하여 0무극을 주로 쓰지만 10으로 표현하는 경우도 있다. 이 과정은 하도의 그림으로 보면 ●●●●●이 ❀으로 압축되었다가 ❀의 가운데 있는 ○이 탈출하여 북쪽에 와서 자리 잡는 과정이다. 이때부터 현실세계가 시작된다. 천부경의 위대성은 현실세계를 긍정하면서도 현실세계를 창조한 보이지 않는 無, 즉 무극의 세계를 현실창조의 본체로 인정하고 있다는 것이다. 無는 보이지 않는다는 개념이지 아무것도 없다는 뜻이 결코 아니다. 이 보이지 않는 無 속에는 현실세계에 존재하는 모든 질서가 함축되어 있다. 무극을 상징하는 0과 태극을 상징하는 1은 현대의 디지털 문명을 만들어 낸 이진법을 이루는 숫자로 현대문명이 무극과 태극을 바탕에 깔고서 발전되었다는 것을 반증하고 있다. 여기서 우리는 『환단고기』속의 虛粗同體의 원리를 다시 한번 확인할 수 있다. 虛는 무극이고 粗는 태극으로 無는 有를 통해 자신의 모습을 드러내고 有는 無의 질서에 뿌리를 내리고 있으니 無와 有는 일체의 관계를 이루고 있는 것이다. 태극의 모습은 ☯으로 표현하는데 ○이 무극이므로 태극 속에는 무극이 이미 전제되어 있고 무극을 바탕에 깔고 작용하는 것을 의미한다. 또 현실세계를 의미하는 숫자는 0+1=1, 0+2=2, 0+3=3 … 등이 되므로 현실 속에 무극이 함께 하고 있다는 것을 또한 알 수 있다.

析三極은 무극의 정신이 통일되어 있는 1이 천지인의 三極으로 분화되어 다시 현상세계의 본체를 이룬다는 것이다. 왜 무극에서 현실의 궁극의 존재인 하늘, 땅, 인간이 분화했는가. 그것은 무극 속에 조화신, 교화신, 치화신이라는 무극의 본체삼신이 존재하고 있기 때문이다. 다시 말해 볼 수는 없지만 무극의 본체삼신(조물주 삼신)이 자신의 모습을 구체적으로 드러낸 것이 하늘, 땅, 사람이라는 것이다. 무극은 비록 우리 눈에는 보이지 않지만 현상세계의 질서를 규정하는 주체이다. 이것이 執一含의 원리로 一極인 良氣가 三氣 또는 무극, 태극, 황극으로 분화하고 一神이 三神으로 분화하고 一體가 셋으로 작용하고 더 나아가 단군조선이 三韓으로 되어 있고 우리 몸에 性命精의 三眞이 존재하는 이유인 것이다.

無盡本은 근본은 다함이 없다는 뜻으로 무극이 태극을 창조하고 1태극이 천지인 三極을 창조하는 에너지는 고갈됨이 없이 영원히 존재하여 우주가 恒存한다는 뜻도 있고 天地人으로 분화된 각각은 다음에 나오는 天一, 地一, 人一로 동일한 신성, 덕성, 생명, 광명을 가지고 있다는 뜻도 있다. 우주의 恒存은 무극, 태극이 율려를 창조하여 우주를 살아 있게 한다는 뜻이고 천지인이 동일한 본성을 가지고 있다는 것은 천지인이 모두 태극의 본성을 가지고 있다는 뜻이다. 天一, 地二, 人三은 하늘은 양의 근원으로 ○으로 표시하고 땅은 음의 근원으로 □으로 표시하며 사람은 천지의 자식으로 음양합의 표상인 △으로 표시한다. 『환단고기·태백일사』「소도경전본훈」에 천지인을 상징하는 ○□△에 대한 三極의 표현이 있다.

圓者는 一也니 無極이오 方者는 二也니 反極이오 角者는 三也니 太極이니라

원圓(○)은 하나[一]이니 하늘의 '무극無極 정신'을 뜻하고,

방方(□)은 둘[二]이니 하늘과 대비가 되는 땅의 정신[反極]을 말하고,

각角(△)은 셋[三]이니 천지의 주인인 인간의 '태극太極 정신'이로다.

천지인에 무극, 태극, 황극을 배합할 때 하늘은 무형이고 현실창조의 근원이 되니 무극이라고 말할 수 있다. (앞에서 무극에서 1태극이 나와 천지인으로 분화되었다고 하고 다시 하늘을 무극이라 한다고 하여 서로 모순되고 논리가 비약한다고 생각할지 모르나 무극, 태극, 황극은 셋으로 구성된 동일한 범주와 단계가 있으면 특징에 따라 얼마든지 배합할 수 있다.) 그리고 땅은 하늘의 기운이 形體化하여 드러나는 자리이니 태극에 배합된다. 그런데 『환단고기』에서 反極이라 한 것은 하늘은 무형이라 無極이 되고 땅은 하늘과 반대가 되어 有形임으로 하늘과 반대가 된다 하여 反極이라 한 것 같기도 하고 有形體는 極點이 있어 도리어 極이 있다 하여 反極이라 한 것 같기도 하다.

　　인간을 상징하는 △을 여기서 태극이라 하였는데 여기서의 태극은 무극태극 속에서의 태극이 아니라 황극의 다른 표현이라 사료된다. 인간은 하늘의 무형의 정신과 땅의 유형의 물질이 결합하여 이루어진 천지의 결합체이고 천지와 하나 된 太一인간이 되어 천지의 목적과 이상을 실현하는 궁극의 존재이고 가장 위대한 존재가 됨으로 더 이상이 없는 가장 큰 극이라는 의미를 가지고 있는 태극이라는 표현을 썼지만 무극, 태극, 황극의 개념 속에서는 황극에 배합하는 것이 옳다고 사료된다. 황극에는 中의 개념이 있는데 천지의 중간에 자리하여 천지와 하나 되어 천지의 뜻을 집행하는 태일인간을 황극이라 할 수 있다.

　　『정역』에서 "天地가 匪日月이면 空殼이요 日月이 匪至人이면 虛影이니라(천지가 일월이 아니면 빈 껍질이요 일월이 至人이 아니면 헛된 그림자다)"라고 하였는데 天地와 日月이 존재하는 궁극의 목표가 천지일월의 정신을 계승하여 이를 실현하는 지극한 인간을 만들어 내는데 있다고 하였으니 천지인의 관점에서는 인간이 황극이 됨이 당연하다고 할 것이다. 이상은 현실세계의 공간의 삼극을 설명한 것이고 다음은 시간 속에서 작용하는 삼극을 설명하고 있다.

一積十鉅는 1태극이 5황극의 도움을 받아 10무극까지 분화하면서 발전한다는 것이다. 우주는 분열과 통일운동을 영원히 반복한다. 1태극이 분열하여 전반기의 양세상을 열고 10무극을 만들면 다시 10무극은 후반기의 음세상을 열게 된다. 10무극의 자리가 천

일적십거도

간에서는 己土자리이고 지지에서는 未土자리이다.

10무극 자리는 양기가 무한분열하여 분열운동도 하지 않고 통일운동도 하지 않는 정지해 있는 자리로 中道의 작용을 하고 있다. 무극자리를 十으로 표현하는 이유는 一(음)과 丨(양)이 等質等量으로 조화를 이루어 十자의 중심교차점의 태극을 창조하려는 운동을 준비하고 있는 곳이기 때문이다. 또 十 속에는 분화하지 않은 음양이 있다는 뜻도 내포하고 있다. 십을 아라비아 숫자로 10으로 쓰는데 이는 1태극이 분열하여 9까지 이르고 다음 10의 자리에서 1태극의 분열이 0으로 정지해 있는 모습을 나타낸다. 통일하는 측면으로 해석하면 10은 새로운 1태극을 창조하기 위해서 정지해 있는 모습이다. 우주 1년에서는 이 10무극이 여는 후천시대를 무극대운이 열리고 무극대도가 출현하는 시기라고 하였다.

無匱化三은 본체의 무극삼신이 만들어낸 삼수의 신성한 원리가 사물의 구조에서뿐만 아니라 시간의 질서에서도 무극, 태극, 황극이 무궁하게, 예외없이 작용하고 있다는 것을 나타낸다.

상경의 내용을 삼극원리에 입각하여 요약해보면 무극에서 태극이 나와 천지인 三極을 창조하는데 천지인의 삼극에서 인간이 황극이 되어 천지의 목적을 완성하고 시간의 순환운동은 선천은 1태극이 5황극의 도움을 받아 분

열하는 과정이고 후천은 10무극이 1태극으로 통일하는 과정이라는 것이다. 상경은 우주를 구성하는 천지인과 태극과 황극과 무극으로 순환하는 시간의 질서가 모두 무극 속에서 나온다는 큰 틀을 설명하는 조화경이다. 한마디로 말하면 조화의 본원인 무극에서 현실세계인 태극이 나오고, 현실세계는 공간과 시간으로 구성되는데 공간도 3극으로 이루어지고 시간도 3극을 본체로 하여 순환하고 있다는 것이다. 상경의 내용을 도표로 요약하면 다음과 같다.

무극 無	태극 一	공간 執一含三	天	天一 태극	天一 무극	창조의 시작은 무극
			地	地一 태극	地二 태극	창조의 현실은 태극
			人	人一 태극	人三 황극	창조의 완성은 황극
		시간 執一含三	水	운동 본체	태극	선천분열운동
			木火	생장운동의 본체	황극	
			土	통일의 본원	무극	후천통일운동

상경 속에 들어있는 삼극원리

2) 中經에 나타난 三極의 개념

먼저 중경의 원문과 삼극으로 해석한 번역문을 제시하면 다음과 같다.

天도 二로 三이오 地도 二로 三이오 人도 二로 三이니
大三合六하야 生七八九하고 運三四하야 成環五七이니라.
하늘이 태극의 음양운동을 하면서 천지인으로 구성되고
땅이 태극의 음양운동을 하면서 천지인으로 구성되고

인간이 태극의 음양운동을 하면서 천지인으로 구성되는데

음양운동을 하고 천지인으로 구성된 이유는 무극에 건곤이 있고 삼신

이 있기 때문이다.

천지인 삼극이 합하면 현실적으로 6태극수가 나오고

이를 바탕으로 다시 천일, 지이, 인삼이 작용하여 7, 8, 9가 나와 천지

인이 완성된다.

시간의 순환은 4계절이 3개월씩 이루어져 운행되는데

순환운동의 원동력은 5황극과 7황극이다.

天二三은 하늘이 음양운동을 하면서 셋으로 구성되고 地二三은 땅이 음
양운동을 하면서 셋으로 구성되고 人二三은 인간이 음양운동을 하면서 셋
으로 구성되어 있다는 뜻이다. 상경에서 天一, 地一, 人一은 천지인이 태극
으로 이루어져 있음을 나타내니 본체를 말한 것이고 天二, 地二, 人二는 천
지인이 음양운동을 한다는 것이니 작용을 말한 것이다. 그런데 왜 하늘,
땅, 인간이 음양운동을 하고 3셋으로 구성되어야만 하는가. 著者는 앞에서
현실 태극세계의 질서를 규정하는 것은 무극이라고 하였다. 거듭 말하지만
무극은 단순히 텅 비고 아무것도 없는 자리가 아니라 현실세계 질서의 근
원이다. 서양에서는 Cosmos 이전의 세계를 Chaos라 하고 질서가 생기기
이전의 혼돈의 상태라 하여 부정적인 의미로 쓰고 있다. 그러나 천부경에서
는 무극은 현상세계의 질서를 규정짓는 절대근원 자리로 본다. 천지인이
음양운동을 하는 이유는 무극의 세계에 음양의 본원이 내재해 있기 때문이
다. 이것은 주역에서 말하는 건곤이다. 건곤은 순음, 순양으로 이루어져 있
는 율려의 근원이다. 주역 64괘는 건곤을 근본으로 하기 때문에 첫 번째,
두 번째에 위치하여 62괘의 父母가 된다. 무극이란 태극이 음양운동을 하

기 이전의 象을 말하는데 무극 자체에 음양의 원형을 가지고 있기 때문에 현실세계가 음양운동을 하고 있는 것이다. 그렇다면 天三, 地三, 人三은 무엇을 말하는가. 이에 대해서도 다양한 해석이 있지만 著者는 천지인에 각각 천지인이 있다고 해석하고 싶다.

『소문·삼부구후론』을 보면 비록 맥을 잡는 자리를 이야기하고 있지만 "上部인 天에도 天地人의 三候가 있고 中部인 人에도 天地人의 三候가 있고 下部인 地에도 天地人의 三候가 있다"고 하였다. 이렇게 天地人 속에 각각 다시 天地人이 있는 것은 무극의 삼신이 현실 속에 천지인으로 드러나고 각 단위마다 다시 천지인이 존재한다는 것이다.

<u>大三合六 生七八九는 천지인의 큰 셋이 合하면 6水가 생겨난다는 것이고 이 6이 어머니가 되어 天一, 地二, 人三을 더해 천지인이 완성이 된다는 것이다.</u> 大三合六은 天一, 地二, 人三의 합인데 주역에서는 天二, 地二, 人二가 합하여 6이 나온다고 설명한다. 『주역·설괘전』 2장에서 "是以立天之道曰陰與陽이요 立地之道曰柔與剛이요 立人之道曰仁與義니 兼三才而兩之라 故로 易이 六畫而成卦라(이렇기 때문에 하늘의 도를 세우니 음과 양이라 이르고 땅의 도를 세우니 유와 강이라 이르며 사람의 도를 세우니 인과 의라고 이르니 삼재를 겸해서 두 번했기 때문에 역이 여섯 획으로 괘를 이룬다)"라고 하였다. 이는 주역의 대성괘 6효를 천지인으로 나누고 천지인이 각각 음양(여기서 하늘의 음양은 음양으로, 땅의 음양은 강유로, 사람의 음양은 인의로 표현했다)으로 이루어져 있음을 나타낸 것이다. 이를 도표로 나타내면 오른쪽과 같다.

1993년 호북성 荊門市 郭店村의 楚墓에서 나온 竹簡에 '太一生水'라는 말이 있었다. 이

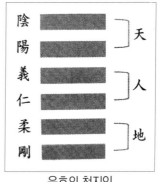

육효의 천지인

는 2가지로 해석할 수 있다. 첫째, 一始無始一의 一이 水로서 이 水가 선천적으로 天地人을 생했다는 것이다. 珠玉集에서 "水是三才之祖(물이 천지인 삼재를 만드는 근원이 된다)"라 하였는데 이 뜻이다. 둘째는 천지인이 후천적으로 하나가 되면 水가 생하고 여기에 天의 상수 1이 더해져 7이 되어 하늘이 완성되고, 地의 상수 2가 더해져 8이 되어 땅이 완성되고, 人의 상수 3이 더해져 9가 되어 인간이 완성된다는 뜻이다. 이것을 수행론적으로 해석하면 인간이 天地와 合一하여 三合이 되면 내 몸에 생명수가 흐르게 되고 한 걸음 더 나아가 내 몸에 천지인을 담게 된다는 뜻이다.

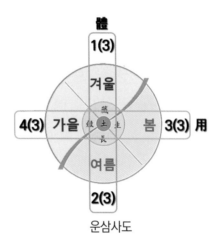

운삼사도

　運三四는 3가지 뜻이 있다. 첫째는 4계절이 겨울은 휴식하고 봄, 여름, 가을은 활동한다는 三顯一藏의 뜻이고 둘째는 1, 2는 남북에서 體를 잡고 동서의 3, 4가 同이 되어 작용한다는 것이고 셋째는 봄, 여름, 가을, 겨울의 4계절이 모두 3개월로 이루어져 있다는 것이다.

　成環五七은 하루, 한 달, 일 년을 고리처럼 순환시키는 근원적인 힘이 5와 7의 황극에서 나온다는 것이다. 황극은 중심에 자리하여 주위의 것을 주재하고 경영한다는 의미가 있다. 이러한 관점에서 볼 때 1, 3, 5, 7, 9의 홀수는 모두 황극의 개념이 있다.

1은 유일자이니 만백성을 다스리는 황극제를 표상하고 3은 천지의 중앙에서 太一인간이 되어 천지를 경영하는 人尊 황극이고 5는 사방의 중심에 해당하고 1에서 9수의 중간에 위치하며 낙서의 중앙에서 봄, 여름 세상을 여는 주동적인 역할을 하는 5황극이 된다. 7은 6면체의 중심에 해당하고 5토의 분열이 7火에 이르러 끝나니 생장운동의 끝인 7황극에 해당하고 9는 팔방위의 중심에 해당하고 황극의 종착지인 火의 상수 2와 7을 합한 수로 소위 갑오라고 부르는 최대 분열수이다.

안경전은 5와 7에 대하여 "우주가 존립하고 변화가 무궁하게 지속되게 하는 우주 순환 고리의 동력과 중심이 황극이다. 이것이 『천부경』에서 말하는 '성환오칠成環五七'의 5와 7이다. 5는 오황극으로 만유의 창조변화를 주재해 목적으로 이끄는 운동의 본체이고 7은 현실에서 작용하여 성숙으로 이끄는 황극의 실제작용을 말한다."라고 하였다.

그렇다면 짝수는 황극의 개념이 없는가. 한동석은 數에 대하여 다음과 같이 기술하고 있다.

數의 一二三四五六七八九十이라는 기본수는 각각 자기의 중수에 의하여 발전하고 있다는 것을 알 수가 있다. 양수열의 중수는 二四六八十이요, 음수열의 중수는 一三五七九다. 그런데 자연수의 서열은 一二三四五六七八九十인즉 결국 수의 기본수열은 전부 중수로써 조직되어 있다는 것을 알 수가 있다. 그러므로 모든 數는 자체가 中이므로 여하한 수열이라 할지라도 中에서 이루어진다는 결론이 나오게 되는 것이다.

모든 개체는 자신이 우주의 중심자리에 있으니 황극이 된다고 볼 수 있다. 저자는 여기에서 특별히 6이 황극이 되는 이유를 말해보고 싶다.

첫째, 천부경에서 6은 앞의 40글자와 뒤의 40글자의 중간에 있는 중수이다.

둘째, 천지인이 합해서 생긴 6은 천지와 하나 된 태일인간의 의미가 있으니 황극이 된다. 그리고 5황극에 생수를 더해 성수를 만들었듯이 6에 천지인의 상수 1, 2, 3을 더해 7, 8, 9를 만들었으니 역시 황극의 의미가 있다.

셋째, 이정호는 후천 황극의 中은 6이라고 하였다. 선천 황극의 중은 정역에서 "五는 一九之中이니라" 한 분열하는 낙서의 5황극이고 후천 황극의 중은 정역에서 "六은 十一之中이니라" 한 것처럼 10무극이 1태극으로 통일하는 과정 속에 있는 중으로 10, 9, 8, 7, 6, 5, 4, 3, 2, 1로 수렴할 때 5가 6번째 위치함으로 6황극이 된다고 하면서 이는 包五含六의 원리라고 하였다.

중경은 창조를 이어서 현실적으로 천지인 삼극이 구성되고 운행하는 원리를 설명하고 현실적인 천지인의 완성과 우주를 운행시키는 근원적인 힘이 황극에서 나온다는 것을 설명하고 있다. 이를 도표로 나타내면 다음과 같다.

天二三, 地二三, 人二三	천지인이 태극의 음양운동을 하고 각각 天地人으로 구성되어 있는데 이는 무극의 건곤과 삼신의 질서가 드러난 것이다.
大三合六 生七八九	천지인이 合一된 태극수의 바탕 위에서 다시 天一, 地二, 人三이 작용하여 천지인 각각이 완성된다.
運三四 成環五七	시간은 춘하추동이 3개월씩 이루어져 순환하는데 순환운동의 원동력은 5황극, 7황극이다.

중경 속에 들어있는 삼극원리

3) 下經에 나타난 三極의 개념

먼저 하경의 원문과 삼극으로 해석한 번역문을 제시하면 다음과 같다.

一이 妙衍하야 萬往萬來라가 用變不動本이니라.

本은 心이니 本太陽하야 昻明하고

人은 中天地하야 一이니

一은 終이나 無終一이니라.

일태극은 정신과 물질이 합일되어 있는 존재인데 이것이 분열과 통일을 끊임없이 반복한다.

우주 1년의 틀 속에서 1태극이 5황극의 도움을 받아 분열하다가

선천의 분열과정을 끝내게 되면 부동하는 본체인 무극의 세계로 들어가게 된다.

사람에게 있어 근본은 마음인데 이 자리는 황극이고

자연의 황극인 사무치게 밝은 태양에 근본하고 있다.

사람은 천지를 꿰뚫어 천지와 하나가 된 광명한 태일인간이 되면 1태극으로 회귀하여 진정한 황극이 된다.

우주의 역사와 인간은 1태극이 되어 마치게 되는데 10무극을 바탕에 깔고 1태극으로 회귀하게 된다.

一妙衍 萬往萬來는 무극이 압축 통일되어 출현한 1태극이 물질과 정신이 합일된 태극체를 이루어 시간의 흐름과 함께 끊임없이 순환한다는 뜻이다. 妙衍은 虛粗而妙 形魂俱衍이란 말이 있듯이 물질과 정신이 하나된 태극체를 의미한다.

用變不動本은 "天符經의 太一思想"이라는 11편에서도 밝혔듯이 1태극이 5황극의 도움을 받아 10무극까지 선천 양운동을 하면서 변화작용을 하고 이후 후반기 10무극 기운에 의해 후천세상에서 통일되면서 10무극의 부동하는 본체세계로 회귀한다는 것이다.

本心 本太陽 昂明은 만물의 근본은 마음이라는 것인데 개체에게 있어 마음은 황극이 된다. 『소문·영란비전론』에서도 "心者는 君主之官也니 神明出焉이니라(심장은 군주와 같은 기관이니 神明이 나온다)"라고 하여 심장을 황극인 군주에 비유하였다. 神明의 뜻은 사람의 마음을 통해 정신활동과 사상의식이 나온다는 뜻이다. 소강절, 주자 등의 책을 보면 心이 태극이 된다는 말이 보이는데 태극은 만물의 본체가 됨으로 體用을 겸비한 태극의 원리가 있지만 인체에서는 一身의 主宰가 되므로 무극, 태극, 황극의 원리에서는 황극이 됨이 분명하다. 태양은 純陽을 의미하고 하늘에 떠 있는 해를 의미하기도 하니 앞의 四體에서도 언급한 것처럼 역시 황극에 속한다.

人中天地一은 사람이 천지를 꿰뚫어 천지와 하나 된 太一인간이 된다는 뜻이다. 태일인간이 될 때 인간은 진정한 황극으로 거듭날 수가 있다. 앞에서 太一生水라 하여 태일인간이 되는 것은 태극으로 되돌아가는 것이고 더 나아가 무극으로 회귀하는 것이다. 인간 자체가 태극이 되고 무극이 되어야 황극인간이 되는 것이다.

一終無終一의 一終은 하나가 되어서(oneness) 마친다는 것이다. 이는 분열되었던 문명과 역사도 하나로 통일되면서 마치고 개체화되었던 인간도 천지와 하나가 되어 태극이 되면서 마친다는 것이다. 無終一이라는 것은 무에 바탕을 깔고 하나로 돌아간다는 것이다. 인류의 역사에서 보면 후천의 무극세계가 도래하면서 선천의 역사가 하나로 통일되어 매듭지어지게 되는데 이를 十一成道라고 부른다. 10은 무극이고 무극에 바탕을 두고 1태극으로 통일된 것이니 10과 1을 더하면 11이 되어 십일성도라고 부른다.

인간의 입장에서 보면 1태극으로 돌아가 천지와 하나된 태일인간이 되면 그 천지 속에는 무극의 정신이 함축되어 있기 때문에 자연스럽게 무극의 바닷속으로 들어가는 것이다. 불교의 공안에 "萬法歸一에 一歸何處오"라고 하였는데 인간이 태일인간이 되어 1태극으로 회귀하면 자연스럽게 무극 속으로 돌아가게 된다는 것이다.

하경의 내용을 요약하면 다음과 같다. 시간의 질서는 분열과 통일을 반복하면서 선천태극의 분열과정이 끝나면 후천의 무극대운이 도래하는데 이 무극세계는 다시 태극을 창조하는 본원이 된다. 무상한 세월의 흐름 속에 인간이 존재하는데 인간의 근본은 마음으로 황극자리가 된다. 이 마음은 우주의 황극인 태양에 근본을 두어 사무치게 밝은 자리이고 인간이 천지와 하나 되어 太一인간이 되어 광명을 회복하면 진정한 황극인간이 된다. 인류의 역사도 하나로 통일되어 마치고 인간도 천지와 하나가 되어서 마쳐야 하는데 하나로 통일이 되는 것은 역사에서는 무극의 세계가 도래할 때 이루어지고 인간이 천지와 하나가 되면 그 천지 속에는 무극의 정신이 내재해 있으므로 그 하나의 통일을 10무극과 1태극 합쳐진 십일성도라고 부른다. 이상의 내용을 도표로 그리면 다음과 같다.

一妙衍 萬往萬來	물질과 정신이 합일된 1태극체가 끊임없이 분열과 통일을 반복한다.	會三歸一 (천지인이 合一되고 무극, 태극, 황극이 하나가 된 태일인간)
用變不動本	선천의 1태극이 5황극의 도움을 받아 분열하던 것이 끝나면 不動하는 본체인 10무극 세계로 들어가게 된다.	
本心 本太陽 昻明	근본은 마음인데 이는 황극에 해당하고 우주의 황극인 태양에 뿌리를 두고 있어 사무치게 밝은 자리이다.	
人中天地一	사람이 천지를 꿰뚫어 천지와 하나가 되면 1태극의 세계로 회귀한 것인데 이때 천지의 광명을 회복하여 진정한 황극이 된다.	
一終無終一	우주도 인간도 1태극이 되어 마치는데 모두 10무극을 바탕에 깔고 1태극으로 돌아감으로 이를 십일성도라고 부른다.	

하경 속에 들어있는 삼극원리

이상으로 천부경 81자의 핵심을 요약해보면 천부경은 본원무극과 현상무극의 관점에서 보면 무극경전이고 창조의 시작인 1태극과 현실세계의 음양운동의 본체로서의 관점에서 보면 태극경전이고 현실세계를 끊임없이 움직이게 하고 주재하고 다스리는 中道의 관점에서 보면 황극경전이라고 말할 수 있다. 그리고 인간이 천지와 하나 된 태일인간이 되면 1태극으로 회귀한 것이고 진정한 황극이 된 것이다. 이 태극의 바탕에는 무극이 있으므로 태일인간 자리는 천지인이 합일된 자리이고 무극, 태극, 황극이 합일된 자리이다. 이것이 인간 삶의 궁극의 목표이고 천부경의 결론이라고 말할 수 있다.

5. 나오는 말

무극은 道의 본원으로 태극을 창조하는 자리이다. 무극의 뜻은 無의 지극함 또는 有形의 극이 없다는 의미를 가지고 있다. 무극이란 용어는 노자의 『도덕경』에서 처음 나온다. 『도덕경』의 道, 『장자』의 混沌, 鴻蒙, 芒芴, 『열자』의 太易, 渾淪, 易, 『회남자』의 鴻濛, 太昭, 虛廓 등은 모두 무극의 의미를 가지고 있다. 특히 혼륜을 氣와 形과 質이 갖추어져 있지만 아직 분리되지 않은 상태라고 설명했는데 이는 무극이 단순히 텅 빈 자리가 아니라 태극의 모든 질서를 規定하는 질서의 근원이라고 해석해야 한다.

주렴계가 『태극도설』에서 '無極而太極'이라 한 것에 대해 朱子와 그의 학문을 계승한 유학자들은 무극이면서 태극이라 하여 무극과 태극이 같은 자리라고 해석했지만 『태극도설』의 一本에 '自無極而爲太極'이라 하였고 故家에서 나온 九江本에서는 '無極而生太極'이라 하였으며 '而'에 계승의 뜻이 있고 『태극도설』 본문에 '太極은 無極에 근본을 두고 있다'라고 하였으니 무극이 태극을 생한다고 해석하는 것이 합리적이다.

동학과 증산도의 경전에 무극대운, 무극대도, 무극상제 등의 무극이란 말이 많이 언급되고 있는데 여기에는 무극제가 내어놓은 진리, 후천 5만 년의 가을의 진리, 모순과 대립이 없는 상생의 대도, 선천의 모든 진리가 종합되고 통일된 진리, 도의 본원인 무극이 모두 드러난 진리라는 의미를 가지고 있다.

무극은 비록 보이지 않는 자리이지만 이 속에는 현상계의 질서를 만들어내는 근원적 질서가 내재해 있다. 현실이 천지인으로 나뉘어진 것은 본체삼신이 무극신으로 자리 잡고 있기 때문이며 현실세계가 음양운동을 하는 것은 무극 속에 건곤이 있기 때문이며 현실에 오행이 있는 것은 무극 속에 五帝와 五靈이 있기 때문이다.

태극이라는 말은 『주역·계사전』에 처음 언급되었다. 태극이라는 개념을 朱子는 현상세계에 존재하는 만물의 궁극의 이치이기 때문에 더 이상이 없는 궁극의 자리라고 해석하였다. 중국 철학에서 태극이 元氣라는 설과 理라는 설이 대립해왔는데 理氣가 일체이나 氣를 주재하는 것이 理이기 때문에 理라고 보는 것이 옳은 듯하다.

태극은 무극 속에 내재한 태극성에 의해 자동적으로 화생되는데 空의 단계를 거쳐 水로 드러난다. 태극은 만물 창조의 근원(統體一太極), 만물 속에 존재하는 원리(一物一太極) 一陰一陽으로 변하는 시간의 질서 그리고 음양운동을 하게 하는 주체이면서 力源이라는 4가지의 의미가 있다.

황극은 『서경·홍범』에 처음으로 언급되었고 천자, 천자가 세운 표준법칙의 의미가 있었다. 그러나 이후 演變되어 天下之中, 大中, 생명활동의 중심이라는 개념을 가지게 되었다. 삼극의 관계에서 무극이 체가 되고 태극이 용이 되며 다시 태극이 체가 되고 황극이 용이 되므로 황극은 用中之用이 되어 무극과 태극의 이상을 실현하는 주체가 된다.

무극과 태극과 황극의 관계를 처음으로 밝힌 사람은 김일부이다. 그는 삼극에 숫자를 붙여 10무극, 1태극, 5황극이라 하였고 5황극이 1태극과 10무극을 연결하는 중보자라 하였다. 한동석은 김일부의 이론을 계승하여 干支에 삼극을 배합하여 우주의 변화가 삼극의 힘에 의하여 순환하고 있음을 구체적으로 제시하였다.

천부경의 상경 속에 들어있는 삼극의 사상은 다음과 같다. 무극이 1태극을 생하는데 이것이 水이다. 이 水가 천지인의 3극을 창조하는데 천지인의 삼극에서 하늘은 무극이 되고 땅은 태극이 되고 인간은 황극이 되어 천지의 이상을 실현한다. 시간의 순환 속에도 삼극이 존재하는데 1태극이 5황극의 도움을 받아 10무극을 만들고 10무극은 다시 1태극으로 통일되어 시간의 마디마다 무극, 태극, 황극이 있어 이것이 力源이 되어 우주를 순환시킨다.

중경에 있는 삼극의 사상은 다음과 같다. 天二三, 地二三, 人二三은 천지인이 태극의 음양운동을 하고 삼으로 구성되어 있음을 나타내는데 이는 무극에 건곤이 있고 무극 속에 본체 3신이 있어 천지인으로 드러나고 다시 천지인에 각각 천지인이 있게 된 것이다. 大三合六 生七八九는 천지인이 합일되면 태극수가 나오고 이 바탕 위에 천지인의 상수 1, 2, 3이 더해져 천지인이 완성되는 것이다. 運三四는 4계절이 각각 3달씩 이루어져 순환하는데 순환운동의 원동력은 5황극과 7황극이다.

하경에 있는 삼극의 사상은 다음과 같다. 一妙衍 萬往萬來 用變不動本은 정신과 물질이 합일된 태극체가 끊임없이 분열과 통일을 반복하는데 선천의 태극운동이 5황극의 도움을 받아 분열하던 것이 끝나면 不動하는 본체인 10무극 세계로 들어가게 된다. 本心 本太陽 昂明은 사람의 근본은 마음인데 황극자리이고 이는 우주의 황극에 근본을 두어 사무치게 밝은 자리이다. 人中天地一은 사람이 천지를 꿰뚫어 천지와 하나가 되면 1태극의 세계로 회귀하는데 이때 천지의 광명을 회복하여 진정한 황극이 된다. 一終無終一은 우주와 인간이 1태극이 되어 마치는데 모두 10무극에 바탕을 두고 1태극으로 돌아감으로 이를 십일성도라고 부른다. 인간이 태일인간이 되면 천지인과 무극, 태극, 황극이 합일한 궁극의 인간이 된다.

/ 참고문헌 /

- 김기평 역주, 『서전강독』(下), 성남: 아세아문화사, 2012
- 김석진, 『새로 쓴 대산주역강의』(3), 서울: 대유학당, 2019
- 김영민 옮김, 『북계자의』, 서울: 예문서원, 1995
- 김용옥, 『노자가 옳았다』, 서울: 통나무, 2020
- 나죽풍 주편, 『한어대사전』(2), 상해: 한어대사전출판사, 1994
- 나죽풍 주편, 『한어대사전』(7), 상해: 한어대사전출판사, 1994
- 나죽풍 주편, 『한어대사전』(12), 상해: 한어대사전출판사, 1994
- 노종상 외 6인 공저, 『보천교 다시보다』, 대전: 상생출판, 2018
- 노태준 역해, 『신역 도덕경』, 서울: 홍신문화사, 1987
- 대유학당 편집, 『손에 잡히는 대학 중용』, 서울: 대유학당, 2011
- 문선규 역저, 『춘추좌씨전』(상), 서울: 명문당, 1985
- 반고, 『한서』(4), 북경: 중화서국, 1992
- 성백효 역주, 『역주 근사록집해』(1), 서울: 전통문화연구회, 2006
- 소원 주편 요명춘부주편, 『주역대사전』, 북경: 중국공인출판사, 1991
- 안경전, 『증산도의 진리』, 대전: 상생출판, 2015
- 안경전, 『이것이 개벽이다』(下), 서울: 대원출판, 1985
- 오강남, 『장자』, 서울: 현암사, 1999
- 이남구 현토 주석, 『현토주석유경』, 서울: 법인문화사, 2006
- 이민수 역해, 『장자』(내편), 서울: 혜원출판사, 1996
- 이민수 역해, 『장자』(외편), 서울: 혜원출판사, 1996
- 이정호, 『원문대조 국역주해 정역』, 서울: 아세아문화사, 1988
- 임동석 역주, 『열자』, 서울: 동서문화사, 2009
- 장기성 주편, 『易符與易圖』, 북경: 중국서점, 1999
- 『주역』(1), 대전, 학민문화사, 1990
- 『주역』(4), 대전, 학민문화사, 1990

- 증산도 도전편찬위원회, 『증산도 도전』, 서울: 대원출판, 2003
- 한동석, 『우주변화의 원리』, 서울: 대원출판, 2001
- 허광일 역주, 『회남자 전역』, 귀양: 귀주인민출판사, 1995
- 허탁 이요성 역주, 『주자어류』, 성남: 도서출판 청계, 1998
- 호부침 주편, 『중화도교대사전』, 북경: 중국사회과학출판사, 1995
- 홍원식, 『정교황제내경』, 서울: 동양의학연구원, 1981